北京高等教育精品教材
普通高等教育经济管理类专业规划教材

会 计 学

主编 王淑慧 魏素艳
参编 张 京 周小梅 韩 洁
韩伟娜 郭心怡 戴菁菁

机 械 工 业 出 版 社

本书提供了经济与管理人员阅读会计信息所需要的知识结构，包括会计学基础、财务会计、财务分析与审计报告、成本会计、管理会计五部分内容。主要介绍会计学的基本理论，会计政策和会计核算方法，财务报表的阅读与分析方法和技巧，以及成本管理的预测和决策方法。本书可作为经济管理各本科专业和工商管理硕士（MBA）的会计学课程教材。考虑到教学对象的特点，本书侧重于从培养管理者的角度编写，力求使学生通过较短时间的学习，了解会计的基本理论，掌握会计核算的基本方法，理解会计信息的含义，具备较强的财务报表分析能力，并能够利用会计信息进行经济预测和决策。

图书在版编目（CIP）数据

会计学/王淑慧，魏素艳主编．—3版．—北京：机械工业出版社，2013.8
普通高等教育经济管理类专业规划教材
ISBN 978-7-111-43235-7

Ⅰ.①会… Ⅱ.①王…②魏… Ⅲ.①会计学—高等学校—教材
Ⅳ.①F230

中国版本图书馆CIP数据核字（2013）第150412号

机械工业出版社（北京市百万庄大街22号 邮政编码100037）
策划编辑：商红云 责任编辑：商红云 及美玲
责任校对：赵 蕊 封面设计：张 静
责任印制：李 洋
北京宝昌彩色印刷有限公司印刷
2013年8月第3版第1次印刷
184mm×260mm·23.75印张·580千字
标准书号：ISBN 978-7-111-43235-7
定价：43.00元

凡购本书，如有缺页、倒页、脱页，由本社发行部调换
电话服务 网络服务
社服务中心：(010)88361066 教材网：http://www.cmpedu.com
销售一部：(010)68326294 机工官网：http://www.cmpbook.com
销售二部：(010)88379649 机工官博：http://weibo.com/cmp1952
读者购书热线：(010)88379203 **封面无防伪标均为盗版**

普通高等教育经济管理类
专业教材编审委员会

编者的话

新世纪伊始，北京地区部分高等院校联合成立了管理类专业教材编审委员会，组织编写、出版一套适合各校情况、满足本科层次教学需要的管理类专业系列教材。在各校管理学院、系领导及教师的大力支持和参与下，经过一年多的努力，系列教材终于面世了。

改革开放以来，我国管理学科的发展极其迅猛。在这种形势下，各高等院校普遍设置了管理专业，其发展速度之快，规模之大，也是前所未有的。而教材建设一直是专业建设和教学改革的瓶颈。

据对参加编审委员会的院校管理专业的统计，在我们这支协作队伍中，有5个博士点，30多个硕士点，并拥有400多名专业教师，其中不乏教学经验丰富、学术造诣较深的老、中、青骨干力量。编委会认为，集中各校优势，通过合作方式实现教学资源优化配置，编出一套适合各校情况的教材，对加强各校的合作交流，推动师资培养，促进相关课程的教学改革，是一件一举多得的好事。

“质量第一，开拓创新”是我们编写这套教材的指导思想，出版精品是我们的奋斗目标。现阶段应该从教材特色做起。有特色才能有市场，才能被各校师生所接受和欢迎。这套教材具有以下特点：一是内容上有创新，在继承的基础上，反映了当代管理学科的新发展；二是适用、好用，教材编写精练，并留有余地，各教材每章后都附有相配套的作业题；三是有理工科特色，合作院校的教学对象多数是理工科学生。

为了确保教材质量，经过编委会遴选，各门课程教材都由资深的教授担任主编，同时各教材编写组成员相对稳定，教材根据使用情况及时修订，使其常用常新，不断提高。

为了配合各校开展多媒体教学的需要，某些教材编写组将合作制作与教材配套的课件，以方便广大师生使用。

机械工业出版社是我国于20世纪50年代初成立的中央级出版社。数十年来，曾出版过许多在国内外有重大影响的科技和管理图书。改革开放以来又承担了全国理工科院校管理工程专业全国统编教材的出版发行，为我国管理专业的建设和发展作出了重大贡献。这套系列教材出版得到机械工业出版社的大力支持，谨表示衷心感谢！

普通高等教育经济管理类专业教材编审委员会

前　言

看不懂驾驶仪表的飞行员是很可怕的，看不懂财务报告的企业管理人员也是很可怕的，因为财务报告就如同飞机上的仪表，它能够提供企业是否安全运行的基本信息。《会计学》教材的目的就是培养学生了解财务报告的组成，读懂会计信息的内容。因为管理需要经济信息，而经济信息主要来自会计系统。因此，会计知识是管理者必备的知识，“会计学”是经济、管理类各专业的必修课程。但是，经济、管理人员与专业会计人员不同，他们学习会计是为了提高其使用会计信息的能力，即能够看懂财务报表，能够利用财务报表分析企业的财务状况和经营成果、评价企业的经营业绩，能够利用会计信息进行经济预测和决策。也就是说，管理人员应当学会怎样用会计，而不是怎样做会计。

基于上述教材定位，我们根据最新修订和颁布的《企业会计准则》和《企业会计制度》并参照国际惯例，在参阅了大量国内外最新出版的会计教材基础上，吸收其务实性的特点；更重要的一点是，在北京市教委、学校精品课建设资金的支持下，《会计学》课程不断研究教学内容，创新教学方法，总结了多年的教学实践经验，对 2007 年 8 月出版的《会计学》第 2 版教材进行了修订。新修订版的突出特色如下：

（1）各章开始以案例作为本章的引言，引导出本章学习的内容并提出问题，激发学生对该部分内容的学习兴趣，这在国内《会计学》教材中是一次新的尝试。

（2）定位准确，应用性强。在介绍会计核算内容的同时，突出强调财务分析的内容，表现在：一是在各会计要素核算内容之后，针对会计核算内容与会计报表的关系，以及对公司财务状况、经营成果及现金流量的影响专设了第九章，介绍全面解读会计报表的方法和分析会计报表的技巧；二是在第十章根据注册会计师的审计报告、财务比率分析以及综合分析方法，进行公司财务能力的综合评价。使学生在较短的时间内，在基本掌握会计核算内容的基础上，能够把握阅读会计报表的方法和分析会计报表的技巧，以便对公司的基本经营状况作出判断，突出其管理专业的学生“应当学会怎样用会计”的教材定位，以增强其所学知识的实用价值。

（3）内容全面，知识结构合理。教材体系涵盖了“会计学”专业的主干与核心课程的内容，包括：会计学基础、财务会计、财务分析与审计报告、成本会计、管理会计五部分。该体系提供了经济与管理人员阅读会计信息所需要的知识结构。

（4）突出教材的重点内容，即财务会计与财务分析。本书一方面，全面介绍了财务会计的框架与内容；另一方面，通过案例分析企业的财务状况、经营成果及现金流量情况。本书具体分析了资产负债表的流动资产、非流动资产，流动负债、非流动负债，所有者权益及重点关注事项，经营成果的真实性、合理性及其与公司现金流量的关系。从实际教学经验看，分散于各章的财务分析，成为“会计学”课程的点睛之处。

（5）淡化会计核算的内容深度。本书侧重于介绍会计核算内容与会计报表的关系、会计与经营活动的关系、会计政策的选择、采用不同的会计政策对企业财务状况和经营成果的影响，以及会计信息的披露方式。

（6）恰当安排课后练习。课后练习包括：思考题、自测题、业务练习题及案例分析题，其中案例分析题从管理的角度分析问题，强调案例的应用价值；为方便学生自学，对难度较大的案例分析题给予帮助性提示，以保证学习效果。

根据以上特点，本书适用于除会计学专业以外的经济、管理类各本科专业和工商管理硕士（MBA）教学的需要，也可作为在职管理干部和经济管理专业成人教育的培训教材。

本书分为四篇，共十章。第一篇会计基础，主要讲述财务会计的基本理论和基本方法。第二篇财务会计，主要讲述企业六大会计要素的确认、计量、记录和报告方法，以及各大要素的分析重点与分析思路。第三篇成本管理会计，主要讲述成本管理会计信息与财务会计信息的区别与联系，产品成本的形成与会计报表的关系，以及管理会计的框架与特点。第四篇财务报告解读，一方面，全面介绍解读会计报表的方法和技巧，具体包括：资产负债表阅读与分析，利润表阅读与分析，现金流量表阅读与分析，所有者权益变动表解读，会计报表附注的解读，以及审计报告的类型与作用。另一方面，介绍财务比率分析以及综合分析方法。

本书第一、二、三、九章由北京化工大学王淑慧编写；第四、五章由北京化工大学张京编写；第六章由北京化工大学王淑慧、周小梅编写；第七、八章由北京化工大学周小梅编写；第十章由北京理工大学魏素艳编写。全书由王淑慧总纂，韩伟娜、郭心怡、戴菁菁补充和修改。全书案例由北京化工大学王淑慧、韩洁，北京理工大学魏素艳提供。另外，北京化工大学张爱琳、张艺冉在案例、会计准则、会计制度资料搜集方面做了大量工作。

由于作者水平所限，书中可能有不妥之处，甚至还存在尚未发现的错误，恳请广大读者批评指正，以便日后修改和完善。

编者

目　录

第三篇　成本管理会计

第四篇　财务报告解读

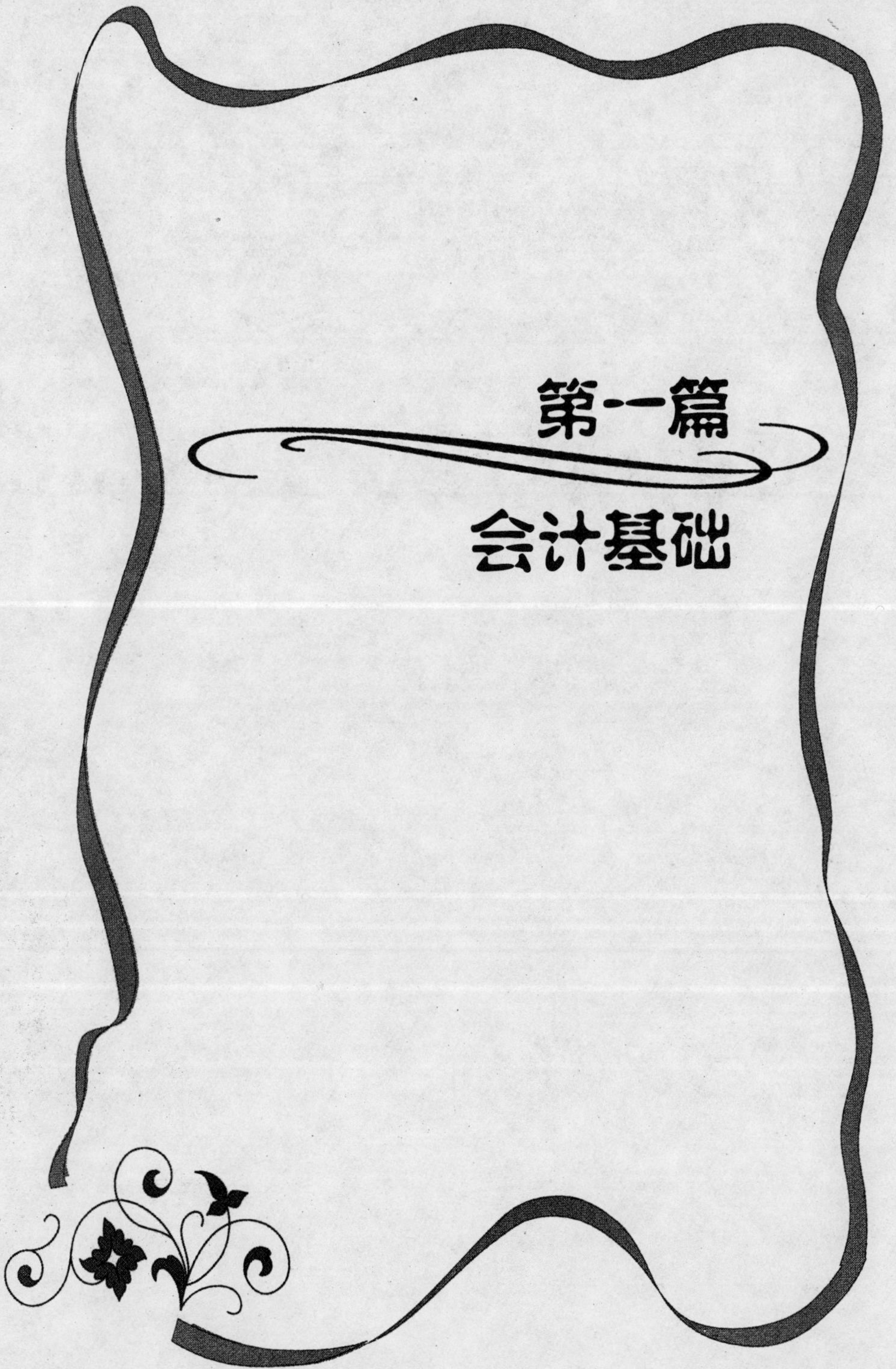

第一篇

会计基础

第一章

总　论

案例与引言

李通是会计学专业大学三年级的学生。他利用业余时间担任一位未受过正规高等教育的个体老板刘先生的经济顾问。刘先生持有灿灿美食公司的股票10 000股。最近，灿灿美食公司的股票市价不断变化。刘先生让李通了解清楚灿灿美食公司股票的总体情况，以便进行抛售股票或买进股票的决策。李通在网上下载了灿灿美食公司的资产负债表与利润表。

灿灿美食公司资产负债表（简表）

201×年12月31日　　　　单位：元

资　产		负债和股东权益	
流动资产		负债	
货币资金	510 000	应付账款	550 000
应收账款	265 000	应交税费	252 000
柜台与办公用品	425 000	合　计	802 000
合　计	1 200 000	股东权益	
非流动资产		股本（100万股）	1 000 000
固定资产	560 000	留存收益	258 000
无形资产	300 000	合　计	1 258 000
合　计	860 000		
资产总额	2 060 000	负债和股东权益总额	2 060 000

灿灿美食公司利润表（简表）

201×年度　　　　单位：元

项　目	金　额
营业收入	1 680 000
减：营业成本	420 000
工资费用	210 000
办公用品费	80 000
其他费用	149 000
净利润	821 000

通过分析会计报表，李通对灿灿美食公司的发展前景作出了判断。

李通应分析哪些会计报表？各种会计报表告诉了李通哪些信息？他从哪些方面对公司的发展前景作出了判断？

对以上问题的回答，正是本章的学习目标。

本章学习目标

- 会计的概念
- 会计的分类
- 会计核算的基本前提
- 会计的职能和目标
- 会计对象和会计要素
- 会计的基本程序和方法
- 会计信息质量特征
- 会计规范体系

第一节　会 计 概 述

一、会计的概念

会计是一个经济信息系统，会计是一项经济管理活动。

所谓会计是一个信息系统，源于会计的产生和发展过程。会计是随着社会生产的发展和经济管理的要求而产生、发展并不断完善的。任何社会的生产经营活动，总是力求以尽可能少的劳动耗费，获取尽可能多的劳动成果。为了取得经营成果，必然发生人力、物力、财力的耗费。因此，需要对劳动耗费与劳动成果进行记录、计算、比较和分析。上古时代的“结绳记事”“刻石计数”，便是会计的萌芽。随着生产活动的发展，简单的会计计量、记录行为由生产职能的附带部分，形成一种独立的职能。随着社会经济的进步，生产力水平的不断提高，会计核算的内容与核算方法也发生了巨大变化，会计的计量、记录行为，逐渐发展成为一门具有完整方法体系，以货币为主要计量单位，综合反映和控制企业组织这一微观主体经营活动的过程和结果的会计学科。

从会计产生和发展的过程看，会计是一个经济信息系统。经济信息是对人类社会经济活动的状态、特征及其变化作出的描述。会计信息是经济信息的组成部分，是关于企业组织经营活动的过程和结果的信息。任何企业组织从筹集资金到创办企业开始，到购置厂房、设备、原材料、办公用品等生产资料；再到消耗材料、人工及相关费用进行产品生产；以至产品产出进入销售环节，收回货款；向国家缴纳各种税收以及进行利润分配等一系列经营活动的过程和结果均需要会计作出有效的描述，以反映企业组织资金的价值的运动和增值的信息。

所谓信息系统，是指信息的生成与提供是由一系列彼此关联、相互作用的要素所组成的，具有特定功能的有机整体。会计信息的生成与提供过程是由会计确认、会计计量、会计记录和会计报告四个环节形成的，相互影响与作用的，一个完善的信息系统。会计确认是指判断某项经营活动的信息是否作为会计信息予以记录，如何记录以及何时记录。会计计量是指作为会计信息进行记录的经营业务，依据货币计量单位以什么价值予以记录和报告。会计记录是指对已经确认和计量的会计信息，按照填制凭证、登记账簿、编制财务报表等会计方法，反映在会计信息的载体中。会计报告是指经确认、计量和记录的会计信息，以财务报告的形式提供给会计信息的使用者。财务报告环节是会计确认、计量、记录的最终目的和结果。

之所以说会计是一项经济管理活动，是因为现代管理活动包括信息获取、决策与计划、组织与领导、执行与控制四个阶段，关键是每一个阶段都必须有会计人员的参与。

在信息获取阶段，企业组织需要建立信息系统并利用信息技术获取各种管理信息，其中，会计信息是管理信息中最重要的信息。尤其是会计专业的技术特点，需要会计人员将会计信息转化为各种决策信息。例如，通过分析利润表，把握本年度利润指标的完成情况及其影响因素，为编制计划年度利润预算打下基础。

在决策与计划阶段，决策是管理的首要工作。企业组织的管理人员要面对各种各样的决策，例如，对计划年度的利润指标较上年增长20%的可能性进行决策。这不仅需要销售部门、物价部门，预测销售量与价格信息，更需要会计人员在一定的销售量和价格下，测算出企业组织能够取得各种收入的金额，可能发生费用的数额。这一决策一旦作出，各分公司、车间、职能部门能够取得的收入情况、可能发生的费用情况，均需要会计人员进行指标分解，层层落实，将决策方案具体落实为可执行的计划指标。

在组织与领导阶段，组织是指为完成决策与计划方案而进行人、财、物各项资源的组合与配置，包括机构设置、各部门权责分配等。所谓领导，是指组织中各级、各部门的领导者。作为领导的管理者应能够引导和鼓励部下实现组织的目标。在本阶段，会计人员需要按照既定的组织框架分解落实成本、费用等指标，并通过指标的分解落实，参与组织结构的设计，以保证组织内部会计信息传递的有效性。领导者需要会计人员提供的资金使用、成本费用开支信息，调整组织的工作安排，激发部下完成组织目标的热情，调动部下的工作积极性。

在执行与控制阶段，执行是决策与计划的实施过程；控制是管理者对组织目标的运行状况进行的监督。在本阶段，会计人员需要计算、分析组织下达的各项指标，以实际完成情况与计划指标进行对比，进行差异分析，并与领导者共同制定下一步的调整方案。

可见，在组织运行过程中，会计不仅提供了管理者决策所需要的核心信息，而且还直接参与了管理过程各阶段的决策与控制。因此，会计又是一项经济管理活动。

二、会计的分类

既然会计是一个经济信息系统，那么，不同的会计提供各种不同的信息。因此，会计按照不同的标志可以进行不同的分类。

（一） 营利组织会计与非营利组织会计

营利组织会计是指以营利为目的的企业组织的会计，也叫企业会计，例如，工厂、商店、酒店的会计；独资企业、合伙企业、股份公司的会计。营利组织强调投入资本的保值与增值。营利组织会计涉及接受投资、生产运营、分配利润等生产经营活动的全过程，因此，需要报告企业资产、负债、所有者权益，收入、费用、利润，以及现金流量等各方面的信息。

非营利组织会计是指不以营利为目的，服务于政府、行政机关和事业单位的会计，例如，政府机关、医院、疗养院、学校、幼儿园、图书馆、红十字会等的会计。在我国，非营利组织会计也称为预算会计，包括财政总预算会计、行政单位会计和事业单位会计三大类。

财政总预算会计反映和控制中央政府、省（直辖市、自治区）、市（地、州）、县（市）、和乡（镇）各级政府总预算的执行情况。

行政单位会计反映和控制国家各级行政机关和实行行政财务管理的其他机关、各党派政协机关预算经营取得、支出及其物资增减变动情况。

事业单位会计反映和控制文化、教育事业、卫生事业等各类事业单位业务资金的取得、使用及其结果。

非营利组织业务运营的主要目的，在于提供有益于社会的某种服务，不是为了获取利润。因此，报告的会计信息重点在于预算内资金和预算外资金的使用情况。

（二）财务会计与管理会计

财务会计与管理会计是现代企业会计的两大分支。

财务会计是指依据会计规范，按照会计确认、计量、记录和报告的程序与凭证、账簿、报表的核算方法，反映和控制企业资产、负债、所有者权益；收入、费用、利润；现金流入量、现金流出量、现金净流量的变化及其结果，并报告给企业外部的会计信息使用者。因此，财务会计提供的主要信息是企业经营活动的历史性信息。

管理会计是根据企业一定时期的管理目标与要求，提供企业内部经营管理的各类信息。企业内部管理信息的生成与提供不受会计准则与会计制度的约束，也不存在固定的模式和方法。其信息种类不仅包括历史信息，还包括企业对未来经营活动的预测、决策信息，以及进行成本、利润的控制与分析信息。

总之，财务会计与管理会计，既有区别，又相互联系。二者共同服务于提高企业内部管理水平，实现企业价值最大化的总体目标。

本书重点讨论企业会计及其与企业会计信息利用相关的问题。

第二节 会计基本假设

会计基本假设也称作会计核算的基本前提，研究的是会计信息系统运行所依据的客观环境，即会计与环境的关系。客观环境制约着会计信息系统的运行。只有把握了客观环境的状态，会计信息系统才得以运行。因此，必须设定一些前提条件，亦即会计信息系统运行的前提条件。这些前提条件也是会计准则建立的基础和约束条件。客观环境发生了变化，会计信息系统运行的前提条件也应作出调整与修正。我国《企业会计准则——基本准则》规定了四个会计核算的基本前提，即会计主体、持续经营、会计分期、货币计量。

一、会计主体

会计主体，也称会计实体或会计个体，是指会计工作为之服务的特定单位，这个特定单位可以是具有法人资格的企业，也可以是不具有法人资格的独资或合伙企业。企业无论是否具有法人资格，关键在于必须拥有或控制一定的经济资源，独立从事生产经营活动，并独立核算。

可见，会计主体基本前提规定了会计核算的空间范围。这一基本前提的主要意义在于：首先，要求特定的会计主体的经营活动与其所有者的利益区别开来；其次，要求特定会计主体的经营活动要与其他会计主体的经营活动进行明确的划分，也只有那些影响特定会计主体经济利益的各项交易或事项才能加以确认和计量；最后，这一前提条件明确了会计人员进行会计核算的立场，例如，本企业销售一些商品，对本企业而言是销售商品的业务，而对于对方企业而言，则是一笔购进商品的业务。

值得注意的一点是：会计主体不同于法律主体，一般而言，法律主体都是会计主体，但会计主体不一定是法律主体。例如：一个合伙企业，不是法律主体，但在会计核算上应作为会计主体，核算该合伙企业的资产和负债。又如，集团公司中的母、子公司都是独立的法律主体，但是，为了全面反映集团公司的财务状况、经营成果和现金流量，可将母子公司作为一个会计主体，编制合并会计报表。

二、持续经营

持续经营，是指会计主体的生产经营活动在可预见的未来，根据既定的经营目标持续经营下去，不会破产清算。明确这一前提的目的在于：该会计主体将按照既定用途使用资产，持续按照合同的规定偿还债务，相应地，会计人员就可以在此前提下选择会计政策和方法。例如，固定资产按预定使用年限提取折旧，无形资产按照既定年限摊销费用等。

持续经营只是会计主体根据生产经营的一般情况所作出的设定，实际上，任何企业均存在破产、清算的风险，一旦判定企业不能持续经营，处于破产清算状态，持续经营的前提条件就失去意义。此时，资产、负债的计价原则，固定资产折旧的提取，无形资产的摊销都将随之改变。

三、会计分期

会计分期，又称会计期间，是指将会计主体持续的生产经营活动人为地划分成连续、相等的期间，以便确认某个会计期间的收入、费用和利润；确认某会计期末的资产、负债和所有者权益。

根据持续经营的基本前提，会计主体的生产经营活动总是连续不断地进行的，但是，会计信息的使用者需要及时了解会计主体各期的财务状况、经营成果信息，以便作出投资、贷款等方面的决策。因此，会计工作人为地将连续不断的生产经营活动划分为若干期间，分期进行会计核算。

会计期间分为年度、半年度、季度和月度，其中，半年度、季度和月度均称作会计中期，以一年为单位确定的会计期间称为会计年度。在我国，会计年度从公历 1 月 1 日起至 12 月 31 日止。按年度编制的财务会计报告称为年度报告。对上市公司按半年度、季度提供的财务会计报告称为中期报告。

明确了会计分期前提，就限定了会计核算的时间范围。同时为会计核算的计价基础：权责发生制、会计信息质量特征中的可比性原则等的应用奠定了理论基础。

四、货币计量

货币计量，是指会计主体在会计核算过程中采用货币为计量单位，记录和报告会计主体的经营活动。也就是说，只有能够用货币计量的经济业务，才能计入会计主体的经济信息系统。

会计核算之所以选择货币为计量单位，是由货币本身的属性决定的。货币是衡量一般商品价值的共同尺度，也只有货币能够将财产、物品的重量、长度、容积、台、件等计量单位，转化成能够在数量上进行比较的价值单位，从而全面反映企业生产经营的过程和结果。会计法规定，会计核算以人民币为记账本位币。业务收支以人民币以外的货币为主的企业，可以选定其中一种外币为记账本位币，但是编报的财务会计报告应当折算为人民币。

货币计量基本前提还附含币值稳定的假设，即假定币值变动不大，对会计计量结果影响较小，因此，币值变动对经营活动的影响不予考虑。有了货币计价和币值稳定的基本前提，才有历史成本计价原则，即使存在通货膨胀，除个别国家的个别时期外，仍然可以将通货膨胀限定在一个认可的范围之内，货币计量与币值稳定的假设仍不可或缺。

上述会计核算的四个基本前提是相互依存、相互补充的。只有明确会计为之服务的特定主体，才能反映和控制持续经营会计主体的经营活动，为了满足市场经济活动的决策主体——人对会计信息的客观需要，才将连续不断的生产经营活动划分为若干会计期间；也只有采用货币计量才能全面、连续、系统地反映会计主体的财务状况、经营成果与现金流量。

应当指出的一点是，会计核算的基本前提是会计运行环境的客观规定。但是，如果会计环境发生较大变化，会计核算的事项不符合以上各项前提条件，则应采用特殊会计处理方法。

第三节 会计的职能与目标

会计的职能是会计本质的功能。会计本质的功能具有客观性。会计目标是会计信息使用者向会计信息系统提出的主观要求，这种要求受到会计职能的制约，同时随着社会经济环境的变化而变化。可见，会计的职能与目标是根据会计信息使用者的要求提供信息，属于会计信息需求范畴的问题。

一、会计的职能

从本质上讲，会计是一个经济信息系统，同时又是一项经济管理活动。因此，会计的基本职能即是反映和控制。

（一） 会计的反映职能

会计的反映职能是指会计作为经济信息系统，是以货币为主要计量单位，按照会计核算的程序和方法，对企业的经济活动进行系统、连续、全面的记录和计算，不仅提供企业经营活动的历史性信息，而且提供管理会计方面的未来性信息。会计的反映职能具有如下特点：

（1）会计主要采用货币量度，同时辅之以实物量度和劳动量度，核算企业经营活动的过程和结果。

（2）会计核算的基本程序，是按照会计确认、计量、记录和报告依次进行的。它与会计核算的设置账户、填制凭证、登记账簿、复式记账、成本计算、财产清查和编制财务报表七种方法，共同反映了会计信息的系统性。连续性，是指对经营活动的反映应按其发生的时间顺序进行。全面性，是指企业经营活动的各项内容，凡是能够进行货币计量的，应全部纳入会计信息系统中。

（3）会计不仅反映过去已经发生或完成的经营活动，而且要控制现在、预测未来，为管理部门的经营决策提供信息。

（二） 会计的控制职能

会计的控制职能，也称为会计的监督职能，是指会计在反映经营活动的同时，要监督经营活动的真实性、合法性及合理性，使企业的经营活动符合企业的经营目标。会计的控制职能具有如下特点：

（1）保证经营活动内容的真实性，是依据财务会计的基本程序和核算方法自身系统的严密性实现控制职能的。必须是具有法律效力的原始凭证的经济业务，才能进入会计信息系统。

（2）监督经营活动的合法性，是通过会计确认环节实现控制职能的，这种控制也称作反馈控制。任何一项经济业务是否进入会计信息系统，何时进入，首先要进行会计确认。会计确认也必须依据有效凭据和国家的法律、规定和制度，这是国家赋予会计的控制职能，不是财务会计自身固有的职能。

（3）实现经营活动的合理性，也是通过会计的反馈控制完成的。反馈控制是财务会计发挥控制职能的主要表现。通过财务会计对经营活动历史性信息的记录和计算，与预算或计划资料进行比较，揭示偏差，调整经营活动按照经营目标运行。

会计职能在基本职能基础上还有派生职能。这是因为经济活动的复杂化，要求人们不断提高管理水平，因而，会计的技术方法也不断扩展。首先，人们利用会计信息评价企业的经营业绩；其次，会计部门和会计人员还通过收集数据、加工信息参与企业的经营决策过程；最后，可以根据历史性信息与影响企业规划或预算期间的各项因素，预测企业的经营前景。应当注意的是，任何派生职能都离不开会计所提供的会计信息。因此，会计的反映职能是最根本的职能，而且它与控制职能又密不可分，相辅相成。没有反映职能提供的各种信息，控制就失去了依据，而控制的目的是为了保证反映更加真实准确。所提供的会计信息越是真实准确，对企业经营业绩的评价、企业作出的各项经营决策，以及对企业经营前景的预测，就会越客观，才能更加充分地发挥会计在经济管理中的作用。

二、会计的目标

会计的目标是指会计作为信息系统，所提供会计信息的标准与预期目的。如果说会计的职能是会计本质的功能，那么会计的目标就是会计职能的具体化。会计的职能是相对稳定的，而会计的目标则会随着社会经济环境的变化而变化，不同的社会制度和经济体制，会对会计的目标提出不同的要求。

关于会计目标，理论界有受托责任学派和决策有用学派之分。受托责任学派认为，会计的目标是对资源委托责任的考核，因此，会计信息的提供立足于过去，重点考核企业的经营业绩。决策有用学派认为，会计的目标是向会计信息使用者提供其决策有用的信息，财务会计报告的目标是向财务会计报告使用者提供与企业财务状况、经营成果和现金流量等有关的会计信息，反映企业管理层受托责任履行情况，有助于财务会计报告使用者作出经济决策。因此，会计信息的提供，不仅要求历史性信息，以反映企业管理层受托责任履行情况，而且更强调对未来的预测性信息。预测性信息对信息使用者的决策至关重要。

根据会计目标的定义，会计目标的设计应考虑两个问题：其一，谁是会计信息的使用者？其二，会计信息的使用者需要哪些信息？

在我国社会主义市场经济条件下，按照决策有用学派的思路，会计信息的使用者呈现多元化的趋向，主要包括以下几类：

1. 政府管理部门

国家的政府管理部门包括：统计、税务、财政、公用事业等部门，需要依据会计信息确定一定时期的宏观经济政策（例如：积极或稳健的财政政策，税种、税率的设置，税率的高低，以及公用事业、水、电、气价格的制定等），对国家进行宏观经济管理。另外，上市公司还要接受证券监督管理委员会、证券交易所的监督与管理。

2. 企业的外部利益集团

企业的外部利益集团是指公司的股东、债权人等。股份公司的股东包括目前的股东与潜在的股东，是企业经营成效最直接的利益关系者。他们时刻密切关注所持股份公司的各类信息，尤其是公司财务状况、经营成果、现金流量情况的信息，以便对公司经营的重大事项作出股份变更的决策。

债权人，是指公司负债资金的供应者，包括银行等金融机构、持有公司债券的社会公众以及材料、设备的供应商等。他们关注企业的持续经营能力、盈利能力与偿债能力。商业银行根据会计信息判断是否为企业提供贷款、贷款的期限与数量；债券持有者确定是否买入或卖出债券；供应商确定信用政策的类型。

3. 企业内部的管理者

企业管理当局、职工代表大会与工会组织、企业职工等，需要利用会计信息预测企业产品的市场占有率，以便作出融资决策、产品生产与设备配置决策，人事安排决策，以及对外投资决策。

尽管上述会计信息使用者的决策重点不同，对会计信息的需求也会有所不同，但是，三类会计信息是其共同关注的内容。会计管理部门通过设计通用的财务报表，提供给会计信息的使用者。这些财务报表包括：

（1）资产负债表，是从企业的资金来源与资金运用角度，报告企业特定时点的财务状况的报表。

（2）利润表，是从企业利用出资者与债权人提供的资金赚取利润多少的角度，报告企业一定时期的经营成果的报表。

（3）现金流量表，是从企业各类经济活动流入与流出现金的角度，报告企业一定时期的现金净流量的报表。

（4）所有者权益变动表，是反映企业年末所有者权益（或股东权益）变动的情况，并在一定程度上体现企业综合收益的报表。

可见，以上四张财务报表，分别提供不同的财务信息，同时又相互关联、相互补充。不同的信息使用者，可以根据决策要求选择使用。

第四节 会计对象和会计要素

一、会计对象

会计对象是指会计反映和控制的具体内容，企业会计反映和控制的内容是企业资金的价值运动。企业的资金运动有静态和动态两种表现形式，其静态形式表现为资金来源与资金占用，动态形式表现为资金的投入、资金循环与周转、资金的退出。

资金的投入，主要包括两个部分：其一是出资者投入的资金；其二是向债权人借入的款项。

资金的循环和周转是指企业运用货币资金，一方面，购置厂房、设备等劳动手段；另一方面，购置原材料等劳动对象。在采购环节，企业要核算采购成本，与供应商结算货款。在生产环节，劳动者利用劳动手段对劳动对象进行加工，生产出产成品，企业要发生原材料、工资及福利费，以及其他各种耗费，因此，要进行生产成本的核算。在销售与分配环节，在产成品销售出去的同时，又收回增值的货币资金，此时企业要进行成本费用的补偿、上缴各种税收、进行税后利润分配，从而完成资金的一次循环。以货币资金为起点和终点，资金的不断循环称为资金的周转。

资金的退出是指企业要按照与债权人的约定，按时偿还利息，到期归还本金；按照税法的有关规定上缴各种税收；按照公司章程向投资者分配利润，使得这部分资金退出本企业的生产经营活动。

综上所述，会计的对象就是企业在生产过程中资金的价值运动及其所反映的经营活动。也就是会计反映和控制的具体内容。

二、会计要素

会计要素是对会计对象的基本分类，是会计核算对象的具体化。前已述及，企业会计的对象就是企业资金的价值运动，然而资金价值运动的概念概括性太强，为了合理、准确地反映和控制企业经营活动的过程和结果，需要对会计对象进行分类，分解为相互独立、又相互联系的多个要素。因此，会计要素就是对会计对象的基本分类，是会计核算对象的具体化。会计工作的主要内容就是对会计要素进行确认、计量、记录和报告。至于会计对象要分成几个要素，应服从于会计信息使用者的要求。按照各类会计信息使用者共同关注的内容，企业至少应提供两类会计信息：一是一个会计主体特定时点财务状况的特定信息；二是一个会计主体在某一会计期间经营成果的动态信息。对此，会计对象被划分为六类会计要素，即资产、负债、所有者权益、收入、费用和利润。前三类会计要素是资产负债表的基本构件，其数量关系为：资产 = 负债 + 所有者权益；后三类会计要素是利润表的基本构件，其数量关系为：收入 − 费用 = 利润。

（一） 资产负债表会计要素

1. 资产

资产是指过去的交易或者事项形成的、由企业拥有或者控制的、预期会给企业带来经济利益的资源。资产具有以下特征：

（1）资产是由企业过去的交易或事项所形成的。资产必须是现时的资产，而不能是预期的资产。只有过去发生的交易或事项才能增加或减少企业资产，不能根据谈判中的交易或计划中的经济业务来确认资产。例如，已经发生的机器设备购买交易形成企业的固定资产，而计划发生的固定资产购买交易则不能确认为企业的资产。

（2）资产是企业拥有或者控制的。也就是说，凡是所有权属于企业的经济资源可确认为企业的资产；同时，那些所有权不属于企业，但企业能够支配的资产，与所有权属于企业的资产一样，企业能够排他性地从资产中获取经济利益（例如，以融资租赁方式租入的固定资产），虽然企业并不拥有其所有权，但企业能够控制该项资产，从而可视为企业的资产。

（3）资产能够直接或间接地给企业带来经济利益。所谓经济利益，是指该资产能够直接或间接地流入企业的现金或现金等价物。例如：企业使用资产加工产品，产品销售后收到现金；直接出售原材料收回现金；以厂房对外投资获得利润等。资产的本质特征就是为企业带来经济利益，如果某个项目不能为企业带来经济利益，就不能确认为资产。

资产按其流动性可以分为流动资产和非流动资产。凡满足以下条件之一的，应当归类为流动资产：①预计在一个正常营业周期中变现、出售或耗用。②主要为交易目的而持有。③预计在资产负债表之日起一年内（含一年）变现。④自资产负债表日起一年内，交换其他资产或清偿负债的能力不受限制的现金或现金等价物。流动资产一般包括货币资金、应收及预付款项、交易性金融资产、存货等。

流动资产以外的资产应当归类为非流动资产。非流动类资产一般包括：可供出售金融资产、持有至到期投资、投资性房地产、长期股权投资、长期应收款、固定资产、生产性生物资产、无形资产、商誉、长期待摊费用和递延所得税资产等。

2. 负债

负债，是指过去的交易或者事项形成的、预期会导致经济利益流出企业的现时义务。负债具有以下特征：

（1）负债是由过去的交易或事项产生的结果，是现时的义务。只有过去的交易或事项才能增加或减少负债，未来计划向银行借入的款项不能确认为企业的负债。

（2）负债中的现时义务包括法定义务和推定义务。法定义务是指企业在经济管理和经济协调中，依照经济法律、法规的规定必须履行的责任。比如，甲企业与丁企业签订购货合同产生的义务；企业按税法规定缴纳所得税的义务。推定义务，是指企业在特定情况下产生或推断出的责任。例如，甲企业为乙企业提供债务担保，是否可能形成甲企业的债务，要依据乙企业未来的经营情况和财务状况来确定。如果乙企业未来的经营情况和财务状况良好，且没有其他特殊情况，不会形成甲企业的债务；反之，则会形成甲企业的债务。

（3）负债的清偿预期会导致经济利益流出企业。例如，用现金偿债或用实物资产偿债均会导致资产流出企业。

负债按照偿还期限的长短，分为流动负债和非流动负债。凡满足下列条件之一的，应归类为流动负债：①预计在一个正常营业周期中清偿。②主要为交易目的而持有。③自资产负债表日起一年内到期应予以清偿。④企业无权自主将清偿推迟至资产负债表日后一年以上。流动负债一般包括：短期借款、交易性金融负债、应付及预收款项、应付职工薪酬、应交税费、其他应付款和预计负债等。

流动负债以外的负债应当归类为非流动负债。非流动负债一般包括：长期借款、应付债券、长期应付款、专项应付款和递延所得税负债等。

3. 所有者权益

所有者权益，是指企业资产减去负债后由所有者享有的剩余权益，股份公司的所有者权益又称为股东权益。所有者权益具有以下特征：

（1）所有者权益是一种永久性的资本，除非发生减资、清算事项，企业不需要偿还所有者权益。

（2）所有者权益的增减变动受所有者增减资以及企业留存收益多少等因素的影响。留存收益是企业历年经营所得净收益留存于企业尚未分配出去的部分。

（3）当企业清算时，企业在清偿全部债务后，剩余资产才能够用于偿还所有者。

（4）出资者根据其享有的所有者权益的份额，参与企业的利润分配。

所有者权益包括：实收资本、资本公积、盈余公积和未分配利润。

（二） 利润表会计要素

1. 收入

收入，是指企业在日常活动中所形成的、会导致所有者权益增加的、与所有者投入资本无关的经济利益的总流入。收入具有以下特征：

（1）收入产生于企业日常的生产经营活动，与所有者投入的资本无关，偶发的交易或事项产生的经济利益流入不属于企业的收入。所谓日常经营活动，是指与企业经营业务有关的经济活动，例如：制造业制造和销售产品，商品流通企业购进与销售商品等。有些经济活动，虽然不经常发生，但与企业日常活动有关，也应列为收入，例如，制造业销售积压的原材料，出租固定资产、无形资产等。但是，出售固定资产与无形资产则不属于日常经营活动，因为企业购置固定资产与无形资产的目的是为了使用，而不是出售，由此流入的经济利益不能计入收入，而是作为利得直接计入当期利润。

（2）收入可能表现为资产的增加，也可能表现为负债的减少。例如，企业销售商品可能增加银行存款或应收账款，也可能减少预收账款。

（3）收入会引起企业所有者权益的增加。

（4）收入只包括本企业经济利益的流入，而不包括为第三方或为客户代收的款项。例如：企业销售商品代国家收取的增值税，一方面增加了企业的资产，另一方面增加了企业的负债，并未增加企业的所有者权益，不属于本企业的经济利益，因而不能作为企业的收入。

2. 费用

费用，是指企业在日常活动中发生的，会导致所有者权益减少的、与向所有者分配利润无关的经济利益的总流出。费用具有以下特征：

（1）费用产生于企业的日常生产经营活动，与向所有者分配的利润无关，偶发的交易或事项产生的经济利益流出不属于企业的费用。例如，制造业生产产品耗用的原材料，支付的工资，销售产品的运输费、装卸费等，都属于企业的费用。企业的对外捐赠支出、有关的罚款和滞纳金，属于偶发的交易或事项，不属于企业的费用，它们作为损失减少企业的利润。

（2）费用可能表现为资产的减少，也可能表现为负债的增加，或二者兼而有之。例如，采购原材料可能引起银行存款的减少，也可能引起应付账款增加，或二者兼而有之。

（3）费用会引起企业所有者权益的减少。

企业的费用包括两个部分，即生产成本和期间费用。能予以对象化的费用就是成本，即生产成本，或称制造成本，包括原材料、工资及福利费和制造费用。当产品销售以后，生产成本转化为销售成本，应计入当期损益。不能予以对象化的费用就是期间费用，包括：销售费用、管理费用和财务费用，应直接计入当期损益。

3. 利润

利润，是指企业在一定会计期间的经营成果。利润包括收入减去费用后的净额、直接计入当期利润的利得和损失等。

利润的主要特征是：利润表示企业最终的经营成果，是一定会计期间内收入与费用配比的结果，因此，利润与收入和费用密切相关。企业只有取得收入，并补偿在生产经营过程中的各种费用，才能增加所有者权益；反之，收入不能抵补相应的费用，就会减少所有者权益。

利润包括营业利润、利润总额和净利润。营业利润是企业在销售商品、提供劳务等日常活动中所产生的利润，是企业的营业收入减去营业成本和营业税金及附加，再减去销售费用、管理费用、财务费用和资产减值损失，加上公允价值变动净收益、投资净收益后的余额；利润总额是营业利润加上营业外收入，减去营业外支出后的余额；净利润是利润总额减去所得税费用后的净额。

第五节　会计的基本程序和方法

一、会计的基本程序

会计的基本程序是指会计信息系统在加工数据，形成最终会计信息过程中的工作步骤，包括会计确认、计量、记录和报告四个环节。

（一） 会计确认

会计确认是指判断某项经营活动的信息是否应作为会计信息予以记录，以及何时记录，并最终列入财务报告的过程。会计确认是企业的交易或事项进入会计信息系统的第一步。是否是会计反映和控制的内容，是企业的交易或事项进入会计信息系统的基本标准。至于何时记录，即企业的交易或事项何时进入会计信息系统，指的是会计确认的时间基础。在商品经济条件下，商业信用广泛存在，使得经济业务发生的时间与相应的现金收支行为发生的时间往往不一致，因此，会计确认的时间基础有两种选择，即收付实现制和权责发生制。

（1）收付实现制。收付实现制是指以实际收到或支付款项的时间为基础确认本期的收入和费用。

（2）权责发生制。权责发生制是指在确认本期的收入和费用时以应该收到或应该付出的款项，而不是以实际收到或已经付出的款项为基础；以收到款项的权利而不是实际收到款项的时间确认收入；以支付款项的责任而不是实际支付款项的时间确认费用。我国《企业会计准则——基本准则》规定：企业应当以权责发生制为基础进行会计确认、计量和报告。

（二） 会计计量

会计计量是指作为会计信息进行记录的经营业务，依据货币计量单位以什么价值予以记录和报告。因此，会计计量要确定计量属性。会计计量属性主要包括：

（1）历史成本。在历史成本计量下，资产按照购置时支付的现金或者现金等价物的金额，或者按照购置资产时所付出的对价的公允价值计量；负债按照因承担现时义务而实际收到的款项或者资产的金额，或者承担现时义务的合同金额，或者按照日常活动中为偿还负债预期需要支付的现金或者现金等价物的金额计量。

(2) 重置成本。在重置成本计量下，资产按照现在购买相同或者相似资产所需支付的现金或者现金等价物的金额计量；负债按照现在偿付该项债务所需支付的现金或者现金等价物的金额计量。

(3) 可变现净值。在可变现净值计量下，资产按照其正常对外销售所能收到的现金或者现金等价物的金额扣减该资产至完工时估计将要发生的成本、估计的销售费用以及相关税费后的金额计量。

(4) 现值。在现值计量下，资产按照预计从其持续使用和最终处置中所产生的未来净现金流入量的折现金额计量；负债按照预计期限内需要偿还的未来净现金流出量的折现金额计量。

(5) 公允价值。在公允价值计量下，资产和负债按照在公平交易中，熟悉情况的交易双方自愿进行资产交换或者债务清偿的金额计量。

企业在对会计要素进行计量时，一般应当采用历史成本计量，采用重置成本、可变现净值、现值、公允价值计量的，应当保证所确定的会计要素金额能够取得并可靠地计量。

（三） 会计记录

会计记录是指对已经确认和计量的会计信息，按照填制凭证、登记账簿，编制财务报表等会计方法，反映在会计信息的载体中。会计记录使得会计对象具体化，通过账户的设置，采用复式记账法，可以分别提供企业经营活动的分类或者汇总的信息，以便于信息使用者的经济决策。

（四） 财务报告

财务报告是指经确认、计量和记录的会计信息，以财务报表和其他形式提供给会计信息的使用者。财务报告环节是会计确认、计量、记录的最终目的和结果。财务报告具体包括：资产负债表、利润表、所有者权益（或股东权益）变动表、现金流量表，以及会计报表附注。

二、会计核算方法

会计核算方法是会计信息系统运行所采用的具体手段。会计核算方法包括：设置账户、填制凭证、登记账簿、复式记账、成本计算、财产清查和编制财务报表共七种方法。

会计核算方法贯穿于会计的基本程序之中。在会计确认环节，首先应对取得的原始凭证进行审核，其次才能填制凭证。会计计量贯穿于会计信息系统的整个过程，在填制凭证时，必须要确定某项记录的金额；在成本计算时，需要确定某项费用的金额。要进行会计记录，首先应设置账户，其次是复式记账，再次是填制凭证，最后是登记账簿。财务报告是会计信息系统的最终产品，为保证产品质量，在编制财务报表之前必须进行账实核对，因此，要进行财产清查。

第六节 会 计 规 范

会计的目标是向会计信息使用者提供对决策有用的信息，这就要求会计信息的质量应当符合一定的标准。例如：要求企业提供的会计信息具有真实性，是对会计信息的基本要求，如果信息不真实，不能反映经济活动的本来面目，其会计信息就是无用信息。又如：企业提供的会计信息应具有相关性，强调会计信息应具有影响使用者决策的能力，只有会计信息对决策者有用，会计目标才能够实现，会计工作才具有实质意义。因此，会计规范就是约束会计信息符合质量与确认、计量标准的原则、准则和法律的总和。不同的社会经济制度、不同的企业组织形式，会产生不同的会计规范。

一、会计规范体系

我国的会计规范体系可分为四个层次：其一是《中华人民共和国会计法》，以下简称《会计法》；其二是《企业财务会计报告条例》；其三是《企业会计准则》；其四是《企业会计制度》。

（一）《中华人民共和国会计法》

《会计法》由全国人民代表大会常务委员会制定和发布，是会计规范体系中最高层次的法律，是调整我国社会经济生活中会计关系的法律规范，是制定其他会计法律法规的依据。

建国以后，我国首部《会计法》于1985年颁布，其主要目的是适应改革开放的需要，维护财经纪律，保障会计人员履行会计职责并享有相应的合法权利。随着“两则两制”的实施，1993年12月，对会计法进行了修订，主要强化了企业领导者的会计责任。此后，为解决日趋严重的会计信息失真问题，1999年10月又对会计法进行了再次修订，并于2000年7月1日起施行。新会计法全文共7章52条，主要内容如下：

第一章总则。总则明确了会计法的立法宗旨是规范会计行为，解决会计信息失真问题，保证会计资料的真实和完整；界定了会计法的适用范围，包括国家机关、社会团体、公司、企业、事业单位和其他组织；突出强调了单位负责人对会计信息的真实性和完整性负责，要求必须维护会计机构和会计人员的合法利益；明确指出，任何单位或个人不准以任何方式提供虚假财务会计报告，以及不得对抵制违法行为的会计人员进行打击报复；同时规定国家财政部门主管全国的会计工作，全国实行统一的会计制度。

第二章会计核算。会计核算是会计工作的核心，加强对会计核算工作的规范是会计法的重点。会计法规定了会计核算的基本要求、核算内容、会计年度、记账本位币、会计凭证、账簿的编制与登记要求、会计处理方法，财务报告的形式与责任、会计记录的文字及会计档案管理等。

第三章公司、企业会计核算的特殊规定。针对我国公司、企业会计信息失真的问题，《会计法》专设一章进行重点规范，规定公司和企业必须根据实际发生的经济业务，依据国家统一的会计制度组织会计核算；不得随意改变对会计要素的确认方法和计量标准；不得随意调整利润的计算和分配方法，编造虚假利润等。

第四章会计监督，明确提出三位一体的会计监督体系，即会计监督由单位内部会计监督、社会监督和国家监督组成，并对单位内部会计监督制度、相关人员在内部监督中的职责，对违法行为的检举和对检举人的保护，以及会计师事务所和国家各级政府部门的监督职责作出了具体规定。

第五章会计机构和会计人员，主要规定了会计机构的设置，总会计师的设置，会计机构负责人的任职资格，会计人员的从业资格与后续教育及会计工作交接的内容。

第六章法律责任，规定了违反会计核算和会计监督规定的法律责任，伪造、编造会计凭证、账簿，编制虚假财务会计报告的法律责任，隐匿或故意销毁会计资料的法律责任，单位负责人打击报复会计人员的法律责任，以及泄露举报人的法律责任等。法律责任包括行政处罚和刑事处罚。

第七章附则，明确了《会计法》中对单位负责人和国家统一会计制度的含义、个体工商户的会计管理办法，以及《会计法》的实施时间。

（二）《企业财务会计报告条例》

《企业财务会计报告条例》由国务院于2000年6月发布，2001年1月1日起实施。《企业财务会计报告条例》属于会计行政法规，依据《中华人民共和国会计法》制定，其主旨在于规范企业财务会计报告，保证财务会计报告的真实、完整。全文共6章46条，分别在财务会计报告的构成、编制、对外提供方面作出了具体规定；同时明确了违反《企业财务会计报告条例》的规定，编制、对外提供虚假财务报告及授意、指使、强令会计机构、会计人员及其人员编制、对外提供虚假财务报告应承担的法律责任。另外，还有国务院发布的《总会计师条例》及其他与会计工作相关的法规。

（三）《企业会计准则》

会计准则是对会计确认、计量和报告行为，保证会计信息质量作出的规范，也是对会计实践经验的概括和总结，还是评价会计工作的标准。

在英美等国家，会计准则传统的由民间组织制定。在大陆法系国家，例如：德国、法国，基本的会计准则和要求，均体现在公司法、商法和经济法中。我国的会计准则由会计事务的最高管理部门——财政部制定，同属于会计行政法规，具有法律效力。会计准则分为基本会计准则和具体会计准则两个层次。

1. 基本会计准则

基本会计准则，是用来指导具体会计准则的制定以及指导没有具体会计准则规范的交易的处理。

我国于1992年11月颁布的《企业会计准则》，即为基本准则，于1993年7月1日起实施。《企业会计准则》突破了多年的会计管理模式，统一了各种所有制，各部门和各行业的会计核算标准。但是，该准则的功能定位存在缺陷，主要表现在基本准则身兼二职，既用来指导各种应用准则和会计制度的制定，又用来直接规范会计核算工作。

2006年我国构建了与中国国情相适应同时又充分与国际财务报告准则趋同的、涵盖各类企业（小企业除外）、各项经济业务、独立实施的会计准则体系。基本会计准则定位于“概念框架”，类似于美国的“概念结构”和国际会计准则中的“编报财务报表的框架”。新的基本会计准则共11章50条，主要规范会计目标、会计基本假设、会计信息的质量要求，以及会计要素的确认和计量等内容。

2. 具体会计准则

具体会计准则分为一般业务准则、特殊业务准则和报告准则三类。一般业务准则主要规范各类企业普遍适用的一般经济业务的确认和计量，如存货、固定资产、投资、无形资产、资产减值、借款费用、收入、外币折算等准则项目。特殊行业的特定业务准则主要规范特殊行业中特定业务的确认和计量，如石油天然气、农业、金融工具和保险合同等准则项目。报告准则主要规范普遍适用于各类企业通用的报告类的准则，如现金流量表、合并财务报表、中期财务报告、分部报告等准则项目。

具体会计准则共38项，依次为：存货，长期股权投资，投资性房地产，固定资产，生物资产，无形资产，非货币性资产交换，资产减值，职工薪酬，企业年金基金，股份支付，债务重组，或有事项，收入，建造合同，政府补贴，借款费用，所得税，外币折算，企业合并，租赁，金融工具确认和计量，金融资产转移，套期保值，原保险合同，再保险合同，石油天然气开采，会计政策、会计估计变更和差错更正，资产负债表日后事项，财务报表列报，现金流量表，中期财务报告，合并财务报表，每股收益，分部报告，关联方披露，金融工具列报，首次执行企业会计准则。

（四）《企业会计制度》

《企业会计制度》是会计工作的具体行为规范，依据《中华人民共和国会计法》和《企业财务会计报告条例》制定。

新中国成立以来，我国主要是通过财政部颁布统一的会计制度来规范会计核算与管理工作的。1993 年以来，我国的会计制度按照行业和所有制的不同分别制定。随着经济体制改革的不断深入和对外开放政策的贯彻实施，以及对外经济技术交流和合作的日益增多，对会计核算提出了新的更高的要求。对此，财政部于 1992 年 11 月颁布了《企业会计准则》，同时在具体会计准则尚未出台的情况下，陆续颁布了 13 个分行业的会计制度，取代原来的会计制度。虽然行业会计制度仍然带有行业特点，但是，会计核算的前提条件、一般原则、会计要素的确认与计量均统一在基本会计准则的共同规范上。

随着我国社会主义市场经济体制的确立，为促进企业公平竞争和建立现代企业制度，适应世界经济一体化的发展趋势，尤其是针对我国资本市场发展中在会计方面出现的不规范行为，从会计政策和会计制度方面规范资本市场，财政部于 2000 年 12 月颁布了《企业会计制度》，2001 年 1 月 1 日起率先在上市公司实施，从 2002 年 1 月 1 日起在外商投资企业实施，取代原有的《外商投资企业会计制度》；国有企业截止到 2005 年止在三年内实施，取代了 13 个分行业会计制度。《企业会计制度》的实施是一项划时代的制度变革，可以说，实现了与国际会计管理的充分协调。

《企业会计制度》全文共 14 章 160 条，包括两部分内容。第一部分内容是会计核算的具体规定，进一步明确了六大会计要素与已出台的具体会计准则的相关概念和内容。第二部分是会计科目和会计报表，规定了会计科目的设置和使用方法、财务会计报告的格式和编制方法、会计报表附注的内容和编制方法，具有较强的可操作性。

2001 年 11 月，财政部发布了《金融企业会计制度》，并于 2002 年 1 月 1 日起施行；2004 年 4 月又发布了《小企业会计制度》，它们与《企业会计制度》共同构成了完整的企业会计制度体系。

此外，还有一些会计规范分散在其他法律、法规和规章中。例如：《公司法》《证券法》《税法》《商法》《票据法》等，以及《总会计师条例》《会计基本工作规范》《会计档案管理办法》等行政法规和规章，涉及会计工作的部分，也是会计核算应当遵守的。

二、会计信息质量要求

财务会计报告的目标是向财务会计报告使用者提供与企业财务状况、经营成果和现金流量等有关的会计信息，反映企业管理层受托责任履行情况，有助于财务会计报告使用者作出经济决策。因此，企业提供的会计信息必须符合质量要求，会计目标才能够实现。基本会计准则规定了八项标准，分别是：

（1）可靠性原则。可靠性原则要求企业应当以实际发生的交易或者事项为依据进行确认、计量和报告，如实反映符合确认和计量要求的各项会计要素及其他相关信息，保证会计信息真实可靠、内容完整。可靠性是高质量会计信息的重要基础和关键所在，如果企业以虚假的经济业务进行确认、计量、报告，属于违法行为，不仅会严重损害会计信息质量，而且会误导投资者，干扰资本市场，导致会计秩序混乱。

（2）相关性原则。相关性原则要求提供的会计信息对信息使用者的决策有用。会计信息应符合政府管理部门进行宏观经济管理的需要；满足股东、债权人作出投资决策和贷款决策的需要；满足企业内部管理者加强内部经营管理的需要。这就要求企业在收集、加工、处理和提供会计信息的过程中，充分考虑会计信息使用者的要求，在符合会计规范的前提下，采取多种方式提供全面、完整的会计信息。例如：对于特定用途的信息，如不能通过财务会计报告提供，可采用会计报表附注或附表的形式披露。

（3）可理解性原则。可理解性原则要求企业提供的会计信息应当清晰明了，便于投资者等财务报告使用者理解和使用。企业编制财务报告、提供会计信息的目的在于使用，而要使使用者有效使用会计信息，应当能让其了解会计信息的内涵，弄懂会计信息的内容，这就要求财务报告所提供的会计信息应当清晰明了，易于理解。坚持可理解性原则，就能保证会计信息的有用性，满足信息使用者的决策要求。

（4）可比性原则。可比性原则要求不同企业对同一会计事项或类似会计事项按照规定的会计核算方法进行处理，使其会计指标口径一致，相互可比。只有一个企业前后各期的会计信息一致，才能够使不同企业之间会计信息的比较有意义；可比性原则应当以可靠性原则为基础，只有各个企业的会计信息真实、可靠，不同企业会计信息的比较才有必要。

（5）实质重于形式原则。实质重于形式原则是指企业应当按照交易或事项的经济实质进行会计核算，而不是以其法律形式作为会计核算的依据。这是因为在实际工作中，有些会计事项的法律形式与经济实质不一致。例如：以融资租赁方式租入的固定资产，从法律上讲，在租赁期内承租企业并不拥有该项资产的所有权，但由于租赁期间取决于该项资产的使用寿命，而且租赁期满时，承租企业有优先购买权；在租赁期内承租企业有权支配资产并从中受益，所以从经济实质上看，企业能够控制该项资产所创造的未来收益，因此，在会计核算时，将融资租入资产视为承租企业的自有资产。

（6）重要性原则。重要性原则是指企业在会计核算中，对各项经济业务应当区别其重要程度，采用不同的会计处理方法。对企业财务状况和经营成果可能产生重大影响的重要会计事项，应分别核算，分项反映，并在财务报告中全面、详细地披露；对于次要的会计事项，在不影响会计信息真实性，不误导信息使用者的前提下，可以适当简化处理，合并反映。

（7）谨慎性原则。谨慎性原则也称为稳健原则，是指企业在会计核算中，合理确认并计量可能发生的费用和损失。谨慎性原则是针对经营活动中的不确定因素，防止意外情况发生对企业产生的重要影响，要求会计人员在会计处理上应当保持必要的职业谨慎，充分估计可能发生的风险，既不高估资产或收益，也不低估负债或费用。例如：对有证据表明已经发生减值的资产，应当计提减值准备；存货采用后进先出法计价；固定资产采用加速折旧法提取折旧等均是应用谨慎性原则的体现。

需要注意的是，谨慎性原则并不意味着企业可以设置秘密准备，因此，企业必须根据企业会计准则的具体规定应用谨慎性原则。

（8）及时性原则。及时性原则是指会计信息的时效性。它一方面要求当期发生的经济业务应在当期及时处理，不得拖延；另一方面，要求按照国家规定的时限对外提供会计信息，以保证会计信息的相关性。

本章小结

会计是一个经济信息系统，会计是一项经济管理活动。会计是随着社会生产的发展和经济管理的要求而产生、发展并不断完善的；会计信息是关于企业组织经营活动的过程和结果的信息；会计信息的生成与提供过程是由会计确认、会计计量、会计记录和会计报告四个环节形成的、相互影响与作用的一个完善的信息系统。强调会计是一项经济管理活动，是因为现代管理活动的信息获取、决策与计划、组织与领导、执行与控制四个阶段，每一个阶段都必须有会计人员的直接参与。

营利组织会计是指以营利为目的的企业组织的会计，需要报告企业资产、负债、所有者权益、收入、费用、利润、现金流量等各方面的信息。非营利组织的主要目的，是提供有益于社会的某种服务，不是为了获取利润。因此，报告的会计信息重点在于预算内资金和预算外资金的使用情况。

财务会计与管理会计是现代企业会计的两大分支。财务会计提供的主要信息是企业经营活动的历史性信息。管理会计提供的信息不仅包括历史信息，还包括企业对未来经营活动的预测、决策信息，以及进行成本、利润的控制与分析信息。

会计的职能是会计本质的功能。会计的目标是会计信息使用者向会计信息系统提出的主观要求。会计的基本职能是反映和控制。会计在基本职能的基础上还有派生职能。派生职能包括：评价企业的经营业绩、参与企业的经营决策过程、预测企业的经营前景。无论会计的基本职能还是派生职能，会计的反映职能是最根本的职能。

会计的目标是指会计作为信息系统，所提供会计信息的标准与预期目的。在我国社会主义市场经济条件下，会计信息的使用者主要包括：工商、税务等政府管理部门，公司的股东、债权人等外部利益集团，企业内部的管理者。会计信息的使用者主要需要企业特定时点的财务状况、企业一定时期的经营成果以及现金净流量情况三个方面的信息。

会计对象是指会计反映和控制的具体内容，企业会计反映和控制的内容是企业资金的价值运动。会计要素就是对会计对象的基本分类，是会计核算对象的具体化。一个会计主体特定时点财务状况的信息是通过资产、负债、所有者权益会计要素反映的；某一会计期间经营成果的动态信息，是通过收入、费用和利润会计要素反映的。

我国的会计规范体系可分为四个层次，即《中华人民共和国会计法》、《企业财务会计报告条例》、《企业会计准则》、《企业会计制度》。我国的《企业会计准则》和《企业会计制度》规定了四个会计核算的基本前提，即会计主体、持续经营、会计分期、货币计量。对会计信息质量提供了八项标准，包括：可靠性原则、相关性原则、可理解性原则、可比性原则、重要性原则、谨慎性原则、实质重于形式原则、及时性原则。

思考题

1. 如何理解会计与社会生产发展和经济管理的关系?
2. 什么是会计?
3. 会计有哪些职能?如何理解基本职能与派生职能的关系?
4. 会计的目标是什么?如何实现会计的目标?
5. 如何理解会计对象与会计要素的关系?
6. 会计要素分几类?各类的含义是什么?
7. 什么是资产、负债、所有者权益?各自包括哪些内容?
8. 收入和费用与企业所有者权益的关系如何?
9. 我国会计规范体系由哪几部分组成?各部分之间的关系是什么?
10. 什么是会计核算的基本前提?包括哪几项?各自的含义是什么?
11. 何谓权责发生制?
12. 会计计量属性主要包括哪几种?
13. 会计信息质量要求有哪些?各自的含义与作用是什么?
14. 会计信息与你所学专业有哪些关系?
15. 会计信息的质量应当由谁负责?(讨论题)

自测题

(一)选择题

1. 会计信息的使用者包括( )。

A. 公司的股东　　B. 公司的材料供应商
C. 公司的总经理　　D. 持有公司债券的社会公众

2. 下列项目中,( )是营利组织会计。

A. 医院会计　　B. 学校会计
C. 独资企业会计　　D. 税务部门会计

3. ( )是会计最根本的职能。

A. 控制职能　　B. 反映职能　　C. 预测职能　　D. 决策职能

4. 下列关于货币计量的叙述中,正确的是( )。

A. 我国的会计核算以人民币作为记账本位币
B. 业务收支以人民币以外的货币为主的企业,可以一种外币为记账本位币
C. 货币计量附含币值稳定的假设
D. 只要存在通货膨胀,货币计量前提便失去意义

5. 会计核算的( )前提,为可比性等原则的应用奠定了理论基础。

A. 会计主体　　B. 持续经营　　C. 会计分期　　D. 货币计量

6. 下列项目中,( )是会计信息的质量要求。

A. 持续经营　　B. 实质重于形式
C. 权责发生制　　D. 货币计量

7. 下列关于资产的叙述中,正确的是( )。

A. 资产是由企业过去的交易形成的

B. 只有所有权属于企业的经济资源才能够确认为资产

C. 资产能够直接给企业带来经济利益

D. 我国资产负债表资产项目是按流动性排序的

8. 下列项目中，属于会计计量属性的有（　　）。

A. 公允价值　　B. 历史成本

C. 重置成本　　D. 可变现净值　　E. 现值

9. 关于会计主体的说法中，正确的是（　　）。

A. 会计主体就是法人

B. 法人是会计主体，会计主体是法人和自然人

C. 合伙企业可以作为会计主体

D. 会计主体是独立核算的法人企业

10. 某企业在3月20日，采用赊销方式销售商品50 000元，6月20日收到货款存入银行。按权责发生制核算时，该项收入应属于（　　）。

A. 3月　　B. 4月　　C. 5月　　D. 6月

（二）判断题

1. 因为财务会计报告的会计信息主要是企业生产经营活动的历史性信息，因此，不受会计准则的约束。（　　）

2. 会计对象是会计反映和控制的具体内容，是对会计要素的分类。（　　）

3. 会计工作的主要内容是对会计要素进行确认、计量、记录和报告。（　　）

4. 负债是由过去的交易或事项产生的现时义务。（　　）

5. 谨慎性原则是指可以高估负债和费用，不准高估资产或收益。（　　）

6. 融资租入的固定资产，因企业可以控制，可视同自有固定资产核算。（　　）

7. 如果某项资产不能再为企业带来经济利益，即使是由企业拥有或者控制的，也不能作为企业资产在资产负债表中列示。（　　）

8. 同一企业在不同时期对于相同或类似的会计事项应当采用前后一致的会计处理方法，未经主管部门批准，不得改变。（　　）

9. 企业的营业利润是营业收入减去营业成本和营业税金及附加后的余额。（　　）

10. 管理会计提供的信息种类不仅包括历史信息，还包括企业对未来经营活动的预测、决策信息。（　　）

案例分析题

1. 某公司要精简一般管理人员，该公司职员周强有三个选择：

（1）留在该公司，年收入30 000元。

（2）下岗，每年下岗收入15 000元，但是，可以去贵霖大厦做保安工作，每月报酬1 500元。

（3）辞职，干个体。

最后，周强决定辞职，出资50 000元开了一个饭馆，下面是该饭馆开业一个月的经营情况：

（1）预付半年房租7 500元。

（2）购入各种原料及酒水15 000元，本月耗费其中的2/3。

（3）支付水电费等杂费共计1 250元。

（4）支付员工工资3 750元。

（5）取得营业收入25 000元。

要求：

（1）以上案例涉及哪几个会计要素？

（2）周强的选择对吗？

（3）在处理以上经济业务时，你运用了哪些会计原则？为什么？

2. 2013年1月，宏达公司产品销售量锐减。财务处预测公司本年度将发生1 000万元亏损。公司新任总经理一方面分析产品销售量减少的原因，另一方面，责成总会计师对会计报表进行会计技术处理，从而实现盈利目标。总会计师思想负担很重，不知如何抉择。

要求：

根据《会计法》和会计职业道德的要求，帮助总会计师作出正确的决策，并简要说明理由。

第二章

会计循环

案例与引言

年初，李大为与同学木塔和力普共同出资创建蓝天公司。根据公司章程，公司注册资本500 000元。李大为出资300 000元，为企业法人并任公司总经理。木塔和力普各出资100 000元，不参与公司的经营管理。1月末，公司相关财务数据如下：

（1）500 000元出资额，已存入企业在银行开设的存款户。

（2）购买设备200 000元，以银行存款支付。

（3）购买原材料150 000元，尚未付款。

（4）生产消耗材料40 000元。

（5）支付职工工资20 000元，以银行存款存入职工的银行卡。

（6）收入现金80 000元，存入银行。

（7）用银行存款归还应付账款50 000元。

（8）将应付账款50 000元转作对蓝天公司的投资。

李大为聘请华鉴会计事务所为其代理记账，该事务所注册会计师王丽简单翻阅了蓝天公司发生的经济业务及相应单据，用了两个小时编制出了1月份的资产负债表和利润表。

你认为王丽的工作程序是什么？蓝天公司发生的经济业务和相应单据与其资产负债表和利润表有何关系？

对以上问题的回答，正是本章的学习目标。

本章学习目标

- 会计等式及其含义
- 经济业务对会计等式的影响
- 会计科目与账户
- 借贷记账法的应用
- 会计凭证的意义与种类
- 会计账簿的意义与设置
- 会计循环的概念与步骤
- 账项调整

◆ 对账与结账
◆ 财务报告的意义与格式

第一节　会计等式

一、会计等式的意义

会计等式是反映会计要素之间数量关系的平衡公式，它揭示了六大会计要素之间的内在联系。任何组织形式的企业，无论规模大小，要开展正常的生产经营活动，必须具备一定数量的资产。资产的提供者，对其提供的资金有求偿权，即权益。债权人对其提供的资金，要求按期支付利息，到期归还本金，在会计要素中债权人的权益称之为负债。投资者对其提供的资金要求取得尽量高的投资报酬，在会计要素中投资者的权益称之为所有者权益，股份有限公司的投资者，是众多的股东，故其所有者权益叫做股东权益。

从另一个方向看，创办企业必须有资金，资金的来源有多种渠道，例如，发行股票、发行债券、向银行借入款项等，但众多资金渠道，其资金性质只有两类，一类资金是债权人提供的资金；另一类资金是投资者的出资。因此，一个企业拥有的资产和权益，是同一资金的两个不同的侧面，二者相互依存，互为因果。在数量上，一个企业的资产总额与权益总额是相等的，二者关系可用数学公式表示如下：

资产＝权益

或者

资产＝负债＋所有者权益

这是基本的会计等式，又称为第一会计等式，它说明了某一会计主体在某一特定时点所拥有的各种资产，以及债权人和投资者对企业资产要求权的基本状况；它也是复式记账、会计核算的基础；同时，资产、负债及所有者权益三个会计要素是资产负债表的基本构件，从静态角度揭示了企业的财务状况。

如果将基本等式移项，可得：

资产－负债＝所有者权益

这是基本等式的变形形式，是从所有者的角度说明负债是借入资金，而所有者的出资是企业的自有资金，因此，当企业资不抵债时，首先应偿还债权人的资金，其次才能在所有者之间分配；这也说明所有者的风险，高于债权人的风险。或者说，所有者权益是企业全部资产抵偿全部负债以后的剩余，也称为“剩余权益”，或曰净资产。当企业的经营状况逐渐恶化时，剩余权益会逐渐变小为零，甚至出现负数。

创办企业的目的是为了最大限度地赚取利润。企业出售商品、提供劳务会取得收入；为了取得收入，又会发生相应的耗费和支出。例如，企业生产产品耗费的材料费用及其他费用、生产产品使用的厂房、设备而提取的固定资产折旧费等，这些耗费的货币表现就是费用。企业一定时期的收入减去全部费用后的差额就是企业的经营成果，即利润。收入、费用和利润之间的关系用数学公式表示如下：

收入－费用＝利润

该等式反映经营者利用债权人和出资人提供的资金赚取利润的过程；同时，收入、费用和利润三个会计要素是利润表的基本构件，从动态角度说明了企业一定时期的盈利或亏损情况。

一般而言，企业取得的收入会导致企业资产的增加（或者负债的减少），从而增加所有者权益；费用的发生会相应减少企业的资产（或者增加负债），从而减少所有者权益。所有者一方面享有企业的盈利；另一方面也必须负担企业的亏损，承担出资额被侵蚀的风险。上述两个会计等式之间的关系，可用如下等式表示：

资产 +（收入 - 费用）= 负债 + 所有者权益 + 利润

如果等式左方的收入减去费用为正，即为盈利，则等式右方的所有者权益应加上利润额，说明所有者权益增加了，投资者的出资额实现了保值与增值；如果等式左方的收入减去费用为负，即为亏损额，则等式右方的所有者权益应减去亏损，说明所有者权益减少了，投资者的出资额不仅未能保值，而且因费用大于收入而被侵蚀。

该等式描述了企业在年终进行利润分配前资产负债表等式与利润表等式之间的关系，可称之为复合等式。复合等式一方面说明，利润表等式是对资产负债表等式的补充和说明；另一方面说明，企业的所有者权益由两部分构成：其一是所有者的出资额，其二是企业实现的利润留在企业积累的部分，即留存收益。企业在利润分配之后，分配给投资者的股利，退出了企业的资金循环系统；留存收益则成为了所有者权益的组成部分。复合会计等式又演变为基本会计等式。

二、经济业务对会计等式的影响

凡是能够以货币计量的特定会计主体的经济业务，均可以通过会计等式进行反映和记录。根据本章引言中案例资料的八项经济业务，作为【例1】~【例8】，可以说明资产负债表等式与利润表等式的状况及其关系。

【例1】 500 000元出资额，已存入企业在银行开设的存款户。

	资产		负债 + 所有者权益
	银行存款	=	实收资本
①	500 000		500 000

【例2】 购买设备200 000元，以银行存款支付。

	资产			负债 +	所有者权益
	银行存款 +	固定资产			实收资本
期初余额	500 000				500 000
②	(200 000)	200 000	=		
期末余额	300 000	200 000			500 000
总　额	500 000				500 000

【例3】 购买原材料150 000元，尚未付款。

	资产				负债 +	所有者权益
	银行存款 +	固定资产 +	原材料		应付账款	实收资本
期初余额	300 000	200 000		=		500 000
③			150 000		150 000	
期末余额	300 000 +	200 000 +	150 000		150 000	500 000
总　额	650 000				650 000	

【例4】 生产消耗材料40 000元。

	资产				负债 +	所有者权益
	银行存款 +	固定资产 +	原材料		应付账款	实收资本
期初余额	300 000	200 000	150 000	=	150 000	500 000
④			(40 000)			(40 000)
期末余额	300 000	200 000	110 000		150 000	460 000
总　额		610 000			610 000	

【例5】 支付职工工资20 000元，以银行存款存入职工的银行卡。

	资产				负债 +	所有者权益
	银行存款 +	固定资产 +	原材料		应付账款	实收资本
期初余额	300 000	200 000	110 000	=	150 000	460 000
⑤	(20 000)					(20 000)
期末余额	280 000	200 000	110 000		150 000	440 000
总　额		590 000			590 000	

【例6】 收入现金80 000元，存入银行。

	资产				负债 +	所有者权益
	银行存款 +	固定资产 +	原材料		应付账款	实收资本
期初余额	280 000	200 000	110 000	=	150 000	440 000
⑥	80 000					80 000
期末余额	360 000	200 000	110 000		150 000	520 000
总　额		670 000			670 000	

【例7】 用银行存款归还应付账款50 000元。

	资产				负债 +	所有者权益
	银行存款 +	固定资产 +	原材料		应付账款	实收资本
期初余额	360 000	200 000	110 000	=	150 000	520 000
⑦	(50 000)				(50 000)	
期末余额	310 000	200 000	110 000		100 000	520 000
总　额		620 000			620 000	

【例8】 将应付账款50 000元转作对蓝天公司的投资。

	资产				负债 +	所有者权益
	银行存款 +	固定资产 +	原材料		应付账款	实收资本
期初余额	310 000	200 000	110 000	=	100 000	520 000
⑧					(50 000)	50 000
期末余额	310 000	200 000	110 000		50 000	570 000
总　额		620 000			620 000	

通过上述案例，说明任何一项经济业务均不会破坏会计等式的平衡关系。经济业务对会计等式左右双方的影响规律，不外乎以下四种类型：

第一，等式左方资产项目与等式右方负债和所有者权益项目同时增加，增加金额相等。如经济业务（1）和（3）。

第二，等式左方资产项目与等式右方负债和所有者权益项目同时减少，减少金额相等，如经济业务（7）。

第三，等式左方资产项目内部一增一减，增减金额相等，如经济业务（2）。

第四，等式右方负债和所有者权益项目一增一减，增减金额相等，如经济业务（8）。

经济业务（4）和（5）是为取得收入而发生的费用，经济业务（6）是企业收入。从混合会计等式看，企业的收入增加，导致所有者权益的增加；企业费用的发生，导致所有者权益的减少。从本案例看，企业期末所有者权益总额570 000元，由两部分构成，第一部分，是所有者的出资额550 000元，其中500 000元为李大为与同学木塔和力普的出资额；另外50 000元，是材料供应商的债权转作了股权投资；第二部分是收入80 000元减去费用60 000元之后的利润20 000元，全部作为企业的积累资金。说明企业的资本实现了保值和增值。

以上八项经济业务引起六大会计要素发生变化。其结果，资产由期初的500 000元，增加到620 000元；负债为50 000元；所有者权益，由期初的500 000元增加到570 000元，其汇总表如表2-1所示。

表2-1 经济业务汇总表

单位：元

摘要	资产+（收入-费用）			负债+所有者权益（+利润）	
	银行存款	固定资产	原材料	应付账款	实收资本和利润
（1）所有者投资余额	500 000 500 000	—	—	—	500 000 500 000
（2）付购买设备款余额	（200 000） 300 000	200 000 200 000	—	—	— 500 000
（3）购料未付款余额	— 300 000	— 200 000	150 000 150 000	150 000 150 000	— 500 000
（4）生产消耗材料余额	— 300 000	— 200 000	（40 000） 110 000	— 150 000	（40 000） 460 000
（5）支付职工工资余额	（20 000） 280 000	— 200 000	— 110 000	— 150 000	（20 000） 440 000
（6）收入现金余额	80 000 360 000	— 200 000	— 110 000	— 150 000	80 000 520 000
（7）归还应付账款余额	（50 000） 310 000	— 200 000	— 110 000	（50 000） 100 000	— 520 000
（8）应付款转投资余额	— 310 000	— 200 000	— 110 000	（50 000） 50 000	50 000 570 000
总额		620 000		620 000	

第二节　账户与借贷记账法

一、会计科目与账户

（一）会计科目

会计对象是企业资金的价值运动。会计要素是对会计核算对象所作的基本分类。上节内容正是利用会计要素构成的会计等式反映和记录企业经营活动的过程和结果。但是，在实际工作中，企业的经济业务数量繁多，复杂多样，使用会计等式反映经营活动很不方便；而且，会计等式仅涉及六个会计要素，不能提供经济活动的详细信息，因此，需要对会计要素作出进一步的分类。

会计科目就是按照经济内容对会计要素所作的具体分类。例如，企业为了生产产品，要购入原材料；企业的产品完工入库，是等待销售的库存商品。原材料、库存商品均属于企业的资产，因此，要对资产这一会计要素进行详细的记录，就需要将资产要素中相同的内容归为一类，设立一个会计科目。因此，在《企业会计准则——应用指南》中，明确规定了会计科目的含义、名称、编号及核算内容，使其对会计要素的分类更具科学性，不同的内容口径一致，相互可比，又给企业一定的灵活性，在制度统一分类基础上，企业可以根据自身经营特点和管理要求，增减会计科目或调整会计科目的核算内容。同时，根据会计科目设置账户、编制凭证及登记账簿。

根据2006年财政部颁布的《企业会计准则——应用指南》，会计科目分为六大类，即资产类、负债类、共同类、所有者权益类、成本类和损益类。会计科目表如表2-2所示。

表2-2　会计科目表

顺序号	会计科目编号	会计科目名称	顺序号	会计科目编号	会计科目名称
		一、资产类	14	1403	原材料
1	1001	库存现金	15	1404	材料成本差异
2	1002	银行存款	16	1405	库存商品
3	1012	其他货币资金	17	1406	发出商品
4	1101	交易性金融资产	18	1407	商品进销差价
5	1121	应收票据	19	1408	委托加工物资
6	1122	应收账款	20	1411	周转材料
7	1123	预付账款	21	1471	存货跌价准备
8	1131	应收股利	22	1501	持有至到期投资
9	1132	应收利息	23	1502	持有至到期投资减值准备
10	1221	其他应收款	24	1503	可供出售金融资产
11	1231	坏账准备	25	1511	长期股权投资
12	1401	材料采购	26	1512	长期股权投资减值准备
13	1402	在途物资	27	1521	投资性房地产

（续）

顺序号	会计科目编号	会计科目名称	顺序号	会计科目编号	会计科目名称
28	1531	长期应收款	61	2801	预计负债
29	1532	未实现融资收益	62	2901	递延所得税负债
30	1601	固定资产			三、共同类
31	1602	累计折旧	63	3101	衍生工具
32	1603	固定资产减值准备	64	3201	套期工具
33	1604	在建工程			四、所有者权益类
34	1605	工程物资	65	4001	实收资本
35	1606	固定资产清理	66	4002	资本公积
36	1611	未担保余值	67	4101	盈余公积
37	1701	无形资产	68	4103	本年利润
38	1702	累计摊销	69	4104	利润分配
39	1703	无形资产减值准备	70	4201	库存股
40	1711	商誉			五、成本类
41	1801	长期待摊费用	71	5001	生产成本
42	1811	递延所得税资产	72	5101	制造费用
43	1901	待处理财产损溢	73	5201	劳务成本
44	190101	待处理流动资产损溢	74	5301	研发支出
45	190102	待处理固定资产损溢			六、损益类
		二、负债类	75	6001	主营业务收入
46	2001	短期借款	76	6051	其他业务收入
47	2201	应付票据	77	6061	汇兑损益
48	2202	应付账款	78	6101	公允价值变动损益
49	2203	预收账款	79	6111	投资收益
50	2211	应付职工薪酬	80	6301	营业外收入
51	2221	应交税费	81	6401	主营业务成本
52	2231	应付利息	82	6402	其他业务成本
53	2232	应付股利	83	6403	营业税金及附加
54	2241	其他应付款	84	6601	销售费用
55	2401	递延收益	85	6602	管理费用
56	2501	长期借款	86	6603	财务费用
57	2502	应付债券	87	6701	资产减值损失
58	2701	长期应付款	88	6711	营业外支出
59	2702	未确认融资费用	89	6801	所得税费用
60	2711	专项应付款	90	6901	以前年度损益调整

会计科目按其提供信息的详细程度，可分为总分类科目和明细分类科目。

总分类科目，又称总账科目或一级科目，它是对会计要素的具体内容所作的总括分类，提供概括性的会计信息。

明细分类科目，又称明细科目，是对某一总分类科目的核算内容所作的详细分类，提供会计要素具体内容的详尽而具体的信息。明细科目的设置，在不违反统一会计核算要求的前提下，企业可以根据需要自行确定。

如果某一总分类科目包括的明细科目较多，可以在总分类科目和明细科目之间增设二级科目，形成总分类科目、二级科目和明细科目三个层次，或称为一级科目、二级科目、三级科目，必要时还可以设置四级科目、五级科目。例如，在“原材料”总分类科目下，按材料大类设置“原料及主要材料”“辅助材料”“修理用备件”等二级科目，在“原料及主要材料”二级科目下按原料类别设置“钢材”“铜材”三级科目，在“钢材”三级科目下设置“圆钢”“角钢”四级科目。

（二）账户

账户是根据会计科目的名称设置的，具有一定的格式和结构的实体，能够分类反映会计要素的增减变动情况和结果。

会计科目和账户都是对会计要素所作的具体分类，但是，会计科目是设置账户的依据，账户是会计科目在记账过程中的应用，是对经济业务发生后的分类记录；会计科目没有具体的格式和结构，而账户则有一定的格式和结构。

账户的结构指的是账户的各个组成部分。企业发生的任何一项经济业务，尽管内容不同，但从数量上看，对会计要素的影响不外乎增加和减少两种情况，因此，账户结构的基本部分就是账户的左方与右方，一方记录会计要素具体内容的增加，另一方记录会计要素具体内容的减少。具体到每一个账户，左方登记增加额还是减少额；右方登记增加额还是减少额，取决于账户的性质与经济业务的内容。习惯上，账户的简化格式可用“T”形账户表示如下：

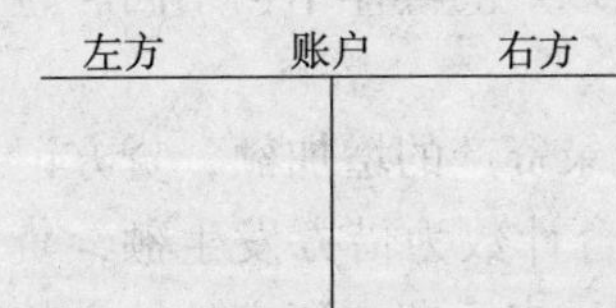

每一个账户均是一方记录一定会计期间会计要素具体内容的增加金额；另一方记录一定会计期间会计要素具体内容的减少金额。增加金额与减少金额相抵后的差额，称之为账户余额。账户余额按其表现的时间，分为期初余额和期末余额。通过账户的记录，可提供期初余额、本期增加发生额、本期减少发生额、期末余额四项核算指标。

期初余额是相同账户上期的期末余额，结转到本期即为期初余额。

本期增加发生额是指一定会计期间内账户记录的会计要素具体内容增加金额的合计数。

本期减少发生额是指一定会计期间内账户记录的会计要素具体内容减少金额的合计数。

期末余额，是期初余额加上本期增加发生额，减去本期减少发生额以后的差额。

二、借贷记账法

（一）借贷记账法的概念

在设置会计科目，并根据会计科目开设账户之后，需要选用记账方法，以便具体记录会计要素的增减变动。借贷记账法是目前世界各国广泛使用的一种记账方法。在我国的会计规范中，明确规定我国境内所有企业的会计核算一律采用借贷记账法。

借贷记账法的出现与意大利资本主义经济的产生和发展密切相关。最早使用借贷记账法的是借贷资本家。借贷资本家把借出去的款项记入借主方下，表示债权增加；对收进的存款记入贷主方下，表示债务增加。当借贷资本家收回借款，贷款人归还贷款时，再作相反的记录，表示债权债务的冲销。随着资本主义的发展，借贷记账法逐步应用到其他行业，同时，会计记录不仅反映债权债务的变化，而且要记录实物性资产的增减变动。于是“借”和“贷”逐渐失去原来字面的含义，成为一种纯粹的记账符号。

借贷记账法是一种复式记账法。与复式记账法相对应的是单式记账法。单式记账法通常只设置库存现金、银行存款、应收账款、应付账款等账户，不设置实物类账户，对所发生的经济业务，只在一个账户中登记。例如：用银行存款购买材料 1 000 元，只在银行存款账户中记录银行存款减少 1 000 元，不记录材料的增加额。可见，单式记账法不能全面反映经济业务的内容和来龙去脉，不便于检查账户记录的正确性，因此，这种记账方法已经很少使用了。

借贷记账法是指以借和贷作为记账符号，对企业发生的每一项经济业务均要以相等的金额同时在两个或两个以上相互联系的账户中进行登记的一种记账方法。例如，用银行存款 50 000 元购置一台机器设备，一方面要记录“固定资产”的增加金额 50 000 元，另一方面，要记录“银行存款”减少 50 000 元。可见，这种记账方法，要求一项经济业务在两个或两个以上相互联系的账户中同时记录，不仅能够反映经济业务的全部内容和来龙去脉，而且，通过借方金额与贷方金额的记录，可以进行记录结果的试算平衡，及时检查账户记录是否正确。

（二）借贷记账法的账户结构

借贷记账法账户的基本结构分为左、右两方，左方为借方，右方为贷方。具体到某一个账户究竟哪一方记录经济业务的增加金额，哪一方记录经济业务的减少金额，要根据账户的性质来决定，不同性质的账户，其账户的具体结构不同。

1. 资产类账户

资产类账户的结构是：借方记录资产的增加额，贷方记录资产的减少额。在一个会计期间内（月、季、年），借方记录的合计数为借方发生额，贷方记录的合计数为贷方发生额。资产类账户如有余额，一般在借方，表示期末资产的结余数额。其计算公式如下：

$$\text{资产类账户借方期末余额} = \text{借方期初余额} + \text{本期借方发生额} - \text{本期贷方发生额}$$

资产类账户的结构，用“T”形账户表示如下：

借方		资产类	贷方
期初余额	500 000		
（1）增加金额	200 000	（1）减少金额	100 000
（2）增加金额	50 000	（2）减少金额	300 000
本期发生额	250 000	本期发生额	400 000
期末余额	350 000		

2. 负债类和所有者权益类账户

在会计等式中，负债和所有者权益列在等号右方，与资产类方向相反，因此，其账户结

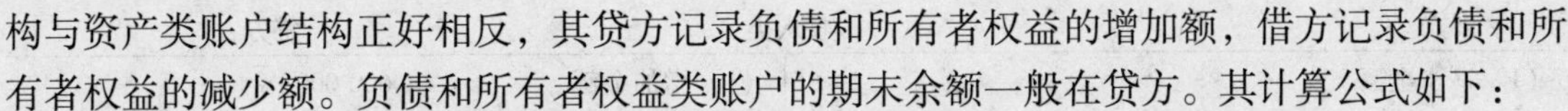

构与资产类账户结构正好相反，其贷方记录负债和所有者权益的增加额，借方记录负债和所有者权益的减少额。负债和所有者权益类账户的期末余额一般在贷方。其计算公式如下：

$$\text{负债和所有者权益类账户贷方期末余额} = \text{贷方期初余额} + \text{本期贷方发生额} - \text{本期借方发生额}$$

负债和所有者权益类账户的结构，用“T”形账户表示如下：

借方		负债和所有者权益类	贷方
		期初余额	0
减少金额	100 000	（1）增加金额	200 000
		（2）增加金额	80 000
本期发生额	100 000	本期发生额	280 000
		期末余额	180 000

3. 成本类账户

成本类账户指的是制造业在产品生产过程中的生产成本，也称制造成本；或各类企业在劳务提供过程中的各种耗费。无论制造成本或劳务成本，在产品或劳务未加工（或提供）完成之前，处于在产品形态，与尚未耗用的原材料、尚未销售的产成品一样，都属于企业的资产，因此，成本类账户的结构与资产类账户的结构相同。成本类账户的借方记录生产成本、制造费用及劳务成本的增加额；贷方记录生产成本、制造费用及劳务成本的减少额或结转额。生产成本账户与劳务成本账户，在期末产品或劳务未完工时，期末余额在借方，表示未完工产品或未完工劳务的成本。制造费用账户借方记录产品生产过程中发生的各种间接费用，例如，车间管理人员工资、车间一般耗费等；贷方将归集的费用按照一定标准分配给各成本计算对象后，期末没有余额。

成本类账户的结构，用“T”形账户表示如下：

借方		成本类	贷方
期初余额	0		
（1）增加金额	120 000	减少额或转出额	180 000
（2）增加金额	60 000		
本期发生额	180 000	本期发生额	180 000
期末余额	0		

4. 损益类账户

损益是指企业某一会计期间取得的收入与其所发生的费用配比相抵之后的差额，因此，损益类账户包括两类账户，一类是收入类账户，另一类是费用类账户。

（1）收入类账户。收入的增加会导致所有者权益的增加，因此，收入类账户的结构与所有者权益类账户基本相同。贷方记录收入的增加额，借方记录收入的减少额或结转额，期末将收入类账户的贷方发生额减去借方发生额之后的差额转入本年利润账户，与本期的费用相配比，以确定本期利润，因此，收入类账户期末一般没有余额。

收入类账户的结构，用“T”形账户表示如下：

借方		收入类	贷方
（1）减少金额		（1）增加金额	600 000
（2）转出金额	660 000	（2）增加金额	60 000
本期发生额	660 000	本期发生额	660 000

（2）费用类账户。收入减去费用等于利润，费用的发生会导致所有者权益的减少，因此，费用类账户与收入类账户的结构正好相反。其借方记录费用的增加额，贷方记录费用的减少额，期末将费用类账户的借方发生额减去贷方发生额之后的差额转入本年利润账户，与本期的收入相配比，计算出本期利润，因此，费用类账户期末一般也没有余额。

费用类账户的结构，用“T”形账户表示如下：

借方		费用类	贷方
（1）增加金额	280 000	（1）减少金额	
（2）增加金额	20 000	（2）结转金额	300 000
本期发生额	300 000	本期发生额	300 000

根据利润表等式对资产负债表等式的影响过程与基本会计等式在利润分配之后的变动结果，我们可将资产类、负债类、所有者权益类、成本类及损益类五类账户的结构作出如下归纳。如表2-3所示。

表2-3 各类账户结构

账户类别	借 方	贷 方	余 额
资产类	增加	减少	一般在借方
成本类	增加	减少与结转	一般在借方或无余额
费用类	增加	减少与结转	一般无余额
负债类	减少	增加	一般在贷方
所有者权益类	减少	增加	一般在贷方
收入类	减少与结转	增加	一般无余额

可见，五类账户的结构可归纳为两大类：资产类、成本类、费用类均为借方记录增加额，贷方记录减少额，期末如有余额，一般应在借方；负债类、所有者权益类、收入类均为贷方记录增加额，借方记录减少额，期末如有余额，一般应在贷方。而损益类中的收入类账户与费用类账户，期末时应结转入本年利润账户，使之本期收入与其相应的费用进行配比，以便计算当期实现的利润或发生的亏损，因此，损益类账户期末一般无余额。

（三）借贷记账法的记账规则

借贷记账法是以借和贷作为记账符号，要求一项经济业务必须同时在相互联系的两个或两个以上的账户中记录；也就是说，一方面将某项会计要素的变化记入有关账户的借方，另一方面应以相等的金额将另一项会计要素的变化记入相关账户的贷方。无论借方或贷方使用几个账户，其该项经济业务记录的借方金额合计与贷方金额合计必定相等。借贷记账法的记账规则可通过蓝天公司1月份继续发生的经济业务说明如下：

【例9】 公司向银行借入短期借款100 000元，已存入存款户。

此项经济业务发生后，一方面引起银行存款的增加，应记入资产类会计要素“银行存款”账户的借方；另一方面，引起负债类会计要素的增加，应记入负债类“短期借款”账户

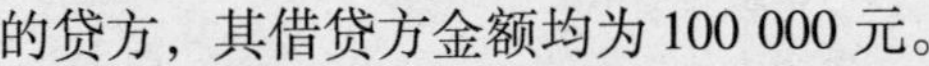

的贷方，其借贷方金额均为100 000元。

【例10】 从银行提取库存现金2 000元备用。

此项经济业务发生后，一方面引起“库存现金”账户的增加；另一方面，引起“银行存款”账户的减少。“库存现金”与“银行存款”账户都属于资产类，因此，应记入“库存现金”账户的借方；同时记入“银行存款”账户的贷方，其借贷方金额均为2 000元。

【例11】 以银行存款支付本月水电费1 000元。

此项经济业务，一方面说明发生水电费1 000元，应记入费用类账户“管理费用”的借方；另一方面，引起银行存款的减少，应记入资产类账户“银行存款”的贷方。其借贷方金额均为1 000元。

【例12】 以银行存款96 000元预付公司1年房租。

此项经济业务，一方面虽然支付房租的时间在1月份，但受益期限为1年。按照权责发生制确认基础，不应全部确认为本月的费用。因此，应先记入“预付账款”账户的借方；另一方面引起银行存款这个资产类账户的减少，应记入“银行存款”账户的贷方；其借贷方金额均为96 000元。

根据以上例题，可对借贷记账法的记账规则总结如下：

（1）任何一项经济业务必须同时记录到相互联系的两个或两个以上的账户中去；而且所记录的账户既可以是同类账户，也可以不是同类账户。

（2）所记录的账户必须是两个记账方向，有的账户记入借方，有的账户记入贷方；无论借方记入几个账户或贷方记入几个账户，其借方金额合计与贷方金额的合计数必定相等。因此，借贷记账法的记账规则是有借必有贷，借贷金额必相等。

（四）借贷记账法的账户对应关系和会计分录

1. 账户对应关系

根据借贷记账法的记账规则，一项经济业务，不仅记入了某个或某几个账户的借方，同时记入了另外一个或几个账户的贷方，而且其借方金额合计与贷方金额合计必定相等，从而使得记录该项业务的账户之间就发生了应借应贷的相互关系。账户之间的这种相互关系，称为账户的对应关系。发生对应关系的账户，彼此称为对应账户。通过账户的对应关系，可以了解经济业务的内容，检查经济业务的处理是否正确。

2. 编制会计分录

为了保证账户对应关系的正确性，在记账之前，应根据经济业务所涉及的账户及其借贷方向和金额编制会计分录。会计分录是对某项经济业务应记入的账户名称、借贷方向和金额的记录。会计分录是否正确，直接影响会计信息的质量。

会计分录的编制，可以按照以下步骤进行：

首先，分析经济业务涉及哪些对应账户，确定应登记账户的名称。

其次，确认所涉及账户的性质，是属于资产类、成本与费用类还是属于负债和所有者权益及收入类。

再次，分析所涉及账户的增减变动情况，确认记账方向及金额。

最后，检查所编制的会计分录是否正确，借贷方金额是否相等。

根据经济业务的内容与复杂程度，会计分录分为简单会计分录与复合会计分录。简单会计分录是只涉及一借一贷两个对应账户的会计分录。复合会计分录是指由两个以上对应账户组成的会计分录。

例如，某公司购入原材料，价款120 000元，其中，以银行存款支付20 000元，其余款项暂欠。应编制会计分录如下：

借：原材料 120 000
　贷：银行存款 20 000
　　应付账款 100 000

或 借：原材料 20 000
　贷：银行存款 20 000
借：原材料 100 000
　贷：应付账款 100 000

应当注意的一点是，复合会计分录不仅能够简化记账工作，而且能够反映经济业务的来龙去脉，因此，不能将不同类型的经济业务合并编制多借或多贷的复合会计分录。

根据蓝天公司1月份发生的1～12项经济业务，编制会计分录如下：

（1）投资人投资500 000元，已存入银行存款账户：

借：银行存款 500 000
　贷：实收资本 500 000

（2）购买设备200 000元，以银行存款支付：

借：固定资产 200 000
　贷：银行存款 200 000

（3）购买原材料150 000元，款项未付：

借：原材料 150 000
　贷：应付账款 150 000

（4）生产消耗材料40 000元：

借：主营业务成本 40 000
　贷：原材料 40 000

（5）以银行存款支付职工工资20 000元，其中，管理人员工资8 000元，营业人员工资12 000元：

借：管理费用 8 000
　销售费用 12 000
　贷：银行存款 20 000

（6）取得收入80 000元，存入银行：

借：银行存款 80 000
　贷：主营业务收入 80 000

（7）以银行存款50 000元，归还应付账款：

借：应付账款 50 000
　贷：银行存款 50 000

（8）将应付账款50 000元转作对蓝天公司的投资：

借：应付账款 50 000
　贷：实收资本 50 000

(9) 向银行借入短期借款 100 000 元，存入银行存款户：

借：银行存款　　100 000

　贷：短期借款　　100 000

(10) 从银行提取库存现金 2 000 元备用：

借：库存现金　　2 000

　贷：银行存款　　2 000

(11) 以银行存款支付本月水电费 1 000 元：

借：管理费用　　1 000

　贷：银行存款　　1 000

(12) 以银行存款 96 000 元，预付公司 1 年房租：

借：预付账款　　96 000

　贷：银行存款　　96 000

（五） 过账和试算平衡

1. 过账是指将审核无误的会计分录记录到账户中去的过程。

开设和登记账户的程序是：

首先，画出“T”形账户并写明账户名称及借贷方向。在实际工作中，是在账簿中的预留账页注明账户名称。

其次，登记有关账户的期初余额。资产类、成本类账户的期初余额在借方，负债和所有者权益类账户的期初余额在贷方。

再次，依据会计分录标明的各账户借贷方向及金额，分别记入相应账户，同时注明经济业务序号。

最后，月末，全部经济业务过账完毕，应对各账户进行结账，即月结。月结是在最后一笔经济业务的下面，画一道通栏红线，在线下分别计算本期借、贷方发生额；在计算出的本期借、贷方发生额下面再画一道通栏红线，计算出期末余额。根据蓝天公司 1 月份 1 ~ 12 笔会计分录，过账如下：

库存现金

借		贷	
(10)	2 000		
本期发生额	2 000		
期末余额	2 000		

银行存款

借		贷	
(1)	500 000	(2)	200 000
(6)	80 000	(5)	20 000
(9)	100 000	(7)	50 000
		(10)	2 000
		(11)	1 000
		(12)	96 000
本期发生额	680 000	本期发生额	369 000
期末余额	311 000		

借		原材料	贷
(3)	150 000	(4)	40 000
本期发生额	150 000	本期发生额	40 000
期末余额	110 000		

借		预付账款	贷
(12)	96 000		
本期发生额	96 000		
期末余额	96 000		

借		固定资产	贷
(2)	200 000		
本期发生额	200 000		
期末余额	200 000		

借		短期借款	贷
		(9)	100 000
本期发生额		本期发生额	100 000
		期末余额	100 000

借		应付账款	贷
(7)	50 000	(3)	150 000
(8)	50 000		
本期发生额	100 000	本期发生额	150 000
		期末余额	50 000

借		实收资本	贷
		(1)	500 000
		(8)	50 000
		本期发生额	550 000
		期末余额	550 000

借	主营业务收入		贷
		(6)	80 000
		本期发生额	80 000
		期末余额	80 000

借	主营业务成本		贷
(4)	40 000		
本期发生额	40 000		
期末余额	40 000		

借	管理费用		贷
(5)	8 000		
(11)	1 000		
本期发生额	9 000		
期末余额	9 000		

借	销售费用		贷
(5)	12 000		
本期发生额	12 000		
期末余额	12 000		

2. 试算平衡

借贷记账法的试算平衡，是根据会计等式和记账规则，验证会计分录和账户记录是否正确的一种方法。

借贷记账法对企业发生的每一项经济业务，均按照“有借必有贷，借贷金额必相等”的规则来编制会计分录和登记账户，因此，每一笔会计分录的借方金额合计与贷方金额合计必然相等。同理，在会计期末，将一个月内的全部经济业务登记入账以后，全部账户的借方发生额合计与贷方发生额合计也必然相等。结出期末余额后，全部账户的期末借方余额合计与期末贷方余额合计也必然相等。借贷记账法的试算平衡，有发生额试算平衡和余额试算平衡两种方法。

发生额试算平衡法：

全部账户借方本期发生额合计 = 全部账户贷方本期发生额合计

余额试算平衡法：

全部账户借方余额合计 = 全部账户贷方余额合计

在实际工作中，试算平衡是通过编制试算平衡表完成的，通常是在月末结出每个账户的本期发生额和期末余额以后，一般按照先资产负债表项目后利润表项目的顺序，将各账户的本期发生额与余额抄入试算平衡表，再加总计算。根据前述1～12笔经济业务与相应账户记录，编制试算平衡表，如表2-4所示。

表2-4 试算平衡表

201×年1月31日 单位：元

账户名称	本期发生额		期末余额	
	借方	贷方	借方	贷方
库存现金	2 000		2 000	
银行存款	680 000	369 000	311 000	
原材料	150 000	40 000	110 000	
预付账款	96 000		96 000	
固定资产	200 000		200 000	
短期借款		100 000		100 000
应付账款	100 000	150 000		50 000
实收资本		550 000		550 000
主营业务收入		80 000		80 000
主营业务成本	40 000		40 000	
管理费用	9 000		9 000	
销售费用	12 000		12 000	
合计	1 289 000	1 289 000	780 000	780 000

应当说明的是，试算平衡只是根据借贷金额是否平衡来检查账户记录是否正确。如果借贷方发生额或余额不平衡，可以肯定账户的记录或计算有错误；但是，借贷平衡却不能肯定记账没有错误，因为有些错误并不影响借贷双方的平衡，例如，整个会计分录被漏记、重记；填反了记账方向或用错了账户名称等，也不影响试算结果的平衡。因此，编制会计分录与登记账户均需进行复核，以保证会计信息的正确性。

第三节 会计凭证和账簿

经济业务发生是会计信息的源数据；会计账户和借贷复式记账法，正是借助了会计凭证和账簿这两种信息载体，按照一定的会计程序和方法，最终生成会计报表这一会计信息的综合载体，并以财务报告的形式报告给各类信息使用者。本节主要介绍会计凭证和账簿是如何记录和储存会计信息的；会计报表作为会计循环的产成品，将在下一节财务会计循环中介绍。

一、会计凭证

（一）会计凭证的概念

会计凭证是记录经济业务、明确经济责任的书面证明，也是登记账簿的依据。填制和审核会计凭证是会计核算的重要方法。

任何一项经济业务的发生或完成，是以会计凭证的记录作为有效证据的，因此，及时客观地填制会计凭证，是提供会计信息的首要环节。

经济业务从发生开始，到会计凭证的取得，再到传递至会计部门进行会计记录，其中的每一个环节均要求有经办人员的签字与盖章。这就明确了各个经办人员对经济业务的真实性、合法性及合理性的经济责任，从而形成经办人员之间的监督与牵制机制，以充分发挥会计在经济管理中的重要作用。

登记账簿必须依据有效可靠的凭据，而会计凭证能够证明经济业务发生，并记录经济业务的完成情况，因此，会计凭证是登记账簿的主要依据。

会计凭证按其用途，分为原始凭证和记账凭证两种。

（二） 原始凭证

1. 原始凭证的概念与种类

原始凭证是在经济业务发生时取得或填制的，是记录和证明经济业务发生与完成情况的原始依据，它不仅提供了编制会计凭证的主要数据，而且是登记账簿的原始依据。

原始凭证按其来源不同，可以分为外来原始凭证和自制原始凭证。

外来原始凭证是企业经济业务发生时从企业以外的单位取得的，例如，购货时从供货单位取得的发票，付款时从收款单位取得的收据，银行转来的收款或付款通知单等。如表 2-5 所示的增值税专用发票即为外来原始凭证。

表 2-5 增值税专用发票

开票日期：　年　月　日　　　　发票联　　　　增 A（4）No 0126348

购货单位	名称		纳税人登记号	
	日期		开户银行及账号	

商品或劳务名称	计量单位	数量	单价	金额									税率（%）	税额								
				百	十	万	千	百	十	元	角	分		百	十	万	千	百	十	元	角	分
合计																						

价税合计（大写）	佰 拾 万 仟 佰 拾 元 角 分________		
销货单位 名称		纳税人登记号	
地址电话		开户银行及账号	

收款人：　　　　　　　　开票单位（未盖章无效）

自制原始凭证是由本单位的经办人员在办理经济业务时自行填制的，例如，企业采购材料运达企业后填制的“收料单”、生产产品领用材料的“领料单”等。如表 2-6、表 2-7 所示的收料单与领料单格式即为自制原始凭证。

表2-6 收料单

供货单位：惠安公司 凭证编号：001
发票编号：0808 201×年1月6日 收料仓库：1号库

材料类别	材料编号	材料名称及规格	计量单位	数量		金额			
				应收	实收	单价	买价	运杂费	合计
轴承	1001	深沟球轴承	对	20	20	450	9 000	28	9 028
	1002	推力球轴承	对	10	10	200	2 000	22	2 022
备注						合计			11 050

保管员： 收料：

表2-7 领料单

领料单位：一车间 凭证编号：002
用　途：甲产品 201×年1月6日 发料仓库：1号库

材料类别	材料编号	材料名称及规格	计量单位	数量		单价	金额
				请领	实发		
轴承	1001	深沟球轴承	对	10	10	450	4 500
备注		合计					4 500

记账： 发料： 领料部门主管： 领料：

自制原始凭证又可分为一次凭证、累计凭证和汇总原始凭证。一次原始凭证是对一项经济业务或若干同类经济业务，在其发生或完成后一次性填制的凭证。

累计凭证是在一定时期内经济业务多次发生，分次连续记录同类经济业务填制的原始凭证。例如，限额领料单，如表2-8所示。

表2-8 限额领料单

领料单位： 凭证编号：
用　途： 201×年1月 发料仓库：

材料类别	材料编号	材料名称及规格	计量单位	全月领用限额	全月实发总数	计划单价	金额	备注
			个	200	200	200	40 000	

生产计划部分负责人： 供应部门负责人：

日期	请领		实发			扣除代用		退库		限额结余
	数量	领料单位负责签章	数量	发料人签章	领料人签章	数量	领料单编号	数量	退料单编号	
1月6日	100	张亮	100	王浩	刘金					100
⋮	⋮	⋮	⋮	⋮	⋮					⋮

汇总原始凭证是根据一定时期内若干张反映同类经济业务的原始凭证进行汇总、编制的凭证，例如，发料凭证汇总表，如表2-9所示。

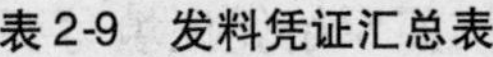

表2-9 发料凭证汇总表 第1号

201×年1月 附件6张

日 期	领料单张数	贷方科目 原材料	借方科目	
			生产成本	管理费用
1～10	2	8 000	6 000	2 000
11～20	2	9 600	7 600	2 000
21～31	2	12 000	11 000	1 000
合 计	6	29 600	24 600	5 000

财务主管：李江　记账：王立　复核：张研　制单：魏敏

2. 原始凭证的内容与填制

由于经济业务内容不同，因而记录经济业务的原始凭证种类较多，格式各异。但是，任何原始凭证都必须具备如下内容：

（1）原始凭证的名称。

（2）填制凭证的日期和凭证编号。

（3）经济业务的内容摘要。

（4）经济业务涉及的财物数量和金额。

（5）经办人员签名和盖章。

（6）对外凭证要有对方单位名称。

（7）对外凭证要加盖填制单位公章。

原始凭证作为经济业务的原始证明，其填制必须符合一定的要求，包括以下几项：

（1）内容真实。填制凭证必须反映经济业务的实际情况，凭证填制的日期、经济业务的内容、数量与金额必须真实可靠、计算正确，不得弄虚作假。

（2）项目齐全。凭证规定的项目必须全部填列，不得省略和遗漏，必须有经办人员的签名或盖章，以便责任分明。

（3）书写规范。凭证上的文字和数字的书写应清晰、工整、规范、易于辨认。如果出现填写错误，应采用划线更正法更正。不得任意涂改或刮擦，并由更正人员在更正处盖章。涉及库存现金、银行存款收付的原始凭证，如收据、发票等，应连续编号，按顺序使用，如果填写错误，一律不准更改，只能作废重填，并在填错的凭证上加盖“作废”章，与存根联一起保存。

（4）填制及时。要求在经济业务发生或完成后及时填制原始凭证，并按规定程序及时传递到会计部门，经审核无误后据以编制记账凭证。

3. 原始凭证的审核

原始凭证的审核是会计监督作用的具体体现。经过审核，确认无误的原始凭证，才能作为编制记账凭证的依据。原始凭证审核的内容主要包括三个方面：

（1）合法性审核。根据国家有关的政策、法令、制度，以及本企业的计划、预算等，审核经济业务有无违反财经制度、不按计划或预算办事等行为，是否符合审批权限和手续，有无伪造、涂改凭证及虚报冒领等违规行为。

（2）合理性审核。审核企业发生的各项经济业务是否有利于企业提高经济效益。

（3）凭证项目与正确性审核。按照原始凭证填写要求，审核填写项目是否齐全，书写是否规范，数量、金额的计算是否正确。

（三）记账凭证

1. 记账凭证的概念与种类

记账凭证是由会计人员根据审核后的原始凭证编制的会计分录，它是登记账簿的直接依据。

根据记账凭证所记录的经济业务是否与库存现金和银行存款的收付有关，记账凭证可分为收款凭证、付款凭证和转账凭证三种。

（1）收款凭证。是用来记录库存现金和银行存款收入业务的记账凭证，根据反映库存现金和银行存款收入业务的原始凭证填制。

（2）付款凭证。是用来记录库存现金和银行存款支出业务的记账凭证，根据有关反映库存现金和银行存款付出业务的原始凭证填制。

收款凭证和付款凭证是登记库存现金日记账和银行存款日记账以及有关明细账和总账的依据，也是出纳人员收入、付出款项的依据。收款凭证和付款凭证的格式如表2-10与表2-11所示。

表2-10 收款凭证

借方科目：库存现金　　201×年1月6日　　现收字第1号

摘　要	贷方总账科目	明细科目	借或贷	金额									
				千	百	十	万	千	百	十	元	角	分
李江还款	其他应收款		贷					2	0	0	0	0	0
合　计								2	0	0	0	0	0

财务主管：　记账：　出纳：　审核：　制单：

表2-11 付款凭证

贷方科目：银行存款　　201×年1月3日　　银付字第2号

摘　要	借方总账科目	明细科目	借或贷	金额									
				千	百	十	万	千	百	十	元	角	分
付材料款	原材料	A材料	借				1	0	0	0	0	0	0
合　计							1	0	0	0	0	0	0

财务主管：　记账：　出纳：　审核：　制单：

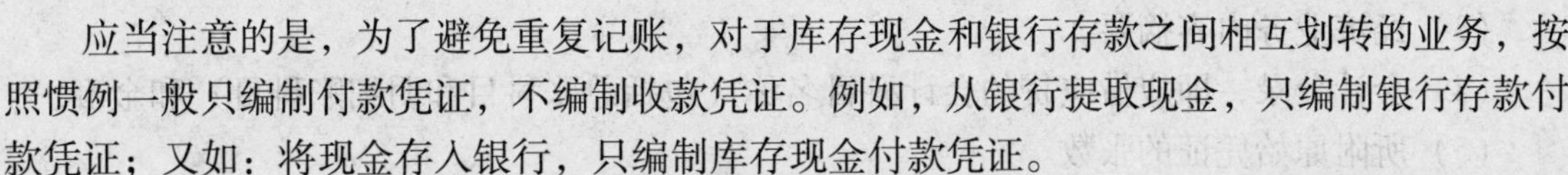

应当注意的是，为了避免重复记账，对于库存现金和银行存款之间相互划转的业务，按照惯例一般只编制付款凭证，不编制收款凭证。例如，从银行提取现金，只编制银行存款付款凭证；又如：将现金存入银行，只编制库存现金付款凭证。

（3）转账凭证。是用来记录不涉及库存现金和银行存款收付业务的记账凭证。

转账凭证根据库存现金和银行存款业务以外的原始凭证填制。转账凭证不设主体科目，某项经济业务所涉及的科目，分别填列在借方金额和贷方金额栏内，以反映借贷对应关系。转账凭证的格式如表2-12所示。

表2-12　转账凭证

201×年1月8日　　　　转字第5号

摘　要	总账科目	明细科目	借方金额										贷方金额									
			千	百	十	万	千	百	十	元	角	分	千	百	十	万	千	百	十	元	角	分
生产耗料	主营业务成本	甲产品				4	0	0	0	0	0	0										
	原材料															4	0	0	0	0	0	0
合　计						4	0	0	0	0	0	0				4	0	0	0	0	0	0

财务主管：　　　记账：　　　出纳：　　　审核：　　　制单：

在实际工作中，收款、付款和转账凭证通常采用不同颜色印制，以示区别。

另外，对于经济业务较少的单位，也可以不分收款、付款和转账业务，只设置一种通用格式的记账凭证。通用记账凭证与转账凭证的格式相同。如表2-13所示。

表2-13　记账凭证

附单据12张　　　　201×年1月18日　　　　第5号

摘　要	借　方		贷　方		金　额									
	总账科目	明细科目	总账科目	明细科目	千	万	十	万	千	百	十	元	角	分
购　料	原材料						1	2	0	0	0	0	0	0
			银行存款					2	0	0	0	0	0	0
			应付账款	T公司			1	0	0	0	0	0	0	0

复核：　　　制单：　　　记账：

通用记账凭证的特点是，一项经济业务可以完整地反映在一张记账凭证上，例如，表2-13采购原材料的业务，其中100 000元款项未付；另20 000以银行存款支付。但是对于规模较大的企业，不便于汇总涉及库存现金和银行存款的收付款业务。

2. 记账凭证的基本内容

记账方法不同，记账凭证的格式也有所区别；即使采用同一记账方法，各个单位使用的记账凭证也不完全一致。但它们都必须具备如下内容：

（1）记账凭证的名称和填制单位名称。

（2）记账凭证填制日期和编号。

（3）经济业务内容摘要。

（4）会计分录，即应借应贷的会计科目名称（包括总账科目和明细账科目）和金额。

（5）所附原始凭证的张数。

（6）会计主管、制单、审核、记账人员签章。收款和付款凭证还应有出纳人员的签章。

3. 记账凭证的填制

记账凭证可以根据每一张原始凭证填制，也可以把若干张反映同类经济业务的原始凭证汇总后填制，或者将若干张反映同类经济业务的原始凭证汇总，编制汇总原始凭证，再据以填制记账凭证。

由于记账凭证是登记账簿的直接依据，从而影响会计信息的质量，因此，填制记账凭证必须符合规定的要求，主要包括以下几点：

（1）根据经济业务内容，准确地使用会计科目，保证会计分录的正确性；同时，明细科目应填写齐全，以便于总账和明细账的登记。

（2）会计科目之间的对应关系应清楚、明了，避免将不同类型的经济业务合并填列在一张记账凭证上。

（3）摘要栏应简单概括地写明经济业务的内容。

（4）记账凭证后面一般应附上所依据的原始凭证，并注明所附原始凭证的张数，以便于复核和查阅。

（5）按照记账凭证种类连续编号，如果一项经济业务需要填制多张记账凭证，应采用分数编号法。例如，第8号记账凭证，需编制三张记账凭证，其编号可分别为$8\frac{1}{3}$、$8\frac{2}{3}$和$8\frac{3}{3}$。

二、会计账簿

（一） 会计账簿的概念与作用

会计账簿是由一系列相互联系的具有专门格式的账页组成，以会计凭证为依据，全面、连续、系统地记录经济业务的簿记。

会计账簿在会计循环系统中处于承前启后的作用。首先，会计账簿通过对记账凭证分散会计资料的归类记录，能够为各类资金管理提供数据。企业发生的每一项经济业务在根据原始凭证编制记账凭证后，完成了记录经济业务的第一步，但是，每张记账凭证上记载的只是个别经济业务，提供的只是分散的和零星的会计核算资料，因此，会计账页就是把不同记账凭证中分散的会计资料，按照账户进行归类登记和记录的结果。会计账簿又是由一系列的会计账页所组成的会计簿记，簿记只是账簿的外在形式，账户的分类记录才是账簿的实质内容。例如：本期购入两批共100t原材料，本期生产产品分三批领用90t原材料，两批购料应分别编制两张记账凭证，借记原材料账户，反映原材料的增加；三批领料应分别编制三张记账凭证，贷记原材料，反映原材料的减少。只有将五张记账凭证分别登记到账簿中的原材料账户，才能集中反映原材料增加的数额与减少的数额，以及期末库存的数额。通过原材料账户可以分析企业各期原材料的购入、耗用情况，以及期末占用在原材料上的资金，从而发现企业在材料采购与领用中的问题，促使企业不断改进工作，提高管理水平。

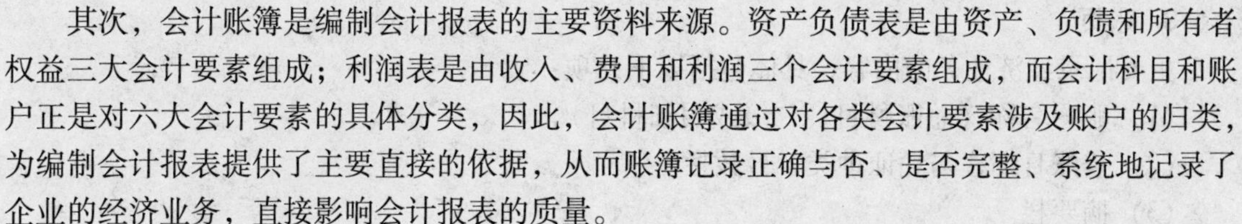

其次，会计账簿是编制会计报表的主要资料来源。资产负债表是由资产、负债和所有者权益三大会计要素组成；利润表是由收入、费用和利润三个会计要素组成，而会计科目和账户正是对六大会计要素的具体分类，因此，会计账簿通过对各类会计要素涉及账户的归类，为编制会计报表提供了主要直接的依据，从而账簿记录正确与否、是否完整、系统地记录了企业的经济业务，直接影响会计报表的质量。

（二） 会计账簿的种类

1. 会计账簿按用途分类

会计账簿按用途不同，可分为序时账簿、分类账簿和备查账簿三种。

（1）序时账簿。也称日记账，是按照经济业务发生时间的先后顺序，逐日逐笔进行登记的簿记。日记账按照记录内容的不同，可分为普通日记账和特种日记账两种。对于采用电子计算机数据处理系统的企业，将其全部业务分类、逐日逐笔登记的日记账叫做普通日记账。特种日记账是用来记录某类重要的经济业务，逐日逐笔登记的日记账。我国企事业单位主要设置库存现金日记账和银行存款日记账两种特种日记账。

（2）分类账簿。是根据设置的账户对经济业务分类登记的账簿。分类账簿按其提供核算资料的详细程度不同，又分为总分类账簿和明细分类账簿两类。总分类账簿简称总账，是根据会计科目开设，用来提供总括核算资料；明细分类账簿简称明细账，是根据总分类账簿中总账科目开设，用来提供某个总账科目详细的会计核算资料。

（3）备查账簿。也称辅助账簿，是对某些不能在序时账簿和分类账簿中记录或记录不全的经济事项进行补充登记的账簿。备查账簿不是企业必须设置的账簿，是企业根据对某些经济业务数据的实际要求情况设置。例如，租入固定资产登记簿，受托加工材料登记簿等。

2. 会计账簿按照外表形式分类

会计账簿按照外表形式分类，可分为订本式账簿、活页式账簿和卡片式账簿三种。

（1）订本式账簿。是在使用之前就装订成册的账簿。这种账簿的账页印有连续编号，可以避免账页散失和被人抽换；但该账簿在同一时间内，只能由一个人登记，不便于分工，也不便于根据需要增减账页。企业的日记账和总分类账一般采用订本式账簿。

（2）活页式账簿。是在使用时将零散的账页装在账夹内，可根据实际需要随时增减账页的账簿。活页账簿便于多人分工记账；但其账页容易散失和被人抽换。

（3）卡片式账簿。是在使用时将许多具有一定格式的零散的卡片存放在卡片箱内由专人保管的账簿。这种账簿主要用于记录内容比较复杂的财产明细账，例如，固定资产明细账等。

活页账和卡片账在使用完毕或更换新账时，应装订成册，妥善保管。

（三） 会计账簿的基本内容

不同类别的会计账簿，由于记录经济业务内容的不同，其格式有较大区别，但各类账簿都应具备以下基本内容：

1. 封面

主要注明账簿名称和记账单位名称。

2. 扉页

主要填列账簿启用的日期和截止日期；页数、册次、经管账簿人员一览表及其签章；账户目录、财务主管和会计人员签章等。

3. 账页

主要记录经济业务的内容，具体包括以下几项：

(1) 账户名称（总账科目、二级或明细科目）。

(2) 登账日期栏与凭证种类、号数栏。

(3) 摘要栏。

(4) 借、贷方金额及余额栏。

(5) 本账簿页数与本账户页数。

(四) 会计账簿的结构与登记

任何一个财务独立核算单位，都应设置一定种类和数量的账簿，具体包括日记账和分类账。

1. 日记账的结构与登记

由于库存现金和银行存款是直接的流通货币，因而是会计核算的重点内容，在我国，企业应设置库存现金和银行存款的特种日记账，以进行库存现金和银行存款的序时核算。日记账一般采用三栏式订本账。库存现金或银行存款日记账的格式，如表2-14和表2-15所示。

表2-14 库存现金日记账 单位：元

201×年		凭证		摘要	对方科目	收入	支出	结余
月	日	字	号					
1	2	银付	3	提取现金	银行存款	2 000		2 000
1	3	现付	2	付差旅费	其他应收款		800	1 200
1	4	现付	3	购复印纸	管理费用		100	1 100

表2-15 银行存款日记账 单位：元

201×年		凭证		摘要	结算凭证		对方科目	收入	支出	结余
月	日	字	号		种类	号数				
1	2	银收	1	收出资额	支票		实收资本	500 000		500 000
1	3	银付	2	购设备	支票		固定资产		200 000	300 000

库存现金日记账和银行存款日记账是由出纳员根据审核后的收款凭证和付款凭证，逐日逐笔顺序登记。每日终了，应分别计算当日收入、支出现金的合计数，结出账面余额，并将账面余额与库存现金实存数核对相符。银行存款日记账应定期与银行对账单逐笔核对。

2. 总分类账的结构与登记

总分类账是记录企业全部经济业务，提供总括会计核算资料的账簿，是编制会计报表的主要依据。总分类账的格式一般采用借方、贷方、余额三栏式订本账。其具体格式如表2-16所示。

表 2-16 总分类账

会计科目：原材料　　　　　　　　　　　　　　　　　　　　　　　　单位：元

201×年		凭证		摘要	借方	贷方	借或贷	余额
月	日	字	号					
1	6	转	6	本月购入	150 000		借	150 000
1	7	转	8	本月发出		40 000	借	110 000
1	31			本月合计	150 000	40 000	借	110 000

总分类账的登记方法和依据，取决于企业所采用的账务处理程序。账务处理程序也称记账程序，常见的账务处理程序按照登记总分类账的依据不同，可分为记账凭证账务处理程序、科目汇总表账务处理程序、汇总记账凭证账务处理程序以及日记总账账务处理程序。由于篇幅所限，这里仅介绍前两种。

（1）记账凭证账务处理程序。记账凭证账务处理程序的特点是直接根据记账凭证，逐笔登记总分类账，它是最基本的账务处理程序。其具体记账步骤是：

1）根据原始凭证编制汇总原始凭证。

2）根据各种原始凭证或汇总原始凭证编制记账凭证，包括收款凭证、付款凭证和转账凭证。

3）根据收款凭证、付款凭证逐笔登记库存现金日记账与银行存款日记账。

4）根据原始凭证、汇总原始凭证和记账凭证登记各种明细账。

5）根据记账凭证逐笔登记总分类账。

6）月末，将库存现金日记账、银行存款日记账的余额及各种明细分类账的余额合计数，分别与总分类账中有关的账户余额核对相符。

7）月末根据审核无误的总分类账与各种明细分类账的记录，编制会计报表。

记账凭证账务处理程序如图 2-1 所示。

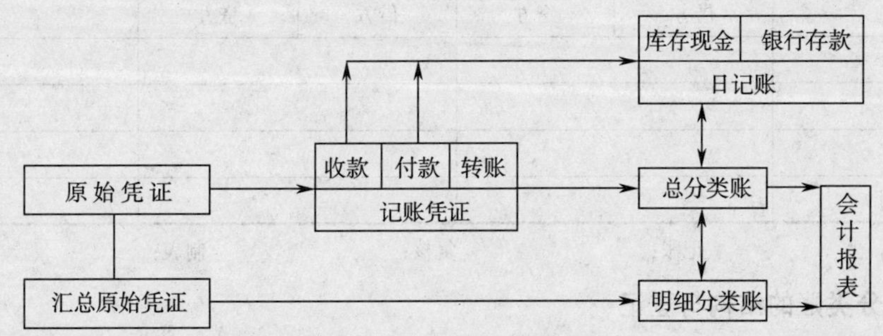

图 2-1 记账凭证账务处理程序

（2）科目汇总表账务处理程序。科目汇总表账务处理程序是定期将所有的记账凭证编制成科目汇总表，根据科目汇总表登记总分类账。其具体记账步骤是：

1）根据原始凭证编制汇总原始凭证。

2）根据原始凭证与汇总原始凭证，编制收款凭证、付款凭证与转账凭证。

3）根据收款凭证与付款凭证，逐笔登记库存现金日记账与银行存款日记账。

4）根据原始凭证、汇总原始凭证与记账凭证登记各种明细分类账。

5）根据一定时期内的全部记账凭证汇总编制科目汇总表。

6）根据定期编制的科目汇总表登记总分类账。

7）月末，将库存现金日记账、银行存款日记账的余额和各种明细分类账的余额合计，分别与总分类账中有关账户的余额核对相符。

8）月末根据核对无误的总分类账与各种明细分类账的记录编制会计报表。科目汇总表账务处理程序如图2-2所示。

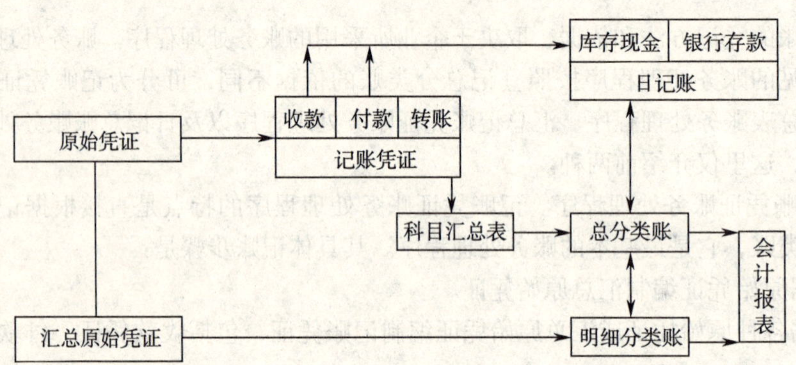

图2-2　科目汇总表账务处理程序

科目汇总表是对一定期间内的全部记账凭证按照会计科目进行归类，计算出每一个总账科目的本期借方、贷方发生额的合计数，填列于科目汇总表中。科目汇总表的格式如表2-17所示。

表2-17　科目汇总表

201×年1月10日至20日　　　　　　　　　　编号

会计科目	账页		本期发生额		备　注
	借方	贷方	借方	贷方	
合　计					

财务主管：　　　　记账：　　　　复核：　　　　制表：

3. 明细分类账的结构与登记

明细分类账根据总账科目开设，是提供某一总分类账户的明细核算资料的账簿。明细分类账也是编制会计报表的依据。明细分类账一般采用活页式账簿；固定资产明细账采用卡片式账簿。具体格式主要有：

（1）三栏式明细分类账。其结构和总分类账簿相同，账页内只设置借方、贷方和余额三个金额栏。这种格式适用于只需要进行金额核算，不要求进行数量核算的债权债务类科目，例如，应收账款、应付账款等科目的明细分类核算，可以为企业的债权债务管理提供详细资料。其格式如表2-18所示。

表 2-18 应收账款明细账

A 产品 单位：元

201×年		凭证		摘要	借方	贷方	借或贷	余额
月	日	字	号					
1	10	转	7	销售 A 产品	100 000		借	100 000
1	28	银收	9	收 A 产品款		100 000	平	0
				本月合计	100 000	100 000	平	0

（2）数量金额式明细账。数量金额式明细分类账，分别在收入、支出和结存栏内设数量栏、单价栏和金额栏。这种格式适用于既要进行金额核算，又要进行数量核算的财产物资类科目，例如，原材料、库存商品等科目的明细分类核算，可以提供各类材料或各种产品占用资金的详细信息。其格式如表 2-19 所示。

表 2-19 库存商品明细账 单位：元

201×年		凭证		摘要	收入			发出			结存		
月	日	字	号		数量/t	单价	金额	数量/t	单价	金额	数量/t	单价	金额
2	1			期初余额							20	80	1 600
2	8			入库	100	80	8 000				120	80	9 600
2	9			发出				60	80	4 800	60	80	4 800
				本月合计	100	80	8 000	60	80	4 800	60	80	4 800

（3）多栏式明细分类账。多栏式明细分类账是在同一张账页上设置若干专栏，用以反映某一总分类账户中各明细账户或明细项目的详细资料。例如，生产成本明细账、制造费用明细账、管理费用明细账一般使用这种格式，能够提供某个具体的成本项目或费用项目的详细信息，有利于进行产品成本的控制和费用支出的监督。其具体格式如表 2-20 所示。

表 2-20 生产成本明细账

品种：A 产品 单位：元

201×年		凭证		摘 要	借 方			
月	日	字	号		直接材料	直接人工	制造费用	合计
2	8	*	*	领用材料	6 000			6 000
2	28	*	*	分配工资		1 000		1 000
2	28	*	*	分配制造费用			2 000	2 000
2	28			本月合计	6 000	1 000	2 000	9 000
2	28	*	*	完工转出	3 600	600	1 200	5 400
2	28	*	*	月末在产品	2 400	400	800	3 600

明细分类账的登记方法，应根据经济业务的繁简程度和企业管理的实际需要而定。根据记账凭证并参考原始凭证或原始凭证汇总表进行登记。一般而言，固定资产、债权债务明细分类账应当逐笔登记；存货明细分类账既可以逐笔登记，也可以逐日汇总登记；收入、费用明细分类账既可以逐笔登记，也可以逐日或者定期汇总登记。各种明细分类账在每次登记完毕后，应结出余额，以便随时核对账目。

（五）总分类账与明细分类账的平行登记

总分类账与明细分类账反映的经济业务的内容是相同的，但是，总分类账提供总括的会计核算资料，明细分类账提供详细的核算资料，因此，总分类账与明细分类账的作用不同。总分类账提供的总括信息是对明细分类账详细信息的综合，它对明细分类账具有统驭作用；而明细分类账提供的详细信息是对总分类账的补充、解释和说明，是总分类账的具体化。因此，企业发生的每一项经济业务，应根据会计凭证既登记总账，反映总括资料；又登记明细账，反映详细资料，这种登记账簿的方法称之为总账与明细账的平行登记。平行登记的要点如下：

（1）依据相同。总分类账户与明细分类账户一般应依据相同的记账凭证或者原始凭证进行登记。

（2）期间相同。对同一项经济业务应在同一会计期间内既要登记相应的总分类账，又要登记总账所属的明细分类账。

（3）方向一致。总分类账户中记录经济业务的方向必须与明细分类账户中记录经济业务的方向相同。

（4）金额相等。记入总分类账户的金额与记入明细分类账户的金额或金额合计必须相等。

例如：未来公司201×年3月份应收账款总账期初余额为120 000元，其所属明细账期初余额为：甲公司100 000元，乙公司20 000元。

3月份发生下列经济业务：

（1）3月2日接到银行通知，收到甲公司的货款20 000元。

借：银行存款　　20 000

　贷：应收账款——甲公司　　20 000

（2）3月6日，向乙公司销售产品一批，货款60 000元，尚未收取。

借：应收账款——乙公司　　60 000

　贷：主营业务收入　　60 000

根据以上会计凭证，对应收账款总账及其所属明细账平行登记如表2-21、表2-22、表2-23所示。

表2-21　总分类账

会计科目：应收账款　　单位：元

201×年		凭证		摘要	借方	贷方	借或贷	余额
月	日	字	号					
2	28			余额			借	120 000
3	2	收	01	收到货款		20 000	借	100 000
3	6	转	16	销售商品	60 000		借	160 000

表2-22　应收账款明细分类账

甲公司　　单位：元

201×年		凭证		摘要	借方	贷方	借或贷	余额
月	日	字	号					
2	28			余额			借	100 000
3	2	收	01	收到货款		20 000	借	80 000

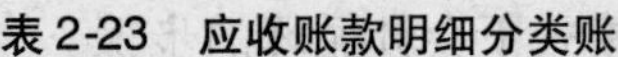

表 2-23 应收账款明细分类账

乙公司　　　　　　　　　　　　　　　　　　　　　　　　　　　　单位：元

201×年		凭证		摘要	借方	贷方	借或贷	余额
月	日	字	号					
2	28			余额			借	20 000
3	6	转	16	销售商品	60 000		借	80 000

第四节　财务会计循环

一、财务会计循环的概念与步骤

财务会计循环是指会计信息系统的经济业务自发生开始至以会计报表的形式将企业经营活动的过程和结果反映出来所经过的具体步骤。

基本的会计循环过程包括会计凭证、会计账簿和会计报表三个步骤。企业进行会计信息的加工处理必须在经济业务发生后填制会计凭证，根据会计凭证登记会计账簿，根据会计账簿及相关资料编制会计报表。不同经济规模的企业，不同性质的企业，经济业务的内容与繁简程度可能不同，但基本的会计循环过程是相同的。

在基本会计循环的基础上，根据会计信息系统的运行规律，其会计循环的具体步骤如图 2-3 所示。

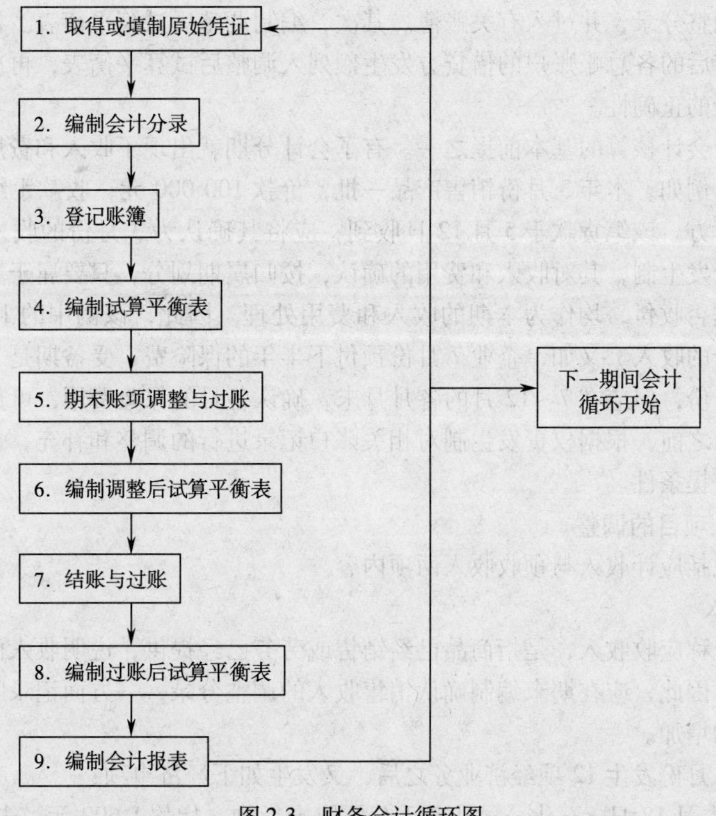

图 2-3　财务会计循环图

应当指出，以上是手工记账模式下会计循环的步骤。会计电算化以后，会计循环的各个步骤是通过会计软件的指令在瞬间完成的，虽然会计循环各操作步骤不很明确，但其会计工作过程依然如此。

二、分录与过账

分录与过账是指财务会计循环的第一至第四步骤，这是财务会计的日常工作。

（1）取得或填制原始凭证。经济业务发生后，首先，会计部门应取得或填制原始凭证；其次，审核经济业务的合理、合法性。

（2）编制会计分录。即填制记账凭证，应根据审核无误的原始凭证，按照借贷记账法的记账规则，编制记账凭证。

（3）登记账簿。也称为过账，应根据记账凭证或相关的原始凭证，按照总分类账与明细分类账平行登记的要点，登记有关的日记账、总分类账和明细分类账，并结出各账户的本期发生额和期末余额。

（4）编制调整前试算平衡表。为了检查日常经济业务记录的正确性，应将各总分类账的本期借贷方发生额一一列入试算平衡表。按照发生额试算平衡法与余额试算平衡法进行借贷方的试算平衡。

三、账项调整与过账

账项调整是财务会计的期末工作。首先，应根据权责发生制，确认应归属于本期的收入和费用，编制调整分录，并过入有关账簿。其次，编制调整后试算平衡表。根据调整前试算平衡表，将调整后的各总账账户的借贷方发生额列入调整后试算平衡表，再次检验账项调整后会计账簿记录的正确性。

会计分期是会计核算的基本前提之一。有了会计分期就出现了收入和费用确认的本期与非本期的区别。例如，本年3月份销售产品一批，价款100 000元，收款手续已经办妥，货物已发运给购货方。该笔货款于5月12日收到，应将其确认为3月份的收入还是5月份的收入？按照权责发生制，其对收入和费用的确认，按归属期划分，只要属于本期的收入和费用，不论款项是否收付，均作为本期的收入和费用处理。因此，该例中的100 000元货款，应确认为3月份的收入。又如，企业7月份预付下半年的保险费，受益期是7～12月份。虽然付款期是7月份，但应在7～12月的各月月末，确认各月的保险费用，可见，账项调整是在会计期末结账之前，根据权责发生制对相关账户记录进行的调整和补充，也是正确计算各期经营成果的前提条件。

（一） 收入项目的调整

收入项目包括应计收入与预收收入两项内容。

1. 应计收入

应计收入也称应收收入，是指商品已经销售或劳务已经提供，说明收入已经实现，但其款项尚未收讫，因此，应在期末编制确认销售收入的调整分录，一方面记录收入增加，另一方面记录债权的增加。

蓝天公司1月份发生12项经济业务之后，又发生如下经济事项：

【例13】 本月18日，石化公司从蓝天公司取走货物，货款1 600元尚未支付。

本月末，虽然货款尚未收到，但劳务已经提供，因此，期末应确认为本月的销售收入，编制调整分录如下：

借：应收账款　1 600

　贷：主营业务收入　1 600

2. 预收收入

预收收入也称递延收入，是指商品尚未发出或劳务尚未提供，但其款项已经收妥入账。预收收入不符合收入确认条件，它只是企业的一项负债。因此，会计期末应对预收收入进行账项调整，只有已经实现销售或劳务已经提供的预收收入才能确认为本期收入。预收收入主要有预收销货款、预收租金等。

【例 14】 蓝天公司于年初将一间店面房屋出租给普林洗衣公司，并预收了半年的租金 6 000 元，款项已存入银行。

年初收到房屋租金时，应编制会计分录如下：

借：银行存款　6 000

　贷：预收账款　6 000

本期期末，出租房屋的劳务已经提供，将预收收入确认为本期收入，应编制调整分录如下：

借：预收账款　1 000

　贷：其他业务收入　1 000

（二） 费用项目的调整

费用项目的调整包括应计费用和预付费用等内容。

1. 应计费用

应计费用是一种应付未付的负债性费用。这类费用虽然未在本期支付，但已经使本期受益，因此，应确认为本期的费用。在日常会计核算中，这类费用因尚未支付款项而没有入账，会计期末，应编制调整分录并登记入账，一方面补记当期费用，另一方面记录负债的增加。

【例 15】 前述例题中，蓝天公司向银行借入款项 100 000 元，期限 1 年，利率 6%，到期一次还本付息。本月应负担利息费用 500 元（100 000 × 6% ÷ 12）。

计提利息费用时，应编制会计分录如下：

借：财务费用　500

　贷：应付利息　500

2. 预付费用

预付费用是指本期已经付款入账，但因受益期限较长，应由本期和以后各期共同负担的费用，例如，预付保险费、预付租金、预付报纸杂志订阅费用等。这类费用的特点是款项支付期在前，费用归属期在后，在支付款项时，先记入资产类“预付账款”账户，等待以后各受益期末分期确认费用。

【例 16】 前述例 2 中，蓝天公司本年 1 月份预付 1 年的房屋租金 96 000 元，本月应负担费用 8 000 元（96 000 ÷ 12），应编制调整分录如下：

借：管理费用　8 000

　贷：预付账款　8 000

3. 其他费用

（1）固定资产折旧。企业取得的固定资产要服务于本期及以后多个会计期间，该项支出属于资本性支出而非收益性支出，应将其支出作为固定资产的取得成本，不应作为取得期间的费用。但是，固定资产在使用期间会发生有形损耗和无形损耗，为了维持固定资产的简单再生产，应根据固定资产的相关资料，确定相对合理的损耗费用，即固定资产折旧费用，计入各个受益期间。

【例17】 沿用前述例2，蓝天公司购置设备款200 000元，该设备本期应计提固定资产折旧2 000元，其中，管理用设备计提折旧800元，营业用设备计提折旧1 200元，期末应编制调整分录如下：

借：管理费用　　800

　　销售费用　　1 200

　贷：累计折旧　　2 000

另外，会计期末，企业也应对使用年限有限的无形资产进行摊销。借记“管理费用”“其他业务成本”等科目，贷记“累计摊销”科目。

（2）资产减值损失。企业的应收账款、存货、长期股权投资、持有至到期投资、固定资产、无形资产等因各种原因会使其可收回金额低于账面价值，从而发生资产减值。按照会计核算的谨慎性原则，对有确凿证据表明可能发生减值的资产，企业应计提资产减值准备，因此，会计期末，应编制调整分录如下：

借：资产减值损失

　贷：坏账准备（或存货跌价准备、固定资产减值准备等）

除了以上账项调整的内容以外，会计期末企业还应结转完工产品成本，主营业务成本，以及分配工资费用，计算出应当缴纳的各种税金等。

（三） 账项调整的试算平衡

在对期末调整事项编制调整分录后，应将各项业务过入有关账簿，至此，各总分类账户已经完整、系统地记录了某个会计期间的全部经济业务。为了检查账项调整后账簿登记的正确性，应在调整前试算平衡表的基础上，编制调整后的试算平衡表。如表2-24所示。

表2-24 调整后试算平衡表

201×年1月31日　　单位：元

账户名称	本期发生额		期末余额	
	借方	贷方	借方	贷方
库存现金	2 000		2 000	
银行存款	686 000	369 000	317 000	
应收账款	1 600		1 600	
原材料	150 000	40 000	110 000	
预付账款	96 000	8 000	88 000	
固定资产	200 000		200 000	
累计折旧		2 000		2 000

（续）

账户名称	本期发生额		期末余额	
	借方	贷方	借方	贷方
短期借款		100 000		100 000
应付账款	100 000	150 000		50 000
预收账款	1 000	6 000		5 000
应付利息		500		500
实收资本		550 000		550 000
主营业务收入		81 600		81 600
其他业务收入		1 000		1 000
主营业务成本	40 000		40 000	
管理费用	17 800		17 800	
销售费用	13 200		13 200	
财务费用	500		500	
合计	1 308 100	1 308 100	790 100	790 100

四、对账与结账

（一） 对账

对账是在过账之后，为保证账簿记录的正确性所进行的账目核对工作。对账是编制会计报表前必要的准备工作。对账的主要内容如下：

1. 账证核对

账证核对是指各种账簿记录与有关的原始凭证、记账凭证进行核对。

2. 账账核对

账账核对是指账簿与账簿之间的核对。企业一般设置特种日记账、各种总分类与明细分类账，各种账簿之间互有衔接，相互依存，这种衔接依存关系称作勾稽关系。通过账簿之间的勾稽关系，能够发现记账工作是否有误。账账核对包括以下几点：

（1） 总分类账簿各账户的本期借方发生额合计数与本期贷方发生额合计数应核对相符；期末借方余额合计数与贷方余额合计数核对相符。

（2） 总分类账簿各账户的本期发生额、期末余额应与其所属明细分类账簿的本期发生额之和、期末余额之和核对相符。

（3） 总分类账簿各账户的本期发生额、期末余额应与其序时账簿的本期发生额之和、期末余额之和核对相符。

（4） 会计部门各种财产物资明细账的期末余额应与财产物资保管和使用部门的明细账核对相符。

3. 账实核对

账实核对是指账簿记录与各项财产物资、债权债务的实际结存额之间的核对，即财产清查。账实核对的主要内容有以下几点：

(1)库存现金日记账账面余额应与库存现金数额核对相符。

(2)银行存款日记账账面余额应与银行对账单的余额核对相符。

(3)债权债务明细账账面余额应与对方单位的账面记录核对相符。

(4)各项财产物资明细账账面余额应与财产物资的实有数额核对相符。

(二) 结账

结账，包括两个方面的内容：其一，是把一定时期内的经济业务全部登记入账以后，计算出每个账户的本期发生额和期末余额，并将其余额结转至下期或新的账簿。其二，是指在会计期末，编制结账分录，计算出本年的财务成果，也称为年终结账。

1. 实账户结账

前已述及，会计科目分类中的资产类、负债类、所有者权益类以及成本类账户，均属于资产负债表账户，反映企业在特定时点的财务状况。这类账户在调整分录登记入账之后，已经全面、系统地记录了整个会计期间的经济业务，因此，调整分录过账后便可结出各账户的期末余额，并将余额结转至下一个会计期间，作为下期的期初余额。

2. 虚账户结账

损益类账户包括收入类和费用类账户，属于利润表账户，反映企业一定时期的经营成果。会计期末，这些账户的余额应转入“本年利润”账户，使本期的收入和费用相配比，计算出当期损益。年终结账后各损益类账户的期末余额为零，故称之为虚账户。下一会计期间再重新设置收入和费用类账户，汇集下期的收入与费用。

年终结账不仅要计算期末余额，而且要编制结账分录。结账分录的编制程序如下：

(1)将本期所有收入类账户的余额转入“本年利润”账户的贷方。

借：主营业务收入
　　其他业务收入
　　投资收益
　　公允价值变动损益
　　营业外收入
　贷：本年利润

(2)将本期所得税以外减少利润的账户余额转入“本年利润”账户的借方。

借：本年利润
　贷：主营业务成本
　　　营业税金及附加
　　　其他业务成本
　　　销售费用
　　　管理费用
　　　财务费用
　　　资产减值损失
　　　营业外支出

(3)根据“本年利润”账户贷方与借方的差额，计算出利润总额与应交所得税税额，并编制相应的会计分录。

根据结账分录，“本年利润”账户的贷方减去借方后的差额为利润总额，据此计算出应交所得税税额，其计算公式与会计分录如下：

应交所得税税额 = 利润总额或应纳税所得额 × 所得税税率

借：所得税费用

贷：应交税费——应交所得税

（4）将所得税费用结转入“本年利润”账户，计算出本年的税后净利润。

借：本年利润

贷：所得税费用

（5）将“本年利润”账户中的税后净利润转入“利润分配——未分配利润”账户。至此，便可以进行利润分配了。

借：本年利润

贷：利润分配——未分配利润

根据调整后试算平衡表（表2-24），编制年终结账会计分录如下：

【例18】 根据调整后试算表所列主营业务收入81 600元，其他业务收入1 000元，转入“本年利润”账户。

借：主营业务收入	81 600	
其他业务收入	1 000	
贷：本年利润		82 600

【例19】 根据调整后试算表所列主营业务成本40 000元，管理费用17 800元，营业费用13 200元，财务费用500元，转入“本年利润”账户。

借：本年利润	71 500	
贷：主营业务成本		40 000
管理费用		17 800
销售费用		13 200
财务费用		500

【例20】 将例18、19项经济业务过入“本年利润”账户后，计算出本年的利润总额与应交所得税额，并编制会计分录如下：（假设蓝天公司所得税税率为25%）

本年利润总额 = (82 600 − 71 500)元 = 11 100 元

应交所得税税额 = 11 100 元 × 25% = 2 775 元

借：所得税费用	2 775	
贷：应交税费——应交所得税		2 775

【例21】 将所得税费用2 775元转入“本年利润”账户。

借：本年利润	2 775	
贷：所得税费用		2 775

【例22】 将“本年利润”账户的贷方余额转入“利润分配——未分配利润”账户。

借：本年利润	8 325	
贷：利润分配——未分配利润		8 325

（三） 编制结账后试算平衡表

结账后，所有虚账户已经结平，余额为零，因此，结账后的试算平衡是所有实账户的试算平衡，并以此作为编制资产负债表的依据。结账后试算平衡表如表2-25所示。

表2-25 结账后试算平衡表

201×年1月31日 单位：元

账户名称	借方余额	贷方余额
库存现金	2 000	
银行存款	317 000	
应收账款	1 600	
原材料	110 000	
预付账款	88 000	
固定资产	200 000	
累计折旧		2 000
短期借款		100 000
应付账款		50 000
预收账款		5 000
应付利息		500
应交税费		2 775
实收资本		550 000
利润分配		8 325
合计	718 600	718 600

五、会计报表的编制

会计期末，企业在进行账项调整之后，就可以对账、结账，并编制财务报表。

根据前述会计循环的步骤，企业的经济业务已经通过编制会计凭证和登记账簿，分类收集和汇总了各类会计信息，然而，这些分散在账簿中的信息仍然缺乏综合性和概括性，因此，需要对账簿中的会计信息按照信息使用者的要求进行综合汇总，形成具有一定格式和内容的报告文件，以全面反映企业的财务状况、经营成果和现金流量，这种报告文件就是财务会计工作的最终产品，即财务会计报告，简称财务报告。财务报告包括会计报表和会计报表附注。会计报表是财务报告的主体，一般包括资产负债表、利润表、现金流量表和所有者权益变动表。会计报表附注是对会计报表中列示项目的文字描述或明细资料，以及对未能在报表中列示项目的说明。会计报表的编制是会计循环的最后一个步骤，本部分只是从会计循环的角度简单介绍四张主表，即资产负债表、利润表、现金流量表和所有者权益变动表。财务报告的具体内容将在第九章详细介绍。

（一） 利润表的编制

利润表又称损益表，是反映企业在一定会计期间经营成果的报表。利润表的结构由收入 - 费用 = 利润的会计等式构成，其格式有单步式和多步式两种。单步式利润表是将企业本会计期间增加利润的各类收入，包括主营业务收入、其他业务收入、投资收益、营业外收入等列示在表的上方，将减少利润的各类费用和损失，包括主营业务成本、营业税金及附加、其他业务成本、销售费用、管理费用、财务费用、营业外支出等列示在表的下方，两者的差额即利润。

多步式利润表的特点是按步骤计算营业利润、利润总额、净利润和每股收益，分别列示利润的形成过程。

根据蓝天公司结账后损益类各账户的数据，编制利润表如表2-26所示。

表2-26 利润表

编制单位：蓝天公司　　201×年1月份　　单位：元

项　　目	金　　额
一、营业收入	82 600
减：营业成本	40 000
营业税金及附加	
管理费用	17 800
销售费用	13 200
财务费用	500
资产减值损失	—
加：公允价值变动损益	—
投资收益	—
二、营业利润	11 100
加：营业外收入	
减：营业外支出	
三、利润总额	11 100
减：所得税费用	2 775
四、净利润	8 325
五、每股收益	
（一）基本每股收益	
（二）稀释每股收益	
六、其他综合收益	
七、综合收益总额	

（二）资产负债表

资产负债表是反映企业特定日期财务状况的报表。资产负债表的结构由资产－负债＝所有者权益的基本会计等式构成，其格式有账户式和报告式两种。账户式资产负债表，其表的左方列示资产，资产项目应当分别流动资产和非流动资产列示，流动资产一般包括货币资金、交易性金融资产、应收及预付款项、存货等项目；非流动资产包括持有至到期投资、长期股权投资、固定资产、无形资产等项目。表的右方按照求偿权先后顺序上下分布，上方列示需要偿还的负债，分别按照偿还期的长短依次排列，如先列示“短期借款”“应付票据”等流动负债，再列示“长期借款”等非流动负债。在企业清算之前不需要偿还的所有者权益项目排在最后；所有者权益分为两部分，其一是投入资本，包括实收资本与资本公积；其二是留存收益，包括盈余公积和未分配利润。

报告式资产负债表，是按照资产、负债、所有者权益的顺序上下分布。

我国一般采用账户式的资产负债表。

根据表2-25蓝天公司结账后试算平衡表，编制资产负债表如表2-27所示。

表2-27　资产负债表

蓝天公司　　　　201×年1月31日　　　　单位：元

资　产	金　额	负债和所有者权益	金　额
流动资产：		负 债	
货币资金	319 000	流动负债：	
交易性金融资产		短期借款	100 000
应收票据		应付账款	50 000
应收账款	1 600	预收款项	5 000
预付款项	88 000	应付利息	500
应收股利		应交税费	2 775
其他应收款		应付职工薪酬	
存货	110 000	流动负债合计	158 275
流动资产合计	518 600	非流动负债：	
		长期借款	
非流动资产：		长期应付款	
持有至到期投资		应付债券	
长期股权投资		递延所得税负债	
投资性房地产		非流动负债合计	
固定资产	198 000	所有者权益	
生物资产		实收资本	550 000
递延所得税资产		资本公积	
无形资产		盈余公积	
非流动资产合计		未分配利润	8 325
资产总计	716 600	负债和所有者权益总计	716 600

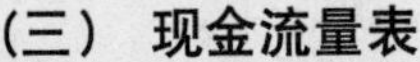

（三） 现金流量表

资产负债表反映企业特定时点的财务状况，是从静态角度反映企业年末与年初资产、负债、所有者权益变化的结果；但是，各项资产、负债、所有者权益变化的原因是什么，资产负债表不能作出解释。

利润表反映企业在一定会计期间的经营成果，综合反映经营活动、投资活动和筹资活动对利润的影响；但究竟以多大规模的投资赚取了“投资收益”，利润表却不能反映，利润表只是反映了各种利润的结果。

现金流量表是提供企业在一定会计期间内经营活动、投资活动和筹资活动各部分现金及现金等价物流入、流出的信息；根据现金流量表，不仅能够分析企业的偿债能力；而且，能够预测企业未来产生现金的能力；以及判断企业财务状况和经营成果的可靠性。现金流量表的结构格式如表 2-28 所示。

表 2-28 现金流量表（简表）

编制单位：蓝天公司　　　　201 × 年度　　　　单位：元

项　目	行　次	201 × 年度
一、经营活动产生的现金流量		
现金流入小计		
现金流出小计		
经营活动产生的现金流量净额		
二、投资活动产生的现金流量		
现金流入小计		
现金流出小计		
投资活动产生的现金流量净额		
三、筹资活动产生的现金流量		
现金流入小计		
现金流出小计		
筹资活动产生的现金流量净额		
四、汇率变动对现金的影响		
五、现金及现金等价物净增加额		
六、期末现金及现金等价物余额		

（四） 所有者权益变动表

所有者权益变动表是反映企业年末所有者权益（或股东权益）变动情况的报表。所有者权益变动不仅包括所有者投入和减少资本；而且包括直接计入所有者权益的利得和损失以及最终属于所有者权益变动的净利润。分别反映所有者权益各项内容的上年年末余额、本年年初余额、本年增减变动金额和本年年末余额，主要强调本年度各项所有者权益增减变动的具体内容。所有者权益变动表的基本格式如表 2-29 所示。

表2-29 所有者权益变动表

编制单位：蓝天公司　　201×年度　　单位：元

项目	本年金额						上年金额					
	实收资本（或股本）	资本公积	减：库存股	盈余公积	未分配利润	所有者权益合计	实收资本（或股本）	资本公积	减：库存股	盈余公积	未分配利润	所有者权益合计
一、上年年末余额												
加：会计政策变更												
前期差错更正												
二、本年年初余额												
三、本年增减变动金额（减少以“－”号填列）												
（一）净利润												
（二）直接计入所有者权益的利得和损失												
1. 可供出售金融资产公允价值变动净额												
2. 权益法下被投资单位其他所有者权益变动的影响												
3. 与计入所有者权益项目相关的所得税影响												
4. 其他												

（续）

项　　目	本年金额						上年金额					
	实收资本（或股本）	资本公积	减：库存股	盈余公积	未分配利润	所有者权益合计	实收资本（或股本）	资本公积	减：库存股	盈余公积	未分配利润	所有者权益合计
上述（一）和（二）小计												
（三）所有者投入和减少资本												
1. 所有者投入资本												
2. 股份支付计入所有者权益的金额												
3. 其他												
（四）利润分配												
1. 提取盈余公积												
2. 对所有者（或股东）的分配												
3. 其他												
（五）所有者权益内部结转												
1. 资本公积转增资本（或股本）												
2. 盈余公积转增资本（或股本）												
3. 盈余公积弥补亏损												
4. 其他												
四、本年年末余额												

本章小结

资产=负债 + 所有者权益，是基本的会计等式。它说明了某一会计主体在某一特定时点所拥有的各种资产，以及债权人和投资者对企业资产要求权的基本状况；也是复式记账、会计核算的基础。如果将基本等式移项，即：资产-负债=所有者权益，是从所有者的角度说明所有者权益，它是企业全部资产抵偿全部负债以后的剩余，也叫“剩余权益”或净资产。收入-费用=利润，是利润表等式。它是经营者利用债权人和出资人提供的资金赚取的利润。该等式是对资产负债表等式的补充和说明。

利用会计要素构成的会计等式能够反映和记录企业经营活动的过程和结果。任何一项经济业务均不会破坏会计等式的平衡关系。经济业务对会计等式的影响可归纳为四种类型：第一，等式左方资产项目与等式右方负债和所有者权益项目同时增加，增加金额相等。第二，等式左方资产项目与等式右方负债和所有者权益项目同时减少，减少金额相等。第三，等式左方资产项目内部一增一减，增减金额相等。第四，等式右方负债和所有者权益项目一增一减，增减金额相等。

会计科目是按照经济内容对会计要素所作的具体分类。会计科目分为五大类，即资产类、负债类、所有者权益类、成本类和损益类。账户是根据会计科目的名称设置的，具有一定的格式和结构的实体，能够分类反映会计要素的增减变动情况和结果。通过账户的记录，可提供期初余额、本期增加发生额、本期减少发生额、期末余额四项核算指标。

借贷记账法是指以借和贷作为记账符号，对企业发生的每一项经济业务均要以相等的金额同时在两个或两个以上相互联系的账户中进行登记的一种记账方法。借贷记账法账户的基本结构分为左、右两方，左方为借方，右方为贷方。资产类、成本类、费用类均为借方记录增加额，贷方记录减少额，期末余额一般应在借方；负债类、所有者权益类、收入类均为贷方记录增加额，借方记录减少额。期末余额一般应在贷方。而损益类中的收入类账户与费用类账户，期末时应结转入本年利润账户，因此，期末一般无余额。

会计凭证是记录经济业务、明确经济责任的书面证明，也是登记账簿的依据。会计账簿在会计循环系统中处于承前启后的作用。首先，会计账簿通过对记账凭证分散会计资料的归类记录，能够为各类资金管理提供数据。其次，会计账簿是编制会计报表的主要资料来源。

会计循环包括取得或填制原始凭证、编制会计分录、登记账簿、编制试算平衡表、账项调整、编制调整后试算平衡表、结账与过账、编制结账后试算平衡表、编制财务报表九个具体步骤。

思考题

1. 什么是会计等式？会计等式有几种表达方式？各种会计等式的意义及其相互关系如何？
2. 经济业务与会计等式的关系是什么？
3. 什么是会计科目？什么是账户？二者之间的区别与联系是什么？
4. 何谓借贷记账法？其账户结构与记账规则是什么？
5. 什么是会计分录？如何编制会计分录？

6. 什么是会计凭证？其作用是什么？
7. 原始凭证的意义、种类、填制要求有哪些？记账凭证的意义与种类有哪些？
8. 什么是账簿？企业应设置哪些账簿？
9. 总分类账与明细分类账的关系是什么？如何进行总分类账与明细分类账的平行登记？
10. 会计循环的具体步骤有哪些？
11. 会计期末为何要进行账项调整？应调整哪些内容？
12. 何谓对账与结账？如何进行年终结账？
13. 什么是会计报表？三张主表分别反映了哪些会计信息？为什么要编制会计报表？
14. 如果你是公司的股东，你最想了解公司的哪些信息？（讨论题）
15. 作为公司的管理者，应当如何利用会计信息？（讨论题）

自 测 题

（一）选择题

1. 正确的会计等式是（　　）。

A. 资产 = 负债 + 所有者权益　　B. 资产 = 负债 – 所有者权益
C. 资产 + 负债 = 所有者权益　　D. 资产 – 负债 = 所有者权益

2. 借贷记账法下的负债类科目有（　　）。

A. 预收账款　B. 应收账款　C. 预付账款　D. 其他应收款

3. 下列项目中，属于会计凭证的有（　　）。

A. 限额领料单　　B. 收款凭证
C. 固定资产卡片　　D. 库存现金日记账

4. 下列项目中，属于会计账簿的有（　　）。

A. 固定资产总账　　B. 固定资产卡片
C. 银行存款日记账　　D. 科目汇总表

5. 总账与明细账平行登记的要点包括（　　）。

A. 登账依据相同　　B. 必须在同一天登记
C. 登记的金额必须相等　　D. 记账方向必须一致

6. 财务会计循环的步骤包括（　　）。

A. 编制会计分录　B. 登记账簿　C. 编制会计报表　D. 会计分期

7. 属于期末账项调整的会计事项有（　　）。

A. 确认属于本期的销售收入　　B. 收到预收款项
C. 以银行存款支付银行利息　　D. 预付半年的房屋租金

8. 下列项目中，属于实账户的有（　　）。

A. 应付利息　B. 应付账款　C. 银行存款　D. 本年利润

9. 企业财务报告包括（　　）。

A. 资产负债表　　B. 利润表
C. 会计报表附注　　D. 所有者权益变动表

10. 若一项经济业务发生后，引起银行存款减少 8 000 元，则相应地可能引起（　　）。

A. 固定资产增加 8 000 元　　B. 短期借款增加 8 000 元
C. 应付账款减少 8 000 元　　D. 实收资本减少 8 000 元

（二）判断题

1. 资产、负债及所有者权益三个会计要素是资产负债表的基本构件。（ ）
2. 企业的所有者权益是指所有者的出资额。（ ）
3. 企业提取固定资产的折旧费会减少所有者权益。（ ）
4. 制造费用账户一般期末没有余额，因此属于损益类账户。（ ）
5. 登记总分类账的依据是明细分类账。（ ）
6. 从银行提取现金，只编制银行存款付款凭证。（ ）
7. 会计账簿是编制会计报表的唯一资料来源。（ ）
8. 年终结账是指在会计期末编制结账分录，计算出本年的财务成果。（ ）
9. 银行存款日记账账面余额应与银行对账单的余额核对相符。（ ）
10. 基本的会计循环过程包括会计凭证、会计账簿和会计报表三个步骤。（ ）

业务练习题

华德公司于201×年6月1日开业。6月末各账户的余额如下：

（1）其他应收款 6 000
（2）银行存款 607 500
（3）原材料 45 000
（4）固定资产 150 000
（5）应付账款 45 000
（6）短期借款 15 000
（7）管理费用 1 500
（8）实收资本 750 000

要求：

（1）说明以上账户的性质。
（2）根据以上账户的余额，判断该企业发生了哪些经济业务？

案例分析题

1. 王林于201×年12月份注册了一家茶艺公司，并开始营业。其本月份的经济业务如下：

（1）注册资本20万元，已存入企业在银行的存款账户。

（2）在CBD附近租用了公司用房，租赁合同已经签订，租期五年，每年年初支付租金3.6万元，已转账划给出租方。

（3）向A公司购置各种茶艺用品2.4万元，款项尚未支付。

（4）购买各种茶叶125kg，以银行存款支付货款14万元。

（5）提取现金，支付职工工资2万元。

（6）销售C级茶叶25kg（每0.5kg进价300元，售价600元）收到现金3万元，已存入银行存款账户。

（7）茶艺现金收入2万元，已存入银行，消耗茶叶10kg（每0.5kg进价100元）。

（8）月末结转茶叶销售成本，并编制调整分录。

要求：

(1) 根据以上经济业务编制会计分录。

(2) 用“T”形账户计算出有关账户的本期发生额合计和期末余额。

(3) 编制有关账户的发生额及余额试算平衡表。

(4) 编制结转本年利润的会计分录与结账后试算平衡表（该企业免交所得税）。

(5) 编制资产负债表与利润表，并从会计等式的角度说明两个会计报表的关系。

(6) 假设销售茶叶收入与茶艺收入尚未收款，对公司利润有影响吗?

(7) 假设销售茶叶收入与茶艺收入尚未收款，A 公司通知王林本月必须还款，茶艺公司会破产吗?

(8) 如果你是公司的股东，应如何评价公司的财务状况?

2. C 公司出纳员李坤在进行报销工作时，审查相关原始凭证，发现如下问题：

(1) 销售员王飞报销差旅费时所提供的住宿费发票大小写金额不一致。

(2) 李坤在审核采购部门交来某笔采购原材料的相关发票及其他单据时，发现发票金额栏的数字有更改痕迹，并加盖了开具发票单位的公章，而且更改后的发票与有关购销合同、入库单等其他原始凭据相符。

要求：根据会计核算的要求，李坤应如何处理?

第二篇

财务会计

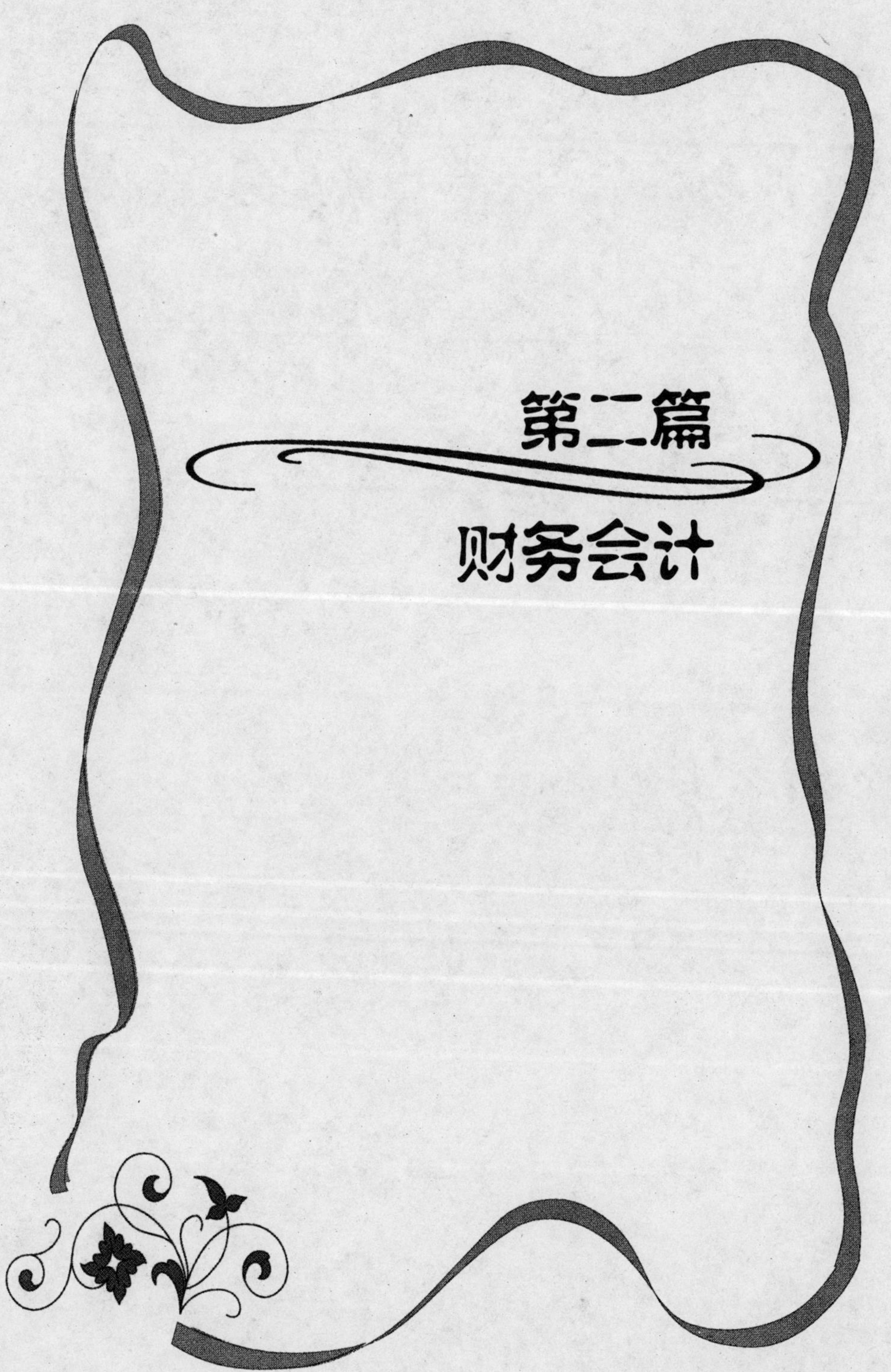

第三章

资　　产

案例与引言

李发发在环保研究所工作五年后发明并申请了一项污水处理装置技术专利，因对环保行业了如指掌，遂与同学郭林、王力、肖锋注册了一家高效力污水处理装置实业公司，专门生产各种污水处理装置产品。四人各出资20万元，李发发的污水处理装置技术专利经评估作价20万元。他们先后购置了厂房、设备及生产产品用原材料与辅料。公司投入运营后，经营势头很好，两年收回了投资；五年后公司资本实力大增，在满足正常生产运营的前提下，公司购买了借力环保公司40%的股份，以保证公司产品所需原材料的充足供应。

请问：

公司进行正常运营需要哪些资产？

各项资产如何确认、计量与记录？

公司购买的借力环保公司40%的股份也是公司的资产吗？它与其他资产一样吗？

各项资产的信息如何报告给信息使用者？

如果您是公司的股东，如何鉴别公司财务报告的资产信息有无水分？

对以上问题的回答，正是本章的学习目标。

本章学习目标

- ◆ 企业资产的分类
- ◆ 金融资产的分类
- ◆ 货币资金的核算与内部控制
- ◆ 应收款项的确认、计量与记录
- ◆ 存货的计价与核算
- ◆ 固定资产的确认、计量与记录
- ◆ 无形资产的确认、计量与记录
- ◆ 投资性房地产的内容与核算
- ◆ 持有至到期投资的特点与核算
- ◆ 可供出售金融资产的意义
- ◆ 长期股权投资的意义与核算
- ◆ 各项资产在资产负债表中的披露

第一节 货币资金

货币资金是企业以货币形态存在的资产，它是企业资产中流动性最强的资产，因此，列在资产负债表资产项目的第一项。货币资金按其存放地点和用途的不同分为库存现金、银行存款和其他货币资金。就会计核算而言，货币资金的核算比较简单，但是，由于库存现金和银行存款是直接的流通货币，因而，在组织会计核算过程中，强化货币资金的内部控制，关注货币资金的构成与运用质量则是其管理与核算的关键环节。

一、库存现金

西方会计所指的现金包括库存现金、银行存款和其他符合现金定义的票证；我国会计所指的现金仅指企业库存现金，是存放于企业财会部门，由出纳人员经管的货币，包括库存的人民币和外币。

（一） 库存现金管理制度

根据国务院发布的《现金管理暂行条例》的规定，库存现金管理制度主要包括以下内容：

1. 库存现金使用范围

企业可用现金支付的款项有：①职工工资、津贴。②个人劳务报酬。③根据国家规定颁发给个人的科学技术、文化艺术、体育等各种奖金。④各种劳保、福利费用以及国家规定的对个人的其他支出。⑤向个人收购农副产品和其他物资的款项。⑥出差人员必须随身携带的差旅费。⑦结算起点（现行规定为1 000元人民币）以下的零星支出。⑧中国人民银行确定需要支付现金的其他支出。除上述情况可以用现金支付外，其他款项的支付应通过银行转账结算。

2. 核定库存现金限额

为了控制现金的使用范围，使现金数额既能保证企业日常零星开支的需要，又符合货币流通的要求，确保现金的完整与安全，应根据企业规模的大小，距离银行的远近和现金收付业务的实际需要，由企业与开户银行共同核定库存现金限额。一般企业按3天到5天的日常零星开支核定限额，边远地区和交通不便的企业可以适当放宽额度，但最多不能超过15天的日常零星开支。

3. 库存现金收支的规定

（1）严格控制坐支。坐支是指企业从库存现金收入中直接支付的行为。现金管理制度规定，对企业的库存现金收入和库存现金支出实行收支两条线管理。即企业取得的库存现金收入必须送存银行，不能用作其他开支；企业支付库存现金时，可以从企业库存现金限额中支付，或者从开户银行提取。

（2）不准用不符合财务制度的凭证充抵库存现金，即不得“白条抵库”；不准谎报用途套取库存现金；不准用银行账户代其他单位和个人存入或支取库存现金；不准用单位收入的库存现金以个人名义存入储蓄，不准保留账外公款，即不得“公款私存”，不得设置“小金库”等。银行对于违反上述规定的单位，将按照违规金额的一定比例予以处罚。

（二） 库存现金的核算

1. 库存现金的总分类核算

为了总括反映库存现金的收入、支出和结存情况，企业应设置“库存现金”总账科目。企业内部各部门周转使用的备用金，通过“其他应收款”科目核算。

（1）库存现金收入的核算。库存现金收入的业务有：从银行提取库存现金，零星销售收入的库存现金，职工出差报销时交回的剩余借款，收取对个人的罚款等。

【例1】 从开户银行提取现金30 000元备用。其会计处理为：

借：库存现金 30 000

贷：银行存款 30 000

【例2】 出售废料200元、积压材料1 000元，收入库存现金1 200元。其会计处理为：

借：库存现金 1 200

贷：其他业务收入 1 200

（2）库存现金支出的核算

【例3】 以库存现金支付职工培训讲课费1 600元。其会计处理为：

借：管理费用 1 600

贷：库存现金 1 600

【例4】 财务主管报销由其个人垫支的购买账簿款260元，以库存现金付讫。其会计处理为：

借：管理费用 260

贷：库存现金 260

2. 库存现金的明细分类核算

为了全面、系统、连续、详细地反映有关库存现金的收支情况，应设置“库存现金日记账”，（库存现金日记账的格式见表2-14）由出纳人员根据审核无误的收付款凭证，按照业务发生的先后顺序逐日逐笔登记，每日终了时应计算库存现金收入合计、库存现金支出合计及结余数，并同库存现金数核对，保证账款相符、账账相符。库存现金日记账必须是订本账，一般采用三栏式账页，借方栏根据库存现金收款凭证登记；贷方栏根据库存现金付款凭证登记；但对于从银行提取库存现金的业务因为只编制银行存款付款凭证，故此应根据银行存款付款凭证登记库存现金日记账的借方栏。

3. 库存现金清查的核算

库存现金清查是指对库存现金的盘点与核对，包括出纳人员每日终了前进行的库存现金账款核对和清查小组进行的定期或不定期的库存现金盘点、核对。库存现金清查一般采用实地盘点法。清查小组清查时，出纳人员必须在场；清查的内容主要是检查是否有挪用库存现金、白条抵库、超限额留存库存现金以及账款是否相符等。

对于库存现金清查的结果，应编制库存现金盘点报告单，注明库存现金溢缺的金额，并由出纳人员和盘点人员签字盖章。如果有挪用库存现金、白条顶库情况，应及时予以纠正；对于超限额留存的库存现金要及时送存银行；如果账款不符，应及时查明原因，并将短款或长款记入“待处理财产损溢”科目。查明原因后，应分别情况处理：属于记账差错的应及时予以更正，对无法查明原因的长款应记入营业外收入；对于库存现金短款，应由责任人员赔偿，无法查明原因的，经批准后，计入当期损益。

二、银行存款

(一) 银行结算制度

银行存款是指企业存放于银行的货币资金。银行存款收付应严格执行银行结算制度的规定。银行结算制度的主要依据是中国人民银行发布施行的《支付结算办法》。结算是指单位、个人在社会经济活动中使用票据、信用卡和汇兑、托收承付、委托收款等结算方式进行货币给付及其资金清算的行为。结算有现金结算和转账结算两种。现金结算是以直接收付现金的方式，结清因商品交易、劳务供应等业务的往来款项。按照规定，只有在现金使用范围内的业务，才能使用现金结算。转账结算是指收付款双方通过银行以划拨清算的方式，把款项从付款单位存款户转入收款单位存款户。企业除了按照规定的现金使用范围可用现金进行结算以外，都必须通过银行进行转账结算。

企业应当按照《银行账户管理办法》的规定开立和使用基本存款账户、一般存款账户、临时存款账户和专用存款账户。其中，基本存款账户是指企业办理日常转账结算和现金收付的账户；一般存款账户是指企业在基本存款账户以外的银行借款转存、与基本存款账户的企业不在同一地点的附属非独立核算单位开立的账户，本账户可以办理转账结算和现金缴存，但不能支取现金；临时存款账户是指企业因临时生产经营活动的需要而开立的账户，本账户既可以办理转账结算、又可以根据国家现金管理规定存取现金；专用存款账户是指企业因特定用途所开立的账户。

根据中国人民银行《支付结算办法》的规定，现行的银行转账结算办法有八种：银行汇票、商业汇票、银行本票、支票、信用卡、汇兑、委托收款、托收承付。

(二) 银行存款的核算

1. 银行存款的总分类核算

为了总括反映银行存款的收入、付出、结存情况，应设置“银行存款”总账科目。“银行存款”是资产类科目，借方登记银行存款的增加数额，贷方登记银行存款的减少数额，余额在借方，表示期末企业银行存款的实际结存数额。

上述银行转账结算方式中，银行汇票、商业汇票、银行本票和支票四种方式均为票据，在我国目前的会计核算中只有商业汇票作为票据核算，故商业汇票的内容与核算将分别在应收票据和应付票据的核算中介绍；银行汇票、银行本票和信用卡的核算则在其他货币资金的核算中说明。因此，本部分内容只介绍支票、汇兑、托收承付、委托收款结算方式的核算。

(1) 支票。支票是出票人签发的，委托办理支票存款业务的银行在见票时无条件支付确定的金额给收款人或持票人的票据。

支票上印有“现金”字样的为现金支票，现金支票只能用于支取现金。支票上印有“转账”字样的为转账支票，转账支票只能用于转账。支票上未印有“现金”或“转账”字样的为普通支票，普通支票可以用于支取现金，也可以用于转账。普通支票左上角划两条平行线的，为划线支票，划线支票只能用于转账，不得支取现金。单位和个人在同一票据交换区域的各种款项结算，均可以使用支票。

企业不得签发空头支票，不得签发与其预留银行签章不符的支票，使用支票密码地区不得支付密码错误的支票，否则，银行予以退票，并按票面金额处以5%但不低于1 000元的罚款；持票人有权要求出票人按支票金额的2%支付赔偿金。支票的提示付款期为自出票日期起 10 日内，超过提示付款期限尚未付款的，出票人开户银行不予受理，付款人不予付款。

企业开出支票时，根据支票存根，借记有关科目，贷记“银行存款”科目；企业收到支票并填制进账单到银行办理收款手续后，借记“银行存款”科目，贷记有关科目。

（2）汇兑。汇兑是汇款人委托银行将其款项支付给收款人的结算方式。单位和个人各种款项的结算均可使用汇兑结算方式。汇兑分为信汇、电汇两种，由汇款人选择使用。汇入银行对于收款人拒绝接受的款项，应即办理退汇。汇入银行对于向收款人发出取款通知，经过两个月无法交付的汇款，应主动办理退汇。

付款单位根据银行签发的汇款回单，借记有关科目，贷记“银行存款”科目；收款单位根据银行转来的收款通知借记“银行存款”科目，贷记有关科目。

（3）托收承付。托收承付是根据购销合同由收款人发货后委托银行向异地付款人收取款项，由付款人向银行承认付款的结算方式。使用托收承付结算方式的收款单位和付款单位，必须是国有企业、供销合作社以及经营管理较好、并经开户银行审查同意的城乡集体所有制工业企业。办理托收承付结算的款项必须是商品交易以及因商品交易而产生的劳务供应的款项。代销、寄销、赊销商品的款项，不得办理托收承付结算。收款人办理托收，必须具有商品确已发出的证件（包括铁路、航运、公路等运输部门签发的运单、运单副本和邮局包裹回执）以及其他有效证件。

托收承付结算每笔的金额起点为 10 000 元。新华书店系统每笔结算的金额起点为 1 000 元。

付款人开户银行收到托收凭证及其附件后，应及时通知付款人付款。承付货款分为验单付款和验货付款两种，由收付双方选用。验单付款的承付期为 3 天，从付款人开户银行发出通知的次日算起（承付期内遇法定休假日顺延）。验货付款的承付期为 10 天，从运输部门向付款人发出提货通知的次日算起。

若因没有签订购销合同或经查验有货物与合同规定或发货清单不符的款项等拒付款项的情况存在时，企业应填写“拒绝付款理由书”并签章，以拒绝付款。

付款企业承认付款后，根据有关凭证，借记“材料采购”或“在途物资”“应交税费——应交增值税”科目，贷记“银行存款”科目。

销货企业收到银行转来的收款通知和有关托收结算凭证，借记“银行存款”科目，贷记“应收账款”等科目。

（4）委托收款。委托收款是收款人委托银行向付款人收取款项的结算方式。单位和个人凭已承兑商业汇票、债券、存单等付款人债务证明办理款项的结算，均可以使用委托收款结算方式。委托收款在同城、异地均可以使用。委托收款结算款项的划回方式，分邮寄和电报两种，由收款人选用。

收款人办理委托收款应向银行提交委托收款凭证和有关债务证明。银行接到寄来的委托收款凭证及债务证明，审查无误办理付款。其中，以银行为付款人的，银行应当在当日将款项主动支付给收款人；以单位为付款人的，银行应及时通知付款人。按照有关规定，需将有关债务证明交给付款人，并签收。

付款单位接到银行付款通知、审查债务凭证后付出款项时，借记“应付账款”等科目，贷记“银行存款”科目。收款单位收到银行收款通知后，根据有关凭证借记“银行存款”科目，贷记“应收账款”科目。

2. 银行存款的明细分类核算

为了全面、系统、连续、详细地反映有关银行存款收支的情况，应设置“银行存款日记账”（银行存款日记账的格式见表2-15），由出纳人员根据审核无误的银行存款收付款凭证，按照业务发生的先后顺序逐日逐笔登记。银行存款日记账必须是订本账，一般采用三栏式账页，借方栏根据银行存款收款凭证登记，贷方栏根据银行存款付款凭证登记。每日终了时应计算银行存款收入合计、银行存款支出合计及结余数，定期与银行转来的对账单核对相符。

（三） 银行存款的清查

为保证银行存款的安全完整，准确掌握银行存款的实际金额，企业应定期对银行存款进行清查。银行存款的清查是指企业银行存款日记账的账面余额与其开户银行转来的对账单的余额进行的核对。核对结果若双方记账都无差错，但对账单与日记账的余额仍不相符，说明存在未达账项，应通过编制银行存款余额调节表予以调整。

所谓未达账项，是指企业与银行之间由于结算凭证传递导致的双方入账时间不一致，使得一方已经入账而另一方尚未入账的款项。未达账项一般有以下四种情况：

（1）银行已经收款入账，企业尚未收款入账的款项。

（2）银行已经付款入账，企业尚未付款入账的款项。

（3）企业已经收款入账，银行尚未收款入账的款项。

（4）企业已经付款入账，银行尚未付款入账的款项。

对查明的未达账项，应采用余额调节法将双方余额调节相符。余额调节法是指在双方账面余额基础上，各自加上对方已收款记账而本单位尚未收款记账的数额，减去对方已经付款记账而本单位尚未付款记账的数额，将双方余额调节相符的方法。计算公式为：

企业银行存款日记账余额 + 银行已收款记账企业未收款记账的数额 − 银行已付款记账企业未付款记账的数额 = 银行对账单余额 + 企业已收款记账银行未收款记账的数额 − 企业已付款记账银行未付款记账的数额

在实际工作中，一般是根据上述原理编制“银行存款余额调节表”进行调节。

【例5】 某厂6月30日银行存款日记账余额为67 500元，银行转来对账单的余额为64 575元，相差2 925元。经核对，双方记账没有差错，但有以下未达账项：

1）6月30日收到某公司货款3 750元，银行已入账，企业未接到收账通知。

2）6月30日银行为企业划出一笔托收账款4 350元，付款通知未到企业。

3）6月30日企业送存转账支票4 800元，银行尚未记账。

4）6月30日企业开出转账支票2 475元，持票人未到银行办理转账，银行尚未入账。

财会部门根据上述资料编制的“银行存款余额调节表”见表3-1。

表3-1 银行存款余额调节表

201×年6月30日　　　　单位：元

项　目	金额	项　目	金额
银行存款日记账余额	67 500	银行对账单余额	64 575
加：银行已收而企业未收的款项	3 750	加：企业已收而银行未收的款项	4 800
减：银行已付而企业未付的款项	4 350	减：企业已付而银行未付的款项	2 475
调节后余额	66 900	调节后余额	66 900

调节后的余额相等，都是66 900元，说明核算正确；若调节后余额仍不相等，说明有记账或其他错误，应继续核对。

应该强调的是，银行存款余额调节表即银行存款调节后的余额，只能作为动用存款和分析问题的参考，不是调整企业未达账项的依据，未达账项必须在企业收到有关结算凭证时才能登记入账。

三、其他货币资金

其他货币资金是指企业库存现金和银行存款以外的货币资金，包括外埠存款、银行汇票存款、银行本票存款、信用证存款、信用卡存款、在途货币资金和存出投资款等。因其存放地点和用途都与库存现金和银行存款不同，在会计上称为“其他货币资金”。

外埠存款是指企业到外地进行临时或零星采购时，汇往采购地银行开立采购专户的款项。银行汇票存款是指企业为了取得银行汇票，按照规定存入银行的款项。银行本票存款是指企业为了取得银行本票，按照规定存入银行的款项。信用证存款是指采用信用证结算方式的企业为开具信用证而存入银行信用证保证金专户的款项。信用卡存款是指企业为了取得信用卡，按照规定存入银行的款项。在途货币资金是指企业同所属单位或其上下级之间在月末尚未到达的汇解款项。存出投资款是指企业已存入证券公司但尚未进行投资的现金。

企业应设置“其他货币资金”总账科目，在总账科目下设置外埠存款、在途货币资金、存出投资款、银行汇票、银行本票、信用证、信用卡等明细科目进行明细核算。

【例6】 建德公司采购员到上海采购原材料，委托银行将采购资金250 000元汇往采购地银行开立专户，取得的专用发票上注明价款200 000元，增值税税额34 000元。其会计处理为：

（1）委托银行将采购资金250 000元汇往采购地银行开立专户时：

借：其他货币资金——外埠存款	250 000	
贷：银行存款		250 000

（2）根据专用发票等有关凭证支付货款时：

借：原材料	200 000	
应交税费——应交增值税（进项税额）	34 000	
贷：其他货币资金——外埠存款		234 000

（3）多余款项打回基本存款账户入账时：

借：银行存款	16 000	
贷：其他货币资金——外埠存款		16 000

四、货币资金的内部控制

货币资金是企业资产中流动性最强的资产，为加强对货币资金的控制，必须建立有效的内部控制制度，主要包括以下几方面：

1. 严格职责分工

企业应建立货币资金业务的岗位责任制，明确相关部门和岗位的职责、权限。对货币资金业务的全过程进行合理分工，将不相容的岗位相互分离，分由不同的人员担任，形成牵制机制，进行制约和监督。具体内容有：①会计与经营业务相分离。不仅会计职能应该完全独立于经营部门，如制造部门、销售部门等，而且对存货的记录应是会计人员而不是销售人员或生产人员。②会计记录与资产的保管相分离。出纳办理出纳业务并掌管现金，但不负责现金的会计处理；会计不能经管现金，但要负责现金的会计记录。同样，应由不负责会计记录的库房人员管理存货；在电算化会计系统中，保管资产的人不应负责会计记录的输入。③会计责任的分离。会计部门的各项工作应相互独立，以减少错误和欺诈机会，例如，应由不同的会计负责现金收入和现金支出的会计处理；出纳人员不得兼任稽核、会计档案保管和收入、支出、费用、债权债务账目的登记工作；单位不得由一人办理货币资金业务的全过程；货币资金支出的审批人应同出纳员、支票保管员和记账员分离等。

2. 实行定期轮岗制度

办理货币资金业务的人员应当具备良好的职业品质，忠于职守、廉洁奉公、遵纪守法、客观公正，不断提高业务素质和职业道德水平；此外，定期轮岗不仅能够使会计人员全面了解企业的业务，更重要的是轮岗意味着在会计人员之间进行工作互查，有助于会计人员保持诚实和恪守职业道德，减少货币资金管理和控制中产生舞弊的可能性，以便于及时发现有关人员的舞弊行为。

3. 合理授权

企业应对货币资金业务建立严格的授权批准制度，明确审批人员对货币资金业务的授权批准方式、权限、程序、责任和相关控制措施，规定经办人办理货币资金业务的职责范围和工作要求。未经授权的部门和人员不得办理货币资金业务。审批人应当根据货币资金授权批准制度的规定，在授权范围内进行审批，不得超越审批权限。经办人应当在职责范围内，按照审批人的批准意见办理货币资金业务。如董事会授权财务部门负责人负责审批常规业务的日常现金收支；授权总会计师负责审批非常规业务的日常现金收支与达到一定金额的重要收支；授权总经理负责重大项目的现金收支。

4. 票据与印章管理

各单位应当加强与货币资金相关的票据管理，明确各种票据的购买、保管、领用、背书转让、注销等环节的职责权限和程序，并专设登记簿进行记录，防止空白票据的遗失和被盗用。同时，各单位应当加强银行预留印鉴的管理。财务专用章应由专人保管，个人名章必须由本人或其授权人员保管。严禁一人保管支付款项所需的全部印章。按规定需要有关负责人签字或盖章的经济业务，必须严格履行签字或盖章手续。

5. 严格执行货币资金支付程序

货币资金支付程序主要包括支付申请、支付审批、支付复核和办理支付四个部分。支付申请是指企业有关部门或个人用款时，应当提前向审批人员提交货币资金支付申请，注明款项的用途、金额预算、支付方式等内容，并附有效经济合同或相关证明。支付审批是指审批人根据其授权制度按规定的职责、权限和相应程序对支付申请进行审批。对不符合规定的货币资金支付，审批人应当拒绝批准。支付复核是指复核人应当对批准后的货币资金支付申请进行复核，复核货币资金支付申请的批准程序是否正确，金额计算是否准确，支付方式是否妥当等。复核无误后，交由出纳人员办理支付手续。办理支付是指出纳人员根据复核无误的支付申请，按规定办理货币资金支付手续，及时登记库存现金和银行存款日记账。

6. 实行集体决策和审批制度

企业应根据其规模和业务性质明确对货币资金实行授权审批和集体决策的事项和金额。

对于重要货币资金支付业务，应当实行集体决策和审批制度，任何个人无权决策划转巨额货币资金；同时，建立责任追究制度，严防货币资金的挪用、贪污、侵占、外逃等非法行为。

第二节 交易性金融资产

一、交易性金融资产的特点

金融资产不同于普通意义的资产。普通资产包括有形资产和无形资产。有形资产主要有厂房、设备，原材料、在产品、产成品等；无形资产主要有专利权、非专利技术、商标权、著作权等。普通资产的生产与交换是通过要素市场和产品市场转移到消费者手中的；而金融资产的产生与交换是通过金融市场的媒介作用为企业带来经济利益。金融市场是现代经济体系的重要组成部分，是买卖金融工具的场所。金融市场上的金融工具种类繁多，例如，货币市场的票据、国债；资本市场的债券、股票、证券投资基金；外汇市场的外汇；保险市场的保单；衍生金融工具市场的期货、期权，等等。

金融工具是指形成一个企业的金融资产，同时形成另一个企业的金融负债或权益工具的合同。金融工具的本质是一项合同，合同形成一方的金融资产，对应形成另一方的金融负债或权益工具。权益工具是指能证明拥有某个企业在扣除所有负债后的资产中剩余权益的合同。例如，企业发行普通股，对于发行企业而言形成权益工具，而对于购买方而言形成股权投资；又如，企业发行债券，对于发行企业而言形成金融负债；对于购买方而言形成债权投资。金融工具按照属性分类，可分为基础金融工具和衍生金融工具。基础金融工具是指过去的交易或事项，形成的金融资产或金融负债，例如，应收账款、应付账款等，符合现行资产、负债的定义。衍生金融工具是从传统金融工具中派生出来的创新金融工具，例如，金融期货就是以商品期货为基础产生的金融工具期货。

综上所述，金融资产源自金融市场上的商品，是投资方或出售方在金融市场买卖金融工具而形成的一种合同权利。企业持有的库存现金、银行存款是一种基本的金融资产。库存现金是流动性最强的交换媒介；企业或个人在银行的存款也是一种合同权利，表示存款人有权从商业银行取得现金，或者根据存款余额签发支票。应收账款、应收票据也是基本的金融资产，它是企业销售商品取得收取款项的合同权利。而存货、固定资产等有形资产以及专利权、商标权等无形资产不是企业的金融资产，因为企业持有的存货，只有将其出售才能够取得收取款项的合同权利或流入现金；同样，预付账款也不是企业的金融资产，因为预付账款产生的未来经济利益是收取商品或劳务。

根据《企业会计准则第22号——金融工具确认和计量》金融资产应当在初始确认时划分为四类内容：①以公允价值计量且其变动计入当期损益的金融资产。②持有至到期投资。③贷款和应收款项。④可供出售的金融资产。上述分类一经确定，不得随意变更。

交易性金融资产是指企业为了近期内出售，从二级市场购入的股票投资、债权投资、基金投资等。交易性金融资产的特点是：①该类金融资产必须存在活跃市场，才能易于取得其公允价值。②企业持有交易性金融资产的目的，是为了充分利用闲置资金，从其价格的短期波动中获利。

二、交易性金融资产的核算

企业应设置“交易性金融资产”“投资收益”“公允价值变动损益”科目用以核算交易性金融资产。“交易性金融资产”科目的借方登记取得交易性金融资产时按照公允价值确认的成本金额以及资产负债表日交易性金融资产的公允价值高于其账面余额的差额；贷方登记因出售而转出的交易性金融资产的成本和公允价值变动的金额。本科目期末借方余额，反映企业交易性金融资产的公允价值。该科目应当按照交易性金融资产的类别和品种，分别设置“成本”“公允价值变动”明细科目进行明细核算。交易性金融资产的核算，主要包括四部分内容：

（一）交易性金融资产成本的确定

企业以现金购入的交易性金融资产，应当按照取得时的公允价值作为初始确认金额，相关的交易费用在发生时计入当期损益。交易费用包括支付给代理机构、咨询公司、券商等的手续费、佣金以及其他必要的支出。具体而言，企业取得交易性金融资产时，按交易性金融资产的公允价值作为初始成本确认，借记“交易性金融资产”科目；按发生的交易费用，借记“投资收益”科目，按取得的交易性金融资产支付的价款中包含的已到付息期但尚未领取的利息或已宣告但尚未发放的现金股利，借记“应收利息”或“应收股利”科目；按实际支付的金额，贷记“银行存款”或“其他货币资金”科目。

【例7】 2012年1月1日，甲公司以银行存款购入当日发行的按年付息、到期还本的三年期国库券500 000元，作为交易性金融资产管理与核算。甲公司的会计处理为：

借：交易性金融资产——成本	500 000	
贷：银行存款		500 000

【例8】 2012年3月31日丙公司委托某证券公司购入丁公司的股票100 000股，每股买价17元（其中包括已宣告而尚未发放的股利2元），另外支付手续费12 000元，全部款项从丙公司在该证券公司开设的存款户中支付。丙公司的会计处理为：

借：交易性金融资产——成本	1 500 000	
应收股利	200 000	
投资收益	12 000	
贷：其他货币资金——存出投资款		1 712 000

（二）收到现金股利和利息

企业收到的交易性金融资产的现金股利和利息，包括两部分内容：一是取得交易性金融资产时实际支付的价款中包含的已宣告但尚未领取的现金股利，或实际支付的价款中包含的已到期尚未领取的利息；二是企业在持有交易性金融资产期间，被投资单位宣告发放的现金股利或利息。对于前者，在取得时已记入“应收股利”“应收利息”科目，在实际收到这部分现金股利和利息时，应冲减“应收股利”“应收利息”科目。对于后者，应按被投资单位宣告发放的金额，借记“应收股利”或“应收利息”科目，贷记“投资收益”科目。

【例9】 接【例7】，甲公司2012年12月31日收到国库券利息收入15 000元。甲公司的会计处理为：

借：应收利息	15 000	
贷：投资收益		15 000

同时：

借：银行存款　　15 000

　贷：应收利息　　15 000

【例 10】 接【例 8】，2012 年 4 月 10 日丙公司收到丁公司分来的现金股利 200 000 元，丙公司的会计处理为：

借：银行存款　　200 000

　贷：应收股利　　200 000

（三）资产负债表日，交易性金融资产公允价值变动的后续计量

资产负债表日，企业应将交易性金融资产的公允价值变动计入当期损益。交易性金融资产的公允价值高于其账面余额的差额，借记“交易性金融资产——公允价值变动”科目，贷记“公允价值变动损益”科目；公允价值低于其账面余额的差额，作相反的会计分录。

【例 11】 接【例 8】，2012 年 6 月 30 日，丁公司的股票每股市价 16 元，假定不考虑其他因素，丙公司的会计处理为：

丙公司持有丁公司股票的账面余额 =1 500 000 元

丁公司股票的公允价值 =（16×100 000）元 =1 600 000 元

借：交易性金融资产——公允价值变动　　100 000

　贷：公允价值变动损益　　100 000

（四）交易性金融资产的处置

出售交易性金融资产时，应按实际收到的金额，借记“银行存款”科目，按该金融资产的账面余额，贷记“交易性金融资产”科目，按其差额，贷记或借记“投资收益”科目。同时，将原计入该金融资产的公允价值变动数额转出，借记或贷记“公允价值变动损益”科目，贷记或借记“投资收益”科目。

【例 12】 接【例 11】，2012 年 7 月 26 日，丙公司因需要资金，将丁公司的股票按每股 16.50 元出售，实际收到的款项 1 645 000 元已存入银行，丙公司的会计处理为：

借：银行存款　　1 645 000

　贷：交易性金融资产——成本　　1 500 000

　　　　　　　　　——公允价值变动　　100 000

　　　投资收益　　45 000

同时：

借：公允价值变动损益　　100 000

　贷：投资收益　　100 000

第三节 应收款项

应收款项是指企业因销售产品、提供劳务等发生的应向有关债务人收取的款项。它是资产负债表资产方中流动资产的重要组成部分，主要包括应收票据、应收账款和其他应收款等。预付款项是指企业因采购货物等预先支付给有关单位的款项，也属于流动资产。应收款项的收取对象是货币资金，预付款项的收取对象是有关货物。长期应收款是指企

业因融资租赁产生的应收款项、采用递延方式具有融资性质的销售商品和提供劳务等产生的应收款项等。

一、应收票据

（一） 应收票据的内容

票据是指载明一定金额，在一定日期内持票人可向出票人或指定付款人支取款项的凭证，包括支票、银行本票、银行汇票和商业汇票等。在上述票据中，支票、银行本票和银行汇票，属于即期兑付的票据，收到这几种票据即可视同收到货币资金，因此，不在应收票据的核算范围内。只有收到商业汇票，因其是远期票据，企业取得商业汇票时只是取得了一项债权，因此应在应收票据中核算。应收票据是指企业因采用商业汇票支付方式销售商品、产品等而收到的商业汇票。

商业汇票是一种由出票人签发，委托付款人在指定日期无条件支付确定金额给收款人或者持票人的票据。商业汇票的付款期限，最长不得超过6个月，商业汇票提示付款期限自汇票到期日10日内，商业汇票可以背书转让。符合条件的商业汇票的持票人，可以持未到期的商业汇票连同贴现凭证向银行申请贴现。

根据承兑人不同，商业汇票分为商业承兑汇票和银行承兑汇票。商业承兑汇票是指由银行以外的付款人签发并承兑，或由收款人签发交由付款人承兑的汇票。银行承兑汇票是指由在承兑银行开立存款账户的存款人（这里也是出票人）签发，由承兑银行承兑的票据。

根据票据是否带息，商业汇票分为带息商业汇票（简称带息票据）和不带息商业汇票（简称不带息票据）。

带息票据是指汇票到期时，承兑人按票据面额及应计利息之和向收款人付款的商业汇票。在这类商业汇票中，票面价值为本金，另外标有票面利率。

不带息票据是指票据到期时，承兑人仅按票据面值向收款人付款的票据。因此，票据到期值就是票据面值。

（二） 应收票据的核算

1. 取得应收票据

因企业销售货物等取得的应收票据，借记“应收票据”科目，贷记“主营业务收入”“应交税费——应交增值税（销项税额）”等科目。因债务人抵偿前欠货款而取得的应收票据，借记“应收票据”科目，贷记“应收账款”科目。

2. 到期收回票款

不带息票据的到期值即是票据的面值，因此，收回时按照票面金额借记“银行存款”科目，贷记“应收票据”科目。

带息票据到期收回时，应计算票据到期值。按到期值收回票款时，借记“银行存款”科目，按票面金额贷记“应收票据”科目，按票据利息额贷记“财务费用”科目。

$$应收票据到期值 = 票据面值 + 票据利息$$

$$应收票据利息 = 票据面值 \times 票面利率 \times 票据期限$$

公式中的“票面利率”一般是年利率；票据期限是指签发日至到期日止的时间。有以下两种表示方式：

一是以“天数”表示，即采用票据签发日与到期日“算头不算尾”或“算尾不算头”

的方法，按照实际天数计算到期日。

【例13】 华达公司因销售产品收到一张8月6日签发，面值为40 000元，利率为9%，90天到期的商业汇票，其到期日为11月4日。即8月份26天（8月6日计入），9月份30天，10月份31天，11月份3天（11月4日不计入），共计90天。其到期值为：

应收票据到期值＝（40 000＋40 000×9%÷360×90）元＝40 900元

二是以“月数”表示。票据到期日以签发日数月后的对日计算，而不论各月份实际日历天数多少。如上例中应收票据的期限采用“月数法”，即规定三个月后到期，则到期日应为11月6日，其到期值为：

应收票据到期值＝（40 000＋40 000×9%÷12×3）元＝40 900元

收到上述应收票据的票款时：

借：银行存款	40 900	
贷：应收票据		40 000
财务费用		900

3. 应收票据背书转让

企业可以将自己持有的商业汇票背书转让。背书是指持票人在票据背面签字，签字人称为背书人，背书人对票据的到期付款负连带责任。

企业将持有的应收票据背书转让，以其取得所需物资时，按应计入物资成本的价值，借记“在途物资”“原材料”等科目，按取得的专用发票上注明的增值税税额，借记“应交税费——应交增值税（进项税额）”等科目，按应收票据的票面价值，贷记“应收票据”科目，如有差额，借记或贷记“银行存款”等科目。

【例14】 米林公司向华达公司购买原材料，米林公司将一张期限为3个月，面值50 000元的不带息商业汇票背书转让给华达公司。该批原材料价款100 000元，增值税税额17 000元，差额67 000元以银行存款支付。米林公司的会计处理为：

借：原材料	100 000	
应交税费——应交增值税（进项税额）	17 000	
贷：应收票据		50 000
银行存款		67 000

二、应收账款

（一） 应收账款的计价

应收账款是指企业因销售商品、产品或提供劳务等原因，应向客户收取的款项或代垫的运杂费等。确认应收账款应遵循三个标准：①应收账款是在销售活动中产生的，且没有采用票据形式结算的债权。②应收账款是属于流动资产的债权。③应收账款一般应以销售收入确认日作为入账时间。

应收账款通常按实际发生额计价入账。其入账价值包括：销售货物或提供劳务的价款、增值税，以及代购货方垫付的包装费、运杂费等。计价时，还需要考虑商业折扣和现金折扣等因素。

1. 商业折扣

商业折扣又称为折扣销售，它是销货企业为鼓励客户多购商品而在商品标价上给予的扣除。例如，企业可能规定，购买10件以上商品给予客户10%的折扣，或客户每买10件送1件；企业为了尽快出售一些残次、陈旧、冷背的商品，也可能降价（即打折）销售。由于商业折扣在销售发生时即已发生，对应收账款的入账价值没有实质性影响，企业只需按扣除商业折扣后的净额确认销售收入和应收账款。

2. 现金折扣

现金折扣又称为销售折扣，它是企业为了鼓励客户提前偿付货款而向客户提供的债务扣除。现金折扣一般用符号“折扣/付款期限”来表示。例如，“2/10，1/20，*N*/30”表示买方在10天内付款，销货企业将按商品售价给客户（即购货企业）2%的折扣；买方在20天内付款，企业可按售价给客户1%的折扣；企业允许客户最长的付款期限为30天，但客户在21天至30天内付款，将不能享受到现金折扣。

现金折扣使销货企业应收账款的实际数额随客户的付款时间而异，其应收账款入账价值的确定有两种处理方法可供选择，一种是总价法，另一种是净价法。

总价法是将未减去现金折扣前的金额作为实际售价，记作应收账款的入账价值。现金折扣只有客户在折扣期内支付货款时，才予以确认。在这种方法下，销售方把给予客户的现金折扣视为融资的理财费用，会计上作为财务费用处理。我国的会计实务中通常采用此方法。

净价法是将扣减现金折扣后的金额作为实际售价，据以确认应收账款的入账价值。这种方法是把客户取得折扣视为正常现象，认为客户一般都会提前付款，而将由于客户超过折扣期限而多收入的金额，视为提供信贷获得的收入。

（二） 应收账款的核算

为了反映应收账款的增减变动及其结存情况，应设置“应收账款”科目，借方登记应收账款的增加数，贷方登记应收账款的收回数及确认的坏账损失数，余额一般在借方，表示尚未收回的应收账款数。

（1）企业发生的应收账款，在没有商业折扣的情况下，按应收的全部金额入账。

【例15】 某企业销售A产品一批，按价目表标明的价格计算，金额为87 000元，适用的增值税税率为17%，代购货单位垫付运杂费2 000元，已办妥委托银行收款手续。销售商品时的会计处理为：

借：应收账款	103 790	
贷：主营业务收入		87 000
应交税费——应交增值税（销项税额）		14 790
银行存款		2 000

收到货款时：

借：银行存款	103 790	
贷：应收账款		103 790

（2）企业发生的应收账款，在有商业折扣的情况下，应按扣除商业折扣后的金额入账。

【例16】 上述企业销售的A产品，由于是成批销售，销售方给予购货方10%的商业折扣，金额为8 700元，销货方应收账款的入账金额为78 300元，销售商品时的会计处理为：

借：应收账款	93 611	
贷：主营业务收入		78 300
应交税费——应交增值税（销项税额）		13 311

银行存款 2 000

收到货款时：

借：银行存款 93 611

贷：应收账款 93 611

（3）企业发生的应收账款在有现金折扣的情况下，采用总价法入账，发生的现金折扣作为财务费用处理。

【例 17】 10 月 20 日，A 企业销售产品 20 000 元给丁企业，规定的现金折扣条件为 2/10、*N*/30，适用的增值税税率为 17%，产品交付时办妥委托收款手续。销售商品时的会计处理为：

借：应收账款——丁企业 23 400

贷：主营业务收入 20 000

应交税费——应交增值税（销项税额） 3 400

收到货款时，根据购货企业是否得到现金折扣的情况入账。如果上述货款在 10 天内收到，其会计处理为：

借：银行存款 23 000

财务费用 400

贷：应收账款——丁企业 23 400

如果超过了现金折扣的最后期限，则会计处理为：

借：银行存款 23 400

贷：应收账款——丁企业 23 400

企业应收账款改用应收票据结算时，在收到商业汇票时，借记“应收票据”科目，贷记“应收账款”科目。

（三） 应收债权融资

1. 应收票据的贴现

应收票据贴现是指持票人因急需资金，将未到期的商业汇票背书后转让给银行，贴给银行一定利息后收取剩余票款的业务活动。银行计算贴现利息的利率称为贴现率，企业从银行获得的票据到期值扣除贴现利息后的货币收入，称为贴现收入。

2. 应收账款抵押

企业因应收账款占压资金造成暂时的现金短缺时，一般可以采用以应收账款为质押取得借款的方式，或者将应收账款出售给银行等金融机构，将应收账款转化为现金的方式来筹集资金。

三、预付账款与其他应收款

（一） 预付账款

1. 预付账款核算的内容

预付账款是指企业按照合同规定预付给供应单位的货款。预付账款是企业暂时被供货单位占用的资金。企业预付货款后，有权要求对方按照合同规定发货。预付账款必须以购销双方签订的购销合同为条件，按照规定的程序和方法进行核算。

为了反映和监督预付账款的增减变动情况，企业应设置“预付账款”科目，借方登记预付的款项和补付的款项，贷方登记收到采购货物时按发票金额冲销的预付账款数和因预付货款多余而退回的款项，余额一般在借方，表示预付的货款数。

预付货款不多的企业，可以不设“预付账款”科目，而并入“应付账款”科目核算。企业进行在建工程预付的工程价款，也在本科目核算。

2. 预付账款的核算

预付账款的核算包括预付款项和收回货物两个方面。

【例18】 艾琳企业向W公司采购A材料200t，单价2 200元，B材料100t，单价4 400元，货款总额为880 000元。按照合同规定应向W公司预付货款的60%，验收货物后补付其余款项。

（1）企业根据购销合同的规定向销货方预付货款时：

借：预付账款　　528 000
　贷：银行存款　　528 000

（2）收到W公司发来的300t材料，验收发现B材料规格有误，经协商对方同意退货。有关发票记载的A材料货款为440 000，增值税税额为74 800元。

借：原材料　　440 000
　　应交税费——应交增值税（进项税额）　　74 800
　贷：预付账款　　514 800

（3）收到W公司退回的预付货款时：

借：银行存款　　13 200
　贷：预付账款　　13 200

（二） 其他应收款

1. 其他应收款核算的内容

其他应收款是指除应收票据、应收账款、预付账款、应收股利、应收利息、长期应收款以外的其他各种应收、暂付款项。其主要内容包括：应收的各种赔款、罚款，如因职工失职造成一定损失而应向该职工收取的赔款，或因企业财产等遭受意外损失而应向有关保险公司收取的赔款等；应收出租包装物的租金；存出保证金，如租入包装物支付的押金；应向职工收取的各种垫付款项；采用售后回购方式融出的资金额、按销售价格与原购买价格之间的差额，应在售后回购期间内按期计提利息费用，以及其他各种应收、暂付款项。

2. 其他应收款的核算

为了反映和监督各种应收和暂付款的支取和使用情况，应设置“其他应收款”科目。企业发生其他应收款时，按应收金额借记“其他应收款”科目，贷记有关科目。

【例19】 丁公司租入包装物一批，以银行存款向出租方支付押金10 000元。其会计处理为：

借：其他应收款——存出保证金　　10 000
　贷：银行存款　　10 000

【例20】 租入包装物按期如数退回，收到出租方退还的押金10 000元，已存入银行。其会计处理为：

借：银行存款　　10 000
　贷：其他应收款——存出保证金　　10 000

四、长期应收款

长期应收款是指企业采用融资租赁方式出租资产和递延方式分期收款销售商品或提供劳务等经营活动产生的应收款项。

（一） 融资租赁方式产生的长期应收款

融资租赁是指实质上转移了与资产所有权有关的全部风险和报酬的租赁。其所有权最终可能转移，也可能不转移。符合融资租赁一项或数项标准的，才能够认定为融资租赁。例如，在租赁期届满时，租赁资产的所有权转移给承租人。此种情况通常是指在租赁合同中已经约定、或者在租赁开始日根据相关条件作出合理判断，租赁期届满时出租人能够将资产的所有权转移给承租人。

融资租赁以外的其他租赁为经营租赁。经营租赁资产的所有权不转移，租赁期届满后，承租人有退租或续租的选择权，而不存在优惠购买选择权。

（二） 递延方式销售商品产生的长期应收款

某些情况下，合同或协议明确规定销售商品需要延期收取价款，如分期收款销售商品，实质上具有融资性质的，应当按照应收的合同或协议价款的公允价值确定销售商品收入金额，其公允价值应当按照应收的合同或协议价款的现值确定。应收的合同或协议价款与其公允价值之间的差额，应当在合同或协议期间内，按照应收款项的摊余成本和实际利率计算确定的摊销金额，冲减财务费用。

【例 21】 2012 年年初华达公司以分期收款方式销售甲产品一批，该批产品成本为 800 000 元，公允价值为 1 000 000 元，销售合同中规定价税合计为 1 170 000 元，增值税税额 170 000 元已经办妥托收手续，其余 1 000 000 元在未来四年内每年年底收取 250 000 元，(假设暂不考虑递延所得税负债)。其会计处理为：

（1）当期确认收入并结转成本时：

借：长期应收款　1 000 000
　　应收账款　170 000
　贷：主营业务收入　1 000 000
　　　应交税费——应交增值税（销项税额）　170 000
借：主营业务成本　800 000
　贷：库存商品　800 000

（2）2012 年年底收到款项时：

借：银行存款　250 000
　贷：长期应收款　250 000

五、应收款项减值

应收款项是企业拥有的金融资产。根据金融工具确认和计量准则的规定，企业应当在资产负债表日对以公允价值计量且其变动计入当期损益的金融资产以外的金融资产的账面价值进行检查，有客观证据表明该金融资产发生减值的，应当计提减值准备。

（一） 应收款项减值的判断标准

表明金融资产发生减值的客观证据，是指金融资产初始确认后实际发生的、对该金融资产的预计未来现金流量有影响，且企业能够对该影响进行可靠计量的事项。金融资产发生减值的客观证据，包括下列各项：

（1）发行方或债务人发生严重财务困难。

（2）债务人违反了合同条款，如偿付利息或本金发生违约或逾期等。

（3）债权人出于经济或法律等方面因素的考虑，对发生财务困难的债务人作出让步。

（4）债务人很可能倒闭或进行其他财务重组。

（5）因发行方发生重大财务困难，该金融资产无法在活跃市场继续交易。

（6）无法辨认一组金融资产中的某项资产的现金流量是否已经减少，但根据公开的数据对其进行总体评价后发现，该组金融资产自初始确认以来的预计未来现金流量确已减少且可计量，如该组金融资产的债务人支付能力逐步恶化、或债务人所在国家或地区失业率提高、担保物在其所在地区的价格明显下降、所处行业不景气等。

（7）债务人经营所处的技术、市场、经济或法律环境等发生重大不利变化，使权益工具投资人可能无法收回投资成本。

（8）权益工具投资的公允价值发生严重或非暂时性下跌。

（9）其他表明金融资产发生减值的客观证据。

金融资产发生减值时，应当将该金融资产的账面价值减记至预计未来现金流量（不包括尚未发生的未来信用损失）现值，减记的金额确认为资产减值损失，计入当期损益。

（二） 应收款项减值损失的确定

企业对应收款项进行减值测试，应根据本单位的实际情况分为单项金额重大和非重大的应收款项，分别进行减值测试，计算确定减值损失，计提坏账准备。应收款项的减值损失也称坏账准备。

对于单项金额重大的应收款项，应当单独进行减值测试，有客观证据表明其发生了减值的，应当根据其未来现金流量现值低于其账面价值的差额，确认减值损失，计提坏账准备。首先，要合理预计各项应收款项的未来现金流量，采用一定折现率计算未来现金流量的现值；其次，与该应收款项的账面价值比较，来确定是否发生减值损失。对于单项金额非重大的应收账款，可以单独进行减值测试，或包括在具有类似信用风险特征的应收款项组合中进行减值测试，计算确定减值损失，计提坏账准备。

短期应收款项的预计未来现金流量与其现值相差很小的，在确定相关减值损失时，可不对其预计未来现金流量进行折现。

（三） 应收款项减值损失的核算

应收款项减值损失的核算方法主要有直接转销法和备抵法。

（1）直接转销法。直接转销法是指企业实际发生坏账时直接转销应收款项，计入当期损益，借记“资产减值损失”科目，贷记“应收账款”“预付账款”“应收利息”“其他应收款”“长期应收款”等科目。该方法简便易行，其缺点是不符合会计核算的谨慎性原则。

（2）备抵法。备抵法是指期末在检查应收账款收回可能性的前提下，按期预计坏账损失，计提坏账准备，当某一应收款项全部或部分被确认为坏账时，应冲减计提的坏账准备，同时转销相应的应收款项金额的一种核算方法。根据我国企业会计核算规定，企业应收款项减值损失的核算应采用备抵法。

采用备抵法，企业需设置“坏账准备”科目。该科目是应收款项科目的抵减科目，贷方记录提取的坏账准备和已确认并转销坏账以后又收回的金额；借方记录实际发生坏账损失的冲减额；余额通常在贷方，表示企业已提取的坏账准备。期末在资产负债表上列作各项应收款项的减项。

应收款项减值的核算内容包括三个方面：一是期末按一定方法确定应收款项的减值损失，计提坏账准备的账务处理；二是实际发生坏账时的账务处理；三是已确认的坏账又收回的账务处理。

企业采用备抵法进行坏账核算时，应按期预计应收款项减值损失。预计应收款项减值损失的方法主要有应收账款余额百分比法、账龄分析法及个别认定法等。一般而言，对单项金额非重大的应收款项减值损失的预计，适用于应收账款余额百分比法和账龄分析法；对于单项金额重大的应收款项减值损失的预计，适用于个别认定法。

1）应收账款余额百分比法。应收账款余额百分比法是根据会计期末应收账款的余额乘以预计减值百分比，提取坏账准备。会计期末，企业应提取的坏账准备大于其账面余额的，按其差额提取；应提取的坏账准备小于其账面余额的，按其差额冲回坏账准备。其当期应提取坏账准备的金额可按下列公式计算：

$$\begin{array}{c}\text{当期应提取坏}\\\text{账准备的金额}\end{array}=\begin{array}{c}\text{当期按应收款项余额和预计减}\\\text{值百分比计算提取的坏账准备}\end{array}-\begin{array}{c}\text{“坏账准备”}\\\text{科目贷方余额}\end{array}$$

【例22】 帝国企业本年度第一次计提坏账准备，年末应收账款的余额为1 000 000元，提取坏账准备的比例为1%，第二年发生了坏账损失15 000元，其中甲企业6 000元，乙企业9 000元，年末应收账款的余额为1 200 000元，第三年，已冲销的上年甲企业应收账款6 000元又收回了，期末应收账款的余额为1 300 000元。其各年应提取的坏账准备与会计处理为：

（1）第一年应提取的坏账准备为1 000 000元×1% =10 000元

	借方	贷方
借：资产减值损失	10 000	
贷：坏账准备		10 000

（2）第二年冲销坏账时：

	借方	贷方
借：坏账准备	15 000	
贷：应收账款——甲企业		6 000
——乙企业		9 000

（3）第二年年末“坏账准备”余额应为1 200 000元×1% =12 000元

应提取坏账准备为（12 000 +5 000）元 =17 000元

	借方	贷方
借：资产减值损失	17 000	
贷：坏账准备		17 000

（4）第三年，上年已冲销的甲企业账款6 000元又收回入账时：

	借方	贷方
借：应收账款——甲企业	6 000	
贷：坏账准备		6 000

同时：

	借方	贷方
借：银行存款	6 000	
贷：应收账款——甲企业		6 000

（5）第三年年末“坏账准备”余额应为1 300 000元×1% =13 000元

应提取坏账准备为（13 000－18 000）元＝－5 000 元

借：坏账准备　　5 000

　贷：资产减值损失　　5 000

2）账龄分析法。账龄分析法是根据应收账款账龄的长短来预计应收款项减值损失的方法。账龄是客户所欠账款的时间。一般而言，应收账款逾期拖欠的时间越长，发生坏账的可能性就越大，相应地，预计应收款项减值损失应越高。

【例 23】 华达公司 2012 年 12 月 31 日应收账款账龄分析相关资料如表 3-2 所示。

表 3-2　应收账款账龄分析资料　　单位：元

账　龄	应收账款余额	预计应收账款减值损失（%）	预计应收账款减值损失数额
未到期	260 000	0.5	1 300
逾期 1 个月	100 000	1	1 000
逾期 2 个月	60 000	2	1 200
逾期 3 个月	50 000	3	1 500
逾期 6 个月	80 000	10	8 000
逾期 1 年以上	50 000	50	25 000
合 计	600 000		38 000

该企业上年年末"坏账准备"科目的贷方余额为 1 200 元，则本年度应计提坏账准备的金额及会计处理为：

当期应提取坏账准备的金额＝（38 000－1 200）元＝36 800 元

借：资产减值损失　　36 800

　贷：坏账准备　　36 800

3）个别认定法。个别认定法是根据每一项应收账款的具体情况来预计应收款项减值损失的方法。尤其对于单项金额重大的应收款项，应当单独进行减值测试。

【例 24】 2010 年年末，华达公司应收乙公司货款 10 000 000 元，预计在 2013 年年末能收回 9 000 000 元，其余无法收回。假设折现率为 9%，则应提取的坏账准备与会计处理为：

预计未来现金流量的现值＝900 万元÷$(1+9\%)^3$＝695 万元，应收账款账面余额为 1 000 万元，应计提坏账准备（1 000－695）万元＝305 万元。

借：资产减值损失　　3 050 000

　贷：坏账准备　　3 050 000

采用备抵法计提坏账准备，符合会计核算的谨慎性原则。不仅将预计不能收回的应收账款作为减值损失及时计入费用，避免企业虚增利润；而且，在会计报表上列示应收账款净额，使报表阅读者更能了解企业真实的财务情况。

第四节 存 货

一、存货的确认

存货的确认是指确定某项资产在性质上是否属于存货，在范围上是否是本企业的存货。存货确认的原则包括两个方面：其一，需要符合存货的定义。其二，需要符合存货的确认条件。

（一） 存货的定义

存货是指企业在日常生产活动中持有以备出售的产成品或商品、处在生产过程中的在产品、在生产过程或提供劳务过程中耗用的材料和物料等。

存货在性质上属于流动资产，它与长期资产相比具有较强的流动性。但是一项资产是否属于存货，除须视其能否在一年或一个营业周期被销售或耗用以外，还须视企业的性质及企业持有该资产的用途而定。如一项机器设备，当它在企业中作为劳动手段使用时，它是一项固定资产，但是在生产和销售机器设备的企业中它则是一项存货。与货币性资产相比，存货的变现受未来价格等因素的影响，变现时间与变现价值不易确定，因此，具有发生潜在损失的可能性。另外，企业为建造固定资产等各项工程而储备的各种材料，以及特种储备物资和按国家指令专项储备的资产不符合存货的定义，因而不作为存货进行核算。

（二） 存货的确认条件

1. 该存货包含的经济利益很可能流入企业

一般而言，企业拥有存货的所有权是存货包含的经济利益很可能流入企业的一个重要标志。所有权属于企业的物品，不论其存放何处或处于何种状态，都应确认为企业的存货；反之，所有权不属于企业的物品，即使存放于企业，也不应确认为企业的存货。

2. 该存货的成本能够可靠地计量

存货作为企业资产的重要组成部分，只有其成本能够可靠地计量，才能够确认为企业的存货。存货成本的可靠计量必须以取得确凿、可靠的证据为依据，并且具有可验证性。

（三） 存货的分类

1. 根据企业性质，按照存货用途分类

（1）制造业存货。制造业存货具体分为以下几类：

1）原材料。它是指企业通过采购或其他方式取得的，经加工改变其形态或性质并构成产品主要实体，或有助于产品形成的各种原料及主要材料、辅助材料、外购半成品、修理用备件、包装材料、燃料等。

2）委托加工物资。它是指企业因技术和经济原因而委托外单位代为加工的各种材料物资。

3）周转材料。它是指企业能够多次使用，逐渐转移其价值但仍保持原有形态不确认为固定资产的材料。例如，包装用的箱、桶、袋等；办公用品、生产工具、劳保用品等低值易耗品，以及企业（建造承包商）的钢模板、木模板、脚手架和其他周转使用的材料等。

4）在产品。它是指正在生产阶段加工或装配的产品，以及已经加工完成，尚未验收入库的产品。

5）自制半成品。它是指已经经过一定加工过程，并已验收入库，仍需进一步加工或可直接对外销售的中间产品。

6）产成品。它是指企业加工生产并已完成全部生产过程，可以对外销售的制成品。因此，又可将其称为商品。

7）委托代销商品。它是指企业委托其他单位代销的商品。

（2）商品流通企业存货。商品流通企业存货主要分为：商品、材料物资、包装物、低值易耗品等。其中，商品存货是商品流通企业存货的主要组成部分。商品在销售以前，保持其原有物质形态。

（3）其他行业存货。服务企业，如旅行社、饭店、宾馆、游乐场所、美容美发、照相、修理、中介机构等，既不生产产品也不经销商品。一般仅存有少量物料用品、办公用品、家具用具等，供业务活动时使用，这些物品也作为存货处理。

2. 按存货地点分类

（1）库存存货。它是指已验收合格并入库的各种存货。

（2）在途存货。它是指货款已经支付、正在途中运输的存货，以及已经运达企业但尚未验收入库的存货。

（3）加工中存货。它是指本企业正在加工中的存货和委托其他单位加工的存货。

（4）委托代销存货。它是指本企业委托其他单位代销的存货。

二、存货的计量

存货计量是存货会计的核心内容，是正确地确定收入、发出及结存存货的价值。

存货的计量方法，依据计量基础的不同分为以历史成本为基础与以非历史成本为基础两类。目前通行的做法是存货取得的计价一般以实际成本为基础；存货发出的计价有实际成本计价法（售价金额法）、计划成本计价法。其中在采用实际成本法时，通过“商品进销差价”科目将商品的售价调整为实际成本（进价）；采用计划成本法时可通过“材料成本差异”或“产品成本差异”科目将材料或产成品的计划成本调整为实际成本。期末存货采用“成本与可变现净值孰低法”计价。

（一） 存货的入账价值

存货在取得时，应按实际成本记账。取得存货的实际成本包括采购成本、加工成本和其他成本。存货的采购成本，包括购买价款、相关税费、运输费、装卸费、保险费以及其他可归属于存货采购成本的费用。存货的加工成本，包括直接人工以及按照一定方法分配的制造费用。存货的其他成本，是指除采购成本、加工成本以外的，使存货达到目前场所和状态所发生的其他支出。取得存货的途径不同，其成本构成也各不相同。

1. 外购存货

（1）买价与采购费用。一般来讲，企业购入的存货，应根据发票金额确认购货价格。但由于存在商业折扣与现金折扣等原因，可能出现发票价格与实际付款额不一致的情况。商业折扣不构成存货成本；现金折扣构成存货的成本。

采购费用是指买价以外的运输费、装卸费、保险费、包装费以及运输途中的合理损耗和入库前的挑选整理费用等。在实务中，企业也可以将发生的运输费、装卸费、保险费以及其他可归属于存货采购成本的费用等进货费用先进行归集，期末，按照所购商品的存销情况进行分摊。对于已销售商品的进货费用，计入主营业务成本；对于未销售商品的进货费用，计入期末存货成本。企业采购商品的进货费用金额较小的，可以在发生时直接计入当期损益。

（2）税金。企业在采购存货时要缴纳流转税，缴纳的流转税是否应该计入存货的入账价值，目前我国采用了两种处理方法：一种是价内税，另一种是价外税。

1）价内税。价内税即价格内包含了流转税，流转税是价格的组成部分，应计入存货的成本。例如，消费税、资源税、城市维护建设税等。

2）价外税。价外税主要指增值税。应区别情况处理：

① 经确认为一般纳税人企业的，其采购存货支付的增值税，按照税法规定可以作为进项税额单独记账的（如增值税专用发票或完税证中注明的进项税额），不计入采购存货的成本；否则，应计入所采购存货的成本。

② 经确认为小规模纳税人企业的，其采购存货支付的增值税，无论是否在发票账单上单独列明，一律计入所采购存货的成本。购入物资取得增值税专用发票的企业，其采购存货支付的增值税也一律计入所采购存货的成本。

③ 关税。企业从国外采购存货，进口报关时按照有关规定缴纳的海关关税，构成进口货物的成本。

2. 自制存货

自制存货，例如：半成品、产成品等，按照制造过程中的各项支出构成实际成本，包括材料费用与加工成本。加工成本包括直接人工以及按照一定方法分配的制造费用。制造费用，是指企业为生产产品和提供劳务而发生的各项间接费用。企业应当根据制造费用的性质，合理地选择制造费用分配方法。

3. 委托加工存货

委托外单位加工完成的存货，以实际耗用的原材料或者半成品和加工费、运输费、装卸费和保险费等费用以及按规定应计入成本的税金，作为实际成本。

4. 投资者投入的存货

投资者投入存货的成本，应当按照投资合同或协议约定的价值确定，但合同或协议约定价值不公允的除外。在投资合同或协议约定价值不公允的情况下，按照该项存货的公允价值作为其入账价值。

5. 其他方式取得的存货

其他方式取得的存货包括：接受捐赠的存货、以应收债权换入的存货、以非货币性交易换入的存货、企业合并取得的存货，以及存货盘盈等。

（二） 发出存货的计价方法

1. 存货数量的确定

要确定存货的数量，需要对存货进行盘存，常用的存货数量盘存方法主要有实地盘存制和永续盘存制两种。

（1）实地盘存制。实地盘存制也称定期盘存制，是指会计期末对各项存货逐一清点，以确定各项存货的实存数量，然后分别乘以各项存货的盘存单价，计算出期末存货的总金额，记入各有关存货科目，倒算出本期已耗用或已销售存货的成本。采用这种方法，平时只记录存货借方购进的数量和金额，不记发出的数量，发出的数量与金额是在期末盘存后计算出来的，并记入存货科目的贷方。这一方法通常也称为"以存计耗"或"以存计销"。其依据的基本等式为：

期初存货成本 + 本期购货成本 = 发出存货成本 + 期末存货成本

如果存货采用实际成本计价，上式可改为：

发出存货成本 = 期初存货成本 + 本期购货成本 – 期末存货成本

上式中，期初存货成本和本期购货成本可从账簿记录中取得，再通过实地盘存，确定期末存货成本，即可计算出本期耗用（或销售）成本。

（2）永续盘存制。永续盘存制也称账面盘存制，指对存货项目设置经常性的库存记录，即分别品名规格设置存货明细账，逐笔或逐日地登记收入发出的存货，并随时记列结存数。通过会计账簿资料，就可以完整地反映存货的收入、发出和结存情况。在没有发生丢失和被盗的情况下，存货账户的余额应当与实际库存相符。采用永续盘存制，并不排除对存货的实物盘点，为了核对存货账面记录，加强对存货的管理，每年至少应对存货进行一次全面盘点，具体盘点次数视企业内部控制要求而定。

（3）存货盘存结果的处理。在永续盘存制下企业进行存货清查盘点时，会出现账面存货与实际存货不一致的情况，账面存货小于实际存货，为存货的盘盈，账面存货大于实际存货为存货的盘亏。无论盘盈或盘亏均需根据盘点时填制的"存货盘存报告单"记入"待处理财产损溢"科目，查明原因后进行处理。

发生盘盈的存货，按盘盈存货的市场价格借记存货有关科目，贷记"待处理财产损溢——待处理流动资产损溢"科目。经有关部门批准后，再冲减管理费用。

发生盘亏和毁损的存货，在报经批准以前，应按其成本（计划成本或实际成本）借记"待处理财产损溢——待处理流动资产损溢"科目，贷记有关存货科目。报经批准后，再根据造成盘亏和毁损的原因，经批准后转作管理费用或营业外支出。

2. 发出存货的实际成本计价法

企业取得的存货入账以后，会被陆续地耗用或出售，因此，企业存货总是处在不断流入和流出的流转之中。存货流转包括实物流转和成本流转两个方面。在理论上，存货的成本流转与实物流转应当一致，但在实际工作中，这种一致的情况非常少见。存货会计通常按照不同的成本流转顺序确定发出存货的成本和期末结存存货的成本，从而出现了存货成本流转的假设。采用某种存货成本流转的假设，在期末存货与发出存货之间分配成本，就产生了不同的存货成本分配方法，即发出存货的计价方法。《企业会计准则第1号——存货》中规定的发出存货实际成本计价方法有：个别计价法、先进先出法、加权平均法。

（1）个别计价法。个别计价法又称个别认定法、具体辨认法、分批实际法。采用这一方法是假设存货的成本流转与实物流转相一致，发出存货按照所发存货入库时的实际单位成本计价的方法。采用这种方法，要求每次发货时，都要辨认清楚每批发出存货的数量及入账时的单位成本，以此确定各批发出存货的实际成本。这种方法适用于容易识别、存货品种数量不多、单位成本较高的存货计价，如房产、船舶、飞机、重型设备、珠宝、名画等贵重物品。

（2）先进先出法。先进先出法是以先入库的存货先发出为假定前提，发出存货按库存存货中最先入库的那批存货的实际单位成本计价的一种方法。采用这种方法计价，要求在存货明细账中逐笔登记每批入库存货的数量、单价和金额，以便发出存货时能按入库的先后顺序，确定发出存货的单价和金额。发出存货时，也要在明细账中逐笔登记发出存货的数量、单价和金额。先进先出法的具体作法如表 3-3 所示。

表 3-3 存货明细账 单位：元

年		凭证号	摘要	收入			发出			结存		
月	日			数量	单价	金额	数量	单价	金额	数量	单价	金额
1	1		余额							200	20	4 000
1	7		购入	600	22	13 200				200 600	20 22	4 000 13 200
1	13		发出				200 500	20 22	4 000 11 000	100	22	2 200
1	19		购入	400	24	9 600				100 400	22 24	2 200 9 600
1	27		发出				100 300	22 24	2 200 7 200	100	24	2 400
1	31		合计	1 000		22 800	1 100		24 400	100	24	2 400

（3）月末一次加权平均法。月末一次加权平均法，是月末一次计算全月存货加权平均单价，发出存货成本按加权平均单价计价的一种方法。其计算公式如下：

$$\text{月末一次加权平均单价}=\frac{\text{月初结存存货实际成本}+\text{本月收入存货实际成本}}{\text{月初结存存货数量}+\text{本月收入存货数量}}$$

本期发出存货实际成本 = 发出存货数量 × 全月一次加权平均单价

期末结存存货实际成本 = 期末结存存货数量 × 全月一次加权平均单价

根据表 3-3 存货购入、发出、结存数据说明月末一次加权平均法的运用。

月末一次加权平均单价 =（4 000 + 22 800）元/（200 + 1 000）= 22. 33 元

本期发出存货实际成本 = 1 100 × 22. 33 元 = 24 567 元

期末结存存货实际成本 = 100 × 22. 33 元 = 2 233 元

或：

期末结存存货实际成本 =（4 000 + 22 800 − 24 567）元 = 2 233 元

月末一次加权平均法的特点是，发出存货的平均单价每月月末计算一次，因此，平时发出存货时，存货明细账只登记发出数量不登记金额，月末计算出加权平均单价后再登记金额。

（4）移动平均法。移动加权平均法是每入库一次存货就计算一次加权平均单价，发出存货的实际成本按发货时的移动加权平均单价计价的一种方法。其计算公式如下：

$$\text{发出存货移动加权平均单价}=\frac{\text{以前结存存货实际成本}+\text{本批收入存货实际成本}}{\text{以前结存存货数量}+\text{本批收入存货数量}}$$

发出存货实际成本 = 发出存货数量 × 发出存货移动加权平均单价

仍以表 3-3 提供的数据为例，说明移动平均法的运用。如表 3-4 所示。

表3-4 存货明细账 单位：元

年		摘要	收 入			发 出			结 存		
月	日		数量	单价	金额	数量	单价	金额	数量	单价	金额
1	1	余额							200	20	4 000
1	7	购入	600	22	13 200				800	21.50	17 200
1	13	发出				700	21.50	15 050	100	21.50	2 150
1	19	购入	400	24	9 600				500	23.50	11 750
1	27	发出				400	23.50	9 400	100	23.50	2 350
		合计	1 000		22 800	1 100		24 450	100	23.50	2 350

第一批购入存货后的加权平均单价 =（4 000 + 13 200）元/（200 + 600）= 21.50 元

第一批发出存货的实际成本 = 700 × 21.50 元 = 15 050 元

第二批购入存货后的加权平均单价 =（2 150 + 9 600）元/（100 + 400）= 23.50 元

第二批发出存货的实际成本 = 400 × 23.50 元 = 9 400 元

这种方法的特点是，入库存货的单价变动一次，就要重新计算一次加权平均单价，因此叫做移动加权平均法。采用这种方法，平时发货时可登记发出存货的数量和金额，有利于存货的日常管理，但在存货收入批数较多的企业，计算存货单价的工作量较大。这种方法在电子记账的企业应用较普遍。

（5）发出存货实际成本计价方法的比较分析。在永续盘存制下，以上计算方法的共同点，均是将期初存货成本与本期购货成本之和在发出存货成本与期末存货成本之间进行分配，从而计算出发出存货的实际成本与期末存货的实际成本。但是，因存货成本的流转顺序不同，使得不同的存货计价方法计算出的发出存货实际成本与期末存货的实际成本有较大区别，如表3-5所示。

表3-5 存货实际成本计价方法的比较 单位：元

项 目	先进先出法	加权平均法	移动平均法
本期发出存货实际成本	24 400	24 567	24 450
期末存货实际成本	2 400	2 233	2 350

由表3-5可见，在物价持续上涨情况下，先进先出法的发出存货实际成本最低，期末存货的实际成本则最高；月末一次加权平均法是全月存货单价的平均；移动平均法是每次进货后存货单价的平均，接近先进先出法。

因为采用不同的存货计价方法，计算出的发出存货的实际成本与期末存货的实际成本不同，从而对企业财务状况——资产负债表相关项目，盈亏状况——利润表相关项目会产生不同的影响，主要表现在以下几方面：

① 存货计价对企业损益计算的直接影响。物价持续上涨时，在先进先出法下，期末存

货计价较高，但是，因降低了发出存货的成本，会造成成本补偿不足；而相应增加的当期收益会造成利润的超额分配，影响企业再生产的顺利进行。

② 存货计价方法不同对资产负债表项目的影响。首先，影响资产负债表中流动资产总额。物价持续上涨时，在先进先出法下，期末存货计价较高，使得流动资产总额接近现实的物价水平。其次，影响资产负债表中所有者权益项目。物价持续上涨时，在先进先出法下，因降低了发出存货的成本，相应增加的当期收益会虚增所有者权益。

③ 不同的存货计价方法，对结转当期销售成本的数额有所不同，从而影响企业当期应纳税利润数额的确定。在物价持续上涨时，采用先进先出法，虚增当期利润，从而多交企业所得税。反之，在物价持续下跌时，采用先进先出法便可以达到节约税收的目的。

发出存货实际成本计价方法的确定，体现了会计报表基础观念的差异，企业会计准则依据的是资产负债观而非收入费用观。资产负债观视会计为一种计量资产和负债的手段，其目的是通过确认计量各项资产和负债的价值来反映整个企业的价值，因此，企业资产减去负债后净资产的保值与增值才是衡量企业的主要指标。而收入费用观确定的企业损益只是资产负债计价过程的一部分。移动平均法较月末一次加权平均法计算复杂，增大了会计核算的工作量。

3. 发出存货的计划成本计价方法

存货品种繁多的企业，为了简化核算工作量，可以按计划成本对存货进行日常的收发核算。收入、发出存货时，按计划单位成本计价，对存货实际成本与计划成本之间的差额，专门设置科目予以核算。具体内容将在存货的核算中介绍。

4. 商品流通企业发出存货的计价方法

（1）毛利率法。该种方法是根据本期实际销售额乘以上期实际（或本期计划）毛利率匡算本期销售毛利，据以计算发出存货和期末结余存货成本的一种方法。这一方法是商品流通企业，尤其是商业批发企业常用的计算本期商品销售成本和期末库存商品成本的方法。

（2）零售价法。采用零售价法时，平时商品的购进、储存、销售均按售价记账，售价与进价的差额通过“商品进销差价”科目反映，期末计算进销差价率和本期已销商品应分摊的进销差价，并据以调整本期销售成本。

（三） 期末存货价值的确定

确定期末存货的价值是指会计期末企业在编制资产负债表时，确定的流动资产中“存货”项目的金额。

企业期末存货的价值通常按实际成本计价，但是当存货的可变现净值跌至成本以下时，仍以实际成本计价，会虚增资产，不符合谨慎性原则，因此，应采用“成本与可变现净值孰低法”计量。

1. 成本与可变现净值孰低法的基本内容

成本与可变现净值孰低法是指对期末存货按照成本与可变现净值两者之中较低者计价的方法，即当成本低于可变现净值时，存货按成本计价；当可变现净值低于成本时，存货按可变现净值计价。其中，成本是指存货的实际成本（或历史成本），即按照先进先出法，加权平均法等以历史成本为基础计算的期末存货价值。可变现净值是指在日常活动中，存货的估计售价减去至完工时估计将要发生的成本、估计的销售费用以及相关税费后的金额，并不是指存货的现行售价；可变现净值是指存货的预计未来净现金流入量而不是存货的售价或合同价。企业预计的销售存货现金流入量，并不完全等于存货的可变现净值。存货在销售过程中可能发生相关税费和销售费用，以及为达到预定可销售状态还可能发生的加工成本等相关支出，构成现金流入的抵减项目。在预计可变现净值时，还应当考虑持有存货的其他因素，例如，持有存货的目的。企业持有以备出售的商品、产成品存货，有合同约定的，通常按合同价作为计算基础，没有合同约定的存货则以一般销售价格作为计算的基础；在生产过程或提供劳务过程中耗用的材料等存货的价值，将体现在用其生产的产成品上，因此，在确定需要经过加工的材料存货的可变现净值时，需要用以其生产的产成品的可变现净值与该产成品的成本进行比较，如果高于成本，则该材料应当按照成本计量。

成本与可变现净值孰低法的理论基础主要是使存货符合资产的定义。如果存货的可变现净值下跌至成本以下时，由此所形成的损失已不符合资产的定义，因而应将这部分损失从资产价值中扣除，列入当期损益。否则，当存货的可变现净值低于其成本价值时，仍然以其历史成本计价，就会出现虚增资产的现象，这对企业的生产经营来讲是不稳健的。成本与可变现净值孰低法是谨慎性原则在存货会计上的具体运用，是对历史成本原则的修正。

企业采用成本与可变现净值孰低法对存货计价时，有三种不同的计算方法。

（1）单项比较法。单项比较法也称逐项比较法或个别比较法，是指对存货中每一种存货的成本和可变现净值逐项进行比较，每项存货均取较低者来确定存货的期末成本。

（2）分类比较法。分类比较法是指按存货类别的成本与可变现净值进行比较，每类存货取其较低者来确定存货的期末成本。

（3）总额比较法。总额比较法也称综合比较法，是指按全部存货的总成本与可变现净值总额进行比较，以较低者作为期末全部存货的成本。

【例25】 昆山实业公司有甲、乙两大类A、B、C、D四种存货，各种存货分别按三种计算方式确定期末成本，如表3-6所示。

表3-6 成本与可变现净值孰低法的运用 单位：元

项目	数量	成本		可变现净值		单项比较法	分类比较法	总额比较法
		单价	总额	单价	总额			
甲类存货								
A	80	120	9 600	110	8 800	8 800		
B	40	400	16 000	410	16 400	16 000		
合计			25 600		25 200		25 200	
乙类存货								
C	40	300	12 000	310	12 400	12 000		
D	20	720	14 400	710	14 200	14 200		
合计			26 400		26 600		26 400	
总计			52 000		51 800	51 000	51 600	51 800

从表3-6中的计算结果可以看出，单项比较法计算的期末成本总计最低（51 000元），分类比较法次之（51 600元），总额比较法最高（51 800元）。这是因为单项比较法所确定

的均为各项存货的最低价，据此计算的结果比较准确，但该种方法的工作量大，对于存货品种繁多的企业更是如此。总额比较法工作量虽小，但计算结果不够准确；分类比较法则介于二者之间。

《企业会计准则第 1 号——存货》规定，企业应当按单个存货项目的成本与可变现净值计量。对于数量繁多、单价较低的存货，可以按存货类别计量成本与可变现净值。

2. 成本与可变现净值孰低法的会计处理

企业应在每一会计期末，比较成本与可变现净值，如果由于存货遭受毁损、全部或部分陈旧过时或销售价格低于成本等原因，使存货成本不能全部收回，应按其不可收回部分的金额，提取存货跌价准备。

提取存货跌价准备的会计处理方法也有直接转销法和备抵法两种。

《企业会计准则》规定企业提取存货跌价准备，应采用备抵法。

直接转销法是将可变现净值低于成本的损失直接转销存货账户，将计提的存货跌价准备借记“资产减值损失”科目，贷记相关的存货科目。

备抵法是对于存货可变现净值低于成本的损失不直接冲减有关存货科目，而是单独设置“存货跌价准备”科目，记录存货持有损失。“存货跌价准备”是存货科目的备抵科目。贷方登记可变现净值低于成本的差额，借方登记已提取跌价准备的存货价值以后又得以恢复的金额，其贷方余额反映企业已提取的存货跌价准备。本期应提取存货跌价准备的金额可按下列公式计算：

$$\begin{matrix}\text{本期应提取的}\\\text{存货跌价准备}\end{matrix} = \begin{matrix}\text{本期可变现净值}\\\text{低于成本的数额}\end{matrix} - \begin{matrix}\text{“存货跌价准备”}\\\text{科目的贷方余额}\end{matrix}$$

【例 26】 昆山实业公司 2010 年年末存货实际成本为 400 000 元，可变现净值为 380 000 元；2011 年年末存货实际成本为 350 000 元，可变现净值为 325 000 元；2012 年 6 月 30 日，该批存货的可变现净值升为 340 000 元；2012 年年末存货实际成本为 600 000 元，可变现净值为 605 000 元。其会计处理为：

2010 年年末计提存货跌价准备：

	借方	贷方
借：资产减值损失——计提的存货跌价准备	20 000	
贷：存货跌价准备		20 000

2011 年年末计提存货跌价准备：

	借方	贷方
借：资产减值损失——计提的存货跌价准备	5 000	
贷：存货跌价准备		5 000

2012 年 6 月 30 日计提存货跌价准备 =（10 000 − 25 000）元 = −15 000 元

	借方	贷方
借：存货跌价准备	15 000	
贷：资产减值损失——计提的存货跌价准备		15 000

2012 年年末冲减存货跌价准备：

	借方	贷方
借：存货跌价准备	10 000	
贷：资产减值损失——计提的存货跌价准备		10 000

应当注意，以前减记存货价值的影响因素已经消失的，减记的金额应当予以恢复，并在原已计提的存货跌价准备金额内转回，转回的金额计入当期损益。

三、存货的核算

（一）原材料

原材料是指企业通过采购或其他方式取得的，经加工改变其形态或性质并构成产品主要实体，或有助于产品形成的各种原料及主要材料、辅助材料、外购半成品、修理用备件、包装材料、燃料等。

1. 按实际成本计价的核算

按实际成本计价的材料核算，是指材料的收发凭证与总分类核算和明细分类核算都按实际成本计价记录。

（1）会计科目设置。按实际成本计价进行材料核算时，主要设置"原材料"和"在途物资"科目。

"原材料"是资产类科目，用来核算企业库存的各种材料的实际成本。借方登记入库材料的实际成本，贷方登记出库材料的实际成本，余额在借方，表示期末库存材料的实际成本。

"在途物资"是资产类科目，用来核算企业货款已经支付但尚未验收入库材料的增减变动情况。借方登记支付的材料价款，贷方登记验收入库材料的金额，余额在借方，表示已经支付货款但尚未验收入库的材料金额。

（2）收入材料的核算

1）购入的原材料。企业外购材料时，由于结算方式和采购地点的不同，材料入库和货款的支付在时间上不一定完全同步，其账务处理也有所不同。

① 发票账单与材料同时到达的采购业务的账务处理。

【例27】 甲企业经有关部门核定为一般纳税人企业，某日该企业购入原材料一批，取得的增值税专用发票上注明的原材料价款为200 000元，增值税额为34 000元，材料已验收入库，发票等结算凭证已经收到，货款已通过银行转账支付。其会计处理为：

借：原材料　　200 000

　　应交税费——应交增值税（进项税额）　　34 000

　贷：银行存款　　234 000

② 已经付款或已开出商业汇票、但材料尚未到达或尚未验收入库的采购业务的账务处理。

【例28】 假设上例购入材料的业务，发票等结算凭证已到，货款已经支付，但材料尚未运到。其会计处理为：

企业收到发票等结算凭证时：

借：在途材料　　200 000

　　应交税费——应交增值税（进项税额）　　34 000

　贷：银行存款　　234 000

上述材料到达验收入库时：

借：原材料　　200 000

　贷：在途材料　　200 000

③ 对于材料已到达并验收入库，但发票账单等结算凭证未到，货款尚未支付的采购业

务的账务处理。

【例 29】 假设【例 27】中购入材料的业务，材料已经运到，并验收入库，但发票等结算凭证尚未收到，货款尚未支付。其会计处理为：

月末按照暂估价入账，假设其暂估价为 190 000 元：

借：原材料　　190 000
　贷：应付账款——暂估应付账款　　190 000

下月初用红字将上述分录原账冲回：

借：原材料　　190 000
　贷：应付账款——暂估应付账款　　190 000

收到有关结算凭证，并支付款项时：

借：原材料　　200 000
　　应交税费——应交增值税（进项税额）　　34 000
　贷：银行存款　　234 000

2）自制的原材料。在材料自制完工并验收入库时，按其实际成本，借记“原材料”科目，贷记“生产成本”科目［可参考本部分（二）库存商品的核算］。

【例 30】 企业辅助生产车间自制备件一批，实际成本 15 700 元，已验收入库，其会计处理为：

借：原材料　　15 700
　贷：生产成本——辅助生产成本　　15 700

（3）发出材料的核算。企业发出材料业务频繁，为简化日常核算工作，平时一般只登记材料明细账，反映各种材料的收发和结存金额，月末根据实际成本计价的发料凭证，按领用部门和用途，汇总编制“发料凭证汇总表”，据以编制记账凭证，一次登记总分类账。

1）生产经营领用、加工发出的原材料，根据“发料凭证汇总表”记账时，借记“生产成本”“制造费用”“管理费用”“销售费用”“委托加工物资”等科目，贷记“原材料”科目。

2）基建、福利部门领用原材料，按实际成本加上不予抵扣的增值税等，借记“在建工程”“应付职工薪酬”等科目，按实际成本，贷记“原材料”科目，按不予抵扣的增值税，贷记“应交税费——应交增值税（进项税额转出）”等科目。

3）出售原材料，于月度终了，按其实际成本，借记“其他业务成本”科目，贷记“原材料”科目。

【例 31】 乙公司本月份的“发料凭证汇总表”中列明各部门领用 B 材料情况如下：

生产车间生产产品领用 60 000 元；车间管理部门领用 8 000 元；产品销售部门领用 6 000 元；企业管理部门领用 7 000 元；基建工程领用 15 000 元，增值税税额为 2 550 元；委托外单位加工发出材料 5 000 元。根据发料凭证汇总表其会计处理为：

借：生产成本　　60 000
　　制造费用　　8 000
　　销售费用　　6 000

管理费用 7 000
在建工程 17 550
委托加工物资 5 000
贷：原材料——B 材料 101 000
应交税费——应交增值税（进项税额转出） 2 550

2. 按计划成本计价的核算

按计划成本计价的材料核算是指材料的收发凭证与总分类核算和明细分类核算都按计划成本计价。材料实际成本与计划成本的差异通过“材料成本差异”科目核算。

（1）收入材料的核算。为了总括反映和监督材料收入、发出和结存的计划成本及其成本差异，应设置“材料采购”“材料成本差异”、和“原材料”等科目。其中“原材料”科目与按实际成本计价时的唯一区别是计价不同，其借方、贷方都按计划成本登记。“材料采购”和“材料成本差异”是按计划成本核算时专门设置的科目。

1）“材料采购”科目是资产类科目，用来核算外购材料的实际采购成本，确定材料采购成本差异，反映在途材料占用资金情况。其借方登记已付款已入库材料的实际成本、已付款未入库材料的实际成本、已入库材料的采购成本节约额；贷方登记已付款已入库材料的计划成本、已入库材料的采购成本超支额；期末余额在借方表示在途材料的实际成本。

2）“材料成本差异”科目是资产类科目，核算材料实际成本与计划成本之间的计价差额。实际成本小于计划成本是节约差异额，实际成本大于计划成本是超支差异额。借方登记入库材料的超支差异额，贷方登记入库材料的节约差异额和发出材料应负担的材料成本差异（超支差异用蓝字，节约差异用红字），期末如为借方余额表示库存材料的超支差异，如为贷方余额表示库存材料的节约差异。

“材料成本差异”是材料科目（包括原材料、包装物、低值易耗品）的备抵调整科目。某材料科目的借方期末余额，加上“材料成本差异”科目的借方期末余额，或减去“材料成本差异”科目的贷方期末余额，就是期末库存材料的实际成本。

按计划成本进行材料收入核算，月末在材料验收入库时，应按其各自的计划成本，借记“原材料”科目，同时结转材料成本差异，借记或贷记“材料成本差异”科目。为简化核算，结转物资采购成本差异的处理，一般在月末集中一次处理。

（2）发出材料的核算。按计划成本计价进行材料发出的核算，平时发出材料一律按计划成本计价，但到月末要将发出材料的计划成本调整为实际成本，需要计算发出材料应负担的成本差异。

发出材料应负担的成本差异，可按当月的成本差异率计算；期初成本差异率与本期成本差异率相差不大的，也可按期初的成本差异率计算。计算方法一经确定，不得任意变更。成本差异的计算公式如下：

$$\text{本月材料成本差异率} = \frac{\text{月初结存材料成本差异} + \text{本月收入材料成本差异}}{\text{月初结存材料计划成本} + \text{本月收入材料计划成本}} \times 100\%$$

$$\text{月初材料成本差异率} = \frac{\text{月初结存材料成本差异}}{\text{月初结存材料计划成本}} \times 100\%$$

$$\text{发出材料应负担的成本差异} = \text{发出材料计划成本} \times \text{材料成本差异率}$$

（二） 库存商品

制造业的库存商品主要是指产成品。为了反映和监督库存商品的增减变化及其结存情况，应设置“库存商品”科目，在库存商品按照实际成本计价核算下，其借方登记验收入库库存商品的实际成本，贷方登记发出库存商品的实际成本，余额在借方，表示结存的库存商品的实际成本。

1. 库存商品完工并验收入库的核算

企业生产产品应设置“生产成本——基本生产成本”和“制造费用”账户。

“生产成本——基本生产成本”账户，用于核算企业进行工业性生产所发生的各项生产费用及产品和劳务的成本。包括生产各种产成品、自制半成品、自制材料、自制设备和提供劳务等所发生的各项费用及其成本。生产过程中发生的各项生产费用，应按“原材料”“职工薪酬”“制造费用”成本项目分别归集。直接发生的、专门用于产品生产的原材料费用、生产工人的职工薪酬，应直接计入“生产成本——基本生产成本”科目的“原材料”“职工薪酬”成本项目。

“制造费用”账户用于核算企业为生产产品和提供劳务而发生的各种未单设成本项目的生产费用。企业发生的制造费用，记入“制造费用”账户借方，贷记“原材料”“应付职工薪酬”“累计折旧”“银行存款”等账户。应按企业成本核算办法的规定，期末，将制造费用分配计入有关的成本计算对象，由“制造费用”账户贷方转入“生产成本——基本生产成本”等账户。

企业生产的产品完工后，应结转完工产品的成本，借记“库存商品”账户，贷记“生产成本——基本生产成本”账户。

2. 库存商品发出的核算

库存商品发出主要是指对外销售及企业内部的在建工程耗用等。

（1）对外销售库存商品，应根据不同的销售方式，进行会计处理。

对于已实现销售的产品，在结转其销售成本时，应借记“主营业务成本”科目，贷记“库存商品”科目。

（2）在建工程等部门领用库存商品，是指企业非主营业务部门所领用的库存商品，企业应根据其用途，记入“在建工程”等有关科目，贷记“库存商品”科目。

企业产品制造成本的形成、产品完工入库制造成本的结转、对外销售库存商品制造成本结转的核算，如图3-1所示。

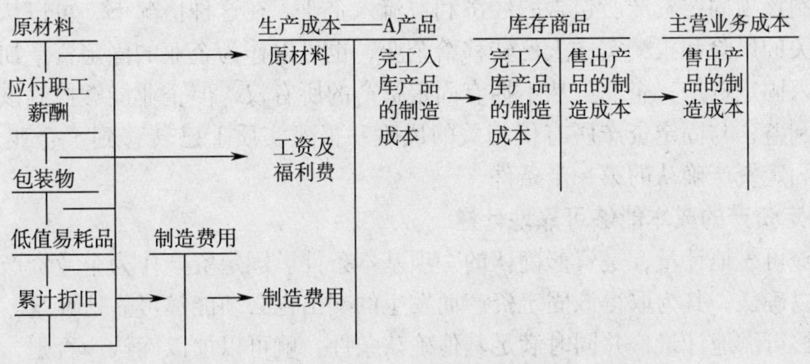

图3-1 制造成本核算图

第五节 固定资产

一、固定资产的确认

（一） 固定资产的概念与特征

固定资产是指企业为生产商品、提供劳务、出租或经营管理而持有的、使用寿命超过一个会计年度的有形资产，如房屋建筑物、机器设备、运输设备、工具器具等。其中“出租”不包括作为投资性房地产的以经营租赁方式租出的建筑物。固定资产的基本特征主要有：①持有目的不是为了出售，而是作为企业的劳动手段用于生产商品、提供劳务等。②使用年限超过一年或长于一年的一个营业周期，并在使用过程中保持原有实物形态；单位价值较高，以区别于同为劳动手段但作为流动资产管理的低值易耗品。③固定资产是具有实物形态的有形资产，以区别于同为非流动资产的无形资产。企业不符合上述条件的劳动资料，应当作为低值易耗品管理和核算。

（二） 固定资产的确认条件

一项资产是否作为固定资产加以确认，应同时符合两个条件：其一，该固定资产包含的经济利益很可能流入企业；其二，固定资产的成本能够可靠的计量。

1. 该固定资产包含的经济利益很可能流入企业

判断该项固定资产所包含的经济利益是否很可能流入企业，是确认固定资产的必备条件。如果该项固定资产包含的经济利益不是很可能流入企业，那么，即使其满足固定资产确认的其他条件，企业也不应将其确认为固定资产。

在实务中，判断固定资产包含的经济利益是否很可能流入企业，主要依据是与该固定资产所有权相关的风险和报酬是否转移到了企业。其中，与固定资产所有权相关的风险是指，由于经营情况变化造成的相关收益的变动，以及由于资产闲置、技术陈旧等原因造成的损失；与固定资产所有权相关的报酬是指，在固定资产使用寿命内直接使用该资产而获得的收入，以及处置该资产所实现的利得等。通常，取得固定资产的所有权是判断与固定资产所有权相关的风险和报酬转移到企业的一个重要标志。凡是所有权已属于企业，无论企业是否收到或持有该固定资产，均可作为企业的固定资产；反之，如果没有取得所有权，即使存放在企业，也不能作为企业的固定资产。有时，某项固定资产的所有权虽然不属于企业，但是，企业能够控制该项固定资产所包含的经济利益流入企业。在这种情况下，可以认为与固定资产所有权相关的风险和报酬实质上已转移给企业，也可以作为企业的固定资产加以确认。比如，融资租入固定资产，企业虽然不拥有固定资产的所有权，但企业能够控制该固定资产所包含的经济利益，与固定资产所有权相关的风险和报酬实质上已转移到了企业（承租方），因此，符合固定资产确认的第一个条件。

2. 该固定资产的成本能够可靠地计量

成本能够可靠地计量，是资产确认的一项基本条件。固定资产作为企业资产的重要组成部分，要予以确认，其为取得该固定资产而发生的支出也必须能够可靠地计量。如果固定资产的成本能够可靠地计量，并同时满足其他确认条件，就可以加以确认；否则，企业不应加以确认。

企业在确定固定资产成本时，有时需要根据所获得的最新资料，对固定资产的成本进行合理的估计。比如，企业对于已达到预定可使用状态的固定资产，在尚未办理竣工决算前，需要根据工程预算、工程造价或者工程实际发生的成本等资料，按暂估价值确定固定资产的入账价值，待办理了竣工决算手续后再作调整。

应当注意的是，由于企业的经营内容、经营规模等各不相同，固定资产的标准也不可能强求绝对一致，各企业应根据规定的固定资产的标准，结合企业的具体情况，制定适合本企业实际情况的固定资产目录、分类方法、每类或每项固定资产的折旧年限、折旧方法、预计净残值等，并编制成册，经股东大会或董事会、经理（厂长）会议或类似机构批准，作为固定资产核算的依据；并按照法律、行政法规等的规定报送有关各方备案。

（三）固定资产的分类

对固定资产进行科学合理的分类，是实现固定资产管理和正确组织固定资产核算的重要手段之一。根据不同的管理需要和核算要求，对固定资产的分类主要有以下几种方法：

1. 按固定资产的经济用途分类

按固定资产的经济用途分类，可以分为经营用固定资产和非经营用固定资产。

（1）经营用固定资产。经营用固定资产是指直接服务于企业生产、经营过程的各种固定资产。如生产经营用的房屋、建筑物、机器、设备、器具、工具等。

（2）非经营用固定资产。非经营用固定资产是指不直接服务于企业生产、经营过程的各种固定资产。如职工宿舍、食堂、浴室、理发室等使用的房屋、设备和其他固定资产等。

2. 按固定资产的使用情况分类

按固定资产的使用情况分类，可以分为使用中的固定资产、未使用固定资产和不需用固定资产。

（1）使用中的固定资产。使用中的固定资产是指正在使用中的经营性和非经营性的固定资产。包括：由于季节性经营或大修理等原因暂停使用的固定资产，企业出租给其他单位使用的固定资产，内部替换使用的固定资产。

（2）未使用固定资产。未使用固定资产是指已完工或已购建的尚未达到预定可使用状态的新增固定资产，以及因进行改建、扩建等原因暂停使用的固定资产。

（3）不需用固定资产。不需用固定资产是指本企业多余或不适用，需要调配处理的各种固定资产。

3. 综合分类

按固定资产的经济用途和使用情况等综合分类，可以把企业的固定资产划分为以下七大类：

（1）生产经营用固定资产。

（2）非生产经营用固定资产。

（3）租出固定资产。

（4）不需用固定资产。

（5）未使用固定资产。

（6）土地，指过去已经估价单独入账的土地。

（7）融资租入固定资产。

二、固定资产的初始计量

固定资产的初始计量是指已确认为企业的固定资产应以多少金额作为其成本，即企业取得固定资产价值的初始确定。

（一）固定资产的计价基础

1. 按历史成本计价

按历史成本计价，也称为原始价值计价，是指企业购建某项固定资产达到预定可使用状态前所发生的一切合理、必要的支出。原始价值是企业计提折旧的依据。

某项固定资产达到预定可使用状态的判断标准主要有：①固定资产的实体建造与安装工作已经全部完成或实质上已经完成。②所购建的固定资产与设计或合同要求相符或基本相符，即使有极个别与设计或合同要求不相符的地方，也不影响其正常使用。③继续发生在所购建固定资产上的支出金额很少或几乎不再发生。

固定资产按原始价值计价的优点是：具有客观性和可验证性，按这种方法确定的价值，均是实际发生并有凭据的支出，它成为固定资产的基本计价标准。其缺点是：当经济环境和市场物价水平发生变化时，它不能反映固定资产的真实价值。

2. 按净值计价

净值也称折余价值，是指固定资产的原始价值或重置完全价值减去已提取的折旧后的净额。其中重置完全价值是指在现实的生产技术条件下重新构建同样的固定资产所需要的全部支出。

按净值计价可以反映企业实际占用在固定资产上的金额，将固定资产的原始价值与折余价值对比，可以了解固定资产的新旧程度。

（二）取得固定资产的核算

由于固定资产的取得方式不同，其取得成本的构成与会计处理也有所区别。企业取得固定资产的方式主要有：购入固定资产；投资者投入固定资产；自行建造固定资产；租入固定资产；接受捐赠固定资产；盘盈固定资产；以债务重组方式取得的固定资产；以非货币交易取得的固定资产；企业合并取得的固定资产等。

为了组织固定资产的核算，企业一般需要设置“固定资产”“累计折旧”“工程物资”“在建工程”等科目。

“固定资产”科目核算企业所有固定资产的原价，借方登记增加的固定资产原价，贷方登记减少的固定资产原价，期末借方余额反映全部在用、未用、融资租入固定资产的原价。

“累计折旧”科目是“固定资产”科目的调整科目，核算企业所提取的固定资产折旧及固定资产折旧的累计数额。期末贷方余额反映固定资产折旧的累计数。

“工程物资”科目核算企业库存的、用于建造或修理本企业固定资产工程项目的各种物资的实际成本。借方登记购入工程物资的实际成本，贷方登记领出工程物资的实际成本，期末借方余额反映企业库存工程物资的实际成本。

“在建工程”科目核算企业为建造或修理固定资产而进行的各项基建工程、安装工程、技术改造工程、大修理工程等所发生的实际支出，包括需要安装设备的价值。借方登记企业各项在建工程的实际支出，贷方登记完工工程转出的实际支出，期末借方余额反映尚未完工工程的实际成本。

1. 购入固定资产

购入不需要安装的固定资产，是指固定资产购入后不需要安装可直接交付使用。按实际支付的买价、相关税费、使固定资产达到预定可使用状态前所发生的可归属于该项资产的运输费、装卸费、安装费和专业人员服务费等作为固定资产的入账价值。以一笔款项购入多项没有单独标价的固定资产，应当按照各项固定资产公允价值比例对总成本进行分配，分别确定各项固定资产的成本。

【例 32】 康华公司以银行存款购入一台不需安装的机器设备，取得的增值税专用发票上注明的设备价款为 500 000 元，增值税税额为 85 000 元，发生的运杂费为 2 000 元，假定不考虑其他税费。康华公司的会计处理为：

借：固定资产　　587 000

　贷：银行存款　　587 000

购入需要安装的固定资产，是指固定资产购入后需要安装才能交付使用。其取得成本包括实际支付的买价、包装费、运输费、缴纳的有关税金（车辆购置税、耕地占用税等）以及安装过程中的安装成本等作为固定资产的入账价值。

【例 33】 甲企业购入一台需要安装的设备，取得的增值税专用发票上注明设备价款为 50 000 元，增值税税额为 8 500 元，支付的运输费为 1 000 元，支付安装费为 4 000 元。其会计处理为：

支付设备价款、税金、运输费时：

借：在建工程　　59 500

　贷：银行存款　　59 500

支付安装费时：

借：在建工程　　4 000

　贷：银行存款　　4 000

设备安装完毕交付使用时：

借：固定资产　　63 500

　贷：在建工程　　63 500

2. 自行建造的固定资产

自行建造的固定资产，按建造该项资产达到预定可使用状态前所发生的全部支出作为入账价值。自建固定资产应先通过“在建工程”科目核算，工程完工交付使用时，再从“在建工程”科目转入“固定资产”科目。企业自建固定资产，主要有自营和出包两种方式，由于采用的建设方式不同，其会计处理也不同。

（1）自营工程，是指企业自行经营施工工程和安装工程。

【例 34】 乙企业自行建造仓库一座，购入为工程准备的各种物资 100 000 元，支付的增值税税额为 17 000 元，全部用于工程建设。此外，还领用本企业生产的水泥一批，实际成本为 10 000 元，售价为 12 000 元，增值税税率为 17%。支付工程人员工资 15 000 元，为工程借款（到期一次还本付息）而发生的利息支出为 9 000 元。支付的其他费用 6 000 元。工程完工交付使用。其会计处理为：

1）购入工程物资时，确定工程物资的成本为（100 000 + 17 000）元 = 117 000 元

借：工程物资　　117 000

贷：银行存款 117 000

2）工程领用物资时：

借：在建工程——自营工程 117 000

贷：工程物资 117 000

3）工程领用本企业生产的水泥，确定应计入在建工程成本的金额为10 000元+（12 000×17%）元=12 040元

借：在建工程——自营工程 12 040

贷：库存商品 10 000

应交税费——应交增值税（销项税额） 2 040

4）支付工程人员工资时：

借：在建工程——自营工程 15 000

贷：应付职工薪酬 15 000

5）计算工程借款而发生的利息支出时：

借：在建工程——自营工程 9 000

贷：长期借款 9 000

6）支付工程发生的其他费用：

借：在建工程——自营工程 6 000

贷：银行存款 6 000

7）工程完工交付使用，转入"固定资产"科目。固定资产的实际造价=（117 000+12 040+15 000+9 000+6 000）元=159 040元

借：固定资产 159 040

贷：在建工程——自营工程 159 040

（2）出包工程的会计处理。出包工程是指企业通过招标等方式将工程项目发包给建造商，由建造商组织施工和安装工程。出包方式建造固定资产的入账价值，应当按照建造该项固定资产达到预定可使用状态前所发生的必要支出确定，包括建筑工程支出、安装工程支出、在安装设备支出，以及需分摊计入的待摊支出。出包方式建造固定资产的具体支出，由建造承包商核算，"在建工程"科目实际成为企业与建造承包商的结算科目，企业将与建造承包商结算的工程价款作为工程成本，通过"在建工程"科目核算。在这种方式下，企业发包的在建工程，应按合理估计的发包工程进度和合同规定结算的进度款，借记"在建工程"科目，贷记"银行存款""预付账款"等科目。

【例35】 2012年3月28日，甲企业将一栋新建厂房的工程出包给韩建公司承建，预计完工日期为6月30日。按规定先向韩建公司预付工程价款300万元，5月31日，甲企业估计的发包工程进度和合同规定结算的进度为220万元，工程完工后，收到韩建公司有关工程结算单据，补付工程款200万元，工程完工经验收后交付使用。其会计处理为：

1）预付工程价款时：

借：预付账款——出包工程 3 000 000

贷：银行存款 3 000 000

2）5月31日，估计的发包工程进度和合同规定结算的进度款为220万元

借：在建工程——单项工程 2 200 000

贷：预付账款——出包工程 2 200 000

3）6 月 30 日，工程完工，收到韩建公司有关工程结算单据，需补付工程款 200 万元

借：预付账款——出包工程 2 000 000

贷：银行存款 2 000 000

同时，结算工程款

借：在建工程——单项工程 2 800 000

贷：预付账款——出包工程 2 800 000

4）工程完工交付使用时：

借：固定资产 5 000 000

贷：在建工程——单项工程 5 000 000

3. 投资者投入的固定资产

投资者投入的固定资产，在办理完固定资产移交手续后，应当按照投资合同或协议约定的价值确定其成本，但合同或协议约定价值不公允的除外。

【例 36】 甲公司的注册资本 100 万元，4 月 20 日，收到乙企业作为资本投入不需安装的机器设备一台。该设备的原价为 100 000 元，已提折旧 25 000 元，按照合同约定的价值为 80 000 元。其会计处理为：

借：固定资产 80 000

贷：实收资本——乙企业 80 000

4. 租入固定资产

企业在生产经营过程中，因季节性或临时性需要，或出于融资方面的考虑，对于生产经营所需固定资产可以采用租赁的方式取得。租赁按其性质和形式的不同分为经营租赁和融资租赁两种。

（1）经营租赁。从承租人（即租入资产方企业）的角度看，采用经营性租赁方式租入的资产，主要是为了解决生产经营的季节性、临时性的需要，并不是长期拥有，租赁期限相对较短；资产的所有权仍归属出租方，企业只是在租赁期内拥有资产的使用权；租赁期满，企业将资产退还给出租人。也就是说，在这种租赁方式下，与租赁资产相关的风险和报酬仍然归属于出租人。

鉴于经营租赁的上述特点，作为承租人的企业，对租入的资产不需要也不应该作为本企业的资产计价入账，也无需计提折旧。只需根据租入资产的用途，将租赁费用计入相关的资产成本或当期损益。

（2）融资租赁。这种租赁方式与经营性租赁相比，一般租赁期限较长，租赁费用包括了设备的价款、租赁费、借款利息等，而且，在租赁期满后，设备所有权一般要转给承租方。因此，与租赁资产有关的主要风险和报酬已由出租人转归承租人。

在进行会计核算时，企业应在“固定资产”科目下单设“融资租入固定资产”明细科目，核算以融资方式租入的固定资产。融资租入的固定资产，在租赁期开始日，按应计入固定资产成本的金额（租赁开始日租赁资产公允价值与最低租赁付款额现值两者中较低者，加上初始直接费用），借记“固定资产——融资租入固定资产”科目或“在建工程”科目，按最低租赁付款额，贷记“长期应付款”科目，按发生的初始直接费用，贷记“银行存款”等科目，按其差额，借记“未确认融资费用”科目。租赁期满，如果合同规定将设备所有

权转归承租企业，应进行转账，将固定资产从“融资租入固定资产”明细科目转入有关明细科目。

5. 盘盈的固定资产

会计期末，企业应对固定资产进行清查，清查中出现盘盈的固定资产，应作为前期差错处理。在按管理权限报经批准处理前应先通过“以前年度损益调整”科目核算。

6. 其他方式取得的固定资产

其他方式取得的固定资产是指以债务重组方式取得的固定资产，或以非货币性交易取得的固定资产，企业合并取得的固定资产等。

三、固定资产折旧

（一） 固定资产折旧的性质

固定资产折旧是指企业的固定资产随着其磨损而逐渐转移的价值。这部分转移的价值以折旧费的形式计入成本费用，并从企业营业收入中得以补偿，转化为货币资金。也就是说，固定资产损耗的价值，应在固定资产的使用寿命内，按照确定的方法通过计提折旧的方式进行系统分摊。其中，固定资产的应计折旧额是指应计提固定资产原价扣除预计净残值后的余额；若已对固定资产计提减值准备，还应扣除已计提固定资产减值准备的累计金额；固定资产的使用寿命是指固定资产预期使用的期限。

从本质上讲，折旧也是一种费用，只不过这一费用没有在计提期间付出货币资金，但这种费用是前期已经发生的支出，而这种支出的收益在资产投入使用后的有效使用期内实现，因此，正确地计算并提取折旧，是合理确定企业的营业成本与损益的前提条件。

影响固定资产折旧的因素主要有以下三个方面：①固定资产账面原价，即取得固定资产的原始成本，它是计提固定资产折旧的基数。②固定资产预计净残值，是指假定固定资产预计使用寿命已满并处于使用寿命终了时的预期状态，企业目前从该项资产处置中获得的扣除预计处置费用后的金额。③固定资产的使用寿命。固定资产使用寿命的长短直接影响各期应提的折旧额。企业在确定固定资产使用寿命时，不仅要考虑固定资产的预计生产能力或实物产量；还要考虑固定资产的有形损耗与无形损耗，以及法律或者类似规定对资产使用的限制，并结合本企业的具体情况合理地确定。

（二） 固定资产折旧范围

企业拥有或控制的固定资产，除以下情况外，均应计提折旧：

（1）已提足折旧仍继续使用的固定资产。

（2）按照规定单独估价作为固定资产入账的土地。

企业对固定资产进行更新改造时，应将更新改造固定资产的账面价值转入在建工程，并在此基础上确定经更新改造后的固定资产原价。处于更新改造过程而停止使用的固定资产，因已转入在建工程，因此，不计提折旧，待更新改造项目达到预定可使用状态转为固定资产后，再按重新确定的折旧方法和该项固定资产尚可使用年限计提折旧。

已达到预定可使用状态但尚未办理竣工决算的固定资产，应当按照估计价值确定其成本，并计提折旧；待办理竣工决算后，再按实际成本调整原来的暂估价值，但不需要调整原已计提的折旧额。

融资租入的固定资产，应采用与自有应计折旧固定资产相一致的折旧政策。能够合理确定租赁期届满时将会取得租赁资产所有权的，应当在租赁资产使用寿命内计提折旧；无法合理确定租赁期届满时能够取得租赁资产所有权的，应当在租赁期与租赁资产使用寿命两者中较短的期间内计提折旧。

固定资产应当按月计提折旧，应以月初应计折旧的固定资产账面原价为依据，当月增加的固定资产，当月不提折旧；当月减少的固定资产，当月照提折旧，从下月起停止计提折旧。

（三） 固定资产折旧方法

企业应当根据固定资产所含经济利益预期实现方式选用折旧方法。折旧方法可以选择使用年限平均法、工作量法、双倍余额递减法和年数总和法等。固定资产折旧方法的选用直接影响到企业成本、费用的计算，进而影响到企业的当期损益，因此，折旧方法的选用应当遵循一致性原则。折旧方法一经确定，不得随意变更，如需变更，应在会计报表附注中予以说明。

1. 年限平均法

年限平均法又称直线法，是将固定资产的折旧额均衡地分摊到固定资产预计使用寿命的一种方法。采用这种方法计算的每期折旧额均是等额的。其计算公式如下：

$$\text{年折旧率} = \frac{1 - \text{预计净残值率}}{\text{预计使用寿命（年）}} \times 100\%$$

$$\text{月折旧率} = \text{年折旧率} \div 12$$

$$\text{月折旧额} = \text{固定资产原值} \times \text{月折旧率}$$

【例 37】 康华公司有一设备，原值为 200 000 元，预计可使用 10 年，按照有关规定，该设备净残值率为 2%。该设备的折旧率和折旧额的计算如下：

$$\text{年折旧率} = \frac{1 - 2\%}{10} \times 100\% = 9.8\%$$

$$\text{月折旧率} = 9.8\% \div 12 = 0.82\%$$

$$\text{月折旧额} = 200\,000\text{ 元} \times 0.82\% = 1\,640\text{ 元}$$

上述折旧率是按个别固定资产单独计算的，称为个别折旧率。另外还有分类折旧率和综合折旧率。企业可将固定资产的性质、结构和使用年限接近的固定资产归为一类，计算分类折旧率，其计算公式如下：

$$\text{某类固定资产年分类折旧率} = \frac{\text{该类固定资产年折旧额之和}}{\text{该类固定资产原价之和}} \times 100\%$$

综合折旧率是指某一期间企业全部固定资产折旧额与全部固定资产原价的比率，其计算公式如下：

$$\text{固定资产年综合折旧率} = \frac{\text{各项固定资产年折旧额之和}}{\text{各项固定资产原价之和}} \times 100\%$$

与采用个别折旧率和分类折旧率相比，采用综合折旧率计算固定资产折旧，计算结果的准确性较差。

年限平均法的优点是计算简便；缺点是假设固定资产各期负荷程度相同，各期分摊相同的折旧费用。实际上，固定资产在不同使用年限的经济效益不同，各期发生的实际磨损程度也不同，因此，采用年限平均法计提折旧时，不能反映固定资产的实际使用情况。

2. 工作量法

工作量法是根据实际工作量计提折旧额的一种方法，其基本计算公式为：

$$每单位工作量折旧额 = \frac{固定资产原值 \times (1-净残值率)}{预计总工作量}$$

$$\begin{matrix}某项固定\\资产月折旧额\end{matrix} = \begin{matrix}该项固定资产\\当月实际工作量\end{matrix} \times \begin{matrix}每单位工作\\量折旧额\end{matrix}$$

【例38】 康华公司的一辆运货卡车的原值为100 000元，预计总行驶里程为50万km，其报废时的净残值率为5%，本月行驶4 000km。该辆汽车的月折旧额计算如下：

$$单位里程折旧额 = \frac{100\ 000元 \times (1-5\%)}{500\ 000\text{km}} = 0.19元/\text{km}$$

$$本月折旧额 = 4\ 000\text{km} \times 0.19元/\text{km} = 760元$$

3. 双倍余额递减法

双倍余额递减法是在不考虑固定资产残值的情况下，根据每期期初固定资产账面余额和双倍的直线法折旧率计算固定资产折旧的一种方法。其计算公式如下：

$$年折旧率 = \frac{2}{预计折旧年限} \times 100\%$$

$$月折旧率 = 年折旧率 \div 12$$

$$月折旧额 = 固定资产年初账面净值 \times 月折旧率$$

由于双倍余额递减法在计算年折旧率时不扣除净残值，因此，实行双倍余额递减法计提折旧固定资产的账面折余价值，不能降低到预计净残值以下，即固定资产预计使用寿命到期以前两年内，将固定资产净值平均摊销。

【例39】 爱华公司进口设备一台，价值为80 000元，预计使用5年，预计净残值为3 000元。该设备采用双倍余额递减法计算折旧额：

$$双倍直线折旧率 = \frac{2}{5} \times 100\% = 40\%$$

五年中该设备各年折旧额、累计折旧额和账面净值如表3-7所示，其中第1～3年各年折旧额用固定资产账面净值乘以双倍直线折旧率求得；第4、5年则用第3年年末固定资产净值减去净残值后除以2求得。各月折旧额，可用年折旧额除以12求得。

表3-7 各年折旧额、累计折旧额和账面净值 单位：元

年 份	年折旧额	累计折旧额	原值及净值
	(1)	(2) =上年(2)+(1)	(3) =上年(3)-(1)
0			80 000
1	32 000	32 000	48 000
2	19 200	51 200	28 800
3	11 520	62 720	17 280
4	7 140	69 860	10 140
5	7 140	77 000	3 000

4. 年数总和法

年数总和法又称合计年限法，是指固定资产应提折旧的总额乘以固定资产的变动折旧率

计算折旧额的一种方法。固定资产的变动折旧率是以固定资产预计使用寿命的各年数字之和作为分母，以各年初尚可使用的年数作为分子求得的，该方法计算公式如下：

$$固定资产各年的折旧率=\frac{固定资产各年初尚可使用年数}{固定资产预计使用年限各年数字之和}\times100\%$$

或 $$=\frac{固定资产预计使用年限-已使用年限}{固定资产预计使用年限\times（预计使用年限+1）\div2}\times100\%$$

$$固定资产月折旧率=固定资产年折旧率\div12$$

$$固定资产月折旧额=（固定资产原值-预计净残值）\times月折旧率$$

【例40】 博林公司一套摄像设备原价100 000元，预计使用4年，预计净残值为4 000元。该设备采用年数总和法计提折旧额。该设备应计折旧额、各年折旧率、折旧额如表3-8所示。

表3-8 各年折旧率、折旧额 单位：元

年份	折旧率	年折旧额	累计折旧额	应计提的折旧总额
	(1)	(2)=(1)×96 000	(3)=上年(3)+(2)	(4)=原值-净残值
0				96 000
1	4/10	38 400	38 400	96 000
2	3/10	28 800	67 200	96 000
3	2/10	19 200	86 400	96 000
4	1/10	9 600	96 000	96 000

双倍余额递减法和年数总和法均为加速折旧法。加速折旧法是指在固定资产使用过程中前期多提折旧额、后期少提折旧额的一种方法。采用这种方法计提固定资产折旧，能使企业在较短时间内收回大部分投资，减少固定资产因科学技术的进步、生产力水平的提高和通货膨胀的影响而发生的无形损耗；并且还可增强企业的固定资产投资能力，加快固定资产的更新换代，在一定程度上起到刺激生产力水平提高的作用。但是运用加速折旧法，会造成企业在固定资产使用前期少纳所得税，尽管少缴的所得税可由后期补齐，但国家财政损失了缓缴税款的时间价值。

（四） 固定资产折旧的会计处理

企业一般应按月计提折旧。企业计提固定资产折旧时，应根据固定资产的用途，借记有关成本费用科目，贷记“累计折旧”科目。企业基本生产车间使用的固定资产，其计提折旧应计入制造费用；企业管理部门使用的固定资产，其计提折旧应计入管理费用；企业销售部门使用的固定资产，其计提折旧应计入销售费用；企业未使用、不需用的固定资产，其计提折旧应计入管理费用；经营租出的固定资产，其应提的折旧额应计入其他业务成本。

【例41】 某企业采用年限平均法提取固定资产折旧，2013年2月份根据“固定资产折旧计算表”确定车间及厂部管理部门应分配的折旧额为：生产车间25 000元，厂部管理部门8 000元，销售部门5 000元，不需用设备应提折旧2 000元。有关会计处理如下：

借：制造费用 25 000

管理费用　　10 000
销售费用　　5 000
贷：累计折旧　　40 000

应当指出，为准确计算企业的产品成本（或营业成本）和损益，企业至少应当于每年年度终了时，对固定资产的使用寿命、预计净残值和折旧方法进行复核。使用寿命预计数与原先估计数有差异的，应当调整固定资产使用寿命。预计净残值预计数与原先估计数有差异的，应当调整预计净残值。与固定资产有关的经济利益预期实现方式有重大改变的，应当改变固定资产折旧方法。固定资产使用寿命、预计净残值和折旧方法的改变应当作为会计估计变更。

四、固定资产的后续支出

企业的固定资产投入使用后，为维护或提高固定资产的使用效能，或者为了适应新技术发展的需要，往往需要对现有固定资产进行维护、改建、扩建或者改良，即固定资产的后续支出。企业应以该项支出是否满足固定资产的确认条件为标准，区别资本化后续支出与费用化后续支出。如果该项后续支出满足固定资产的确认条件，则属于资本化后续支出，应将该支出计入固定资产的账面价值；否则，应将其后续支出予以费用化，应在发生时计入当期损益。

（一）资本化后续支出

企业通过对厂房进行改建、扩建而使其更加坚固耐用，延长了厂房等固定资产的使用寿命；企业通过对设备的改建，提高了其单位时间内产品的产出数量，提高了机器设备等固定资产的生产能力；企业通过对车床的改良，大大提高了其生产产品的精确度，实现了企业产品的更新换代；企业通过对生产线的改良，促使其大大降低了产品的成本，提高了企业产品的价格竞争力等，通常都表明后续支出提高了固定资产原定的创利能力。此时，如果该项后续支出满足固定资产的确认条件，应予以资本化，计入固定资产账面价值。

在固定资产发生可资本化的后续支出时，企业应将该固定资产的原价、已计提的累计折旧和减值准备转销，将固定资产的账面价值转入在建工程。固定资产发生的可资本化的后续支出，通过“在建工程”科目核算。在固定资产发生的后续支出完工并达到预定可使用状态时，应将后续支出资本化后的固定资产账面价值，从“在建工程”科目转入“固定资产”科目。

企业以经营租赁方式租入的固定资产发生的改良支出，应予资本化，作为长期待摊费用，合理进行摊销。

【例42】 2010年12月30日，安华公司自行建成了一条生产线，建造成本为5 000 000元，采用年限平均法计提折旧，预计净残值率为5%，预计使用寿命为8年。现有生产线的生产能力难以满足公司生产发展的需要，公司决定于2013年1月1日对现有生产线进行改扩建。经过两个月的改扩建，共发生支出1 250 000元，全部以银行存款支付。通过改扩建预计其使用寿命延长2年，即共计为10年；而且提高了生产能力。假定改扩建后该生产线的预计净残值率仍为5%，折旧方法不变。安华公司的会计处理为：

（1）2013年1月将生产线转入在建工程：

已计提累计折旧＝5 000 000元×（1－5%）/8×2＝1 187 500元

借：在建工程　　3 812 500
　　累计折旧　　1 187 500
　贷：固定资产　　5 000 000

（2）2013年1月、2月改扩建过程中发生费用时：

借：在建工程　　1 250 000
　贷：银行存款　　1 250 000

（3）2013年2月末，该生产线达到预定可使用状态后，后续支出资本化后的固定资产价值为5 062 500元（3 812 500 +1 250 000）：

借：固定资产　　5 062 500
　贷：在建工程　　5 062 500

（4）2013年3月，按重新确定的使用寿命、预计净残值和折旧方法计提折旧：

应计提折旧额 =5 062 500元×（1－5%）=4 809 375元

月折旧额 =4 809 375元/（7×12+10）=51 163.56元

（二）费用化的后续支出

固定资产在其使用过程中，由于各个组成部分耐用程度不同或者使用的条件不同，因而往往发生固定资产的局部损坏，为了保持固定资产的正常运转和使用，充分发挥其使用效能，就必须对其进行必要的维护与修理。固定资产维护与修理支出只是确保固定资产的正常工作状况，它并不导致固定资产性能的改变或固定资产未来经济利益的增加。因此，应在发生时，一次性直接计入当期费用。生产车间固定资产的费用化支出应计入制造费用；企业管理部门固定资产的费用化支出，应计入管理费用；企业销售部门固定资产的费用化支出，应计入销售费用。

【例43】 安华公司对管理部门使用的奥迪轿车委托奥迪专修公司进行日常维护，共计发生工料费12 000元。其会计处理为：

借：管理费用　　12 000
　贷：银行存款　　12 000

五、固定资产处置

固定资产的处置是指企业根据生产经营情况、固定资产状况，以及其他原因，出售、报废、毁损、对外投资、以债务重组方式转出、以非货币性交易转出、盘亏等而减少的固定资产。

（一）固定资产的出售、报废和毁损

企业对不需用或不适用的固定资产，可对外出售，或根据企业的经营计划将固定资产对外投资，或赠与他人，以充分发挥其使用效能。固定资产报废分为两种情况：一是因使用年限已满，不能再继续使用或因质量低劣而导致提前报废，此种报废称为正常报废；二是遭受意外灾害或责任事故而失去使用价值，这种报废称为毁损报废。

企业出售、报废毁损等原因减少的固定资产，一般通过“固定资产清理”科目核算。“固定资产清理”科目核算企业因出售、报废和毁损转入清理的固定资产净值，以及在清理过程中发生的清理费用和清理收入。其借方登记转入清理的固定资产净值、发生的清理费用、应缴纳的营业税以及结转清理后的净收益；贷方登记收回出售固定资产的价款、残料价

值、变价收入和反映由保险公司或过失人赔偿的损失以及结转清理后的净损失。固定资产清理后的净收益或净损失转入有关科目后，该科目应无余额。该科目的明细账按被清理的固定资产项目设置。

企业对固定资产清理核算的步骤如下：

(1) 固定资产的净值，转入“固定资产清理”科目的借方。

(2) 发生的清理费用、应交的营业税，记入“固定资产清理”科目的借方。

(3) 出售收入与残料变价收入，记入“固定资产清理”科目的贷方；应收的保险赔偿款，记入“固定资产清理”科目的贷方。

(4) 结转清理净损益。属于筹建期间的，记入“长期待摊费用”账户；属于生产经营期间的，记入“营业外收入”或“营业外支出”账户；对外投资转出的固定资产，按“固定资产清理”科目的余额，借记“长期股权投资”科目，贷记“固定资产清理”科目。

【例44】 博林公司出售一座建筑物，该建筑物原值200 000元，已计提折旧135 000元，作价80 000元，价款收到并已送存银行。其会计处理为：

(1) 将固定资产的净值，转入“固定资产清理”科目的借方时：

借：固定资产清理　　65 000
　　累计折旧　　135 000
　贷：固定资产——建筑物　　200 000

(2) 取得出售固定资产的价款时：

借：银行存款　　80 000
　贷：固定资产清理——建筑物　　80 000

(3) 计算缴纳的营业税：80 000元×5% =4 000元

借：固定资产清理　　4 000
　贷：应交税费——应交营业税　　4 000

(4) 结转清理净损益时：

借：固定资产清理　　11 000
　贷：营业外收入　　11 000

【例45】 安华公司的两台进口设备，因使用期满，经批准报废清理。在清理过程中，以银行存款支付清理费用15 000元，收到残料变价收入26 000元，已存入银行，该设备原值为600 000元，已提折旧545 000元。其会计处理为：

(1) 将固定资产的净值，转入“固定资产清理”科目的借方时：

借：固定资产清理　　55 000
　　累计折旧　　545 000
　贷：固定资产——经营用固定资产　　600 000

(2) 支付清理费用时：

借：固定资产清理　　15 000
　贷：银行存款　　15 000

(3) 收到残料变价收入时：

借：银行存款　　26 000
　贷：固定资产清理　　26 000

（4）结转清理后的净损失时：

借：营业外支出　　44 000

　贷：固定资产清理　　44 000

（二） 固定资产的盘亏

会计期末，企业应对固定资产进行清查，清查中出现盘亏的固定资产，应按其账面价值，通过“待处理财产损溢”科目核算。一方面，对盘亏的管理设备调减固定资产账面余额及相关科目；另一方面，经董事会等机构批准后，将“待处理财产损溢”科目的数额转入“营业外支出”科目。

【例46】 康华公司年末进行财产清查时，发现盘亏管理设备一台，该设备账面原价60 000元，已提折旧10 000元，已提减值准备15 000元，其会计处理为：

对盘亏的管理设备调整账实相符时：

借：待处理财产损溢——待处理固定资产损溢　　35 000

　　累计折旧　　10 000

　　固定资产减值准备　　15 000

　贷：固定资产　　60 000

经董事会等机构批准后：

借：营业外支出　　35 000

　贷：待处理财产损溢——待处理固定资产损溢　　35 000

六、固定资产的期末计价

根据《企业会计准则第8号——资产减值》，企业应于期末或者至少年末，对固定资产逐项进行检查，根据谨慎性原则的要求，合理预计可能发生的损失，真实、准确地反映期末固定资产的实际价值。由于存在有形损耗和无形损耗或其他原因导致固定资产的可收回金额低于账面价值，应按其差额计提固定资产减值准备，包括单项资产和资产组。资产组的认定，是指企业可以认定的最小资产组合。应当以资产组产生的主要现金流入是否独立于其他资产或者资产组的现金流入为依据。同时，在认定资产组时，应当考虑企业管理层管理生产经营活动的方式（如是按照生产线、业务种类还是按照地区或者区域等）和对资产的持续使用或者处置的决策方式等。计提固定资产减值准备需要经过以下步骤：

1. 判断固定资产发生减值的迹象

（1）资产的市价当期大幅度下跌，其跌幅明显高于因时间的推移或者正常使用而预计的下跌。

（2）企业经营所处的经济、技术或者法律等环境以及资产所处的市场在当期或者将在近期发生重大变化，从而对企业产生不利影响。

（3）市场利率或者其他市场投资报酬率在当期已经提高，从而影响企业计算资产预计未来现金流量现值的折现率，导致资产可收回金额大幅度降低。

（4）有证据表明资产已经陈旧过时或者其实体已经损坏。

（5）资产已经或者将被闲置、终止使用或者计划提前处置。

（6）企业内部报告的证据表明资产的经济绩效已经低于或者将低于预期，如资产所创造的净现金流量或者实现的营业利润（或者亏损）远远低于（或者高于）预计金额等。

（7）其他表明资产可能已经发生减值的迹象。

在实际工作中，出现上述迹象，并不必然表明该固定资产发生减值，企业应在综合考虑各方面因素的基础上，作出职业判断。

2. 计算确定固定资产可收回金额

可收回金额应当根据资产的公允价值减去处置费用后的净额与资产预计未来现金流量的现值两者之间较高者确定。

处置费用包括与资产处置有关的法律费用、相关税费、搬运费以及为使资产达到可销售状态所发生的直接费用等。

预计资产未来现金流量应当包括：①资产持续使用过程中预计产生的现金流入。②为实现资产持续使用过程中产生的现金流入所必需的预计现金流出（包括为使资产达到预定可使用状态所发生的现金流出）。③资产使用寿命结束时，处置资产所收到或者支付的净现金流量。

折现率是反映当前市场货币时间价值和资产特定风险的税前利率。该折现率是企业在购置或者投资资产时所要求的必要报酬率。

3. 固定资产减值准备的会计处理

可收回金额的计量结果表明，资产的可收回金额低于其账面价值的，应当将资产的账面价值减记至可收回金额，减记的金额确认为资产减值损失，计入当期损益，同时计提相应的资产减值准备。资产减值损失一经确认，在以后会计期间不得转回。

企业应设置“固定资产减值准备”科目核算计提的减值准备。该科目是固定资产科目的备抵科目。贷方反映计提的固定资产减值准备，借方反映出售、报废、毁损固定资产时转销的减值准备，该科目期末贷方余额，反映企业已提取的固定资产减值准备。

企业期末应将固定资产的可回收金额与其账面净值进行比较，按其可收回金额低于账面净值的差额，借记“资产减值损失——计提固定资产减值准备”科目，贷记“固定资产减值准备”科目。

【例47】 甲公司2012年年末对固定资产进行了检查，结果如表3-9所示。

表3-9 固定资产相关资料 单位：元

固定资产名称	原值	已提折旧	账面净值	可回收金额	差额
摄像设备	150 000	40 000	110 000	90 000	−20 000
专用机器设备	200 000	30 000	170 000	180 000	10 000
合计	350 000	70 000	280 000	270 000	−10 000

根据上述结果，甲公司2012年年末的会计处理为：

借：资产减值损失——计提固定资产减值准备 10 000

　贷：固定资产减值准备 10 000

如果企业本期有基建工程、安装工程、技术改造工程，期末应对在建工程进行全面检查，若有证据表明在建工程已经发生了减值，也应当计提减值准备。企业应设置“在建工程减值准备”科目，企业发生在建工程减值时，借记“资产减值损失——计提的在建工程减值准备”科目，贷记“在建工程减值准备”科目。

第六节　无形资产

一、无形资产

（一）无形资产的确认

1. 无形资产的概念与特征

无形资产是指企业拥有或控制的没有实物形态的可辨认非货币性资产。无形资产主要包括专利权、非专利技术、商标权、著作权、土地使用权、特许权等。由于商誉无法与企业自身分离，不具有可辨认性，因此，不属于无形资产。无形资产具有资产的一般特征，即是由企业过去的交易或事项形成并由企业所拥有或控制、可以为企业带来未来经济利益；但与其他资产相比，无形资产还具有以下主要特征：

（1）没有实物形态。不具有实物形态是无形资产区别于其他资产的一个显著标志。无形资产具有获得超额利润的能力，它没有实物形态，但具有价值，或者能使企业获得高于同行业平均水平的盈利能力。

（2）无形资产具有可辨认性。无形资产的可辨认性是指无形资产能够从企业中分离或者划分出来，并能单独或者与相关合同、资产或负债一起，用于出售、转移、授予许可、租赁或者交换。这是无形资产区别于商誉的重要特点。

（3）能在较长的时期内使企业获得经济利益。无形资产能在较长的时期内使用，使企业长期受益，因而，属于一项非流动资产。企业为取得无形资产所发生的支出，属于资本性支出。

（4）无形资产能够给企业提供的未来经济利益具有较大的不确定性。无形资产的经济价值在很大程度上受企业外部因素的影响，其预期的获利能力不能准确地加以确定。无形资产的取得成本不能代表其经济价值，一项取得成本较高的无形资产可能为企业带来较少的经济利益；而取得成本较低的无形资产则可能给企业带来较大的经济利益。

（5）具有垄断性或独占性。专利权、商标权、著作权等受法律保护，因此，给企业带来的经济利益具有独占性的特点；非专利技术虽然不受法律保护，但其具有的机密性特点，使得发明人对非专利技术创造的经济利益具有垄断性。

2. 无形资产的确认条件

某个项目要作为企业的无形资产予以确认，首先应符合无形资产的定义；其次还应符合无形资产的确认条件。无形资产同时满足下列条件的，才能予以确认：

（1）与该无形资产有关的经济利益很可能流入企业。企业在判断无形资产产生的经济利益是否很可能流入时，应当对无形资产在预计使用寿命内可能存在的各种经济因素作出合理估计，并且应当有明确证据支持。比如，某项专利权所带来的经济利益能否流入企业，还要看企业是否具备相应的管理队伍、人力资源、相关的设备与材料，以实施该项无形资产为企业带来经济利益。

更为重要的是企业应关注外界因素的影响，比如是否存在相关的新技术、新产品从而影响企业技术的实施或产品的生产。

（2）该无形资产的成本能够可靠地计量。成本能够可靠地计量是资产确认的一项基本条件。比如，高新技术企业的科技人才，假定其与企业签订了服务合同，且合同规定其在一定期限内不能为其他企业提供服务。虽然这些科技人才的知识在规定期限内预期能够为企业创造经济利益，但由于这些技术人才的知识难以辨认，加之为形成这些知识所发生的支出难以计量，从而不能确认为企业的无形资产。

企业内部形成的无形资产一般要经过研究和开发两个阶段。研究阶段是探索性的，要为进一步开发活动进行资料及相关方面的准备，已进行的研究活动将来是否会转入开发、开发后是否会形成无形资产等均具有较大的不确定性。比如，意在获取知识而进行的活动，研究成果或其他知识的应用研究、评价和最终选择，材料、设备、产品、工序、系统或服务替代品的研究，新的或经改进的材料、设备、产品、工序、系统或服务的可能替代品的配制、设计、评价和最终选择等，均属于研究活动。在研究阶段，企业不能证明该项目将会产生带来未来经济利益的无形资产。因此，该支出应在其发生时确认为费用，计入当期损益。

相对于研究阶段而言，开发阶段应当是已完成研究阶段的工作，在很大程度上具备了形成一项新产品或新技术的基本条件。比如，生产前或使用前的原型和模型的设计、建造和测试，不具有商业性生产经济规模的试生产设施的设计、建造和运营等，均属于开发活动。

在开发阶段，只有符合下列条件时，企业才能将开发阶段的支出确认为无形资产：

（1）完成该无形资产以使其能够使用或出售在技术上具有可行性。比如，企业已经完成了全部计划、设计和测试活动，这些活动是使资产能够达到设计规划书中的功能、特征和技术所必需的活动，或经过专家鉴定等。

（2）具有完成该无形资产并使用或出售的意图。

（3）该无形资产能够产生经济利益，包括能够证明运用该无形资产生产的产品存在市场或无形资产自身存在市场；无形资产将在内部使用的，应当证明其有用性。

（4）有足够的技术、财务资源和其他资源支持，以完成该无形资产的开发，并有能力使用或出售该无形资产。

（5）归属于该无形资产开发阶段的支出能够可靠地计量。

企业自创商誉以及内部产生的品牌、报刊名等，不应确认为无形资产。

3. 无形资产的内容

无形资产一般包括专利权、非专利技术、商标权、著作权、土地使用权、特许权等。

（1）专利权。专利权是指权利人在法定期限内对某一发明创造所拥有的独占权和专有权。并不是所有的专利权都能给专利权持有者带来经济利益，有的专利可能具有很小或没有经济价值。有的专利会随着新技术的产生而淘汰。因此，企业不需将其所拥有的一切专利权都予以资本化为无形资产核算。会计准则规定，只有那些能够给企业带来较大经济价值，并且企业为此花费了支出的专利才能作为无形资产核算。

（2）非专利技术。非专利技术是指发明人垄断的、不公开的、具有实用价值的先进技术、资料、技能和知识等。非专利技术具有经济性、机密性、动态性等特点。非专利技术未经公开亦未申请专利权，所以不受法律保护，但事实上具有专利权的效用。

（3）商标权。商标权是指企业专门在某种指定的商品上使用特定的名称、图案、标记的权利。根据有关法规规定，经商标局核准注册的商标为注册商标，商标注册人享有商标专用权，受法律保护。商标权的内容包括独占使用权和禁止使用权。商标权的价值在于它能使享有人获得较高的盈利能力。商标权的有效期限为10年，期满前可继续申请延长注册期。

(4) 著作权。著作权是指著作权人对其著作依法享有的出版、发行等方面的专有权利。著作权可以转让、出售或者赠予。著作权包括发表权、署名权、修改权、保护作品完整权、使用权和获得报酬权等。

(5) 土地使用权。土地使用权是指国家准许某一单位在一定期间对国有土地享有开发、利用、经营的权利。根据我国土地管理法的规定，我国土地实行公有制，任何单位和个人不得侵占、买卖或者以其他形式非法转让。国有土地可依法确定给国有企业、集体企业等单位使用，其使用权可依法转让。

免费取得的土地使用权，不能作为无形资产入账。有偿取得土地使用权时花费的支出，则应将其资本化，作为无形资产入账。但改变土地使用权用途，用于赚取租金或资本增值的，应当将其转为投资性房地产。

(6) 特许权。特许权是指在某一地区经营或销售某种特定商品的权利或是一家企业接受另一家企业使用其商标、商号、技术秘密等的权利。

(二) 无形资产的初始计量

无形资产应按其成本进行初始计量。无形资产的取得有购入、自行开发、投资者投入以及非货币性资产交换、债务重组、政府补助和企业合并等方式，取得的方式不同，其成本的计量也不同。

(1) 购入的无形资产。购入无形资产的成本，包括购买价款、相关税费以及直接归属于使该项资产达到预定用途所发生的其他支出。购买无形资产的价款超过正常信用条件延期支付，实际上具有融资的性质，无形资产的初始成本为购买价款的现值。

企业购入无形资产时，应根据购入过程中所发生的全部支出，借记“无形资产”科目，贷记“银行存款”等科目。

【例48】 长江公司以银行存款从中山公司购得一项专利权，支付买价145 000元，同时支付有关手续费5 000元。其会计处理为：

借：无形资产——专利权　　150 000

　贷：银行存款　　150 000

(2) 自行开发的无形资产。自行开发无形资产的成本，开发阶段的支出在满足一定条件下可以资本化，因此，自行开发无形资产的成本不仅包括依法取得发生的注册费、律师费等费用，还包括使之资本化的开发费用。但是对于以前期间已经费用化的支出不再调整。

企业应设置“研发支出”科目，核算企业进行研究与开发无形资产过程中发生的各项支出。该科目为成本类科目，其借方记录自行开发无形资产发生的费用化支出和资本化支出；贷方记录达到预定用途形成无形资产的资本化支出。本科目期末借方余额，反映企业正在进行无形资产研究开发项目满足资本化条件的支出。该科目可按研究开发项目，分别“费用化支出”“资本化支出”进行明细核算。

【例49】 惠普汽车股份有限公司正在研发一项汽车减震技术，共发生研究支出160 000元，其中，领用原材料30 000元、人工支出110 000元、以银行存款支付其他支出20 000元。公司有足够的技术、财务资源和其他资源支持，以完成该无形资产的开发，并有能力使用该无形资产。在开发阶段，发生支出120 000元，其中，领用原材料40 000元、人工支出30 000元、以银行存款支付专利申请费、律师费等费用其他支出50 000元。其会计处理为：

借：研发支出——费用化支出 160 000
　贷：原材料 30 000
　　　应付职工薪酬 110 000
　　　银行存款 20 000
借：研发支出——资本化支出 120 000
　贷：原材料 40 000
　　　应付职工薪酬 30 000
　　　银行存款 50 000

同时

借：无形资产——专利权 120 000
　贷：研发支出——资本化支出 120 000

会计期末，应将"研发支出"科目归集的费用化支出，转入"管理费用"科目。

借：管理费用 160 000
　贷：研发支出——费用化支出 160 000

（3）投资者投入无形资产的成本，应当按照投资合同或协议约定的价值确定；但合同或协议约定价值不公允的除外。

【例50】 北海公司今年4月份接受长征公司的一项特许权作为投资，拥有此项特许权后北海公司可以独家经营销售长征公司的某类产品，预计可使其未来利润增长20%。协议中确定的特许经营权作价为880 000元，北海公司另支付印花税等相关税费46 000元。北海公司的会计处理为：

借：无形资产——特许权 926 000
　贷：实收资本 880 000
　　　银行存款 46 000

（4）其他方式取得的无形资产，如非货币性资产交换、债务重组、政府补助和企业合并等方式，其成本应当分别按照《企业会计准则第7号——非货币性资产交换》《企业会计准则第12号——债务重组》《企业会计准则第16号——政府补助》和《企业会计准则第20号——企业合并》确定。

（5）土地使用权的处理。企业取得的土地使用权通常应确认为无形资产。

土地使用权用于自行开发建造厂房等地上建筑物时，相关的土地使用权账面价值不转入在建工程成本，仍作为无形资产核算。土地使用权与地上建筑物分别进行摊销和提取折旧。下列情况除外：

1）房地产开发企业取得的土地使用权用于建造对外出售的房屋建筑物，相关的土地使用权应当计入所建造的房屋建筑物成本，即作为存货核算。

2）企业外购的房屋建筑物支付的价款应当在地上建筑物与土地使用权之间分配，无法合理分配的，应全部确认为固定资产。

企业改变土地使用权的用途，将其作为用于出租或增值目的时，应将其账面价值转为投资性房地产。

（三）无形资产的后续计量

1. 制定无形资产的摊销政策

（1）判断无形资产的使用寿命。无形资产的使用寿命包括法定寿命和经济寿命两个方面。例如，商标权的有效期为10年，该类无形资产的使用寿命受法律、规章或合同的限制，称为法定寿命；经济寿命是指为企业带来经济利益的年限。由于受技术进步、市场竞争因素的影响，无形资产的经济寿命往往短于法定寿命。因此，企业应当在取得无形资产时，综合各种因素，分析判断其使用寿命。

无形资产的使用寿命为有限的，应当考虑相关因素估计该使用寿命的年限或者构成使用寿命的产量等类似计量单位数量，以及现在或潜在的竞争对手情况；无法预见无形资产为企业带来经济利益期限的，例如，永久性特许经营权、非专利技术等的寿命不受法律或合同的限制，应当视为使用寿命不确定的无形资产。使用寿命不确定的无形资产不应摊销。使用寿命有限的无形资产，其应摊销金额应当在使用寿命内系统合理摊销。

（2）无形资产摊销期限的确定。企业摊销无形资产，应当自无形资产可供使用时起，至不再作为无形资产确认时止。企业持有的无形资产，通常来源于合同性权利或其他法定权利，且合同规定或法律规定有明确的使用年限。①来源于合同性权利或其他法定权利的无形资产，其使用寿命不应超过合同性权利或其他法定权利的期限；合同性权利或其他法定权利在到期时因续约等延续、且有证据表明企业续约不需要付出大额成本的，续约期应当计入使用寿命。②合同或法律没有规定使用寿命的，企业应当综合各方面因素判断，以确定无形资产能为企业带来经济利益的期限。比如，与同行业的情况进行比较、参考历史经验或聘请相关专家进行论证等。

按照上述方法仍无法合理确定无形资产为企业带来经济利益期限的，该项无形资产应作为使用寿命不确定的无形资产。

2. 无形资产摊销的核算

（1）无形资产摊销的金额的确定。无形资产的应摊销金额为其成本扣除预计残值后的金额。已计提减值准备的无形资产，还应扣除已计提的无形资产减值准备累计金额。使用寿命有限的无形资产，其残值应当视为零，但下列情况除外：①有第三方承诺在无形资产使用寿命结束时购买该无形资产。②可以根据活跃市场得到预计残值信息，并且该市场在无形资产使用寿命结束时很可能存在。无形资产的摊销金额一般应当计入当期损益。某项无形资产包含的经济利益通过所生产的产品或其他资产实现的，其摊销金额应当计入相关资产的成本。

（2）无形资产的摊销方法。企业选择的无形资产摊销方法，例如，直线法、生产总量法等，应当反映与该项无形资产有关的经济利益的预期实现方式。无法可靠确定预期实现方式的，应当采用直线法摊销。

【例51】 光明公司2013年2月1日从外单位购得一项专利权，支付买价340 000元，支付相关手续费20 000元，其预计使用年限为10年。该企业采用直线法摊销该项专利权。其各月份的会计处理为：

借：管理费用（360 000 ÷ 10 ÷ 12） 3 000

　　贷：累计摊销 3 000

企业至少应当于每年年度终了，对使用寿命有限的无形资产的使用寿命及摊销方法进行复核。无形资产的使用寿命及摊销方法与以前估计不同的，应当改变摊销期限和摊销方法。企业应当在每个会计期间对使用寿命不确定的无形资产的使用寿命进行复核。如果有证据表明无形资产的使用寿命是有限的，应当估计其使用寿命，并按无形资产准则规定处理。

（四）无形资产的处置和报废

1. 转让所有权

转让所有权即出售无形资产，应按实际取得的转让收入，借记“银行存款”等科目，按已计提的累计摊销，借记“累计摊销”科目，按该项无形资产已计提的减值准备，借记“无形资产减值准备”科目，按无形资产的账面余额，贷记“无形资产”科目，按应支付的相关税费，贷记“应交税费”等科目，按其差额，贷记或借记“营业外收入——处置非流动资产利得”或“营业外支出——处置非流动资产损失”科目。

【例52】 维康公司拥有一项商标权，其入账价值360 000元，累计摊销额120 000，已计提的减值准备为8 000元。年末公司将其出售，取得收入260 000元，营业税税率为5%。其会计处理为：

借：银行存款	260 000
累计摊销	120 000
无形资产减值准备	8 000
贷：无形资产——商标权	360 000
营业外收入——处置非流动资产利得	15 000
应交税费——应交营业税（260 000×5%）	13 000

2. 转让使用权

转让使用权即出租无形资产，出让方仅将无形资产的使用权让渡给其他企业，出让方不丧失原占有、使用、收益和处分该项无形资产的权利；受让方只有根据合同的规定进行使用的权利。因此，出让方无需改变无形资产的账面价值。转让无形资产使用权取得的收入作为其他业务收入，记入“其他业务收入”账户；转让使用权的无形资产的摊销与有关的转让费用（如派出技术服务人员的费用等）作为其他业务成本，记入“其他业务成本”账户；按支付的相关税费，借记“营业税金及附加”科目，贷记“应交税费——应交营业税”科目。

【例53】 2013年4月份，泰达公司将其一项专利权的使用权转让给甲企业，取得转让收入80 000元，提供咨询服务等耗用材料4 000元，发生工资费用6 000元，其他费用3 000元，款项通过银行收付。会计期末，计提该项专利权的累计摊销额为1 200元。其会计处理为：

（1）取得转让收入时：

借：银行存款	80 000	
贷：其他业务收入		80 000

（2）结转转让成本时：

借：其他业务成本	13 000	
贷：原材料		4 000
应付职工薪酬		6 000
银行存款		3 000

（3）会计期末，计提该项专利权的累计摊销额：

借：其他业务成本　　1 200

　贷：累计摊销　　1 200

（4）计算应交营业税：

借：营业税金及附加　　4 000

　贷：应交税费——应交营业税（80 000 ×5%）　　4 000

3. 无形资产的报废

当无形资产预期不能为企业带来经济利益时，例如，该无形资产已被其他新技术等所替代，且已不能为企业带来经济利益，或者该无形资产不再受法律的保护，且不能给企业带来经济利益，企业应将该无形资产的账面价值予以转销。

无形资产预期不能为企业带来经济利益的，应按已计提的累计摊销，借记“累计摊销”科目，按其账面余额，贷记“无形资产”科目，按其差额，借记“营业外支出”科目。已计提减值准备的，还应同时结转减值准备。

（五） 无形资产的期末计价

由于无形资产能够给企业提供的未来经济利益具有较大的不确定性，根据《企业会计准则第 8 号——资产减值》，企业应当定期或者至少在每年年度终了检查各项无形资产预计给企业带来未来经济利益的能力，对预计可收回金额低于其账面价值的，应当计提减值准备。

会计分录为借记“资产减值损失——计提无形资产减值准备”科目，贷记“无形资产减值准备”科目。资产减值损失一经确认，在以后会计期间不得转回。

二、其他资产

其他资产是指不能包括在流动资产、固定资产和无形资产等之内的资产，主要是指长期待摊费用。

长期待摊费用是指企业已经发生但应由本期和以后各期负担的、分摊期限在一年以上的各项费用，如以经营租赁方式租入的固定资产发生的改良支出等。

企业以经营租赁方式租入的固定资产，在租赁期间内企业只享有使用权。因此，对租入固定资产发生的改良支出，不能增加租入固定资产的价值；而且，租入固定资产改良支出的摊销期限一般在一年以上，则应作为长期待摊费用核算。发生租入固定资产改良支出时，借记“长期待摊费用”科目，贷记“工程物资”“银行存款”等科目；摊销时，借记“管理费用”“销售费用”等科目，贷记“长期待摊费用”科目。

【例 54】 汇林贸易公司以经营租赁方式租入办公用房屋，为提高办公用房的效能，对其进行改良，共耗用工程物资 300 000 元，支付装修人员工资 60 000 元。假设办公用房的租赁期为 5 年。其会计处理为：

（1）发生租入固定资产改良支出时：

借：长期待摊费用　　360 000

　贷：工程物资　　300 000

　　　银行存款　　60 000

（2）按月分期摊销时：

借：管理费用（360 000/5/12）　　6 000
　贷：长期待摊费用　　6 000

第七节 投资性房地产

一、投资性房地产的确认

投资性房地产是指为赚取租金或资本增值，或两者兼有而持有的房地产。投资性房地产应当能够单独计量和出售。从定义看，企业持有投资性房地产的主要目的是为了赚取租金或资本增值，或二者兼而有之。因此，企业应将投资性房地产与自用房地产区别开来。企业的自用房地产是为了生产商品、提供劳务或者经营管理的目的，应作为固定资产管理与核算。同时，房地产开发企业开发的产品，其主要目的是为了销售，为销售而开发的房地产应属于房地产开发企业的存货。

投资性房地产应同时满足两个条件，才能予以确认：其一，与该投资性房地产有关的经济利益很可能流入企业。在实务中，判断投资性房地产包含的经济利益是否很可能流入企业，主要依据与该投资性房地产所有权相关的风险和报酬是否转移到了企业。通常，取得投资性房地产的所有权是判断与投资性房地产所有权相关的风险和报酬转移到企业的一个重要标志。其二，该投资性房地产的成本能够可靠地计量，即为取得该投资性房地产而发生的支出也必须能够可靠地计量。

根据《企业会计准则第3号——投资性房地产》规定，投资性房地产主要包括：

（1）已出租的建筑物、土地使用权。已出租的建筑物和已出租的土地使用权，是指以经营租赁（不含融资租赁）方式出租的建筑物和土地使用权，包括自行建造或开发完成后用于出租的房地产。其中，用于出租的建筑物是指企业拥有产权的建筑物；用于出租的土地使用权是指企业通过受让方式取得的土地使用权。已出租的投资性房地产租赁期满，因暂时空置但准备继续用于出租的，仍作为投资性房地产。

（2）持有并准备增值后转让的土地使用权。持有并准备增值后转让的土地使用权是指企业通过受让方式取得的、准备增值后转让的土地使用权。根据我国对土地的使用规定，企业首先要按国家相关政策的规定进行“三通一平”（即水通、电通、路通、场地平整）后才可进行开发或增值。只有在符合国家有关土地政策后并拟用于出租和增值的土地才可确认为投资性房地产。因此，闲置土地不属于持有并准备增值的土地使用权。根据《闲置土地处置办法》的规定，闲置土地是指土地使用者依法取得土地使用权后，未经原批准用地的人民政府同意，超过规定的期限未动工开发建设的建设用地。

在实务中，判断某项房地产是否属于投资性房地产，需要进行职业判断。例如，一项房地产，部分用于赚取租金或资本增值，部分用于生产商品、提供劳务或经营管理，用于赚取租金或资本增值的部分能够单独计量和出售的，可以确认为投资性房地产；否则，不能作为投资性房地产。又如，关联企业之间租赁房地产的，出租方应将出租的房地产确认为投资性房地产。母公司以经营租赁的方式向子公司出租房地产，该项房地产应当确认为母公司的投资性房地产，但在编制合并报表时，作为企业集团的自用房地产。

二、投资性房地产的计量

投资性房地产应当按照成本进行初始计量。在资产负债表日企业应采用成本模式对投资性房地产进行后续计量；如果有确凿证据表明投资性房地产的公允价值能够持续可靠地取得，应当采用公允价值模式。

（一）投资性房地产的初始计量

企业取得投资性房地产的方式不同，其成本构成与会计处理也有所区别。

为了组织投资性房地产的核算，企业一般需要设置“投资性房地产”科目，该科目为资产类科目，借方登记投资性房地产的增加，贷方登记投资性房地产的减少，期末余额在借方，表示目前企业投资性房地产的结余价值。采用公允价值模式计量的投资性房地产，还应分别“成本”和“公允价值变动”进行明细核算。

1. 外购投资性房地产

外购投资性房地产的成本，包括购买价款、相关税费和可直接归属于该资产的其他支出。

【例55】 甲公司是一家商品零售企业，出于多种考虑，2012年4月1日以银行存款购得位于繁华商业区的一层商务用楼，并当即进行招租作为投资性房地产核算。该层商务楼的买价为800万元，相关税费28万元。其会计处理为：

该商务楼的入账成本 = 买价 + 相关税费 = （800 + 28）万元 = 828万元

借：投资性房地产　　8 280 000

　贷：银行存款　　8 280 000

2. 自行建造投资性房地产

自行建造投资性房地产的成本，由建造该项资产达到预定可使用状态前所发生的必要支出构成。其中，建造该项资产达到预定可使用状态前所发生的必要支出，包括工程用材料物资成本、人工成本、应予以资本化的借款费用、缴纳的相关税金以及应分摊的其他间接费用。

自行建造的投资性房地产，分为自营建造和出包建造两种方式。建造方式不同，其会计核算也有所区别。具体内容基本和自行建造固定资产成本的确定相同。

3. 以其他方式取得的投资性房地产

以其他方式取得的投资性房地产的成本，原则上也是按其取得时的实际成本作为入账价值，符合其他相关准则规定的按照相应的准则规定予以确定。

（二）投资性房地产的后续计量

投资性房地产的后续计量，是指已作为投资性房地产核算并确认其入账价值以后的会计处理。我国会计准则规定投资性房地产计量的优选模式是成本模式，而公允价值模式须满足规定条件方可使用。但同一企业只能采用一种模式对所有投资性房地产进行后续计量，不得同时采用两种计量模式。

1. 成本计量模式

在成本计量模式下，对已出租的建筑物或土地使用权进行后续计量，并计提折旧或摊销；如果存在减值迹象的，应当按照《企业会计准则第8号——资产减值》进行减值测试，计提相应的减值准备。

企业采用成本模式计量的，对于以企业的建筑物等固定资产形成的投资性房地产，应比照《企业会计准则第4号——固定资产》的相关规定处理；对于以企业的土地使用权等无形资产形成的投资性房地产，应比照《企业会计准则第6号——无形资产》的相关规定处理。

【例56】 甲公司2012年6月28日以银行存款购入一幢办公楼，用于对外出租。该资产的买价为4 000万元，相关税费为10万元，预计使用寿命为40年，预计净残值为10万元，甲公司采用直线法提取折旧。该办公楼的年租金为600万元，于年末一次结清，自2012年7月1起开始出租。其会计处理为：

该投资性房地产的入账成本 = (4 000 + 10) 万元 = 4 010 万元

2012年的折旧额 = (4 010 − 10) 万元 ÷ 40 × 6/12 = 50万元

（1）购入办公楼时：

借：投资性房地产　　40 100 000

　贷：银行存款　　40 100 000

（2）收取租金时：

借：银行存款　　3 000 000

　贷：其他业务收入　　3 000 000

（3）当年提取折旧时：

借：其他业务成本　　500 000

　贷：投资性房地产累计折旧　　500 000

【例57】 2012年4月1丙公司接受A公司投入的一项土地使用权，双方协议价为6 000万元。丙公司取得该土地后，拟于适当时机转让。该土地使用权的法定有效期为60年。其会计处理为：

该投资性房地产的入账成本 = 双方协议价 = 6 000万元

借：投资性房地产　　60 000 000

　贷：实收资本　　60 000 000

2012年的摊销额 = 6 000万元 ÷ 60 × 9/12 = 75万元

借：其他业务成本　　750 000

　贷：投资性房地产累计摊销　　750 000

2. 公允价值计量模式

（1）采用公允价值计量模式计量投资性房地产，应当具备以下两个条件：

1）投资性房地产所在地有活跃的房地产交易市场。该条件说明投资性房地产可以在房地产交易市场中直接交易。所在地，通常是指投资性房地产所在的城市。对于大中城市，应当具体化为投资性房地产所在的城区。活跃市场，是指同时具有下列特征的市场：①市场内交易对象具有同质性。②可随时找到自愿交易的买方和卖方。③市场价格信息是公开的。

2）企业能够从房地产交易市场上取得同类或类似房地产的市场价格及其他相关信息，从而对投资性房地产的公允价值作出合理的估计。同类或类似的房地产，对建筑物而言，是指所处地理位置和地理环境相同、性质相同、结构类型相同或相近、新旧程度相同或相近、可使用状况相同或相近的建筑物；对于土地使用权而言，是指同一城区、同一位置区域、所处地理环境相同或相近、可使用状况相同或相近的土地。

（2）公允价值计量模式的核算方法。采用公允价值模式计量的，不对投资性房地产计提折旧或进行摊销，应当以资产负债表日投资性房地产的公允价值为基础调整其账面价值，公允价值与原账面价值之间的差额计入当期损益。已采用公允价值模式计量的投资性房地产，不得从公允价值模式转为成本模式。

公允价值模式的采用，意味着会计期末投资性房地产账面价值总是处于变动状态，从而影响企业的利润数额。为避免利润额的随意波动，投资性房地产准则规定，企业对投资性房地产的计量模式一经确定，不得随意变更。成本模式转为公允价值模式的，应当作为会计政策变更，按照《企业会计准则第 28 号——会计政策、会计估计变更和差错更正》规定处理。

具体而言，在资产负债表日，企业应按照投资性房地产的公允价值高于其原账面价值之间的差额，借记"投资性房地产——公允价值变动"科目，贷记"公允价值变动损益"科目；投资性房地产的公允价值低于其原账面价值之间的差额借记"公允价值变动损益"科目，贷记"投资性房地产——公允价值变动"科目。

【例 58】 接**【例 56】**，2012 年 12 月 31 日甲公司作为投资性房地产核算的办公楼，其公允价值为 4 200 万元。甲公司的会计处理为：

借：投资性房地产——公允价值变动　　1 900 000

　贷：公允价值变动损益　　1 900 000

（三） 投资性房地产的后续支出

1. 资本化的后续支出

与投资性房地产有关的后续支出，满足投资性房地产的两个确认条件的，应作为资本化支出，计入投资性房地产成本。即按照后续支出金额，借记"投资性房地产"科目，贷记"银行存款""工程物资""原材料""应交税费"等科目。

2. 费用化的后续支出

与投资性房地产有关的后续支出，不能够满足投资性房地产的两个确认条件，应作为费用化支出，应当在发生时计入当期损益。即按照后续支出金额，借记"其他业务成本"科目，贷记"银行存款""工程物资""原材料"等科目。

三、投资性房地产的转换与处置

（一） 投资性房地产的转换

1. 转换条件

企业有确凿证据表明房地产用途发生改变，满足下列条件之一的，应当将投资性房地产转换为其他资产或者将其他资产转换为投资性房地产：

（1）投资性房地产开始自用。

（2）作为存货的房地产，改为出租。

（3）自用土地使用权停止自用，用于赚取租金或资本增值。

（4）自用建筑物停止自用，改为出租。

2. 投资性房地产转换后入账价值的确定

（1）在成本模式下，应将房地产转换前的账面价值作为转换后的入账价值：

1）自用房地产或存货转入投资性房地产时，其转换日为租赁期开始日。应借记“投资性房地产”（按转换前的账面价值入账）、“累计折旧”科目，贷记“固定资产”“无形资产”或“存货”科目。

2）投资性房地产转为自用房地产或存货时，其转换日为房地产达到自用状态，企业开始将房地产用于生产商品、提供劳务或者经营管理的日期。借记“固定资产”“无形资产”或“存货”（按转换前的账面价值入账）科目，贷记“投资性房地产”科目。

【例59】 丽水房地产公司，将其开发的楼房一幢出租给乐丰物业公司，该存货的账面价值为1 000万元，公允价值1 100万元，该公司采用成本模式计量该投资性房地产。其会计处理为：

借：投资性房地产	10 000 000
贷：开发产品	10 000 000

（2）采用公允价值模式计量的投资性房地产转换为自用房地产时，应当以其转换当日的公允价值作为自用房地产的账面价值，公允价值与原账面价值的差额计入当期损益。

【例60】 接**【例58】**，2013年12月8日甲公司将作为投资性房地产核算的办公楼转为自用，其公允价值为4 250万元。甲公司的会计处理为：

借：固定资产		42 500 000
贷：投资性房地产——成本		40 100 000
——公允价值变动		1 900 000
公允价值变动损益		500 000

（3）自用房地产或存货转换为采用公允价值模式计量的投资性房地产时，投资性房地产按照转换当日的公允价值计价，转换当日的公允价值小于原账面价值的，其差额计入当期损益；转换当日的公允价值大于原账面价值的，其差额计入资本公积。

【例61】 接**【例59】**，假设一，丽水房地产公司采用公允价值模式计量该投资性房地产；假设二，租赁日该存货的公允价值为980万元。其会计处理为：

假设一：

借：投资性房地产	11 000 000	
贷：开发产品		10 000 000
资本公积——其他资本公积		1 000 000

假设二：

借：投资性房地产	9 800 000	
公允价值变动损益	200 000	
贷：开发产品		10 000 000

（二）投资性房地产的处置

投资性房地产的处置是指企业根据生产经营情况、投资性房地产的状况，出售、转让、报废投资性房地产或者发生投资性房地产毁损而减少的投资性房地产。企业应将处置收入扣除其账面价值和相关税费后的金额计入当期损益。

1. 成本模式计量的投资性房地产

处置投资性房地产时，应按实际收到的金额，借记“银行存款”等科目，贷记“其他业务收入”科目。按该项投资性房地产的累计折旧或累计摊销，借记“投资性房地产累计折旧（摊销）”科目，按该项投资性房地产的账面余额，贷记“投资性房地产”科目，按其差额，借记“其他业务成本”科目。已计提减值准备的，还应同时结转减值准备。

2. 公允价值模式计量的投资性房地产

处置投资性房地产时，应按实际收到的金额，借记“银行存款”等科目，贷记“其他业务收入”科目。按该项投资性房地产的账面余额，借记“其他业务成本”科目，贷记“投资性房地产”科目（成本）、贷记或借记“投资性房地产”科目（公允价值变动）；同时，按该项投资性房地产的公允价值变动，借记或贷记“公允价值变动损益”科目，贷记或借记“其他业务成本”科目。按该项投资性房地产在转换日记入资本公积的金额，借记“资本公积——其他资本公积”科目，贷记“其他业务成本”科目。

【例 62】 汇林公司将多年作为投资性房地产、以公允价值模式计量的一处房产出售，收到价款 100 万元。该房产账面原价为 70 万元，公允价值变动为增值 20 万元。假定不考虑其他因素。其会计处理为：

借：银行存款	1 000 000	
贷：其他业务收入		1 000 000
借：其他业务成本	900 000	
贷：投资性房地产——成本		700 000
——公允价值变动		200 000
借：公允价值变动损益	200 000	
贷：其他业务成本		200 000

第八节 持有至到期投资

一、持有至到期投资的特点

持有至到期投资，是指到期日固定、回收金额固定或可确定，且企业有明确意图和能力持有至到期的非衍生金融资产。例如，企业从二级市场上购入的固定利率三年期国债、浮动利率两年期债券等。从定义看，持有至到期投资具有以下特点：

（1）到期日固定、回收金额固定或可确定。这是指与该金融资产相关的合同明确了投资者能够在确定的期限内获取现金流量的金额。购入的股权投资没有固定的到期日，不符合持有至到期投资的条件，不能划分为持有至到期投资。

（2）企业有明确意图持有至到期。这是指投资者在取得该项金融资产时，就有明确的意图将其持有至到期，除非企业遇到无法控制、预期不会重复发生且难以合理预计的独立事项，从而引起对该金融资产的出售。例如，桦林公司从二级市场上购入固定利率三年期 B 企业债券，合同规定，发行方可以提前偿付该债券。如果投资方能够将该债券持有到偿付日或到期日，同时能够收回该金融资产几乎所有的初始净投资，则该金融资产符合持有至到期投资的条件。

（3）企业有能力持有至到期。这是指企业有足够的财务资源，并不受外部因素影响将投资持有至到期。

二、持有至到期投资的核算

企业应设置“持有至到期投资”和“持有至到期投资减值准备”科目。其中，“持有至到期投资”科目，应当按照持有至到期投资的类别和品种，分别“成本”“利息调整”“应计利息”进行明细核算。持有至到期投资核算的内容主要有以下五个方面：

（一） 持有至到期投资成本的确定

企业取得的持有至到期投资，应当按取得时的公允价值和相关交易费用之和作为初始确认金额。按该项投资的面值，借记“持有至到期投资（成本）”科目，按支付的价款中包含的已到付息期但尚未领取的利息，借记“应收利息”科目，按实际支付的金额，贷记“银行存款”等科目，按其差额，借记或贷记“持有至到期投资（利息调整）”科目。

【例63】 2012年4月1日海川公司购入乙公司于2012年1月1日发行的到期一次还本付息债券。该债券票面利率为10%、三年期、面值为100 000元，甲公司共支付价款105 000元（其中包括经纪人佣金等费用2 500元）。海川公司的会计处理为：

应计利息＝100 000元×10%×3÷12＝2 500元

借：持有至到期投资——成本	100 000	
——应计利息	2 500	
——利息调整	2 500	
贷：银行存款		105 000

（二） 分期确认持有至到期投资摊余成本、利息收入与现金流量

1. 持有至到期投资利息调整金额的确定

持有至到期投资的利息调整金额，包括两部分内容：一是持有至到期投资的溢折价；二是持有至到期投资的相关交易费用。

其中，持有至到期投资溢折价的产生是基于名义利率与实际利率不同而致。企业为购入持有至到期投资实际支付的价款可能等于债券面值，也可能高于或低于债券面值，这是由于持有至到期投资的名义利率（或票面利率）与实际利率（或市场利率）不同而引起的。当债券票面利率与市场利率相同时，发行单位按票面金额发行债券，投资者则按面值购入债券。当债券票面利率高于市场利率，表明债券发行单位实际支付的利息将高于按市场利率计算的利息，发行单位则在发行时按照高于债券票面价值的价格发行，即溢价发行，对投资者而言则为溢价购入，其溢价是为以后多得利息而事先付出的代价；对于发行单位而言，是为以后多付利息而事先得到的补偿。如果债券的票面利率低于市场利率，表明发行单位今后实际支付的利息低于按照市场利率计算的利息，则发行单位按照低于票面价值的价格发行，即折价发行，对于购买单位而言，是折价购入。折价发行对投资者而言，是今后少得利息而事先得到的补偿，对发行单位而言，是为今后少付利息而事先付出的代价。其计算公式如下：

$$\begin{matrix}\text{持有至到期投资}\\\text{的利息调整金额}\end{matrix}=\left(\begin{matrix}\text{实际支}\\\text{付价款}\end{matrix}-\begin{matrix}\text{持有至到期}\\\text{投资的利息}\end{matrix}\right)-\begin{matrix}\text{持有至到期}\\\text{投资的面值}\end{matrix}$$

其中，持有至到期投资的利息，既包括已到付息期而尚未领取的应收利息，也包括企业购买的到期一次还本付息债券的应计利息。

2. 持有至到期投资的后续计量

持有至到期投资到期时，发行单位按照债券面值偿还，因此，企业购入持有至到期投资的溢价或折价均应在持有期间的资产负债表日，按照实际利率法摊销，并按摊余成本对利息收入进行确认和调整。

实际利率法，是指按照金融资产的实际利率计算其各期的利息收入及其摊余成本的方法。实际利率相对于票面利率而言，是指将金融资产在预计存续期内的未来现金流量，折现为该金融资产当前账面价值所使用的利率。实际利率应当在取得持有至到期投资时确定，在随后期间保持不变。在确定实际利率时，应当考虑金融工具合同条款的相关内容对预计未来现金流量的影响，例如，发行方是否有提前还款权；属于实际利率组成部分的各项费用以及溢折价等。

所谓摊余成本，是指该金融资产的初始确认金额，减除已偿还的本金、加上或减去采用实际利率法将该初始确认金额与到期日金额之间的差额进行摊销形成的累计摊销额、减去已发生的减值损失。

具体而言，购入的分期付息、到期还本的持有至到期投资，应按面值和票面利率计算确定的应收未收的利息，借记“应收利息”科目，按摊余成本和实际利率计算确定的利息收入的金额，贷记“投资收益”科目，按其差额，借记或贷记“持有至到期投资（利息调整）”科目。

持有至到期投资为一次还本付息债券投资的，应于资产负债表日按票面利率计算确定的应收未收利息，借记“持有至到期投资（应计利息）”科目。按持有至到期投资摊余成本和实际利率计算确定的利息收入，贷记“投资收益”科目，按其差额，借记或贷记“持有至到期投资（利息调整）”科目。

收到持有至到期投资按合同支付的利息时，借记“银行存款”等科目，贷记“应收利息”科目或“持有至到期投资（应计利息）”科目。

收到取得持有至到期投资支付的价款中包含的已宣告发放债券利息，借记“银行存款”科目，贷记“应收利息”科目。

持有至到期投资在持有期间按采用实际利率法计算确定的折价摊销额，借记“持有至到期投资（利息调整）”科目，贷记“投资收益”科目；溢价摊销额，作相反的会计分录。

【例64】 易通公司2012年1月1日购入B公司当日发行的固定利率为5%、期限为5年、面值100 000元、每年年末支付利息、到期还本的公司债券，公允价值为80 000元，相关交易费用为1 044元。易通公司的会计处理为：

采用试误法与内插法确定该项金融资产的实际利率（假设按10%的利率计算）：

81 044 = 100 000 × 5% × 年金现值系数（P/A，10%，5）+ 100 000 × 复利现值系数（P/F，10%，5）

得：实际利率 = 10%

（1）2012年1月1日，易通公司购入B公司债券时：

借：持有至到期投资——成本　　100 000

　贷：银行存款　　81 044

　　　持有至到期投资——利息调整　　18 956

（2）分期确认摊余成本、利息收入与现金流量，如表3-10所示并进行会计处理。

表3-10　摊余成本、利息收入与现金流量　　单位：元

年度	年初摊余成本 (1)	利息收入 (2)=(1)×10%	现金流量 (3)=面值×5%	年末摊余成本 (4)=(1)+(2)-(3)
2012	81 044	8 104	5 000	84 148
2013	84 148	8 415	5 000	87 563
2014	87 563	8 756	5 000	91 319
2015	91 319	9 132	5 000	95 451
2016	95 451	9 549①	5 000+100 000	0

①　数字考虑了计算过程中出现的尾差3.9元。

（3）易通公司的会计处理为：

1）2012年年末：

借：应收利息　　5 000
　　持有至到期投资——利息调整　　3 104
　贷：投资收益　　8 104

2013年年初，及以后各年收到应收利息时：

借：银行存款　　5 000
　贷：应收利息　　5 000

2）2013年年末：

借：应收利息　　5 000
　　持有至到期投资——利息调整　　3 415
　贷：投资收益　　8 415

3）2014年年末：

借：应收利息　　5 000
　　持有至到期投资——利息调整　　3 756
　贷：投资收益　　8 756

4）2015年年末：

借：应收利息　　5 000
　　持有至到期投资——利息调整　　4 132
　贷：投资收益　　9 132

5）2016年年末：

借：应收利息　　5 000
　　持有至到期投资——利息调整　　4 549
　贷：投资收益　　9 549

借：银行存款　　100 000
　贷：持有至到期投资——成本　　100 000

【例65】　槟浪公司2011年7月1日购入C企业当日发行的到期一次还本付息（复利计息）两年期债券100张，票面利率6%，面值1 000元，公允价值103 000元，相关交易费用555.20元。假设公司按年确认利息收入。槟浪公司的会计处理为：

采用试误法与内插法确定该项金融资产的实际利率（假设按4%的利率计算）：

103 555. 2 = （100 ×1 000 ×6% ×2 +100 000） ×复利现值系数（P/F，4%，2）

得：实际利率 =4%

（1）2011 年 7 月 1 日槟浪公司购入 C 企业债券时：

借：持有至到期投资——成本　100 000

——利息调整　3 555. 20

贷：银行存款　103 555. 20

（2）分期确认摊余成本、利息收入与现金流量，如表 3-11 所示并进行会计处理：

表 3-11　摊余成本、利息收入与现金流量　单位：元

年度	年初摊余成本 （1）	利息收入 （2） = （1） ×4%	现金流量 （3） = 面值 ×6%	年末摊余成本 （4）=（1）+（2）-（3）
2011	103 555. 20	2 071. 10	0	105 626. 30
2012	105 626. 20	4 225. 10	0	109 851. 30
2013	109 851. 30	2 148. 70[①]	12 000 +100 000	0

① 数字考虑了计算过程中出现的尾差 48. 3 元。

1）2011 年 12 月 31 日确认利息收入并摊销利息调整：

借：持有至到期投资——应计利息　3 000

贷：投资收益　2 071. 10

持有至到期投资——利息调整　928. 90

2）2012 年 12 月 31 日确认利息收入并摊销利息调整：

借：持有至到期投资——应计利息　6 000

贷：投资收益　4 225. 10

持有至到期投资——利息调整　1 774. 90

3）2013 年 6 月 30 日确认利息收入并摊销利息调整：

借：持有至到期投资——应计利息　3 000

贷：投资收益　2 148. 70

持有至到期投资——利息调整　851. 30

收回本金和利息时：

借：银行存款　112 000

贷：持有至到期投资——成本　100 000

——应计利息　12 000

（三） 持有至到期投资的处置

处置持有至到期投资时，应将所取得对价的公允价值与该投资账面价值之间的差额确认为投资收益。应按收到的金额，借记“银行存款”等科目，已计提减值准备的，借记“持有至到期投资减值准备”科目，按其账面余额，贷记“持有至到期投资（成本、利息调整、应计利息）”科目，按其差额，贷记或借记“投资收益”科目。

（四） 持有至到期投资的减值

持有至到期投资减值损失的计量，企业应根据《企业会计准则第 22 号——金融工具确

认和计量》比照应收款项减值损失计量的相关规定处理。

资产负债表日，确定持有至到期投资发生减值的，按应减记的金额，借记“资产减值损失”科目，贷记“持有至到期投资减值准备”科目。

已计提减值准备的持有至到期投资的价值以后又得以恢复，应在原已计提的减值准备金额内，按恢复增加的金额，借记“持有至到期投资减值准备”科目，贷记“资产减值损失”科目。

（五） 持有至到期投资转换

企业因持有至到期投资部分出售或重分类的金额较大，且不属于企业会计准则所允许的例外情况，使该投资的剩余部分不再适合划分为持有至到期投资的，企业应当将该投资的剩余部分重分类为可供出售金融资产，并以公允价值进行后续计量。重分类日，该投资剩余部分的账面价值与其公允价值之间的差额计入所有者权益，在该可供出售金融资产发生减值或终止确认时转出，计入当期损益。

第九节 可供出售金融资产

一、可供出售金融资产的概念

可供出售金融资产通常是指企业没有划分为以公允价值计量且其变动计入当期损益的金融资产、持有至到期投资、贷款和应收款项的金融资产。例如，购入的在活跃市场上有报价的股票、债券等，没有划分为以公允价值计量且其变动计入当期损益的金融资产或持有至到期投资等金融资产的，可划分为此类。基于特定的风险管理或资本管理需要，企业也可将某项金融资产直接指定为可供出售金融资产。

二、可供出售金融资产的核算

企业应设置“可供出售金融资产”科目。包括划分为可供出售的股票投资、债券投资等金融资产。该科目应按可供出售金融资产的类别和品种，分别“成本”“利息调整”“应计利息”“公允价值变动”等进行明细核算。

可供出售金融资产的核算，主要包括以下几部分内容：

（一） 可供出售金融资产成本的确定

可供出售金融资产应当按取得该金融资产的公允价值和相关交易费用之和作为初始确认金额，借记“可供出售金融资产（成本）”科目，按支付的价款中包含的已宣告但尚未发放的现金股利，借记“应收股利”科目，按实际支付的金额，贷记“银行存款”等科目。

企业取得的可供出售金融资产为债券投资的，应按债券的面值，借记“可供出售金融资产（成本）”科目，按支付的价款中包含的已到付息期但尚未领取的利息，借记“应收利息”科目，按实际支付的金额，贷记“银行存款”等科目。

【例66】 2013年7月1日，乙公司以银行存款购入当日发行的按年付息、到期还本的三年期国库券1 000 000元，作为可供出售金融资产管理与核算。乙公司的会计处理为：

借：可供出售金融资产——成本　　1 000 000

　贷：银行存款　　1 000 000

（二） 持有期间确认并收到现金股利和债券利息

（1）资产负债表日，未发生减值的可供出售债券为分期付息、一次还本债券投资的，应按票面利率计算确定的应收未收利息，借记“应收利息”科目，按可供出售债券的摊余成本和实际利率计算确定的利息收入，贷记“投资收益”科目，按其差额，借记或贷记“可供出售金融资产（利息调整）”科目。收到可供出售债券持有期间支付的利息，借记“银行存款”科目，贷记“应收利息”科目。

（2）可供出售债券为一次还本付息债券投资的，应于资产负债表日按票面利率计算确定的应收未收利息，借记“可供出售金融资产（应计利息）”科目，按可供出售债券的摊余成本和实际利率计算确定的利息收入，贷记“投资收益”科目，按其差额，借记或贷记“可供出售金融资产（利息调整）”科目。

（3）可供出售权益工具投资持有期间被投资单位宣告发放的现金股利，按应享有的份额，借记“应收股利”科目，贷记“投资收益”科目。收到可供出售权益工具投资持有期间被投资单位宣告发放的现金股利，借记“银行存款”科目，贷记“应收股利”科目。

（三） 资产负债表日，可供出售金融资产的后续计量

资产负债表日，可供出售金融资产应当以公允价值计量，且公允价值变动计入资本公积（其他资本公积）。

资产负债表日，可供出售金融资产的公允价值高于其账面余额的差额，借记“可供出售金融资产（公允价值变动）”科目，贷记“资本公积——其他资本公积”科目；公允价值低于其账面余额的差额，作相反的会计分录。

【例67】 2013年5月25日，桦林公司购入A公司债券作为可供出售金融资产管理与核算。该债券公允价值660 000元，交易费用1 000元。6月30日该债券公允价值为680 000元。假定不考虑其他因素，桦林公司的会计处理为：

（1）2013年5月25日，桦林公司购入某公司债券时：

借：可供出售金融资产——成本　　661 000

　贷：银行存款　　661 000

（2）2013年6月30日，后续计量时：

借：可供出售金融资产——公允价值变动　　19 000

　贷：资本公积——其他资本公积　　19 000

（四） 可供出售金融资产的处置

出售可供出售金融资产时，应按实际收到的金额，借记“银行存款”科目，按可供出售金融资产的账面余额，贷记“可供出售金融资产（成本、公允价值变动、利息调整、应计利息等）”科目，按其差额，贷记或借记“投资收益”科目。按原记入“资本公积——其他资本公积”科目的金额，借记或贷记“资本公积——其他资本公积”科目，贷记或借记“投资收益”科目。

【例68】 接【例67】2013年6月2日，桦林公司将A公司债券全部出售，实收价款706 000元，假定不考虑其他因素，桦林公司的会计处理为：

借：银行存款　　706 000

　贷：可供出售金融资产——成本　　661 000

　　　　　　　　　　——公允价值变动　　19 000

投资收益　　26 000

借：资本公积——其他资本公积　　19 000

贷：投资收益　　19 000

（五）可供出售金融资产的减值

分析判断可供出售金融资产是否发生减值，应当注重该金融资产公允价值是否持续下降。一般情况下，如果可供出售金融资产的公允价值发生较大幅度下降（通常是指达到或超过20%的情形），或在综合考虑各种相关因素后，预期这种下降趋势属于非暂时性的（通常是指该资产的公允价值持续低于其成本达到或超过6个月的情形），可以认定该可供出售金融资产已发生减值，应当确认减值损失。可供出售金融资产发生减值，原直接计入所有者权益的公允价值下降形成的累计损失，应当予以转出计入当期损益。

第十节　长期股权投资

一、长期股权投资的概念

长期股权投资是指通过投资取得被投资单位的股份。企业投资的目的，是为了通过分配来增加财富，或为谋求其他利益，而将资产让渡给其他单位所获得的，持有时间超过一年的另一项金融资产。首先，企业以其所拥有的现金、固定资产等让渡给其他单位使用，以换取股权投资。换取的股权投资与其他资产一样，能够为企业带来未来的经济利益。例如，鲍钢股份公司为保证原材料持续供应，以8 000万元的资产购买了平峰山煤矿60%的股权。其次，长期股权投资为企业带来的经济利益与其他资产带来的经济利益在形式上有所不同。企业所拥有和控制的除投资以外的其他资产，通常能为企业带来直接的经济利益，所谓直接的经济利益意为这种经济利益的流入是企业本身经营所产生的。例如，鲍钢股份公司生产的各种钢材，销售后给企业带来的销售收入就是直接的经济利益。而长期股权投资为企业带来的经济利益是通过其他单位的经营并使用投资者投入的资产创造效益后进行利润分配取得的。例如，因鲍钢股份公司购买平峰山煤矿60%的股权，平峰山煤矿实现利润的一部分应分配给鲍钢股份公司，是鲍钢股份公司的投资收益。最后，从本质上看，长期股权投资与资本市场相适应，构成投资企业的一项金融资产。

二、长期股权投资的初始计量

企业取得长期股权投资的方式主要有两类，一类是以现金购入的长期股权投资、以发行权益性证券取得的长期股权投资、接受投资者投入的长期股权投资、通过非货币性资产交换、债务重组取得的长期股权投资。另一类是企业合并形成的长期股权投资。根据《企业会计准则第20号——企业合并》，企业合并分为同一控制下的企业合并和非同一控制下的企业合并。

企业合并的方式有三种：其一，控股合并。合并方（或购买方）在企业合并中取得对被合并方（或被购买方）的控制权，被合并方（或被购买方）在合并后仍保持其独立的法人资格并继续经营，合并方（或购买方）确认企业合并形成的对被合并方（或被购买方）的投资。其二，吸收合并。合并方（或购买方）通过企业合并取得被合并方（或被购买方）

的全部净资产，合并后注销被合并方（或被购买方）的法人资格，被合并方（或被购买方）原持有的资产、负债，在合并后成为合并方（或购买方）的资产、负债。其三，新设合并。参与合并的各方在合并后法人资格均被注销，重新注册成立一家新的企业。

企业合并形成的长期股权投资，还应按同一控制下的企业合并和非同一控制下的企业合并分别确定长期股权投资的初始投资成本。企业长期股权投资的取得方式不同，其初始投资成本的确定也各不相同。

为反映长期股权投资的发生、投资额的增减变动、投资收回以及投资损益，应设置“长期股权投资”“投资收益”和“资本公积”科目。对外投资时按投资成本记入“长期股权投资”科目的借方，收回投资时记入该科目的贷方。

（一） 以现金购入等方式取得的长期股权投资

1. 以现金购入的长期股权投资

以现金购入的长期股权投资，按实际支付的全部价款（包括支付的税金、手续费等相关费用），作为初始投资成本，借记“长期股权投资——成本”科目，贷记“银行存款”等科目；实际支付的价款中包含已宣告但尚未发放的现金股利或利润，应记入“应收股利”科目单独核算，不作为初始投资成本。

【例 69】 惠康公司为建立原材料供应基地，于 2013 年 4 月 1 日在公开交易的股票市场上购买了普林公司 200 万股股票，每股 2.5 元，占其股本总额的 65%，另外支付手续费、佣金等相关费用 8 万元，款项以银行存款支付。惠康公司的会计处理为：

借：长期股权投资	5 080 000	
贷：银行存款		5 080 000

2. 以发行权益性证券取得的长期股权投资

以发行权益性证券取得的长期股权投资，应当按照发行权益性证券的公允价值作为初始投资成本，借记“长期股权投资——成本”科目，按权益性证券的面值，贷记“股本”科目，按权益性证券的面值与公允价值之间的差额，贷记“资本公积”科目。其中，为发行权益性证券支付给有关证券承销机构等的手续费、佣金等与权益性证券发行直接相关的费用，不构成取得长期股权投资的成本。该部分费用按照《企业会计准则第 37 号——金融工具列报》的规定，应自权益性证券的溢价发行收入中扣除，权益性证券的溢价收入不足冲减的，应冲减盈余公积和未分配利润。

【例 70】 2013 年 6 月 1 日，京华公司和惠康公司达成合并协议。约定京华公司以增发权益性证券作为对价，向惠康公司投资。当日，京华公司权益性证券增发成功，共增发普通股股票 150 万股，每股面值 1 元，实际发行价格 3 元。与发行权益性证券直接相关的税费为 60 万元，以银行存款支付。京华公司的会计处理为：

借：长期股权投资	4 500 000	
贷：股本		1 500 000
资本公积——股本溢价		3 000 000
借：资本公积——股本溢价	600 000	
贷：银行存款		600 000

3. 接受投资者投入的长期股权投资

接受投资者投入的长期股权投资，应当按照投资合同或协议约定的价值作为初始投资成本，借记“长期股权投资——成本”科目，按照投资者出资构成实收资本（或股本）的部分，贷记“实收资本（或股本）”科目，按照长期股权投资的初始投资成本与实收资本（或股本）之间的差额贷记“资本公积”科目。按照实际支付的相关税费，借记“资本公积”科目，贷记“银行存款”科目。

4. 通过非货币性资产交换、债务重组取得的长期股权投资

通过非货币性资产交换、债务重组取得的长期股权投资，应按照相关准则的规定，确定长期股权投资的初始投资成本。

（二） 同一控制下企业合并形成的长期股权投资

所谓同一控制下的企业合并，是指参与合并的企业在合并前后均受同一方或相同的多方最终控制且该控制并非暂时性的。同一控制下的企业合并，在合并日取得对其他参与合并企业控制权的一方为合并方，参与合并的其他企业为被合并方。合并日，是指合并方实际取得对被合并方控制权的日期。

（1）合并方以支付现金、转让非现金资产或承担债务方式作为合并对价的，应当在合并日按照取得被合并方所有者权益账面价值的份额作为长期股权投资的初始投资成本。长期股权投资初始投资成本与支付的现金、转让的非现金资产以及所承担债务账面价值之间的差额，应当调整资本公积；资本公积不足冲减的，调整留存收益。

合并方发生的审计、法律服务、评估咨询等中介费用以及其他相关管理费用，应当于发生时计入当期管理费用。

（2）合并方以发行权益性证券作为合并对价的，应当在合并日按照取得被合并方所有者权益账面价值的份额作为长期股权投资的初始投资成本。按照发行股份的面值总额作为股本，长期股权投资初始投资成本与所发行股份面值总额之间的差额，应当调整资本公积；资本公积不足冲减的，调整留存收益。

具体而言，对于以上两种支付对价的方式，其合并方均应在合并日按取得被合并方所有者权益账面价值的份额，借记长期股权投资科目，按支付的合并对价的账面价值，贷记或借记有关资产、负债科目，按其差额，贷记“资本公积——资本溢价或股本溢价”科目；如为借方差额，借记“资本公积——资本溢价或股本溢价”科目，资本公积（资本溢价或股本溢价）不足冲减的，应依次借记“盈余公积”“利润分配——未分配利润”科目。

【例71】 A公司和B公司同为甲公司的子公司。2012年6月1日，A公司和B公司达成合并协议，约定A公司以固定资产、无形资产和银行存款500万元作为对价，向B公司投资，占B公司所有者权益份额的70%。2012年6月1日，B公司所有者权益总额为3 000万元。A公司作为对价的固定资产原值3 200万元，已计提折旧额1 200万元，未提固定资产减值准备；无形资产账面原价为880万元，已摊销280万元，未提无形资产减值准备。假定A公司资本公积账面余额为820万元，盈余公积账面余额为200万元，未分配利润账面余额为1 000万元。A公司的会计处理为：

借：固定资产清理	2 000	
累计折旧	1 200	
贷：固定资产		3 200
借：长期股权投资	2 100	
累计摊销	280	

资本公积 820
盈余公积 180
贷：固定资产清理 2 000
无形资产 880
银行存款 500

【例 72】 C 公司和 D 公司同为乙公司的子公司。2012 年 6 月 1 日，C 公司和 D 公司达成合并协议，约定 C 公司以增发权益性证券作为对价，向 D 公司投资，占 D 公司所有者权益份额的 60% 。2012 年 6 月 1 日，C 公司权益性证券增发成功，共增发普通股股票 1 000 万股，每股面值 1 元，实际发行价格为 3.5 元。D 公司所有者权益总额为 6 000 万元。C 公司的会计处理为：

借：长期股权投资 3 500
贷：股本 1 000
资本公积 2 500

（三） 非同一控制下企业合并形成的长期股权投资

所谓非同一控制下企业合并，是指参与合并的各方在合并前后不受同一方或相同的多方最终控制。非同一控制下的企业合并，在购买日取得对其他参与合并企业控制权的一方为购买方，参与合并的其他企业为被购买方。购买日，是指购买方实际取得对被购买方控制权的日期。

购买方确定的合并成本即非同一控制下企业合并形成的长期股权投资。其合并成本确定的原则是：

（1）一次交换交易实现的企业合并，合并成本为购买方在购买日为取得对被购买方的控制权而付出的资产、发生或承担的负债以及发行的权益性证券的公允价值。

（2）通过多次交换交易分步实现的企业合并，合并成本为每一单项交易成本之和。

（3）购买方为进行企业合并发生的各项直接相关费用也应当计入管理费用。

（4）购买方在购买日对作为企业合并对价付出的资产、发生或承担的负债应当按照公允价值计量，公允价值与其账面价值的差额，计入当期损益。

【例 73】 2012 年 4 月 1 日，E 公司和 H 公司达成合并协议（在此业务之前，E 公司和 H 公司不存在任何投资关系），约定 E 公司以固定资产、无形资产和银行存款 900 万元作为对价，向 H 公司投资，占 H 公司所有者权益份额的 55%。该固定资产原值为 1 200 万元，已计提折旧额 400 万元，未提固定资产减值准备，公允价值为 1 000 万元；无形资产账面原价为 580 万元，已摊销 280 万元，未提无形资产减值准备，公允价值为 600 万元。E 公司的会计处理为：

借：固定资产清理 800
累计折旧 400
贷：固定资产 1 200
借：长期股权投资——成本（1 000 +600 +900） 2 500
累计摊销 280
贷：固定资产清理 800
银行存款 900

无形资产 580

营业外收入 500

三、长期股权投资后续计量

长期股权投资的后续计量是指企业在持有该股权投资期间内，对“长期股权投资”“投资收益”科目的影响。其具体登记方法不仅取决于实际投资额的变化，还取决于企业对被投资企业的影响程度而采用的核算方法。

（一） 长期股权投资核算的成本法

成本法是指投资后按实际投资成本确认账面金额，并且在持有期间一般不因被投资单位净资产的增减而变动投资账面余额的方法。

1. 成本法的适用范围

（1）投资企业能够对被投资单位实施控制的长期股权投资。控制，是指有权决定一个企业的财务和经营政策，并能据以从该企业的经营活动中获取利益。投资企业能够对被投资单位实施控制的，被投资单位为其子公司，投资企业应当将子公司纳入合并财务报表的合并范围。投资企业能够对被投资单位实施控制的情形主要有：①投资企业拥有被投资单位50%以上的表决权资本。所谓拥有被投资单位50%以上的表决权资本，是指投资企业直接拥有、间接拥有、直接和间接拥有被投资单位50%以上的表决权资本。②投资企业虽然拥有被投资单位50%或以下的表决权资本，但对被投资单位具有实质控制权的。例如，根据章程或协议，投资企业有权控制被投资单位财务和经营政策；有权任免被投资单位董事会等类似权力机构的多数成员等。

应当强调说明的是，企业对子公司投资，日常会计实务应采用成本法核算，编制合并财务报表时调整为权益法。

（2）投资企业对被投资单位不具有共同控制或重大影响，并且在活跃市场中没有报价、公允价值不能可靠计量的长期股权投资。

共同控制，是指按照合同约定对某项经济活动所共有的控制，仅在与该项经济活动相关的重要财务和经营决策需要分享控制权的投资方一致同意时存在。投资企业与其他方对被投资单位实施共同控制的，被投资单位为其合营企业。

重大影响，是指对一个企业的财务和经营政策有参与决策的权力，但并不能够控制或者与其他方一起共同控制这些政策的制定。投资企业能够对被投资单位施加重大影响的，被投资单位为其联营企业。

在确定能否对被投资单位实施控制或施加重大影响时，应当考虑投资企业和其他方持有的被投资单位当期可转换公司债券、当期可执行认股权证等潜在表决权因素。

2. 成本法的核算方法

长期股权投资成本法的核算程序如下：

（1）初始投资或追加投资时，按照初始投资或追加投资时的投资成本增加长期股权投资的账面价值。

【例74】 歌华公司2012年4月1日购入丙公司10%的股份，实际投资成本为1 056 000元，准备长期持有。其会计处理为：

借：长期股权投资——丙公司 1 056 000

贷：银行存款　　1 056 000

（2）除取得投资时实际支付的价款或对价中包含的已宣告但尚未发放的现金股利或利润外，投资企业应当按照享有被投资单位宣告发放的现金股利或利润确认为投资收益，不管有关利润分配是属于对取得投资前还是取得投资后被投资单位实现的净利润的分配。

【例75】 接上例，2013 年 4 月 28 日，丙公司宣告分派 2012 年的现金股利 800 000 元，歌华公司的会计处理为：

借：应收股利　　80 000

贷：投资收益　　80 000

【例76】 2012 年 4 月 1 日华天公司购入丁公司 15% 的股份，实际投资成本为 175 万元，准备长期持有。2012 年 4 月 20 日，丁公司宣告分派 2011 年的现金股利 120 万元。2012 年年末，丁公司实现净利润 380 万元。2013 年 4 月 26 日，丁公司宣告以 4 月 1 日为基准日分派 2012 年的现金股利 300 万元。华天公司的会计处理为：

2012 年 4 月 1 日华天公司购入丁公司股票

借：长期股权投资——丙公司　　1 750 000

贷：银行存款　　1 750 000

2012 年 4 月 20 日，丁公司宣告分派 2011 年的现金股利，华天公司应享有 18 万元（120 万元 ×15%）。

借：应收股利　　180 000

贷：投资收益　　180 000

2012 年年末，丁公司实现净利润 3 800 000 元，华天公司不作账务处理。

2013 年 4 月 26 日，丁公司宣告以 4 月 1 日为基准日分派 2012 年的现金股利 300 万元。华天公司应享有 45 万元（300 万元 ×15%）。

借：应收股利　　450 000

贷：投资收益　　450 000

可见，成本法的核算特点更注重法律形式，在法律上投资企业与被投资企业是各自独立的法律主体，虽然投资企业拥有被投资企业一定比例的股份，但因投资企业不能对被投资企业施加重大影响，因此，被投资企业实现的净利润或发生的亏损不能自然成为投资企业的利润或亏损。成本法反映的长期股权投资成本，只是初始投资或追加投资的数额，未能反映投资企业在被投资企业的权益比例；只有在被投资单位宣告发放股利或实际发放股利时，投资企业才确认投资收益，因此，投资收益的确认时点与企业的现金流入基本一致。

（二）长期股权投资核算的权益法

权益法，是指投资最初以初始投资成本计价，投资以后根据投资企业享有被投资单位所有者权益份额的变动对投资的账面价值进行调整的方法。

1. 权益法的适用范围

根据企业会计准则的规定，投资企业对被投资单位具有共同控制或重大影响的长期股权投资，应当采用权益法核算。

2. 权益法的核算方法

采用权益法核算的企业，应在“长期股权投资”科目下设置“成本”“损益调整”“其他权益变动”等明细科目。

（1）长期股权投资采用权益法核算的情况下，进行初始投资或追加投资时，按照初始投资或追加投资后的初始投资成本增加长期股权投资的账面价值。

长期股权投资的初始投资成本大于投资时应享有被投资单位可辨认净资产公允价值份额的，不调整长期股权投资的初始投资成本；长期股权投资的初始投资成本小于投资时应享有被投资单位可辨认净资产公允价值份额的，其差额应当计入当期损益，同时调整长期股权投资的成本。被投资单位可辨认净资产的公允价值，应当比照《企业会计准则第20号——企业合并》的有关规定确定。

【例77】 科林公司2013年4月1日以银行存款960 000元投资F企业普通股，占F企业有表决权股份的40%，并能对其施加重大影响，科林公司按权益法核算对F企业的投资。2013年3月31日F企业可辨认净资产的公允价值为2 000 000元。假定不考虑其他因素，科林公司的会计处理为：

科林公司应享有F企业可辨认净资产公允价值的份额 = 2 000 000元 × 40% = 800 000元

借：长期股权投资——F企业（成本）	960 000	
贷：银行存款		960 000

【例78】 假设上例中，科林公司2013年4月1日以银行存款720 000元投资F企业普通股。其他资料不变，科林公司的会计处理为：

借：长期股权投资——F企业（成本）	800 000	
贷：银行存款		720 000
营业外收入		80 000

（2）投资企业投资后，随着被投资单位所有者权益的变动而相应调整增加或减少长期股权投资的账面价值。在会计核算上主要解决的问题有：

1）投资企业在投资后被投资单位实现净利润或发生净亏损的处理

① 投资企业取得长期股权投资后，应当按照应享有或应分担的被投资单位实现的净损益的份额，确认投资损益并调整长期股权投资的账面价值。投资企业按照被投资单位宣告分派的利润或现金股利计算应分得的部分，相应减少长期股权投资的账面价值。

投资企业在确认应享有被投资单位净损益的份额时，应当以取得投资时被投资单位各项可辨认资产等的公允价值为基础，对被投资单位的净利润进行调整后确认，不应仅按照被投资单位的账面净利润与持股比例计算的结果简单确定。基于重要性原则，通常应考虑的调整因素为：以取得投资时被投资单位固定资产、无形资产的公允价值为基础计提的折旧额或摊销额以及减值准备的金额对被投资单位净利润的影响。其他项目如为重要的，也应进行调整。无法合理确定取得投资时被投资单位各项可辨认资产公允价值的，或者投资时被投资单位可辨认资产的公允价值与其账面价值相比，两者之间的差额不具有重要性的，可以按照被投资单位的账面净利润与持股比例计算的结果确认投资收益，但应在附注中说明这一事实，以及无法合理确定被投资单位各项可辨认资产公允价值等原因。

被投资单位采用的会计政策及会计期间与投资企业不一致的，应当按照投资企业的会计政策及会计期间对被投资单位的财务报表进行调整，并据以确认投资损益。

② 投资企业确认被投资单位发生的净亏损，应当以长期股权投资的账面价值以及其他实质上构成对被投资单位净投资的长期权益减记至零为限，投资企业负有承担额外损失义务

的除外。被投资单位以后实现净利润的，投资企业在其收益分享额弥补未确认的亏损分担额后，恢复确认收益分享额。

【例79】 2010年1月6日博为公司以银行存款1 200 000元，在公开交易的证券市场上购买E企业普通股股票，占E企业有表决权资本的60%，能够对其实施控制。当日，E企业可辨认净资产的公允价值为2 000 000元。2010年E企业全年实际净利润950 000元，2011年4月宣告分派现金股利800 000元；2011年年末，E企业全年净亏损2 300 000元；2012年年末全年实际净利润880 000元（假设投资时E企业可辨认资产的公允价值与其账面价值相比，两者之间的差额不具有重要性，博为公司按照E企业的账面净利润与持股比例计算确认投资收益）。博为公司的会计处理为：

（1）2010年1月6日购买E企业普通股股票时：

借：长期股权投资——E企业（成本） 1 200 000

贷：银行存款 1 200 000

（2）2010年12月31日，应享有投资收益570 000元（950 000×60%）：

借：长期股权投资——E企业（损益调整） 570 000

贷：投资收益——股权投资收益 570 000

2010年年末，“长期股权投资——E企业”账户账面余额=(1 200 000+570 000)元=1 770 000元

（3）2011年4月，宣告分派2010年现金股利，应分得股利480 000元（800 000×60%）：

借：应收股利——E企业 480 000

贷：长期股权投资——E企业（损益调整） 480 000

宣告分派股利后，“长期股权投资——E企业”账户账面余额=(1 770 000-480 000)元=1 290 000元

（4）2011年12月31日，E企业亏损2 300 000元，博为公司负担亏损应减少“长期股权投资——E企业”账户账面价值的金额至零为限，即1 290 000元。[备查簿应记录未减记长期股权投资的金额为90 000元（2 300 000×60%-1 290 000）]：

借：投资收益——股权投资损失 1 290 000

贷：长期股权投资——E企业（损益调整） 1 290 000

2011年12月31日“长期股权投资——E企业”账户的账面余额为零。

（5）2012年12月31日，可恢复“长期股权投资——E企业”账户账面价值438 000元（880 000×60%-90 000）：

借：长期股权投资——E企业（损益调整） 438 000

贷：投资收益——股权投资收益 438 000

2）被投资单位除净损益以外的其他因素导致所有者权益变动的处理

采用权益法核算时，投资企业对于被投资单位除净损益以外所有者权益的其他变动，在持股比例不变的情况下，应按照持股比例与被投资单位除净损益以外所有者权益的其他变动中归属于本企业的部分，相应调整长期股权投资的账面价值，同时增加或减少资本公积。

【例80】 接上例，E企业持有某外商投资企业25%的股份，能够对其施加重大影响。本年该外资企业持有可供出售金融资产公允价值的变动计入资本公积的金额为1 000万元。博为公司的会计处理为：

借：长期股权投资——E企业（其他权益变动1 000万元×25%） 2 500 000
　贷：资本公积——其他资本公积 2 500 000

权益法的核算特点表现在：长期股权投资的账面价值的调整，反映了投资企业在被投资企业的权益；不管被投资企业是否分配股利，被投资企业实现的净利润或发生的亏损自然成为投资企业按持股比例应享有的利润或负担的亏损，其增加或减少的投资收益反映了投资企业投资所得的经济实质，体现了实质重于形式的原则。但是，权益法不仅与企业法人的概念相悖，而且投资收益的确认与企业现金流入时间不一致。

（三） 成本法与权益法的转换

投资企业因减少投资等原因对被投资单位不再具有共同控制或重大影响的，并且在活跃市场中没有报价、公允价值不能可靠计量的长期股权投资，应当改按成本法核算，并以权益法下长期股权投资的账面价值作为按照成本法核算的初始投资成本。

因追加投资等原因能够对被投资单位实施共同控制或重大影响但不构成控制的，应当改按权益法核算，并以成本法下长期股权投资的账面价值或按照《企业会计准则第22号——金融工具确认和计量》确定的投资账面价值作为按照权益法核算的初始投资成本。

四、长期股权投资的处置

长期股权投资的处置包括长期股权投资的出售、到期收回、换出等情形。处置长期股权投资主要涉及三个问题：首先，已计提长期股权投资减值准备的结转；其次，投资成本的结转；最后，投资损益的确认。

全部处置某项长期股权投资时，应全额结转已计提的长期股权投资减值准备及其长期股权投资的账面余额。具体而言，应按实际收到的金额，借记“银行存款”等科目，原已计提减值准备的，借记“长期股权投资减值准备”科目，按其账面余额，贷记“长期股权投资”科目，按尚未领取的现金股利或利润，贷记“应收股利”科目，按其差额，贷记或借记“投资收益”科目。

部分处置某项长期股权投资时，应按该项投资的总平均成本确定其处置部分的投资成本，按相应比例结转已计提的减值准备，按其差额，确认为投资收益。

采用权益法核算的长期股权投资，还应按处置长期股权投资的投资成本比例结转原记入“资本公积——其他资本公积”科目的金额，借记或贷记“资本公积——其他资本公积”科目，贷记或借记“投资收益”科目。

【例81】 亿达公司2013年3至4月份三次购入P公司股票共60 000股（每次购入20 000股），占P公司有表决权资本的10%。购入成本分别为200 000元、190 000元、180 000元，2013年年末，亿达公司为该股票计提跌价准备28 000元。2014年11月份，公司将该股票的40%出售，收到价款210 000元。其会计处理为：

借：银行存款 210 000
　　长期股权投资跌价准备（28 000元×40%） 11 200
　　投资收益 6 800
　贷：长期股权投资 228 000

［（200 000+190 000+180 000）元×40% = 228 000元］

五、长期股权投资的期末计价

企业持有的长期股权投资，应当定期对其账面价值进行逐检查，至少每年年末检查一次。如果由于市价持续下跌或被投资单位经营状况变化等原因导致其可收回金额低于投资的账面价值，则应将可收回金额低于投资账面价值的差额，计提长期股权投资减值准备。其中，可收回金额应当根据资产的公允价值减去处置费用后的净额与资产预计未来现金流量的现值两者之间较高者确定。长期股权投资的减值，根据《企业会计准则第 8 号——资产减值》确定。

有迹象表明一项资产可能发生减值的，企业应当以单项资产为基础估计其可收回金额。企业应设置“长期股权投资减值准备”科目，核算企业提取的长期股权投资减值准备。计提时，借记“资产减值损失——计提的长期股权投资减值准备”科目，贷记“长期股权投资减值准备——甲企业”科目。处置长期股权投资时，应同时结转已计提的长期股权投资减值准备。资产减值损失一经确认，在以后会计期间不得转回。

【例 82】 博时公司持有甲企业股票账面价值 826 000 元。甲企业因经营不善，连续亏损，其股票市价下跌至 706 000 元，短期内难以恢复。会计期末，博时公司首次对其提取长期股权投资减值准备，其会计处理为：

借：资产减值损失——计提的长期股权投资减值准备　　120 000

　贷：长期股权投资减值准备——甲企业　　120 000

第十一节 资产的披露

在资产负债表中必须将流动资产与非流动资产分别列示。流动资产项目按照货币资金、交易性金融资产、应收票据、应收账款、预付款项、应收利息、应收股利、其他应收款、存货、一年内到期的非流动资产、其他流动资产等顺序排列。其中货币资金项目应根据“库存现金”“银行存款”“其他货币资金”科目的期末余额合计数填列。“应收账款”项目与“其他应收款”项目，应反映各该科目的期末余额减去“坏账准备”科目期末余额后的净额，应根据“应收账款”“预收账款”总账科目所属明细科目的期末借方余额合计数填列。预付账款项目应根据“应付账款”“预付账款”总账科目所属明细科目的期末借方余额合计数填列。“存货”项目应根据核算存货的“原材料”“包装物”“低值易耗品”“库存商品”“材料成本差异”各科目，进行相关调整后确定各科目的期末余额，减去“存货跌价准备”科目期末余额后的净额列示。

非流动资产在资产负债表中的排列顺序，依次为可供出售金融资产、持有至到期投资、长期应收款、长期股权投资、投资性房地产、固定资产、在建工程、固定资产清理、无形资产、开发支出、商誉、长期待摊费用、递延所得税资产、其他非流动资产等顺序排列。可供出售金融资产、持有至到期投资、长期股权投资、投资性房地产、在建工程、递延所得税资产、商誉等项目，反映各项相关资产的公允价值或摊余成本或账面价值，应根据“长期股权投资”“在建工程”等相应科目的期末余额减去“长期股权投资减值准备”“在建工程减值准备”等科目余额后的净额填列。长期应收款、长期待摊费用等项目，反映各项相关资产的账面价值，应根据“长期应收款”“长期待摊费用”等相应科目的期末余额扣除“长期应收款”“长期待摊费用”等科目所属的明细科目中将在一年内到期的非流动资产后的金额计算填列。投资性房地产、固定资产、无形资产等项目，反映各项相关资产的账面价值，应根据“投资性房地产”“固定资产”“无形资产”等科目的期末余额减去“累计折旧”“累计摊销”“固定资产减值准备”“无形资产减值准备”备抵科目余额后的净额填列。

根据TT股份有限公司相关资料，资产负债表资产项目的披露内容与顺序，如表3-12所示。

表3-12　资产负债表

TT股份有限公司　　　　2012年12月31日　　　　单位：元

资　　产	期末余额	年　初　额
流动资产：		
货币资金	1 897 285 619	
交易性金融资产		
应收票据	636 710 918	
应收账款	3 110 693 440	
预付款项	260 297 061	
应收利息		
应收股利		
其他应收款	1 719 234 476	
存货	6 159 410 714	
一年内到期的非流动资产		
其他流动资产		
流动资产合计	13 783 632 228	
非流动资产：		
可供出售金融资产		
持有至到期投资		
长期应收款		
长期股权投资	179 689 921	
投资性房地产	13 920 000	
固定资产	1 785 651 922	
在建工程	532 027 124	
工程物资	471 697	
固定资产清理	245 509	
无形资产	167 520 055	
开发支出		
商誉		

（续）

资 产	期末余额	年 初 额
长期待摊费用	43 720 542	
递延所得税资产		
其他非流动资产		
非流动资产合计	2 723 246 770	
资产总计	16 506 878 998	

本章小结

货币资金按其存放地点和用途的不同分为库存现金、银行存款和其他货币资金。货币资金是企业资产中流动性最强的资产。

交易性金融资产是指企业为了近期内出售，从二级市场购入的股票投资、债权投资、基金投资等金融资产。交易性金融资产的核算，主要包括：交易性金融资产成本的确定；收到现金股利和利息；资产负债表日交易性金融资产公允价值变动的后续计量和交易性金融资产的处置等内容。

应收款项是指企业因销售产品、提供劳务等发生的应向有关债务人收取的款项。主要包括应收票据、应收账款、其他应收款、预付款项以及长期应收款等。应收款项是企业拥有的金融资产。资产负债表日，有客观证据表明该金融资产发生减值的，企业应当计提减值准备。应收款项减值的核算既是本章的难点也是重点。

存货是指企业在日常活动中持有以备出售的产成品或商品、处在生产过程中的在产品、在生产过程或提供劳务过程中耗用的材料和物料等。存货计量是存货会计的核心内容，即正确地确定收入、发出及结存存货的价值。目前通行做法是存货取得的计价一般以实际成本为基础，辅之以公允价值计价；存货发出的计价有实际成本计价法、计划成本计价法等；期末存货采用“成本与可变现净值孰低法”计价。企业会计准则规定的发出存货实际成本计价方法有：个别计价法、先进先出法、加权平均法。各种方法的应用及对财务报表的影响是本章重点。

固定资产是指为生产商品、提供劳务、出租或经营管理而持有的；使用寿命超过一个会计年度的有形资产。固定资产的初始计量、后续计量以及固定资产的处置是本章重点。

无形资产是指企业拥有或控制的没有实物形态的可辨认非货币性资产。无形资产的特点、无形资产的初始计量、后续计量及处置也是本章重点。

其他资产是指不能包括在流动资产、固定资产和无形资产等之内的资产，主要指长期待摊费用。

投资性房地产是指为赚取租金或资本增值，或两者兼有而持有的房地产。投资性房地产的初始计量和后续计量模式的应用、公允价值模式的核算方法、投资性房地产的转换与处置是本章重点。

持有至到期投资是指到期日固定、回收金额固定或可确定，且企业有明确意图和能力持有至到期的非衍生金融资产。持有至到期投资核算的内容主要有五个方面：持有至到期投资成本的确定；分期确认持有至到期投资摊余成本、利息收入与现金流量；持有至到期投资的处置；持有至到期投资的减值；金融资产的重分类。其中，分期确认持有至到期投资摊余成本、利息收入与现金流量是本章重点。

可供出售金融资产通常是指企业没有划分为以公允价值计量且其变动计入当期损益金融资产、持有至到期投资、贷款和应收款项的金融资产。可供出售金融资产的核算，主要包括六部分内容：可供出售金融资产成本的确定；持有期间确认并收到现金股利和债券利息；资产负债表日，可供出售金融资产的后续计量；可供出售金融资产的处置；可供出售金融资产的减值；金融资产的重分类。其中，资产负债表日，可供出售金融资产的后续计量、可供出售金融资产的处置是本章重点。

长期股权投资是指通过投资取得被投资单位的股份。企业投资的目的，是为通过分配来增加财富，或为谋求其他利益，而将资产让渡给其他单位所获得的，持有时间超过一年的另一项金融资产。企业取得长期股权投资的方式主要有两类：一类是以现金购入的长期股权投资、以发行权益性证券取得的长期股权投资、接受投资者投入的长期股权投资、通过非货币性资产交换、债务重组取得的长期股权投资；另一类是企业合并形成的长期股权投资。应重点掌握第一类以现金购入的长期股权投资的核算，以及长期股权投资核算成本法和权益法的适用范围与基本会计处理。

最后，应掌握资产负债表资产项目的披露内容与顺序。

思考题

1. 什么是金融资产？可将其分为哪几类？
2. 货币资金包括哪些内容？
3. 如何加强库存现金和银行存款的管理？
4. 简述银行转账结算方式的种类。
5. 什么是其他货币资金？其他货币资金有哪些种类？
6. 如何实施货币资金的内部控制？
7. 什么是应收票据？如何核算应收票据？
8. 什么是商业折扣和现金折扣？存在商业折扣和现金折扣的情况下，如何对应收账款进行计价？
9. 什么是坏账损失？如何进行坏账损失的核算？
10. 预付账款和其他应收款包括哪些内容？应如何核算？
11. 什么是存货？如何对其进行分类？
12. 如何确定存货的入账价值？
13. 存货按实际成本计价，发出存货的方法有哪些？如何应用？
14. 存货计价方法对会计报表有哪些影响？
15. 什么是成本与可变现净值孰低法？如何运用？
16. 什么是可供出售金融资产？它有哪些特点？
17. 什么是持有至到期投资？应如何核算？
18. 什么是成本法？其适用范围如何？如何运用？
19. 什么是权益法？其适用范围如何？如何运用？
20. 固定资产有哪些特点？
21. 按固定资产的综合分类，可把企业的固定资产划分为哪几类？
22. 如何理解固定资产计提折旧的范围？

23. 采用加速折旧法的依据是什么？如何采用加速折旧法计提折旧额？

24. 什么是投资性房地产？主要包括哪几种？

25. 如何对投资性房地产进行初始计量？

26. 无形资产的特征是什么？

27. 无形资产的内容有哪些？如何进行无形资产的核算？

自 测 题

（一）选择题

1. 金融资产在初始确认时，应当划分为（　　）类。

A. 公允价值计量，且其变动计入当期损益的金融资产

B. 持有至到期投资

C. 贷款和应收款项

D. 可供出售金融资产

2. 资产负债表日，交易性金融资产的公允价值低于其账面余额的差额，其会计处理方法为（　　）。

A. 不进行会计处理　　B. 计提跌价准备

C. 确认为资产减值损失　　D. 确认为公允价值变动损益

3. 不属于其他货币资金核算范围的是（　　）。

A. 在途货币资金　B. 信用证存款　C. 外币存款　D. 银行本票存款

4. 按总价法核算，销售方给予客户的现金折扣，会计上应作为（　　）处理。

A. 冲减产品销售收入　　B. 财务费用

C. 产品销售费用　　D. 营业外支出

5. 销售产品一批，价目表标明售价（不含税）40 000 元，商业折扣条件为 10%，现金折扣条件为 3/10、2/20、*N*/30，客户于第 16 天付款，增值税税率 17%，应收账款的入账金额为（　　）。

A. 42 120　B. 46 800　C. 41 400　D. 36 000

6. 企业采用备抵法核算坏账准备，下列项目中可以提取坏账准备的是(　　)。

A. 预付账款　　B. 存出保证金

C. 其他应收款　　D. 应收包装物租金

7. 下列各项资产中，不属于存货核算范围的有（　　）。

A. 在途材料　　B. 特种储备物资

C. 委托加工物资　　D. 委托代销商品

8. 成本与可变现净值孰低法中的“成本”是指存货的（　　）。

A. 重置成本　B. 现行成本　C. 历史成本　D. 市价

9. 存货采用先进先出法计价，在物价上涨的情况下，将会使企业的(　　)。

A. 期末库存升高，当期利润减少　　B. 期末库存升高，当期利润增加

C. 期末库存降低，当期利润增加　　D. 期末库存降低，当期利润减少

10. 我国企业会计制度规定，存货跌价准备应按（　　）方法计算提取。

A. 单项比较　B. 分类比较　C. 总额比较　D. 以上都不是

11. 甲企业于2013年4月1日将自用的一幢房屋转换为投资性房地产，并采用成本计量模式。转换日该房屋的原价为180万元，累计折旧为60万元，已计提的减值准备为10万元。转换后，该投资性房地产的成本为（　　）万元。

A. 110　　B. 120　　C. 170　　D. 180

12. 《企业会计准则第8号——资产减值》规定，下列项目计提的减值损失一经确认，在以后会计期间不得转回（　　）。

A. 固定资产　　B. 长期股权投资　　C. 存货　　D. 应收款项

13. 《企业会计准则第8号——资产减值》规定可收回金额的确定应当根据（　　）。

A. 资产的公允价值确定

B. 资产预计未来现金流量的现值确定

C. 资产的公允价值减去处置费用后的净额与资产预计未来现金流量的现值两者之间较高者确定

D. 资产的公允价值减去处置费用后的净额与资产预计未来现金流量的现值两者之间较低者确定

14. 按照《现金管理暂行条例》规定，开户单位可以使用现金的是(　　)。

A. 个人劳务报酬　　B. 向农民收购农副产品

C. 各种劳保福利费用　　D. 出差人员必备差旅费

E. 购置设备

15. 应记入“坏账准备”账户贷方发生额的有（　　）。

A. 已发生的坏账损失　　B. 坏账收回

C. 冲回多提取的坏账准备　　D. 提取坏账准备

16. 我国会计上作为应收票据核算内容的票据有（　　）。

A. 银行支票　　B. 支票

C. 商业承兑汇票　　D. 银行承兑汇票

17. 属于其他应收款核算范围的项目有（　　）。

A. 应收股利　　B. 代购货单位垫支的运杂费

C. 存出保证金　　D. 应收职工欠款

18. 企业存货实际成本的构成包括（　　）。

A. 商业折扣　　B. 购买材料的运费和包装费

C. 可以抵扣的进项税额　　D. 进口关税

19. 期末存货计价过高，可能会引起（　　）。

A. 当期收益增加　　B. 当期收益减少

C. 所有者权益增加　　D. 所得税减少

E. 销售成本增加

20. 下列情况中，长期股权投资应当采用权益法核算的是（　　）。

A. 短期持有被投资企业的股权

B. 长期持有被投资企业的股权

C. 与其他企业共同控制被投资企业

D. 长期持有被投资企业的股权，但对被投资企业无重大影响。

21. 采用工作量法计提折旧的特点在于（ ）。

A. 按固定资产在各期的使用程度计提折旧

B. 前期计提的折旧额多，后期少

C. 在相同时期内计提的折旧额相等

D. 后期计提的折旧额多，前期少

22. 因报废减少的固定资产，借记（ ）科目，借记“累计折旧”科目，贷记“固定资产”科目。

A.“营业外支出” B.“固定资产清理”

C.“管理费用” D.“待处理财产损溢”

23. 投资性房地产采用的计量模式包括（ ）。

A. 成本计量模式 B. 市价计量模式

C. 公允价值计量模式 D. 重置成本计量模式

24. 下列情况中，长期股权投资应当采用成本法核算的有（ ）。

A. 投资企业对被投资单位具有重大影响

B. 投资企业对被投资单位具有共同控制

C. 投资企业能够对被投资单位实施控制

D. 持股比例为1%，且无重大影响

25. 采用权益法核算时，当被投资企业（ ）时，投资企业应调整“长期股权投资”科目。

A. 当年发生亏损 B. 宣告分配现金股利

C. 当年实现净利润 D. 发放现金股利

（二）判断题

1. 每个企业只能在银行开立一个基本存款账户，企业的工资、奖金等现金的支取只能通过该账户办理。（ ）

2. 企业的应收票据无论是带息票据还是不带息票据，在年末资产负债表中均以原账面价值反映。（ ）

3. 在存在现金折扣的情况下，若采用总价法核算，应收账款应按销售收入扣除预计现金折扣后的余额确认。（ ）

4. 企业按年末应收账款余额的一定比例计算的坏账准备金额，应等于年末结账后坏账准备账户的余额。（ ）

5. 存货范围的确认，应以企业对存货是否具有法定所有权和是否存放在本企业为依据。（ ）

6. 成本与可变现净值孰低法的理论基础主要是使存货符合资产的定义和谨慎性原则。（ ）

7. 按照现行会计制度的规定，已提足折旧的固定资产不再提折旧，未提足折旧提前报废的固定资产必须补提折旧，直至提足折旧为止。（ ）

8. 采用双倍余额递减法计提折旧时，不考虑该固定资产的净残值。（ ）

9. 企业的投资性房地产，既可以采用公允价值模式计量，也可以采用成本模式计量。（ ）

10. 当无形资产预期不能为企业带来经济利益时，应将该项无形资产的账面价值予以转销，计入当期的管理费用。 ( )

业务练习题

1. 某外贸公司向银行申请开出信用证30 000元，10日后，收到境外出口商有关进口材料的凭证，材料价款20 000元，增值税税额3 400元，材料入库，余款退回。

要求：编制取得信用证、进口材料和退回余款的会计分录。

2. 甲企业2012年3月6日以银行存款购入A公司已宣告但尚未分派现金股利的股票30 000股作为短期投资，每股成交价为11.10元，其中，0.10元为已宣告但尚未分派的现金股利，另支付相关税费1 000元，甲企业于3月22日收到A公司发放的现金股利。3月末，A公司的股票为每股10元。

要求：编制甲企业购买A公司股票相关的会计分录。

3. 某企业采用应收账款余额百分比法核算坏账损失，坏账准备的提取比例为2%，有关资料如下：

(1) 该企业2009年年末应收账款为1 000 000元。

(2) 2010年和2011年年末应收账款余额分别为2 500 000元和2 200 000元，2010年和2011年均未发生坏账损失。

(3) 2012年6月，经有关部门确认一笔坏账损失，金额为18 000元。

(4) 2012年10月，上述已核销的坏账又收回5 000元。

(5) 2012年年末应收账款余额为2 000 000元。

要求：根据上述资料，编制有关的会计分录。

4. 时杰公司为一般纳税人企业，10月初“原材料”账户借方余额为100 000元，其中，甲材料30 000元，乙材料50 000元，丙材料20 000元，10月份发生的材料采购业务如下：

(1) 10月8日，从本地购入甲材料一批，价款80 000元，增值税专用发票上注明的进项税额为13 600元，材料已经验收入库，发票等结算凭证同时收到，货款已通过银行支付。

(2) 10月10日，从宁波采购乙材料一批，价款20 000元，增值税专用发票上注明的进项税额为3 400元，发票等结算凭证已经到达，货款已通过银行支付，但材料尚未达到。

(3) 10月11日，从陕西采购甲材料一批，价款50 000元，供应单位代垫运杂费2 000元，增值税专用发票上注明的进项税额为8 500元，发票账单等结算凭证已到，签发、承兑一张2个月后到期的商业汇票，以结算材料价款和运杂费，材料尚未验收入库。同日，从宁波采购乙原材料到达并验收入库。

(4) 10月14日，根据合同规定，向宏大企业预付货款40 000元用于采购甲材料。

(5) 10月19日，一批本公司加工的丙材料完工验收入库，其实际成本共计80 000元。

(6) 10月21日，从陕西采购的甲材料到达并验收入库。

(7) 10月26日，预付货款采购的甲材料到达并验收入库，收到发票账单等结算凭证，共支付货款60 000元和增值税进项税额10 200元，当即通过银行补付30 200元货款。

(8) 10月28日，根据合同从天津采购的甲材料价款18 000元，运达企业并验收入库，但是发票账单等结算凭证尚未到达，货款尚未支付。

(9) 该公司本月份的“发料凭证汇总表”中列明，各部门领用原材料情况如下：

生产车间领用甲材料60 000元，乙材料10 000元，丙材料20 000元。

车间管理部门领用甲材料10 000元，乙材料200元，丙材料10 000元。

产品销售部门领用甲材料16 000元。

企业管理部门领用甲材料12 000元，丙材料8 000元。

基建工程领用甲材料20 000元，增值税税额为3 400元。

要求：根据上述资料，编制有关的会计分录。

5. 某企业采用成本与可变现净值孰低法对存货进行计价，本月末A、B两类存货有关资料如表3-13所示。

表3-13 成本与可变现净值资料表

项 目	数量/件	成本单价/元	可变现净值单价/元
A类			
甲产品	80	20	16
乙产品	40	48	50
B类			
C产品	40	10	8
D产品	60	16	18

要求：根据上述资料采用单项比较法对期末存货进行计价，并按备抵法编制有关会计分录。

6. 华为公司于2012年1月10日以银行存款购买华达公司股票100 000股作为长期投资，每股买入价10元，每股价格中包含0.2元的已宣告分派的现金股利，另付有关税费7 000元。购入时华达公司可辨认净资产的公允价值为500万元。2012年年末，华达公司实现利润200万元；2013年4月发放现金股利80万元。

假设(1) 华为公司能够对华达公司实施控制，持股比例为60%。

(2) 华为公司能够对华达公司实施重大影响，持股比例为20%。

要求：根据上述资料对以上两种情况进行相关的会计处理。

7. 某企业2013年3月份购置一台机器设备，价款76 923元，增值税额13 077元，运杂费共计10 000元，该固定资产预计使用年限为5年，预计净残值为2 000元。

要求：

(1) 计算固定资产的入账价值。

(2) 采用平均年限法计提各月份的固定资产折旧额。

(3) 采用双倍余额递减法计算各年的折旧率和折旧额。

(4) 采用年数总和法计算各年的折旧率和折旧额。

(5) 三年后，企业将该项固定资产出售，取得收入56 000元，存入银行，应交营业税2 800元（采用平均年限法计提固定资产折旧额），编制有关会计分录。

8. 甲上市公司2011年10月1日建成一幢楼房，建造成本3 000万元，当日与丙公司签订了租赁协议，租期为10年，年租金为120万元，租金于每年年末结清。按照当地的房地产交易市场的价格体系，该房产2011年年末的公允价值为3 200万元，2012年年末的公允价值为3 120万元。2013年1月1日以3 000万元的价格对外转让该房产，营业税税率为5%，假设不考虑其他相关税费。企业采用公允价值模式进行后续计量。

要求：对该投资性房地产的取得与处置进行账务处理。

案例分析题

1. 现金控制

下面的情形描述了两种现金收款的情形和两种购买设备的情形。在每一组中，一种情形下的内部控制明显要好于另一种。评价每一种情形下的内部控制是强是弱，并给出你的理由。

（1）现金收款

1）通过邮递收到的现金被直接送给会计，会计还负责记录从客户处收款情况，即借记“库存现金”科目，贷记“应收账款”科目；然后将现金存入银行。

2）通过邮递收到的现金首先被送至信件室，在这里收信员打开信封并统计当天现金收款的总数。然后收信员将客户支票交给出纳，出纳存入银行并将汇款票根交给会计部，会计部再作贷记客户账户的记录。

（2）购买设备

1）百年家庭公司要求建筑负责人对他们建设所需要的设备提出要求。公司供应处在购买这些设备并把它们运至建筑地点。

2）路旁建筑公司要求项目负责人购买建筑项目所需设备。然后负责人持付款发票去供应处报销。这一政策使负责人能迅速得到他们所需设备并保证建筑工作进行。

2. 存货计价

假设你是华星公司的财务主管，该公司计划向银行贷款100万元。该公司主营业务为购入并销售一种微型电子设备，当年进货及销售情况如表3-14所示。

表3-14 进货及销售情况

购货月份	购入数量/件	单位成本/元	总成本/元
1月	500	7 500	3 750 000
3月	2 500	7 000	17 500 000
8月	2 000	6 000	12 000 000
11月	1 000	5 500	5 500 000

该公司年末有存货1 750件。全年销售总额37 000 000元，销售费用4 250 000元。该公司尚未确定发出存货的计价方法。

要求：

（1）请你分别编制先进先出法、加权平均法下的利润表（加权平均法单位成本保留两位小数）。

（2）为能顺利贷款，存货成本计价方法应选哪种？

（3）假设该公司适用的企业所得税税率为25%，从公司角度出发，你应选择哪种计价方法？

3. 固定资产政策

保利公司将固定资产分为两类：房屋建筑物和机器设备。房屋建筑物的预计使用年限为45年，其中，中心办公楼原值800万元，已提折旧88万元；机器设备的预计使用年限分别为5年和8年，其中，小轿车原值128万元，预计每年行驶3 000km。该公司固定资产的预计净残值率均为1%。本年度，该公司与固定资产有关的业务如下：

（1）办公楼增建一层，耗用材料663 000元，人工成本497 000元；6月末已达到预定可使用状态，7月份交付使用。

（2）本年小轿车实际行使3 200km。因进行大修理，实际支出29 000元。

（3）购置计算机15台，每台10 800元。

（4）购置办公楼办公用写字台10个，每个800元；衣柜10个，每个400元。

（5）购置办公楼办公用品支付运费1 100元。

（6）计算机日常维护费用支出2 000元。

要求：

（1）根据上述资料，指出该公司现行固定资产折旧政策的具体体现。

（2）如果你是财务经理，如何制定该公司的固定资产折旧政策？

（3）作出本年有关固定资产折旧业务的会计处理，并对有关政策作出评价。

4. 提取减值准备

华达股份有限公司（以下简称“华达公司”）是保健品生产的上市企业。2012年12月31日有关交易和资产状况如下：

（1）2012年12月31日，A产品有库存商品200套，每套单位成本0.5万元，账面余额为100万元。A产品市场销售价格为每套0.70万元，预计销售费用及税金为每套0.2万元。华达公司按单项存货、按年计提跌价准备，年末计提跌价准备前，A产品没有存货跌价准备余额。公司基于市场销售价格高于成本的事实，没有对A产品计提存货跌价准备。

（2）2012年3月，华达公司购入甲公司发行的3年期债券一批，作为持有至到期投资。2012年年末计提减值准备前该债券的账面价值为800万元。甲公司发行债券后，市场行情不好，2012年半年报发生严重亏损，12月又发布了预亏公告。2012年12月31日，华达公司预计该项持有至到期投资预计未来现金流量现值为790万元。华达公司对该债券计提了10万元减值准备，将计提的减值准备冲减了所有者权益。

（3）华达公司2003年6月购入的一台设备，账面原值为700万元，累计折旧550万元，已提取减值准备50万元，由于该设备生产的产品中不合格品数量逐渐增加，准备终止使用。华达公司对其全额计提了减值准备，并将其100万元计入了当期损益。

要求：分析判断华达公司提取减值准备业务的正确性，并说明理由；如不正确，予以改正。

第四章 负 债

案例与引言

乐陶公司的资金总额共计2 000万元，其中所有者的出资额为1 800万元，负债资金200万元。两年来，由于广告支出增速较快，造成资金周转困难，于是经公司董事会讨论决定，并经相关部门批准，发行五年期债券1 000万元。2008年年末负债类账户的期末余额如下：

应付账款	1 000 000
应付票据	200 000
应交税费	800 000
应付债券	10 000 000

其中，应付账款将于2009年1月到期，应付票据在2009年5月末之前相继到期，而应付债券则于2013年7月1日到期。

请问：企业负债类账户中列示的负债，偿还期限相同吗？如何进行负债的分类？

各种负债应如何进行确认与计量？

公司应如何将上述负债项目列示在期末资产负债表中？为什么？

本章学习目标

- ◆ 负债的含义、特征和分类
- ◆ 流动负债的核算内容及其账务处理
- ◆ 非流动负债的核算内容及其账务处理
- ◆ 各项负债在资产负债表中的披露

第一节 负债概述

一、负债的含义

负债是指企业过去的交易或者事项形成的、预期会导致经济利益流出企业的现时义务。现时义务是指企业在现行条件下已承担的义务。未来发生的交易或者事项形成的义务，不属于现时义务，不应当确认为负债。

在同时满足以下条件时，确认为负债：

（1）与该义务有关的经济利益很可能流出企业。

（2）未来流出的经济利益的金额能够可靠地计量。

符合负债定义和负债确认条件的项目，应当列入资产负债表；符合负债定义、但不符合负债确认条件的项目，不应当列入资产负债表。

二、金融负债的含义和分类

金融负债也属于金融工具，例如，企业发行债券，对于发行企业而言形成金融负债；相对于购买方而言形成金融资产。

金融负债应当在初始确认时划分为下列两类：

（一）以公允价值计量且其变动计入当期损益的金融负债

例如，华达公司经批准在全国银行间债券市场公开发行5亿元人民币短期融资券，并直接指定为以公允价值计量且其变动计入当期损益的金融负债。

（二）其他金融负债

其他金融负债一般是指以成本或摊余成本计量的金融负债，例如，企业发行的债券、因购买商品产生的应付账款、长期应付款等，应当划分为其他金融负债。

第二节 流动负债

一、流动负债的定义与分类

（一）流动负债的定义

流动负债，是指将在1年（含1年）或者超过1年的一个营业周期内偿还的债务，主要包括短期借款、应付票据、应付账款、预收账款、应付职工薪酬、应付股利、应交税费、其他应付款和一年内到期的非流动负债等。流动负债必须符合两个条件：其一，到期日在一年或一个营业周期以内；其二，到期时，通常以流动资产或新流动负债为偿债手段。

（二）流动负债的分类

1. 按未来可支付货币金额是否具有可确定性分类

流动负债按未来可支付货币金额是否具有可确定性，分为以下三类：

（1）金额已经确定的流动负债。金额已经确定的流动负债是指根据合同、契约或法律规定具有确切金额、确切的付款日，到期必须偿还的债务。如短期借款、应付票据、应付账款、预收账款等。

（2）金额取决于经营成果的流动负债。金额取决于经营成果的流动负债是指需待一定的经营阶段结束或期末能确定金额的债务。如应交税费、应付职工薪酬、其他应付款等。

（3）金额需要估计的流动负债。金额需要估计的流动负债是指已发生的现存义务，其金额或偿还日期是在编制资产负债表时难以确定的负债。如应付产品质量担保估计负债等。

2. 按产生的原因分类

流动负债按产生的原因，可以分为以下三类：

（1）融资活动形成的流动负债。融资活动形成的流动负债是指企业为筹集生产经营周转使用的资金而向银行及其他金融机构借入的短期借款。这类流动负债有确切的到期日，需在到期日期前以银行存款或新借入的短期借款偿付原借款金额，而且还应偿付其利息。主要包括短期借款、应计利息以及1年内到期的非流动负债等。

（2）营业活动形成的流动负债。营业活动形成的流动负债是指由于企业正常的生产经营活动所形成的流动负债，包括企业外部业务结算中形成的和企业内部往来形成的两种。其中企业外部业务结算中形成的流动负债包括应付票据、应付账款、预收款项等；企业内部往来形成的流动负债包括应付职工薪酬等。

（3）收益分配形成的流动负债。收益分配形成的流动负债是指企业在对所实现净收益（利润）进行分配过程中形成的各种负债项目，包括应交所得税、应付股利、应付利润等。

二、短期借款

（一）短期借款的定义和种类

短期借款是指企业向银行或其他金融机构等借入的期限在1年以下（含1年）的各种借款。短期借款是企业为维持正常的生产经营所需的资金而借入的或者为抵偿某项债务而借入的款项。其债权人一般为银行和其他金融机构等。

现阶段我国企业的短期借款主要有经营（生产）周转借款、票据贴现借款、结算借款、买方信贷等几类。

1. 经营周转借款

经营周转借款又称生产周转借款，是指企业为生产销售一定数量的产品所需的流动资金不足时，向银行或其他金融机构取得的借款。这种借款在银行批准的年度借款计划内申请，期限一般不超过1年。

2. 票据贴现借款

票据贴现借款是指持有银行承兑汇票或商业承兑汇票的企业，在发生经营周转困难时，申请票据贴现的借款，期限一般不应超过3个月。

3. 结算借款

结算借款是指企业在采用托收承付结算方式进行销售业务时，在发出商品后委托银行收款到收款银行通知购买单位承付货款之前，为解决结算资产占用的资金需要，以托收承付结算凭证为保证向银行取得的借款。

4. 买方信贷

买方信贷是指产品列入国家计划，质量在全国处于领先地位的企业，经批准采取分期销售而引起生产经营资金不足而向银行申请取得的借款。这种借款应按货款收回的进度分次归还，期限一般为1~2年。

（二）短期借款的核算

短期借款核算的总账账户是“短期借款”；明细账账户按借款单位或个人的户名或人名设置。账户的贷方反映短期借款本金的借入数，借方反映短期借款本金的偿还数；期末余额在贷方，表示企业尚未归还的短期借款本金余额。企业借入各种短期借款时，借记“银行存款”科目，贷记“短期借款”科目。

企业取得短期借款而发生的利息费用，一般应作为财务费用处理，可以在支付时确认，也可以采用按月预提的方式。

如果企业的短期借款利息按月支付，或者利息是在借款到期归还本金时一并支付，且数额不大，可以在实际支付或收到银行的计息通知时，直接计入当期损益，借记“财务费用”科目，贷记“银行存款”或“库存现金”科目。

【例1】 豪杰物业管理公司2013年4月1日从当地中国银行借入偿还期限为6个月的借款5 000 000元，年利率12%，款项收存银行，到期后一次还本付息，其会计处理为：

（1）借入款项时：

借：银行存款 5 000 000

　贷：短期借款 5 000 000

（2）到期还本付息时：

应付利息 =（5 000 000元×12%÷12×6）=300 000元

借：短期借款 5 000 000

　　财务费用 300 000

　贷：银行存款 5 300 000

如果企业的短期借款利息按期支付（如按季），或者利息是在借款到期归还本金时一并支付，且数额较大，可以采用预提的办法，按月预提计入当期损益，预提时，借记“财务费用”科目，贷记“应付利息”科目；实际支付时，按已经预提的利息金额，借记“应付利息”科目，按实际支付的利息金额与已经预提的利息金额的差额（即尚未计提的部分），借记“财务费用”科目，按实际支付的利息金额，贷记“银行存款”科目。

上述例1中的借款利息金额较大，公司采用预提的办法处理。其会计处理为：

4、5月末分别预提利息费用时：

应付利息 =（5 000 000元×12%÷12×1）=50 000元

借：财务费用 50 000

　贷：应付利息 50 000

6月末，实际支付本季度利息费用时：

借：应付利息 100 000

　　财务费用 50 000

　贷：银行存款 150 000

三、应付和预收款项

应付和预收款项包括应付票据、应付账款、预收账款与其他应付款。

（一）应付票据

应付票据是指企业采用商业汇票结算方式延期付款购入货物应付的票据款。商业汇票的付款期限最长为6个月，因而应付票据属于流动负债。商业汇票，按承兑人分类，可以分为银行承兑汇票和商业承兑汇票；按是否带息分类，可以分为不带息商业汇票和带息商业汇票两种。

商业承兑汇票和银行承兑汇票核算的总账账户是“应付票据”。该账户贷方反映应付票据实际发生数，借方反映应付票据实际承付数；期末余额在贷方，表示尚未承兑的应付票据总额。应付票据备查账簿应详细登记应付票据的种类、号数、签发日期、到期日、票面金额、收款人姓名、地址及付款日期等内容。

1. 不带息商业汇票的核算

企业签发不带息的商业汇票，不论是商业承兑汇票还是银行承兑汇票，其到期价值即为票面价值。按照重要性原则，应付票据应按业务发生时的金额即票面价值（亦即到期价值）入账。企业取得结算凭证并签发商业汇票后，应按票面价值借记“库存商品”“应交税费”等科目，贷记“应付票据”科目。企业向银行申请承兑支付的手续费，应计入财务费用。

【例2】 甲公司2013年11月1日购入价值为300 000元的商品，增值税税额为51 000元。商品已验收入库，企业开出三个月的商业承兑汇票。根据上述资料，其会计处理为：

借：库存商品　300 000
　　应交税费——应交增值税（进项税额）　51 000
　贷：应付票据　351 000

如果在上例中，供货方要求商业汇票必须由银行承兑，那么购货方应向银行提出承兑申请，银行按规定审查。同意承兑的，银行要向承兑申请人收取面值1‰的手续费（每笔承兑手续费不足10元的，按10元收取）。甲公司向银行支付承兑手续费351元。其会计处理为：

借：财务费用　351
　贷：银行存款　351

甲公司待票据到期偿还时，其会计处理为：

借：应付票据　351 000
　贷：银行存款　351 000

2. 带息商业汇票的核算

带息商业汇票的到期价值为票面价值与应计利息之和。在这种情况下，其票面价值为应付票据的现值，应付票据仍应按业务发生时的金额及票面价值（亦即现值）入账。企业取得结算凭证并签发商业汇票后，应按票面价值借记“库存商品”“应交税费”等科目，贷记“应付票据”科目。

对于带息应付票据，通常应在期末时，对尚未支付的应付票据计提利息，计入当期财务费用，借记“财务费用”科目，贷记“应付票据”科目。票据到期支付票款时，尚未计提的利息部分直接计入当期财务费用，按票据账面余额，借记“应付票据”科目，按未计提的利息，借记“财务费用”科目，按实际支付的金额，贷记“银行存款”科目。

【例3】 假定【例2】中，甲公司于2013年11月1日开出并承兑带息商业汇票，年利率为10%，期限三个月，其他条件不变。甲公司的会计处理如下：

（1）2013年11月1日购入商品时：

借：库存商品　300 000
　　应交税费——应交增值税（进项税额）　51 000
　贷：应付票据　351 000

（2）2013年12月31日计算两个月的应计利息5 850元（351 000元×10%÷12×2）：

借：财务费用　　5 850
　贷：应付票据　　5 850

（3）2014 年 2 月 1 日到期支付票据本息时：

应付票据账面价值 =（351 000 + 5 850）元 = 356 850 元

应计利息 = 351 000 元 × 10% ÷ 12 × 1 = 2 925 元

借：应付票据　　356 850
　　财务费用　　2 925
　贷：银行存款　　359 775

（4）若上述商业汇票到期时甲公司无款支付，应转做应付账款：

借：应付票据　　356 850
　　财务费用　　2 925
　贷：应付账款——甲公司　　359 775

（5）若上述商业汇票为银行承兑汇票，到期时甲公司无款支付，承兑银行将代为支付票据款，对甲公司尚未支付的汇票金额转作逾期借款处理，并按万分之五的利率计收利息：

借：应付票据　　356 850
　　财务费用　　2 925
　贷：短期借款　　359 775

（二） 应付账款

应付账款是指企业在经营过程中以赊购商品或接受劳务供应而发生的尚未清偿的债务。

应付账款入账时间的确定，应以所购买物资的所有权已经转移或劳务已接收为标志。在实务中，以收到供货单位提供的发票账单为准。如果所购货物已经验收入库，而发票账单月末尚未到达，企业应对其进行估价，同时确认资产和负债（即所购物资的成本和应付债务），下月初再用红字记账凭证冲回。

对应付账款核算的总账账户是“应付账款”。应付账款按债权单位和个人设置明细账户进行明细核算。“应付账款”属于负债类账户，该账户的贷方反映应付账款的实际发生数，借方反映应付账款的实际偿还数；期末余额在贷方，表示尚未还清的款项。

应付账款一般按应付金额入账。如因债权单位撤销或其他原因而无法支付，企业无法或无需支付的应付款项应记入“营业外收入”科目，借记“应付账款”科目，贷记“营业外收入——债务重组利得”科目。

【例 4】 豪特公司 2013 年 12 月 5 日从本市五金经销商店购入阀门 500 个，每个价值 18 元，阀门入库，货款尚未支付。其会计处理为：

借：原材料——阀门　　9 000
　　应交税费——应交增值税（进项税额）　　1 530
　贷：应付账款——五金商店　　10 530

10 日后，企业以存款支付货款，根据付款凭证及支票存根：

借：应付账款——五金商店　　10 530
　贷：银行存款　　10 530

（三） 预收账款

预收账款是买卖双方协议商定，由购货方预先支付一部分货款给供应方而发生的一项负债，这项负债要用以后的商品、劳务等偿付。

预收账款核算的总账账户是“预收账款”。预收账款按预收账款的单位和个人设置明细账，进行明细核算。企业预收账款的核算，应视具体情况而定。如果企业预收账款比较多，可以设置“预收账款”科目核算；而预收账款不多的企业，也可以将预收的款项直接计入“应收账款”科目的贷方，不设置“预收账款”科目。

【例5】 甲公司向乙公司销售货物一批，价款300 000元，增值税税额为51 000元；甲公司预收货款300 000元，余款在商品发出时收取，其会计处理为：

（1）按合同向购货单位预收货款，根据实际收到的款项入账：

借：银行存款　　300 000

　贷：预收账款——乙公司　　300 000

（2）当产品销售实现时，应按实际价款和增值税税额冲转预收账款：

借：预收账款——乙公司　　351 000

　贷：主营业务收入　　300 000

　　应交税费——应交增值税（销项税额）　　51 000

（3）预收货款小于实际支付款项的差额为51 000元，收到乙公司补足的余款时：

借：银行存款　　51 000

　贷：预收账款　　51 000

如果预收货款为400 000元大于实际支付的款项，应退给购货单位货款价差，按实际退款额作账：

借：预收账款　　49 000

　贷：银行存款　　49 000

（四）其他应付款

企业除应付票据、应付账款、预收账款等应付及预收款项外，还会发生其他各种应付、暂收其他单位或个人的款项，这些应付和暂收款项即为其他应付款。

其他应付款的内容主要包括：应付经营租入固定资产和包装物的租金、存入保证金（如收入包装物押金等）、应付职工的社会保险费等。

四、应付职工薪酬

（一）职工薪酬的内容

应付职工薪酬是指企业根据有关规定应付给职工的各种薪酬，包括职工工资、奖金、津贴和补贴，职工福利费，医疗、养老、失业、工伤、生育等社会保险费，住房公积金，工会经费，职工教育经费，非货币性福利等因职工提供服务而产生的义务。从广义上讲，职工薪酬是企业必须付出的人力成本，是吸引和激励职工的重要手段，也就是说，职工薪酬既是职工对企业投入劳动获得的报酬，也是企业的成本费用。具体而言，职工薪酬主要包括以下几方面的内容：

（1）职工工资、奖金、津贴和补贴。它是指按照国家统计局《关于职工工资总额组成的规定》，构成工资总额的计时工资、计件工资、支付给职工的超额劳动报酬和增收节支的劳动报酬、为了补偿职工特殊或额外的劳动消耗和因其他特殊原则支付给职工的津贴，以及为了保证职工工资水平不受物价影响支付给职工的物价补贴等。

（2）职工福利费。它是指企业为职工集体提供的福利，如为补助职工食堂、职工医院、生活困难职工等从成本费用中提取的金额。

（3）医疗保险费、养老保险费、失业保险费、工伤保险费和生育保险费等社会保险费。它们是指企业按照国家规定的基准和比例计算，向社会保险经办机构缴纳的医疗保险金、基本养老保险金、失业保险金、工伤保险费和生育保险费，以及根据《企业年金试行办法》、《企业年金基金管理试行办法》等相关规定，向有关单位（企业年金基金账户管理人）缴纳的补充养老保险费。此外，以商业保险形式提供给职工的各种保险待遇也属于企业提供的职工薪酬。

（4）住房公积金。它是指企业按照国家《住房公积金管理条例》规定的基准和比例计算，向住房公积金管理机构缴存的住房公积金。

（5）工会经费和职工教育经费。它是指企业为了改善职工文化生活、提高职工业务素质用于开展工会活动和职工教育及职业技能培训，根据国家规定的基准和比例，从成本费用中提取的金额。

（6）非货币性福利。它包括企业以自己的产品或其他有形资产发放给职工作为福利、企业向职工提供无偿使用自己拥有的资产（如提供给企业高级管理人员的汽车、住房等）、企业为职工无偿提供商品或类似医疗保健的服务等。

（7）因解除与职工的劳动关系给予的补偿。它是指由于企业分离办社会职能，实施主辅分离、辅业改制、分流安置富余人员，实施重组、改组计划，职工不能胜任等原因，企业在职工劳动合同尚未到期之前解除与职工的劳动关系，或者为鼓励职工自愿接受裁减而提出补偿建议的计划中给予职工的经济补偿，即国际财务报告准则中所指的辞退福利。

（8）其他与获得职工提供的服务相关的支出。它是指除上述七种薪酬以外的其他为获得职工提供的服务而给予的薪酬，比如企业提供给职工以权益形式结算的认股权、以现金形式结算但以权益工具公允价值为基础确定的现金股票增值权等。

（二）职工薪酬的确认和计量

企业应当在职工为其提供服务的会计期间，将除辞退福利外的应付的职工薪酬确认为负债，并根据职工提供服务的受益对象，分别下列情况处理：应由生产产品、提供劳务负担的职工薪酬计入产品成本或劳务成本；应由在建工程、无形资产负担的职工薪酬计入建造固定资产或无形资产成本；上述两项之外的其他职工薪酬计入当期损益。

1. 货币性职工薪酬

一般而言，企业应向社会保险经办机构（或企业年金基金账户管理人）缴纳的医疗保险费、养老保险费、失业保险费、工伤保险费、生育保险费等社会保险费，应向住房公积金管理中心缴存的住房公积金，以及应向工会部门缴纳的工会经费等，国家（或企业年金计划）统一规定了计提基础和计提比例，应当按照国家规定的标准计提；而职工福利费等职工薪酬，国家（或企业年金计划）没有明确规定计提基础和计提比例，企业应当根据历史经验数据和实际情况，合理预计当期应付职工薪酬。

2. 非货币性职工薪酬

企业以其自产产品作为非货币性福利发放给职工的，应当根据受益对象按照该产品的公允价值，计入相关资产成本或当期损益，同时确认应付职工薪酬。

企业将拥有的房屋等资产无偿提供给职工使用的，应当根据受益对象，将该住房每期应计提的折旧计入相关资产成本或当期损益，同时确认应付职工薪酬；租赁住房等资产，供职工无偿使用的，应当根据受益对象，将每期应付的租金计入相关资产成本或当期损益，并确认应付职工薪酬；难以认定受益对象的非货币性福利，直接计入当期损益和应付职工薪酬。

3. 辞退福利

辞退福利包括：一是职工劳动合同到期前，不论职工本人是否愿意，企业决定解除与职工的劳动关系而给予的补偿；二是职工劳动合同到期前，为鼓励职工自愿接受裁减而给予的补偿。

职工有权选择继续在职或接受补偿离职辞退福利。通常采取在解除劳动关系时，一次性支付补偿的方式，也有通过提高退休后养老金或其他离职后福利的标准，或者将职工工资支付至辞退后未来某一期间。以这些方式发放辞退福利，同时满足一定条件的，应当确认因解除与职工的劳动关系给予补偿而产生的预计负债，同时计入管理费用。

4. 以现金结算的股份支付

对职工以现金结算的股份支付，应当按照企业承担的以股份或其他权益工具为基础计算确定的负债的公允价值计量。除授予后立即可行权的以现金结算的股份支付外，授予日一般不进行会计处理。授予日是指股份支付协议获得批准的日期，其中获得批准是指企业与职工就股份支付的协议条款和条件已达成一致，该协议获得股东大会或类似机构的批准。等待期是指可行权条件得到满足的期间。

授予后立即可行权的以现金结算的股份支付，应当在授予日以企业承担负债的公允价值，借记“管理费用”“生产成本”“制造费用”等科目，贷记“应付职工薪酬”科目。完成等待期内的服务或达到规定业绩条件以后才可行权的以现金结算的股份支付，在等待期内的每个资产负债表日，按当期应确认的成本费用金额，借记“管理费用”“生产成本”“制造费用”等科目，贷记“应付职工薪酬”科目。在可行权日之后，以现金结算的股份支付当期公允价值的变动金额，借记或贷记“公允价值变动损益”科目，贷记或借记“应付职工薪酬”科目。

（三） 职工薪酬的核算

应付职工薪酬的核算包括两个方面：一是职工薪酬分配的核算；二是职工薪酬结算的核算。职工薪酬分配一般发生于月末计算成本时，是指将汇集的本月应付职工薪酬按发生的地点、部门及与各产品的关系，按配比原则计入产品成本或期间费用中。职工薪酬结算一般发生于月末之后，是指企业将应付职工薪酬支付给职工。

为了总括反映企业与职工工资的分配及结算情况，企业应设置“应付职工薪酬”账户。“应付职工薪酬”账户的贷方反映应付职工的工资；借方反映实际支付给职工的工资，包括基本工资、各种奖金、各种津贴等；如果企业当月的应付职工薪酬在当月支付，则“应付职工薪酬”账户的借方与贷方金额一致，该账户月末没有余额；如果企业当月的应付职工薪酬在下月初支付，则“应付职工薪酬”账户月末有贷方余额，表示尚未支付的工资数额。对企业本月应付职工的工资，要在月份终了时按照职工所在的岗位进行分配，计入有关的费用。如生产、管理部门人员的工资应借记“生产成本”“制造费用”“管理费用”科目，贷记“应付职工薪酬”科目；研究开发无形资产人员的工资，借记“研发支出”等科目，贷记“应付职工薪酬”科目；销售部门人员的工资，借记“销售费用”科目，贷记“应付职工薪酬”科目；应由在建工程负担的人员工资，借记“在建工程”等科目，贷记“应付职工薪酬”科目。

【例6】 甲公司月份终了分配应付的工资，其中：生产工人工资400 000元，车间管理人员工资60 000元，厂部管理人员工资90 000元，在建工程人员的工资20 000元，销售部门人员的工资30 000元。下月初从银行提取现金593 000元发放工资，同时结转企业代垫房租7 000元，其会计处理为：

（1）月份终了，分配工资：

借：生产成本 400 000

制造费用 60 000

管理费用 90 000

在建工程 20 000

销售费用 30 000

贷：应付职工薪酬 600 000

（2）从银行提取现金：

借：库存现金 593 000

贷：银行存款 593 000

（3）发放工资：

借：应付职工薪酬 593 000

贷：库存现金 593 000

（4）结转代扣款项：

借：应付职工薪酬 7 000

贷：其他应收款 7 000

【例7】 TT公司为家电生产企业，共有职工2 000名，其中1 600名为直接参加生产的职工，400名为总部管理人员。2013年，公司为总部部门经理以上的职工20名，提供汽车免费使用，假定每辆汽车每月计提折旧1 500元；同时为副总裁以上共5名高级管理人员每人租赁一套住房，月租金为每套6 000元。2013年2月，公司以其生产的生产成本为50元的加湿器作为福利发放给公司每名职工。该型号的加湿器市场售价为每台80元，公司适用的增值税税率为17%。该公司的有关会计处理为：

（1）应确认的应付职工薪酬 =（20×1 500 +5×6 000）元 =60 000元

借：管理费用 60 000

贷：应付职工薪酬——非货币性福利 60 000

借：应付职工薪酬——非货币性福利 60 000

贷：累计折旧 30 000

其他应付款 30 000

（2）应确认的应付职工薪酬 =（2 000×80 +2 000×80×17%）元 =187 200元

其中，

应记入“生产成本”科目的金额 =（1 600×80 +1 600×80×17%）元 =149 760元

应记入“管理费用”科目的金额 =（400×80 +400×80×17%）元 =37 440元

公司决定发放加湿器为非货币性福利时，应作如下会计处理：

借：生产成本　　149 760
　　管理费用　　37 440
　贷：应付职工薪酬——非货币性福利　　187 200

公司实际发放加湿器为非货币性福利时，应作如下会计处理：

借：应付职工薪酬——非货币性福利　　187 200
　贷：主营业务收入　　160 000
　　　应交税费——应交增值税（销项税额）　　27 200
借：主营业务成本　　100 000
　贷：库存商品　　100 000

五、应付股利

应付股利是企业经股东大会或类似机构决议确定分配的现金股利或利润。包括应付给投资者的现金股利、应付给国家以及其他单位和个人的利润等。企业与其他单位或个人的合作项目，如按协议或合同规定，应支付给其他单位或个人的利润也通过“应付股利”科目核算。

企业股东大会或类似机构宣告分派的现金股利或利润，在实际支付前，企业应按应支付的现金股利，借记“利润分配”账户，贷记“应付股利”账户；实际支付时，借记“应付股利”账户，贷记“库存现金”等账户。董事会或类似机构决议分派的股票股利，不作为应付股利核算。

【例8】　经股东大会决定，华夏公司2013年度利润分配方案为每10股普通股派发0.7元的现金股利，公司共计80 000 000股普通股，其会计处理为：

现金股利 =80 000 000元÷10×0.7 =5 600 000元

（1）股东大会决议，宣告发放现金股利时：

借：利润分配　　5 600 000
　贷：应付股利　　5 600 000

（2）实际发放现金股利时：

借：应付股利　　5 600 000
　贷：库存现金　　5 600 000

六、应交税费

应交税费是指企业根据一定时期取得的营业收入和实现的利润，按规定向国家缴纳的税金。企业缴纳税金的义务，一般随其经营活动的进行而产生，会计上应按权责发生制将应交的税金计入有关账户。但是，企业实际向税务机关缴纳税金，则是定期集中进行的。一般做法是：企业每月应交的税金于下月初上缴。因此，一定时期内企业应交未交的各项税金，形成企业对国家的一项负债。印花税、耕地占用税等不需要预计应交数额，在纳税义务产生的同时直接缴纳。

目前企业依法缴纳的各种税金主要有：增值税、营业税、消费税、所得税、资源税、城市维护建设税、土地增值税、耕地占用税、房产税、印花税、车船税、城镇土地使用税等；经营进出口业务的企业还需按照规定缴纳进口、出口关税。

（一） 应交增值税

增值税是就其货物或劳务的增值部分征收的一种税种。按照《中华人民共和国增值税暂行条例》规定，企业购入货物或接受应税劳务支付的增值税进项税额，可以从销售货物或提供劳务按规定收取的增值税销项税额中抵扣。增值税的计算、缴纳及其会计处理依一般纳税企业和小规模纳税企业而有很大的区别。

1. 一般纳税企业增值税的核算

从税务角度看，一般纳税企业增值税业务的特点有：①可以使用增值税专用发票，企业销售货物或提供劳务可以开具增值税专用发票。②购入货物取得的增值税专用发票上注明的增值税税额可以用销项税额抵扣。③如果企业销售货物或提供劳务采用销售额和销项税款合并定价方法的，按公式“销售额 = 含税销售额 ÷（1 + 税率）”还原为不含税销售额，并按不含税销售额计算销项税额。

根据上述特点，一般纳税企业会计核算的主要特点是：①在购进阶段，会计处理时实行价与税的分离，价与税分离的依据为增值税专用发票上注明的价款和增值税，属于价款部分，计入购入货物的成本；属于增值税额部分，计入进项税额。②在销售阶段，销售价格中不再含税，如果定价时含税，应还原为不含税价格作为销售收入，向购买方收取的增值税作为销项税额。

一般纳税企业的增值税核算，应在“应交税费”科目下设置“应交增值税”“未交增值税”明细科目进行核算。“应交税费——应交增值税”明细科目下需设置多栏式明细科目，借方主要为“进项税额”“已交税金”“转出未交增值税”；贷方主要为“销项税额”“出口退税”“进项税额转出”“转出多交增值税”。各专栏登记的内容分别为：

（1）“进项税额”：记录企业从购入货物或接受应税劳务而支付的、准予从销项税额抵扣的进项税额。企业购进货物或接受应交税劳务而支付的进项税额，用蓝字登记；退回货物时用红字登记，表示冲销已登记的进项税额。

（2）“已交税金”：记录企业已缴纳的增值税税额。企业已缴纳的增值税税额用蓝字登记，退回多交的增值税税额用红字登记。

（3）“销项税款”：记录企业销售货物或提供应税劳务应收取的增值税额。企业销售货物或提供应税劳务应收取的销项税额，用蓝字登记；退回销售货物应冲销的销项税额，用红字登记。

（4）“出口退税”：记录企业出口货物，向海关办理报关出口手续后，凭出口报关单等有关凭证，向税务机关申报办理出口退税而收到退回的税款。出口货物退回的增值税额，用蓝字登记；出口货物办理退税后发生退货或者退关而补缴已退的税款，用红字登记。

（5）“进项税额转出”：记录企业购进货物、在产品、产成品等发生非正常损失以及其他原因而不应该从销项税额中抵扣、按规定转出的进项税额。

（6）“转出未交增值税”：记录企业月终转出的未交增值税。

（7）“转出多交增值税”：记录企业月终转出的多交增值税。

2. 增值税业务的账务处理

（1）一般物资购销业务

1）国内采购的物资，按专用发票上注明的增值税税额，借记“应交税费——应交增值税（进项税额）”科目，按专用发票上记载的应当计入采购成本的金额，借记“物资采购”

“库存商品”等科目，按应付或实际支付的金额，贷记“应付账款”“应付票据”“银行存款”等科目。购入物资发生的退货，作相反的会计处理。

2）进口物资，按海关提供的完税凭证上注明的增值税税额，借记“应交税费——应交增值税（进项税额）”科目，按进口物资应计入采购成本的金额，借记“物资采购”“库存商品”等科目，按应付或实际支付的金额，贷记“应付账款”“银行存款”等科目。

3）销售物资或提供应税劳务（包括将自产、委托加工或购买的货物分配给股东），按实现的营业收入和按规定收取的增值税税额，借记“应收账款”“应收票据”“银行存款”“应付股利”等科目，按专用发票上注明的增值税税额，贷记“应交税费——应交增值税（销项税额）”科目，按实现的营业收入，贷记“主营业务收入”等科目。发生的销售退回，作相反的会计处理。

【例9】 某企业为增值税一般纳税人，本期购入一批原材料，增值税专用发票上注明的原材料价款400万元，增值税税额为68万元。货款已经支付，材料已经到达并验收入库。该企业当期销售产品的收入为1 000万元（不含应向购买者收取的增值税），符合收入确认条件，货款尚未收到。假如该产品的增值税税率为17%，不缴纳消费税。根据上述经济业务，其会计处理为：

① 采购原材料时：

借：原材料	4 000 000	
应交税费——应交增值税（进项税额）	680 000	
贷：银行存款		4 680 000

② 销售产品时：

销项税额 = 1 000万元 × 17% = 170万元

借：应收账款	11 700 000	
贷：主营业务收入		10 000 000
应交税费——应交增值税（销项税额）		1 700 000

（2）接受投资。接受投资转入的物资，按专用发票上注明的增值税税额，借记“应交税费——应交增值税（进项税额）”科目，应当按照投资合同或协议约定的价值确定入账价值，但合同约定价值不公允的除外，借记“原材料”等科目，贷记“实收资本”或“股本”科目。

（3）接受应税劳务。接受应税劳务，按专用发票上注明的增值税税额，借记“应交税费——应交增值税（进项税额）”科目，按专用发票上记载的应当计入加工、修理修配等物资成本的金额，借记“生产成本”“委托加工物资”“管理费用”等科目，按应付或实际支付的金额，贷记“应付账款”“银行存款”等科目。

（4）购进免税农业产品。购进免税农业产品，按购进农业产品的买价和规定的税率计算的进项税额，借记“应交税费——应交增值税（进项税额）”科目，按买价减去按规定计算的进项税额后的差额，借记“原材料”“库存商品”等科目，按应付或实际支出的价款，贷记“应付账款”“银行存款”等科目。

【例10】 华夏公司收购免税农业产品，实际支付的买价为300 000元，收购的农业产品已验收入库，款项已经支付。假定华夏公司采用实际成本进行日常材料核算，该农业产品准予抵扣的进项税额按买价的13%计算确定。华夏公司的会计处理为：

进项税额 =300 000 元 ×13% =39 000 元

借：原材料 261 000

应交税费——应交增值税（进项税额） 39 000

贷：银行存款 300 000

（5）视同销售。按照增值税暂行条例实施细则的规定，对于企业将货物交付他人代销；销售代销货物；将自产或委托加工的货物用于非应税项目；将自产、委托加工或购买的货物作为投资，提供给其他单位或个体经营者；将自产、委托加工或购买的货物分配给股东或投资者；将自产、委托加工的货物用于集体福利或个人消费；将自产、委托加工或购买的货物无偿赠送他人等行为，应视同销售货物，需要缴纳增值税，借记“在建工程”（非生产用）“长期股权投资”“应付职工薪酬”“营业外支出”等科目，贷记“应交税费——应交增值税（销售税额）”科目。

【例 11】 华夏公司将自己生产的产品用于自建工程。产品成本为 300 000 元，计税价格为 400 000 元。假定该产品的增值税税率为 17%。华夏公司的会计处理为：

用于工程产品的销项税额 =400 000 元 ×17% =68 000 元

借：在建工程 368 000

贷：库存商品 300 000

应交税费——应交增值税（销项税额） 68 000

（6）不予抵扣项目。按照增值税暂行条例及其实施细则的规定，企业购进固定资产（非生产用）、用于非应税项目的购进货物或者应税劳务等按规定不予抵扣增值税进项税额。属于购入货物时即能认定其进项税额不能抵扣的，如购进固定资产（非生产用）、购入的货物直接用于免税项目、直接用于非应税项目，或者直接用于集体福利和个人消费的，进行会计处理时，其增值税专用发票上注明的增值税额，计入购入货物及接受劳务的成本。属于购入货物时不能直接认定其进项税额能否抵扣的，增值税专用发票上注明的增值税额，按照增值税会计处理方法记入“应交税费——应交增值税（进项税额）”科目；如果这部分购入货物以后用于按规定不能抵扣进项税额项目的，应将原已计入进项税额并已支付的增值税转入有关的承担者予以承担，通过“应交税费——应交增值税（进项税额转出）”科目转入“在建工程”（非生产用）、“应付职工薪酬”“待处理财产损溢”等科目。

【例 12】 某企业为增值税一般纳税人，本期购入一批材料，增值税专用发票上注明的增值税额为 17 万元，材料价款 100 万元。材料已入库，货款已经支付（假如该企业材料采用实际成本进行核算）。材料入库后，该企业将该批材料全部用于工程建设项目（非生产用）。根据该项经济业务，其会计处理为：

材料入库时：

借：原材料 1 000 000

应交税费——应交增值税（进项税额） 170 000

贷：银行存款 1 170 000

工程领用材料时：

借：在建工程 1 170 000

贷：应交税费——应交增值税（进项税额转出） 170 000

原材料 1 000 000

(7) 缴纳增值税。为了分别反映增值税一般纳税企业欠交增值税款和抵扣增值税的情况，确保企业及时足额上交增值税，企业应在“应交税费”科目下增设“未交税金”明细科目，核算一般纳税企业月度终了转入的应交未交增值税和多交的增值税；在“应交税费——应交增值税”明细科目下增设“转出多交增值税”和“转出未交增值税”两个专栏，分别记录一般纳税企业月份终了转出多交或未交的增值税。

本月上交本月的应交增值税，借记“应交税费——应交增值税（已交税金）”科目，贷记“银行存款”科目。月度终了，将本月应交未交增值税自“应交税费——应交增值税”明细科目转入“应交税费——未交增值税”明细科目，借记“应交税费——应交增值税（转出未交增值税）”科目，贷记“应交税费——未交增值税”科目；将本月多交的增值税自“应交税费——应交增值税（转出多交增值税）”明细科目转入“应交税费——未交增值税”明细科目，借记“应交税费——未交增值税”科目，贷记“应交税费——应交增值税（转出多交增值税）科目。本月上交上期应交未交的增值税，借记“应交税费——未交增值税”科目，贷记“银行存款”科目。

【例13】 甲公司为一般纳税企业，增值税税率17%。2013年6月份发生与增值税有关的经济业务如下：

1）采购材料一批，增值税专用发票上注明的增值税税额为51 000元，应计入采购成本的金额为300 000元，结算凭证已到，原材料验收入库，公司已开出商业承兑汇票。其会计处理为：

借：原材料　300 000
　　应交税费——应交增值税（进项税额）　51 000
　贷：应付票据　351 000

2）向某单位销售A产品1 000件，不含税价款为600 000元，增值税税率为17%，增值税销项税额为102 000元，价税合计702 000元，款项收到并已存入银行。其会计处理为：

借：银行存款　702 000
　贷：主营业务收入　600 000
　　　应交税费——应交增值税（销项税额）　102 000

3）购进免税农产品一批，用做生产产品，买价500 000元，货款以银行存款支付。

借：原材料　435 000
　　应交税费——应交增值税（进项税额）　65 000
　贷：银行存款　500 000

4）企业在建工程（非生产用）领用原材料一批，实际成本500 000元。

借：在建工程　585 000
　贷：原材料　500 000
　　　应交税费——应交增值税（进项税额转出）　85 000

5）由于自然灾害，毁坏产成品一批，实际成本400 000元，耗用原材料的成本200 000元。

借：待处理财产损溢——待处理流动资产损溢　434 000
　贷：库存商品　400 000

应交税费——应交增值税（进项税额转出）　34 000

6）以银行存款70 000元上交增值税。

借：应交税费——应交增值税（已交税金）　70 000

贷：银行存款　70 000

7）假设该公司“应交税费——应交增值税”账户6月初没有未抵扣、欠交和多交的增值税，转出6月份未交的增值税35 000元。

借：应交税费——应交增值税（转出未交增值税）　35 000

贷：应交税费——未交增值税　35 000

3. 小规模纳税企业的会计处理

小规模纳税企业生产经营规模小，会计核算不健全，因此，销售货物或者提供应税劳务，只能开具普通发票，不能开具增值税专用发票，其应纳增值税额采取简易征税办法，征收率为3%。小规模纳税企业的销售额不包括应纳税额，实行销售额和应纳税额合并定价的，应将含税销售额还原为不含税销售额后再计算应纳税额。计算公式为：

销售额＝含税销售额÷（1＋征收率）

从会计核算角度看，首先，小规模纳税企业购入货物无论是否具有增值税专用发票，其支付的增值税均不计入进项税额，不得由销项税额抵扣，而计入购入货物的成本。付款后，根据进货凭证，借记有关“存货”科目，贷记“银行存款”或“应付账款”科目。相应地，其他企业从小规模纳税企业购入货物或接受劳务支付的增值税额，由于不能取得增值税专用发票，也不能作为进项税额抵扣，而应计入购入货物或应税劳务的成本；其次，小规模纳税企业的销售收入按不含税价格计算；最后，小规模纳税企业“应交税费——应交增值税”科目，应采用三栏式账户。

【例14】 蓝领鞋业为小规模纳税企业，适用的增值税税率为3%。企业按照实际成本进行日常材料的核算。该企业本期购入原材料，按照增值税专用发票上记载的原材料价款为200 000元，支付的增值税税额为34 000元，企业已开出商业承兑汇票，材料尚未收到。该企业本期销售产品的销售额为800 000元（含税），货款尚未收到。其有关会计处理为：

（1）购进原材料时：

借：在途材料　234 000

贷：应付票据　234 000

（2）销售货物时：

不含税价格＝800 000元÷（1＋3%）＝776 699.03元

应交增值税＝776 699.03元×3%＝23 300.97元

借：应收账款　800 000

贷：主营业务收入　776 699.03

应交税费——应交增值税　23 300.97

（3）下月初缴纳增值税时：

借：应交税费——应交增值税　23 300.97

贷：银行存款　23 300.97

（二） 应交消费税

消费税是价内税，是为体现消费政策，有选择地对特定的消费品，如烟、酒及酒精、化妆品、贵重首饰及珠宝玉石、鞭炮和焰火、汽油、柴油、汽车轮胎、摩托车、小汽车等进行特殊调节而设立的一种流转税。缴纳消费税的产品，同时也缴纳增值税。消费税的纳税义务人是指在我国境内生产、委托加工和进口应税消费品的单位和个人。

企业将生产的产品直接对外销售，应缴纳的消费税通过"营业税金及附加"科目核算。企业按规定计算出应交的消费税，借记"营业税金及附加"账户，贷记"应交税费——应交消费税"账户。企业以应税消费品对外投资，或用于在建工程、非生产机构等其他方面，按规定应缴纳的消费税，应计入有关的成本，借记"长期股权投资""固定资产""在建工程""营业外支出"等账户，贷记"应交税费——应交消费税"账户。

【例15】 甲企业为增值税一般纳税人，本期销售其生产的应纳消费税产品，产品售价为300 000元（不含应向购买者收取的增值税额）。该产品的增值税税率为17%，消费税税率为10%。产品已经发出，符合收入确认条件，款项尚未收到。其会计处理为：

（1）应向购买者收取的增值税额 = 300 000元 × 17% = 51 000元

（2）应交的消费税 = 300 000元 × 10% = 30 000元

借：应收账款　　351 000
　贷：主营业务收入　　300 000
　　　应交税费——应交增值税（销项税额）　　51 000
借：营业税金及附加　　30 000
　贷：应交税费——应交消费税　　30 000

需要缴纳消费税的委托加工物资，于委托方提货时，由受托方代收代缴税款（除受托加工或翻新改制金银首饰按规定由受托方缴纳消费税外）。委托加工物资收回后，直接用于销售的，应将代收代缴的消费税计入委托加工物资的成本，借记"委托加工物资"等科目，贷记"应付账款""银行存款"等科目；委托加工物资收回后用于连续生产的，按规定准予抵扣的，应按代收代缴的消费税，借记"应交税费——应交消费税"科目，贷记"应付账款""银行存款"科目。

【例16】 甲公司委托外单位加工材料（非金银首饰），原材料价款200 000元，加工费用70 000元，应交增值税11 900元，由受托方代收代缴的消费税5 000元，材料已经加工完毕并验收入库，加工费用尚未支付。假设该公司材料采用实际成本进行日常核算。甲公司的会计处理为：

（1）如果委托方收回加工后的材料用于继续生产应税消费品：

借：委托加工物资　　200 000
　贷：原材料　　200 000
借：委托加工物资　　70 000
　　应交税费——应交消费税　　5 000
　　应交税费——应交增值税（进项税额）　　11 900
　贷：应付账款　　86 900
借：原材料　　270 000
　贷：委托加工物资　　270 000

（2）如果委托方收回加工后的材料直接用于销售：

委托方发出材料的会计处理没有变化，不同的是由受托方代收代缴的消费税 5 000 元，不能抵扣，而应计入委托加工物资的成本。

借：委托加工物资 75 000
　　应交税费——应交增值税（进项税额） 11 900
　贷：应付账款 86 900
借：原材料 275 000
　贷：委托加工物资 275 000

（三）应交营业税

应交营业税是对建筑业、金融保险业、邮电通信业、文化体育业、娱乐业等行业所提供的应税劳务以及各行业转让无形资产和销售不动产所征收的一种流转税。在我国境内提供应税劳务、转让无形资产或者销售不动产的单位和个人为营业税的纳税义务人。

在会计核算时，企业按规定的税率，计算出应交营业税，借记“营业税金及附加”或“固定资产清理”等账户，贷记“应交税费——应交营业税”账户。

（四）其他应交税款

企业应缴纳的税金还有多种，包括城市维护建设税、教育费附加等。

国家开征的城市维护建设税，是为了加强城市的维护建设，扩大和稳定城市维护建设资金的来源。在会计核算时，按企业缴纳流转税的一定比例，计算出城市维护建设税，借记“营业税金及附加”等科目，贷记“应交税费——应交城市维护建设税”科目；实际上交时，借记“应交税费——应交城市维护建设税”科目，贷记“银行存款”科目。

教育费附加是国家为了发展我国的教育事业，提高人民的文化素质而征收的一项费用。这项费用按照企业缴纳流转税的一定比例计算，并与流转税一起缴纳。在会计核算时，应交的教育费附加在“应交税费”科目下设置“应交教育费附加”明细科目。企业按规定计算出应缴纳的教育费附加，借记“营业税金及附加”等科目，贷记“应交税费——应交教育费附加”科目；实际缴纳时，借记“应交税费——应交教育费附加”科目，贷记“银行存款”科目。

【例 17】 蓝领鞋业本期销售产品应交增值税 200 000 元、应交消费税 56 000 元，临时出租固定资产应交营业税 17 000 元，出租无形资产应交营业税 20 000 元；该企业城市维护建设税、教育费附加的税率分别为 7% 和 3%；其会计处理为：

借：营业税金及附加 29 300
　贷：应交税费——应交城市维护建设税 20 510
　　　　　　——应交教育费附加 8 790

第三节　非流动负债

一、非流动负债概述

（一）非流动负债的特点与利弊分析

1. 非流动负债的特点

非流动负债是指偿还期在一年或者超过一年的一个营业周期以上的债务。它是企业向债权人筹集的可供长期使用的资金。非流动负债除了具有负债的共同特点外，还具有如下特点：

（1）债务偿还的期限较长，一般可以超过一年或者一个营业周期以上。

（2）债务的金额较大。

（3）这项债务可以采用分期偿还的方式，或者分期偿还的利息，待一定日期后再偿还本金，或者确定债务的日期已满时一次偿还本息。非流动负债主要有长期借款、应付债券、长期应付款等。

2. 非流动负债的利弊分析

企业实行举借非流动债务经营策略与增加所有者的出资额相比，既有其有利的方面，也有其不利的方面。

举债经营有利的方面主要表现为：

（1）可以保持企业原有的经营管理权，利于控制企业的生产经营。因为只有企业的所有者或股东才享有相应的经营管理权或对经营管理者的选择权，而非流动负债的债权人则无此权力。因此，举借非流动负债可以维护企业原所有者的权限，使之不被削弱。

（2）以非流动负债获取资金，如果企业的投资利润率高于非流动负债的利息率，则可以提高资本金利润率，进而增加企业积累与所有者的收益。

（3）由于负债费用在所得税前列支，而向投资人分配利润则在所得税后分配，所以举债经营具有节税作用。

举债经营不利的方面主要表现为：

（1）以非流动负债所筹集的资金在使用上是有期限的。长期负债系企业借入的资金，到期必须归还。因此，企业在资金使用、回收方面必须有所计划，某些长期负债在偿还前还须提存偿债基金。一旦企业不能支付到期负债，就有破产的可能，财务风险较大。

（2）若企业的投资利润率低于长期负债的固定利率，非流动负债的固定利息支出将使企业承受沉重的财务负担。因为对于非流动负债，无论企业盈利与否，均需向债权人按期支付固定的利息。

（3）为保证债权人的利益，举借非流动负债往往会附有一定的约束条件，如要求企业设置作为债务担保品的资产、偿债基金，对续借其他非流动负债的限制等。这会使企业在资金调度方面受到制约，从而降低企业经营的灵活性。

（二）非流动负债费用的处理

非流动负债必然要发生一些费用，我们称之为借款费用。借款费用，是指企业因借款而发生的利息及其他相关成本。借款费用包括借款利息、折价或者溢价的摊销、辅助费用以及因外币借款而发生的汇兑差额等。

借款费用的处理方法如下：

（1）企业发生的借款费用，可直接归属于符合资本化条件的资产的购建或者生产的，应当予以资本化，计入相关资产成本。

（2）其他借款费用，应当在发生时根据其发生额确认为费用，计入当期损益。

符合资本化条件的资产，是指需要经过相当长时间的购建或者生产活动才能达到预定可使用或者可销售状态的固定资产、投资性房地产和存货等资产。

二、长期借款

（一） 长期借款的种类及借款程序

长期借款是指企业从银行或其他金融机构借入的期限在一年以上不含一年的各项借款，其是企业长期资金的一个重要来源。

长期借款按借款用途可分为基建借款、生产经营借款、技术改造借款等；按有无抵押担保，可分为抵押借款和无抵押借款；按偿还方式，可分为定期偿还借款和分期偿还借款。

银行等金融结构为降低贷款风险，对借款企业提出了必要条件。这些条件包括：借款企业应具有法人资格；借款企业在宏观上，其经营方向和业务范围应符合国家政策，在微观上，借款用途应属于银行贷款办法规定的范围，并提供有关借款项目的可行性报告；借款企业具有一定的物资和财产保证，如果由第三方担保，则担保单位应具有相应的经济实力；借款企业每个经营周期都应有足够的净现金流入量以支付当期本息；借款企业应在有关金融部门开立账户、办理结算。

企业申请借款的一般程序是：企业提出借款申请，并附资金使用的可行性报告；银行或其他金融机构审批；签订借款合同；发放贷款、监督贷款的使用；按期归还贷款本息。

（二） 长期借款的核算

核算长期借款应设置“长期借款”科目。该科目贷方登记借入长期借款的本金数；借方登记已偿还的本息数；余额在贷方，反映企业尚未偿还的长期借款本金的余额。该科目按贷款单位和贷款种类，分别“本金”“利息调整”等进行明细核算。

企业借入各种长期借款，借记“银行存款”“在建工程”“固定资产”等科目，贷记“长期借款”科目；归还借款本金时，借记“长期借款”科目，贷记“银行存款”科目。

长期借款所发生的利息支出、汇兑损失等借款费用，应按以下情况进行处理：

资产负债表日，应按摊余成本和实际利率计算确定的长期借款的利息费用，借记“在建工程”“制造费用”“财务费用”“研发支出”等科目，按合同利率计算确定的应付未付利息，贷记“应付利息”科目，按其差额，贷记“长期借款（利息调整）”科目。实际利率与合同利率差异较小的，也可以采用合同利率计算确定利息费用。

【例 18】 光达工厂为建造新产品生产车间，年初向建设银行借入 4 年期借款 2 000 000 元，合同年利率为 6%，每月计息一次，该项工程于第二年年末达到预定可使用状态并交付使用。借款于每年年末归还利息。其会计处理为：

（1）取得借款时：

借：银行存款 2 000 000

　贷：长期借款——建设银行 2 000 000

（2）第一、二年借款利息应予以资本化，每月计入在建工程成本：

借：在建工程——生产车间 10 000

　贷：长期借款 10 000

年末归还利息时：

借：应付利息 120 000

　贷：银行存款 120 000

（3）第三年工程达到预定可使用状态后，每月利息支出应计入当期损益：

借：财务费用——利息费用 10 000

贷：长期借款——利息调整 10 000

年末归还利息时：

借：应付利息 120 000

贷：银行存款 120 000

(4) 第四年到期还本付息时：

借：长期借款——建设银行 2 000 000

应付利息 120 000

贷：银行存款 2 120 000

三、应付债券

(一) 一般公司债券

发行债券的企业，应设置“应付债券”科目，用来核算债券的发行、计息与偿还。该科目下应设置“面值”“利息调整”“应计利息”三个明细科目进行明细核算。“应付债券——面值”科目核算企业发行债券和偿还债券的本金；“应付债券——利息调整”科目核算企业发行债券时按实际收到的金额与债券票面金额的差额；“应付债券——应计利息”科目核算企业发行的到期一次还本付息债券每期应计提的利息和到期偿还的利息。如果企业发行的是分期付息到期还本的债券，则每期预计利息时，在“应付利息”科目进行核算；如果企业发行可转换债券，还应在“应付债券”科目下设置“可转换公司债券”明细科目，以核算可转换公司债券的发行、偿还或转换的情况。

企业发行的一般公司债券，无论是按面值发行还是溢价发行或折价发行，均按债券面值记入“应付债券”科目的面值明细科目，实际收到的款项与面值的差额，记入利息调整明细科目。企业发行债券时，按实际收到的款项，借记“银行存款”“库存现金”等科目，按债券票面价值贷记“应付债券——面值”科目，按实际收到的款项与票面价值之间的差额，贷记或借记“应付债券——利息调整”科目，利息调整应在债券存续期间内，采用实际利率法进行摊销。

资产负债表日，对于分期付息一次还本的债券，企业应按应付债券的摊余成本和实际利率，计算确定的债券利息费用，借记“在建工程”、“制造费用”、“财务费用”等科目，按票面利率计算确定的应付未付利息，贷记“应付利息”科目，按其差额借记或贷记“应付债券——利息调整”科目；对于一次还本付息的债券应于资产负债表日，按摊余成本和实际利率计算确定的债券利息费用，借记“在建工程”“制造费用”“财务费用”等科目，按票面利率计算确定的应付未付利息，贷记“应付债券——应计利息”科目，按其差额借记或贷记“应付债券——利息调整”科目。

1. 按债券票面金额发行债券的核算

企业按债券票面金额发行债券时，应按照实际收到的款项借记“银行存款”科目，贷记“应付债券——面值”科目。

资产负债表日，对于一次还本付息的债券，应于资产负债表日按实际利率计算确定的债券利息费用，借记“在建工程”“制造费用”“财务费用”“研发支出”等科目，按票面利率计算确定的应付未付利息，贷记“应付债券——应计利息”，按其差额，借记或贷记“应付债券——利息调整”科目。

资产负债表日，对于分期付息一次还本的债券，应按实际利率计算确定的债券利息费用，借记“在建工程”“制造费用”“财务费用”“研发支出”等科目，按票面利率计算确定的应付未付利息，贷记“应付利息”科目，按其差额，借记或贷记“应付债券——利息调整”（实际利率与票面利率差异较小的，也可以采用票面利率计算确定利息费用）。

债券到期，还本付息时，借记“应付债券——面值”科目、“应付债券——应计利息”科目，贷记“银行存款”科目。

【例 19】 甲公司 2013 年 1 月 2 日发行 3 年期债券 1 000 份，用于购建固定资产。每份面值 1 000 元，票面利率 8%，假定每半年计提并支付利息一次。发行时的市场利率恰好等于票面利率，发行收入已存入银行。（假定实际利率与票面利率差异较小的，采用票面利率计算确定利息费用）。

其会计处理为：

（1）甲公司按面值发行该批债券：

借：银行存款	1 000 000	
贷：应付债券——面值		1 000 000

（2）每期计提并支付利息金额为 40 000 元（1 000 000 元 ×8%/2）：

借：在建工程	40 000	
贷：应付利息		40 000
借：应付利息	40 000	
贷：银行存款		40 000

2. 债券发行价格与债券面值不一致的核算

企业发行的一般公司债券，按债券面值记入“应付债券——面值”明细科目，实际收到的款项与面值的差额记入“应付债券——利息调整”明细科目。企业发行债券时按实际收到的款项，借记“银行存款”“库存现金”等科目。按债券票面价值贷记“应付债券——面值”科目，按实际收到的款项与票面价值之间的差额贷记或借记“应付债券——利息调整”科目，利息调整应在债券存续期间内，采用实际利率法进行摊销。

实际利率法，是指按照金融负债的实际利率计算其摊余成本及各期利息收入或利息费用的方法。实际利率，是指将金融负债在预期存续期间或适用的更短期间内的未来现金流量，折现为该金融负债当前账面价值所使用的利率。实际利率法的特点是以实际利率乘以本期期初应付债券的摊余成本计算各期的利息费用，由于债券账面价值逐期不同，因而计算出来的利息费用也就逐期不同。

【例 20】 假定甲公司为建造厂房，于 2013 年 1 月 1 日发行债券，面值 5 000 000 元，五年期，发行价格为 5 449 040 元，票面利率为 6%，实际利率为 4%，债券全部售完，收入已存入银行。公司每半年付息一次，采用实际利率法进行溢价摊销，到期归还本金。该项工程于第二年年末达到预定可使用状态并交付使用。

（1）收到发行债券筹集到的款项：

借：银行存款	5 449 040	
贷：应付债券——面值		5 000 000
应付债券——利息调整		449 040

（2）每半年付息并进行溢价摊销（见表4-1）：

表4-1 甲公司债券溢价摊销表（实际利率法） 单位：元

付息日期	利息费用 (1)=(5)×4%/2	支付利息 (2) =面值×6%/2	溢价摊销 (3)=(2)-(1)	未摊销溢价 (4) =上期(4)-(3)	账面价值（面值和未摊销溢价之和）(5)=上期(5)-(3)
发行时				449 040.00	5 449 040.00
2013年06月30日	108 980.8	150 000	41 019.20	408 020.80	5 408 020.80
2013年12月31日	108 160.42	150 000	41 839.58	366 181.22	5 366 181.22
2014年06月30日	107 323.62	150 000	42 676.38	323 504.84	5 323 504.84
2014年12月31日	106 470.10	150 000	43 529.90	279 974.94	5 279 974.94
2015年06月30日	105 599.50	150 000	44 400.50	235 574.44	5 235 574.44
2015年12月31日	104 711.49	150 000	45 288.51	190 285.93	5 190 285.93
2016年06月30日	103 805.72	150 000	46 196.28	144 091.65	5 144 091.65
2016年12月31日	102 881.83	150 000	47 118.17	96 973.48	5 096 973.48
2017年06月30日	101 939.47	150 000	48 060.53	48 912.95	5 048 912.95
2017年12月31日	101 087.05	150 000	48 912.95	0	5 000 000.00

2013年6月30日付息并进行溢价摊销时：

借：在建工程 108 980.80
　　应付债券——利息调整 41 019.20
　贷：应付利息 150 000
借：应付利息 150 000
　贷：银行存款 150 000

2015年6月30日付息并进行溢价摊销时：

借：财务费用 105 599.5
　　应付债券——利息调整 44 400.5
　贷：应付利息 150 000
借：应付利息 150 000
　贷：银行存款 150 000

注：工程于第二年年末达到预定可使用状态并交付使用。

（3）债券到期归还本金：

借：应付债券——面值 5 000 000
　贷：银行存款 5 000 000

【例21】 接**【例20】**，若债券以8%的票面利率折价发行，债券的发行价格4 594 120元。其会计处理为：

（1）收到发行债券筹集到的款项：

借：银行存款 4 594 120
　　应付债券——利息调整 405 880
　贷：应付债券——面值 5 000 000

（2）每半年付息并进行折价摊销（见表4-2）：

表4-2 甲公司债券折价摊销表（实际利率法） 单位：元

付息日期	利息费用 (1)=(5)×8%/2	支付利息 (2)=面值×6%/2	折价摊销(3)=(1)-(2)	未摊销折价 (4)=上期(4)-(3)	账面价值(面值和未摊销折价之差) (5)=上期(5)+(3)
发行时				405 880.00	4 594 120.00
2013年06月30日	183 764.80	150 000	33 764.80	372 115.20	4 627 884.80
2013年12月31日	185 115.39	150 000	35 115.39	336 999.81	4 663 000.19
2014年06月30日	186 520.01	150 000	36 520.01	300 479.80	4 699 520.20
2014年12月31日	187 980.81	150 000	37 980.81	262 498.99	4 737 501.01
2015年06月30日	189 500.04	150 000	39 500.04	222 998.95	4 777 001.05
2015年12月31日	191 080.04	150 000	41 080.04	181 918.91	4 818 081.09
2016年06月30日	192 723.24	150 000	42 723.24	139 195.67	4 860 804.33
2016年12月31日	194 432.17	150 000	44 432.17	94 763.50	4 905 236.50
2017年06月30日	196 209.46	150 000	46 209.46	48 554.04	4 951 445.96
2017年12月31日	198 554.04	150 000	48 554.04	0	5 000 000.00

2013年6月30日付息并进行折价摊销时：

借：在建工程 183 764.80

　贷：应付债券——利息调整 33 764.80

　　　应付利息 150 000

借：应付利息 150 000

　贷：银行存款 150 000

2015年6月30日付息并进行溢价摊销时：

借：财务费用 189 500.04

　贷：应付债券——利息调整 39 500.04

　　　应付利息 150 000

借：应付利息 150 000

　贷：银行存款 150 000

注：工程于第二年年末达到预定可使用状态并交付使用。

（3）债券到期归还本金：

借：应付债券——面值 5 000 000

　贷：银行存款 5 000 000

（二） 可转换公司债券

企业发行的可转换公司债券，应当在初始确认时，将其包含的负债成分和权益成分进行分拆。将负债成分确认为应付债券，将权益成分确认为资本公积——其他资本公积。在进行分拆时，应当先对负债成分的未来现金流量进行折现，确定负债成分的初始确认金额，再按发行价格总额扣除负债成分初始确认金额后的金额，确定权益成分的初始确认金额。发行可转换公司债券发生的交易费用，应当在负债成分和权益成分之间，按照各自的相对公允价值进行分摊。

对于可转换公司债券的负债成分在转换为股份前，其会计处理与一般公司债券相同，即按照实际利率和摊余成本，确认利息费用；按照面值和票面利率确认应付债券差额，作为利息调整。可转换公司债券持有者在债券存续期间内行使转换权利，将可转换公司债券转换为股份时，对于债券面额不足转换股股份的部分，企业应当以现金偿还。

四、长期应付款

长期应付款是指企业除长期借款和应付债券以外的其他各种长期应付款项。包括应付融资租入固定资产的租赁费，以分期付款方式购入固定资产发生的应付款项，采用补偿贸易方式引进国外设备发生的应付款项等。

核算长期应付款应设置“长期应付款”账户，该账户下按“长期应付款”的种类和债权人进行明细核算。“长期应付款”账户贷方登记长期应付款及其利息支出；借方登记归还长期应付款的本息；贷方余额表示尚未偿还的长期应付款的本息。

（一） 融资租入的固定资产

融资租赁，是指实质上转移了与资产所有权有关的全部风险和报酬的租赁。其所有权最终可能转移，也可能不转移。融资租入固定资产在租赁有效期限内，租赁资产的所有权仍归出租方所有，承租方享有使用该资产的权利。企业融资租入固定资产时，应与出租方签订合同，明确规定融资租入固定资产的名称、种类、规格、价款、数量、租赁期限及租金费用等有关条款。通常，企业所付租金的总额要高于购置固定资产的费用，租赁期满后，一般由承租人支付一笔名义买价，即可购入该固定资产。

采用融资租入固定资产，可以改善企业的财务状况，使设备保持一流水平，降低无形损耗带来的损失，加速资金周转，提高盈利水平。这种租赁发展到现在已有很多种类，如托拉斯租赁、分成租赁、回租等，很多公司已提供了个性化租赁。

在租赁期开始日，承租人应当将租赁开始日租赁资产公允价值与最低租赁付款额现值两者中较低者作为租入资产的入账价值，将最低租赁付款额作为长期应付款的入账价值，其差额作为未确认融资费用。承租人在租赁谈判和签订租赁合同过程中发生的，可归属于租赁项目的手续费、律师费、差旅费、印花税等初始直接费用，应当计入租入资产价值。承租人在计算最低租赁付款额的现值时，能够取得出租人租赁内含利率的，应当采用租赁内含利率作为折现率；否则，应当采用租赁合同规定的利率作为折现率。承租人无法取得出租人的租赁内含利率且租赁合同没有规定利率的，应当采用同期银行贷款利率作为折现率。

企业融资租入的固定资产，在租赁期开始日，按应计入固定资产成本的金额（租赁开始日租赁资产公允价值与最低租赁付款额现值两者中较低者，加上初始直接费用），借记“在建工程”或“固定资产”科目，按最低租赁付款额，贷记“长期应付款”科目，按发生的初始直接费用，贷记“银行存款”等科目，按其差额，借记“未确认融资费用”科目。未确认融资费用应当在租赁期内各个期间进行分摊。承租人应当采用实际利率法计算确认当期的融资费用。

按期支付的租金，借记“长期应付款”科目，贷记“银行存款”等科目。

【例22】 甲公司2013年1月1日融资租入一台不需安装的设备，租赁设备的公允价值为5 000万元，按租赁协议确定的最低租赁付款额6 000万元，租赁合同规定的利率6%，租赁价款分8年于每年年末偿还。该设备的折旧年限为8年，采用直线法计提折旧。租赁期满后，该设备转为甲公司所有。实际利率法计算确认当期的融资费用。其会计处理为：

每年应付金额 = 6 000万元/8 = 750万元

最低租赁付款额现值 = 750 × 年金现值系数 = 750万元 × 6.21 = 4657.5万元

租入固定资产时，假定按租赁协议确定的最低租赁付款额：

借：固定资产——融资租入固定资产　　46 575 000

　　未确认融资费用　　13 425 000

　贷：长期应付款——融资租入固定资产应付款　　60 000 000

每年年末支付融资租赁费时：

借：长期应付款——融资租入固定资产应付款　　7 500 000

　贷：银行存款　　7 500 000

第一年年末采用实际利率法计算确认当期的融资费用：

应确认的融资费用 = 46 575 000元 × 6% = 2 794 500元

借：财务费用　　2 794 500

　贷：未确认融资费用　　2 794 500

按年计提折旧时：

每年折旧额 = 46 575 000元/8 = 5 821 875元

借：制造费用　　5 821 875

　贷：累计折旧　　5 821 875

（二） 分期付款方式购入固定资产

购入有关资产超过正常信用条件延期支付价款、实质上具有融资性质的，应按购买价款的现值，借记“固定资产”“在建工程”等科目，按应支付的金额，贷记“长期应付款”科目，按其差额，借记“未确认融资费用”科目，按期支付的价款，借记“长期应付款”科目，贷记“银行存款”科目。未确认融资费用应当在信用期内各个期间采用实际利率法计算摊销，计入相关资产成本或当期损益。

【例23】 A公司2013年1月1日从C公司购入N型机器作为固定资产使用，该机器已收到。购货合同约定，N型机器的总价款为1 000万元，分3年支付，2013年12月31日支付500万元，2014年12月31日支付300万元，2015年12月31日支付200万元。

假定A公司3年期银行借款年利率为6%。其入账的会计处理为：

第一步，计算总价款的现值：

总价款的现值 = $[500/(1+6\%) + 300/(1+6\%)^2 + 200/(1+6\%)^3]$ 万元

　　　　　　 = （471.70 + 267.00 + 167.92）万元 = 906.62万元

第二步，确定总价款与现值的差额：

总价款与现值的差额 = （1 000 − 906.62）万元 = 93.38万元

第三步，编制会计分录：

借：固定资产　　9 066 200

　　未确认融资费用　　933 800

　贷：长期应付款　　10 000 000

第四节 负债的披露

在资产负债表中必须将流动负债与非流动负债分别列示。流动负债项目按照短期借款、交易性金融负债、应付票据、应付账款、预收款项、应付利息、应付职工薪酬、应付股利、应交税费、其他应付款、预计负债、一年内到期的非流动负债、其他流动负债等顺序排列。其中应付账款项目应根据“应付账款”和“预付账款”总账科目所属明细账户的期末贷方余额合计数填列；预收款项项目应根据“应收账款”“预收账款”总账科目所属明细科目的期末贷方余额合计数填列。

非流动负债在资产负债表中的排列顺序，依次为长期借款、应付债券和长期应付款、专项应付款、预计负债、递延所得税负债和其他非流动负债项目。其中长期借款项目应根据“长期借款”账户的期末余额扣除将于一年内到期的长期借款后的数额填列，该项扣除数应当填列在流动负债类下的“一年内到期的非流动负债”项目单独反映；应付债券项目应根据“应付债券”账户的期末余额扣除将于一年内到期的应付债券后的数额填列，该扣除数应当填列在流动负债类下的“一年内到期的非流动负债”项目单独反映。

根据TT股份有限公司相关账簿各科目期末余额及其他资料，填列资产负债表如表4-3所示。

表4-3 资产负债表

TT股份有限公司　　2012年12月31日　　单位：元

负债及股东权益	期末余额	年初余额
流动负债：		
短期借款	237 984 245	
应付票据	1 431 312 171	
应付账款	1 446 186 787	
预收款项	260 395 348	
应付职工薪酬	157 629 224	
应交税费	11 290 735	
应付股利	2 970 818	
应付利息	905 456	
其他应付款	55 390 948	
一年内到期的非流动负债	30 000 000	
其他流动负债		
流动负债合计	3 634 065 732	
非流动负债：		
长期借款	6 000 000	
应付债券		
长期应付款	1 144 889	
专项应付款		
预计负债		
递延所得税负债		
非流动负债合计	7 144 889	
负债合计	3 641 210 621	

本章小结

负债是指企业过去的交易或者事项形成的、预期会导致经济利益流出企业的现时义务。

金融负债是指向其他单位交付现金或其他金融资产的合同义务；在潜在不利条件下，与其他单位交换金融资产或金融负债的合同义务；将来须用或可用企业自身权益工具进行结算的非衍生工具的合同义务，企业根据该合同将交付非固定数量的自身权益工具；将来须用或可用企业自身权益工具进行结算的衍生工具的合同义务，但企业以固定金额的现金或其他金融资产换取固定数量的自身权益工具的衍生工具合同义务除外。

金融负债划分为以公允价值计量且其变动计入当期损益的金融负债和其他金融负债。

流动负债是预期在一年内偿还的债务。包括：短期借款、应付票据、应付账款、预收账款、应付职工薪酬、应交税费、应付利息、应付股利、其他应付款等。根据金额是否肯定，将流动负债分为：应付金额肯定的流动负债、应付金额视经营情况而定的流动负债和应付金额需要估计的流动负债三类。

流动负债项目中短期借款、应付票据、应付账款、应交税费、应付职工薪酬等内容的账务处理，应注意理解短期借款本金的入账和结账，月、季利息的预计及还本付息的账务处理；应付票据不带息与带息票据账务处理的区别；应交增值税、消费税、营业税等核算内容的不同；应付职工薪酬的核算。

非流动负债是预期超过一年偿还的债务。包括长期借款、应付债券、长期应付款和专项应付款等。一般按实际发生额计价。本节阐述了非流动负债费用的特点以及企业举借长期债务与增发股票筹资各自的利弊。其中重点应掌握非流动负债项目中长期借款和应付债券的核算内容和核算方法；长期借款本息的账务处理和应付债券发行、计息、利息调整及债券到期业务的账务处理。

思考题

1. 什么是金融负债？如何对其进行分类？
2. 带息的应付票据与不带息应付票据的账务处理有何不同？
3. 小规模纳税企业应交税费的会计处理与一般纳税企业有何不同？
4. 什么是或有负债？或有负债有何特征？（讨论题）
5. 长期借款的利息应如何列支？
6. 发行债券为什么摊销利息调整？利息调整对各期的利息费用有何影响？
7. 试比较持有至到期投资与应付债券的账务处理的特点？
8. 举借长期债务有什么优缺点？企业应进行“适度举债”的含义是什么？

自测题

（一）选择题

1. 某企业于2013年6月12日从甲公司购入一批产品并已验收入库。增值税专用发票上注明该批产品的价款为3 000万元，增值税税额为510万元。合同中规定的现金折扣条件为2/10，1/20，*N*/30，假定计算现金折扣时不考虑增值税。该企业在2013年6月21日付清货款。该企业购买产品时该应付账款的入账价值为（　　）万元。

A. 3 450　　B. 3 000　　C. 2 940　　D. 3 510

2. 甲公司为生产企业，属于一般纳税人，共有职工150人，其中生产人员120人，管理人员30人。公司以其生产的每件成本为1000元的产品作为福利发放给每名职工。假设该产品的不含税售价为1 200元，适用增值税税率为17%，不考虑其他相关税费，则下列会计分录中正确的是（　　）。

A. 借：应付职工薪酬　　210 600
　　贷：主营业务收入　　180 000
　　　　应交税费——应交增值税（销项税额）　　30 600

B. 借：应付职工薪酬　　150 000
　　贷：库存商品　　150 000

C. 借：应付职工薪酬　　180 600
　　贷：库存商品　　150 000
　　　　应交税费——应交增值税（销项税额）　　30 600

D. 借：生产成本　　120 000
　　　　管理费用　　30 000
　　贷：库存商品　　150 000

3. 某工业企业2013年4月份对外提供运输服务取得收入46万元；同期对外出售一项账面价值为18万元的无形资产，取得收入28万元。假设提供运输劳务、出售无形资产适用的营业税税率为3%、5%，则上述业务应交的营业税对当月损益的影响是（　　）。

A. 增加其他业务成本1.38万元

B. 增加营业外支出2.78万元

C. 增加营业税金及附加2.78万元

D. 增加营业税金及附加1.38万元，减少营业外收入1.4万元

4. 某企业为增值税一般纳税人，2013年应交各种税金为：增值税350万元，消费税150万元，城市维护建设税35万元，房产税10万元，车船税5万元，企业所得税250万元。上述各项税金应计入管理费用的金额为（　　）万元。

A. 5　　B. 15　　C. 50　　D. 185

5. 2013年1月1日，甲股份有限公司发行面值720万元、票面利率为6%、期限为5年的债券，实际收到的金额为760万元，则债券利息调整金额为（　　）万元。

A. 52　　B. 8　　C. 40　　D. 50

6. 下列项目中，不属于负债项目的是（　　）。

A. 应交税费　　B. 应付账款

C. 预付账款　　D. 管理费用

7. 企业缴纳当月增值税，应通过（　　）科目核算。

A. 应交税费——应交增值税（转出未交增值税）

B. 应交税费——应交增值税（已交税金）

C. 应交税费——未交增值税

D. 应交税费——应交增值税（转出多交增值税）

8. 下列各项税金中，构成相关资产成本的有（　　）。

A. 用于直接出售的委托加工应税消费品由受托方代收代缴的消费税

B. 用于连续生产的委托加工应税消费品由受托方代收代缴的消费税

C. 用于在建工程（生产用）的库存原材料已支付的增值税进项税额

D. 用于集体福利设施建设的库存原材料已支付的增值税进项税额

9. 计算“应付债券”科目的账面余额应考虑（　　）。

A. 发行债券的面值　　　　B. 发行债券的折价

C. 发行债券的溢价　　　　D. 应计债券利息

10. 资产负债表日，应按摊余成本和实际利率计算确定的应付债券的利息费用，利息费用记入（　　）科目。

A. “在建工程”　　　　B. “制造费用”

C. “财务费用”　　　　D. “应收利息”

（二）判断题

1. 企业预提长短期借款利息均应通过“管理费用”科目核算。（　　）

2. 企业的应付账款确实无法支付，经确认应计入当期损益。（　　）

3. 处置固定资产需要缴纳的营业税计入“营业税金及附加”科目。（　　）

4. “应交税费——应交增值税”期末贷方余额，表示下月应缴纳的增值税税额。（　　）

5. “应付债券”账户的月末余额，反映企业尚未支付的各种长期借款的本金。（　　）

6. 企业长期借款所发生的利息支出，应在实际支付时计入在建工程成本。（　　）

业务练习题

1. 某公司为增值税一般纳税人，增值税税率17%，城市建设维护税税率7%，教育费附加率3%。2013年10月1日公司“应交税费——应交增值税”账户待抵扣额为2 000元，当月发生如下经济业务：

（1）销售产品一批，取得含税收入468 000元，款项已存入银行，库存商品的账面成本为300 000元。

（2）购进原材料一批，增值税专用发票上注明的价格500 000元，进项税85 000元，材料已入库，货款尚未付。

（3）将自己生产的产品用于自建工程（非生产用），产品成本为100 000元，计税价格为150 000元。

要求：（1）编制相关会计分录。

（2）计算本月应交增值税税额。

（3）计算本月城市建设维护税（7%）、教育费附加额（3%）。

2. 2013年1月1日，甲股份有限公司发行面值800万元、票面利率为6%、期限为5年的债券，实际收到的金额为840万元，每年12月31日计算并支付利息一次，到期还本并支付最后一期利息；甲股份有限公司采用实际利率法摊销债券溢价。假设整个过程中没有发生相关税费，甲股份有限公司筹集该项资金没有用于构建或者生产符合资本化条件的资产（假设实际利率为4.85%），债券溢价摊销表如表4-4所示。

要求：计算编制甲股份有限公司有关债券业务的会计分录（“应付债券”科目要求写出明细科目）。

表4-4　债券溢价摊销表（实际利率法）

付息日期	利息费用 (1)=(5) ×4.85%	支付利息 (2)　=面值 ×6%	溢价摊销(3) =(2)-(1)	未摊销溢价 (4)　=上期 (4)-(3)	账面价值 (5)=上期(5)-(3)
2013年01月1日					
2013年12月31日					
2014年12月31日					
2015年12月31日					
2016年12月31日					
2017年12月31日					
合计					

3. 甲企业2013年2月份发生业务如下：

(1) 2月1日，发行5年期长期债券，债券面值为5 000 000元、年利率为9%、到期一次还本付息；实际收到4 800 000元。

(2) 2月2日，从银行取得期限为9个月、年利率为9%的短期借款100 000元，用于生产周转，款项已存入银行。

(3) 2月6日，以由本企业签发并承兑的期限为90天、票面金额为351 000元的不带息商业承兑汇票，向乐天公司购进材料一批，材料已验收入库，其发票上记载的应计入采购成本的金额为300 000元，增值税税额为51 000元。

(4) 2月13日，从大江公司购进材料一批，已验收入库，其发票上记载的应计入采购成本的金额为200 000元，增值税税额为34 000元，款项尚未支付。

(5) 2月22日，向金源公司销售产品一批，其价款为600 000元，增值税税额为102 000元，款项尚未收到。

(6) 2月27日，按本月支付的工资数额100 000元进行工资费用的分配，其中生产工人工资为70 000元，车间管理人员工资10 000元，企业行政管理部门人员的工资为20 000元。

(7) 2月27日，从银行提取现金100 000元，备发工资。

(8) 2月28日，以现金100 000元发放职工工资（假设无代扣款项和待领工资）。

(9) 以银行存款15 000元缴纳增值税税额。

(10) 计提应由本月负担的短期借款利息750元。

(11) 将无法收回的应付账款468 000元，进行转账处理。

要求：根据上述经济业务编制会计分录。

案例分析题

1. 流动负债

宏达公司相关财务数据如表4-5所示。

表4-5 数据表 单位：亿元

	货币资金	应收账款	短期借款	长期借款	主营业务收入
2013年	0.88	6.56	3.12	5.10	3.98
2014年	2.02	12.16	8.22	2.10	8.90

要求：根据以上资料，分析：

（1）宏达公司的短期偿债能力？

（2）通过相关数据之间的关系，判断公司的财务风险？

（帮助性提示：流动资产与流动负债、流动负债与长期负债、流动资产与收入）

2. 资金成本决策

华唯公司为扩大生产规模，需向外筹集资金1 000万元。有三个筹资方案可供选择：

（1）以每股10元的价格发行新股100万股。

（2）以每股10元的价格发行新股40万股；另按面值发行600万元的债券，期限为5年，年利率为12%。

（3）按面值发行1 000万元的债券，期限为10年，年利率为12%。

另外，该公司近几年来的利润比较稳定，所得税税率25%，预计新投资的项目的利润率可以达到10%。在此之前，该公司的资产负债率为53.29%。

要求：根据华唯公司的有关情况，从三个备选方案中选出比较有利的一个，并说明理由。

第五章

所有者权益

案例与引言

桦林股份公司是由五个股东共同出资组建的保健品公司，其注册资本1 000万元。股东A出资400万元，占注册资本的40%，其中，现金出资200万元，另以一项产品专利权出资，经评估作价200万元；股东B出资额为300万元，占注册资本的30%；股东C、D、E的出资额分别为100万元，各占注册资本的10%。经过几年的经营，公司的所有者权益已增至1 500万元。今年年初，股东B的同学F拟加入公司，经股东会决议，双方商定，股东B转让10%的股份给同学F，同学F出资150万元，占注册资本的10%。

请问：何为所有者权益或股东权益？它包括哪些内容？

股东C、D、E的出资额分别为100万元，同学F也占注册资本的10%，为何出资150万元？

公司实现的税后利润与各股东的出资有何关系？

本章学习目标

- ◆ 所有者权益的概念、特征及内容
- ◆ 实收资本的核算内容及会计处理
- ◆ 资本公积的核算内容及会计处理
- ◆ 留存收益的核算内容及其会计处理
- ◆ 所有者权益披露的相关内容

第一节　所有者权益概述

一、所有者权益的定义及其特征

所有者权益是指企业资产扣除负债后由所有者享有的剩余权益。公司的所有者权益又称为股东权益。

所有者权益具有以下基本特征：

（1）所有者权益实质上是所有者在某个企业所享有的一种财产权利，包括所有者对投入资产的所有权、使用权、处置权和收益分配权。从会计角度讲，所有者权益是企业的投资者对企业总资产扣除负债后的剩余资产的要求权，这种要求权表现为企业正常营运时所有者应享有的份额，或者企业在破产清算时所有者能够获得的剩余资产。也就是说，债权人对企业资产的要求权优先于所有者权益。当企业进行清算时，资产在支付了破产、清算费用后将优先用于偿还负债，如有剩余资产，才能在投资者之间按出资比例进行分配。

(2) 所有者权益是投资者投入的可供企业长期使用的资源。在企业持续经营的情况下，除非发生减资、清算，一般不能提前撤回投资。因此，所有者投入的资本构成了企业长期性（在持续经营假设的前提下，甚至可以假定资金具有永久性）的资本来源。

(3) 从构成要素看，所有者权益包括所有者的投入资本、企业的资产增值及经营利润。所有者的投入资本既是企业实收资本的唯一来源，也是企业资本公积（溢价或超面值投入的资本）的最主要来源。作为企业的终极所有者，所有者还是企业资产增值的当然受益者。至于企业的经营利润，根据风险和报酬对应原则，这是所有者作为承担全部经营风险和投资风险的一种回报。

(4) 所有者权益是一个涵盖了任何企业组织形式的净资产的广义概念，具体到某一特定形式的企业组织，所有者权益便以不同形式出现。在独资企业和合伙企业，所有者权益以“业主资本”的形式出现；而在有限责任公司和股份有限公司，所有者权益则主要以“投入资本”（股本、资本公积）和“留存收益”的形式出现。

股份有限公司和有限责任公司与独资企业和合伙企业之间最主要的差别体现在所有者权益方面。在独资企业和合伙企业，只需为业主或各个合伙人设置一个资本账户和提款账户，用于记录资本和损益的增减变动情况。法律法规并没有要求独资企业和合伙企业把资本与盈利区别开来，但对于股份有限公司和有限责任公司，情况则有所不同。在这两类公司中，股东权益（即公司的所有者权益）的会计处理受公司法等法律法规的限制，公司必须对所有投入的资本和赚取的利润严格区分。此外，为了保护债权人的合法权益，多数国家的公司立法往往还对股份有限公司和有限责任公司的利润分配和歇业清算以及股份有限公司买回自己发行的股份（库藏股份）等有关事宜作出严格的限制。

二、所有者权益的构成

所有者权益的来源包括所有者投入的资本、直接计入所有者权益的利得和损失、留存收益等。其中，留存收益包括盈余公积和未分配利润。

直接计入所有者权益的利得和损失，是指不应计入当期损益、会导致所有者权益发生增减变动的、与所有者投入资本或者向所有者分配利润无关的利得或者损失。利得是指由企业非日常活动所形成的、会导致所有者权益增加的、与所有者投入资本无关的经济利益的流入。损失是指由企业非日常活动所发生的、会导致所有者权益减少的、与向所有者分配利润无关的经济利益的流出。

（一）实收资本（股本）

企业的实收资本是指投资者按照企业章程，或合同、协议的约定，向企业缴付的出资额。实收资本可具体分为国家投入资本、法人投入资本、个人投入资本和外商投入资本。

（二）资本公积

投入资本中有的特殊事项引起所有者权益的增加，又不便归于具体的投资者，这种所有者权益就是资本公积。资本公积是一切所有者的共同权益，属于资本性质，是企业资本的一种储备形式。资本公积项目主要包括以下两种：

（1）资本溢价（或股本溢价），是指企业投资者投入的资金超过其在注册资本中所占份额的部分；

（2）其他资本公积，是指除上述各项资本公积以外所形成的资本公积。

（三） 盈余公积

企业生产经营活动所产生的利润在缴纳所得税后留在企业的部分形成留存收益。留存收益又可分为盈余公积和未分配利润。盈余公积是企业按一定比例从净利润中提取的有特定用途的积累资金。一般企业和股份有限公司的盈余公积包括法定盈余公积和任意盈余公积两种：

（1）法定盈余公积是指企业按照公司法规定的比例从净利润中提取的盈余公积。

（2）任意盈余公积是指企业经股东大会或类似机构批准按照规定的比例从净利润中提取的盈余公积。

（四） 未分配利润

未分配利润是未划定用途的税后利润，仍然可供企业以后各期分配利润或分派股利之用。未分配利润的数额等于企业当年实现的税后利润加上年初未分配利润，减去当年提取的盈余公积以及本年向投资者分配利润后的余额。

第二节 投入资本

一、实收资本

（一） 实收资本的意义

实收资本是指投资者作为资本投入到企业中的各种资产的价值，所有者向企业投入的资本，在一般情况下无须偿还，企业可以长期周转使用。

实收资本按照投入资产的形式不同，可以分为货币投资、实物投资和无形资产投资。投资者既可以采用以货币资金的方式出资，也可以采用固定资产、材料物资等实物资产的方式出资，还可以用无形资产的方式出资，如以专利权、土地使用权、非专利技术出资等。根据我国公司法规定，对作为出资的实物、工业产权、非专利技术或土地使用权，必须进行评估作价，核实财产，不得高估或低估作价。

一般来说，实收资本通过“实收资本”科目核算，“实收资本”是所有者权益类科目。“实收资本”科目的贷方反映企业实际收到的投资者缴付的资本；借方反映企业按法定程序减资时所减少的注册资本数额；余额在贷方表示企业实际收到的资本额。“实收资本”科目按投资者设置明细账。企业除通过“实收资本”总分类科目和明细科目进行实收资本核算外，还须设置股东名册，详细登记股东姓名或名称、住所以及出资额等。

实收资本是所有者权益的主体和基础。由于企业组织形式不同，所有者投入资本的会计核算方法也有所不同。

（二） 实收资本的核算

1. 有限责任公司实收资本

有限责任公司是指由两个以上股东共同出资，每个股东以其所认缴的出资额对公司承担有限责任，公司以其全部资产对债务承担责任的企业法人。其所有者权益应划分为实收资本、资本公积和留存收益三部分。实收资本是指股东在企业注册资本中的实缴数额，一般情况下不得变更。资本公积和留存收益则可以根据企业的具体情况灵活运用，如转增资本以及弥补亏损等。

初建有限责任公司时，各投资者按照合同、协议、或公司章程投入企业的资本，应全部记入“实收资本”科目，企业的实收资本应等于企业的注册资本。在企业增资扩股时，如有新投资者介入，新介入的投资者缴纳的出资额大于其按约定比例计算的其在注册资本中所占的份额部分，应记入“资本公积”科目。

除了接受投资外，有限责任公司还可以以资本公积、盈余公积转为资本的方式增加实收资本。

（1）投资人以现金形式出资。投资人以现金投入的资本，应以实际收到或者存入其开户银行的金额作为实收资本入账。

【例 1】 长虹公司收到股东投入货币资金 3 000 000 元，款项已收妥入账。其会计处理为：

借：银行存款	3 000 000
贷：实收资本	3 000 000

（2）投资人以非现金资产出资。投资者除了以货币资金投资外，也有可能以实物资产和无形资产投资。接受的实物资产和无形资产投资，应当按照投资合同或协议约定的价值作为实收资本入账，同时借记“原材料”“固定资产”“无形资产”等科目。

【例 2】 长征公司由 B、C、D 三个公司共同投资设立，按出资协议，B 公司以现金出资 3 000 000 元；C 公司投入原材料一批，价值为 2 000 000 元，增值税税额为 340 000 元；D 公司以一套全新设备出资，价值为 300 000 元，增值税税额为 51 000 元，同时以一项专有技术出资，协议约定价值为 800 000 元。该公司接受投资时的会计处理为：

借：银行存款	3 000 000
原材料	2 000 000
应交税费——应交增值税（进项税额）	391 000
固定资产	300 000
无形资产	800 000
贷：实收资本——B 公司	3 000 000
——C 公司	2 340 000
——D 公司	1 151 000

（3）外商以外币出资。企业接受外币投资时，收到的外币资产应作为资产登记入账，同时，增加实收资本。在我国，一般企业以人民币为记账本位币，在收到外币资产时需将外币资产价值折合为人民币记账。在将外币资产折合为人民币记账时，按收到出资额当日的汇率折算。

【例 3】 某外商投资企业收到外商投入的外币 1 000 000 美元，收到投资当日的汇率为 1:6. 25。其会计处理为：

借：银行存款——美元户	6 250 000
贷：实收资本	6 250 000

（4）中外合作企业返还投资。企业（中外合作经营）在合作期间归还投资者的投资，应在实收资本设置“已归还投资”明细科目进行核算。中外合作经营企业依照有关法律、法规的规定，在合作期间归还投资者投资，对已归还的投资应当在“实收资本——已归还投资”账户核算。

【例4】 某中外合作企业归还股东投资4 000 000元，会计处理为：

借：实收资本——已归还投资　　4 000 000
　贷：银行存款　　4 000 000

2. 股份有限公司的投入资本

股份有限公司以发行股票方式筹集的股本通过“股本”账户核算，对既发行普通股又发行优先股的企业，“股本”账户下应分设明细账户对普通股和不同类型的优先股分别登记。股票的转让只变更股东，而不改变股本总额，因此，只需在股东名册中记载，而无需在股本账户中记录。

“股本”是所有者权益类科目，股份有限公司必须在核定的股份总额的范围内发行股票，公司因发行股票、可转换债券调换成股票、发放股票股利等原因取得股本时记入该账户贷方，按法定程序报经批准减少注册资本时，公司在实际发还股款时记入该账户的借方，“股本”科目贷方余额表示公司所拥有的股本总额。公司发行股票时，在收到现金等资产时，按实际收到的金额借记“库存现金”“银行存款”科目，按股票面值和核定的股份总数的乘积计算的金额贷记“股本”科目。

股票发行的价格可以按票面金额，也可以超过票面金额，但不能低于票面金额。公司发行股票取得的收入与股本总额往往不一致，公司发行股票取得的收入大于股本总额的，称为溢价发行；小于股本总额的，称为折价发行；等于股本总额的，为面值发行。我国不允许企业折价发行股票。在采用发行股票的情况下，企业应将相当于股票面值的部分记入“股本”科目，其余部分在扣除手续费、佣金等发行费用后记入“资本公积”科目。

【例5】 康健股份公司发行普通股1 000万股，同时发行优先股500万股，普通股和优先股的每股面值均为1元，上述两种股票均按面值发行，全部股款已收妥入账。其会计处理为：

借：银行存款　　15 000 000
　贷：股本——普通股　　10 000 000
　　　　——优先股　　5 000 000

【例6】 伟博股份公司发行普通股1 000万股，每股面值为1元，发行价为每股4元，支付发行费用700 000元，全部股款已收妥入账。其会计处理为：

借：银行存款　　39 300 000
　贷：股本——普通股　　10 000 000
　　　资本公积——股本溢价　　29 300 000

3. 实收资本或股本减少的核算

企业实收资本减少的原因一般有两种：一是资本过剩；二是企业发生重大亏损而需要减少实收资本。企业因资本过剩而减资，一般要发还股款。有限责任公司和一般企业发还投资比较简单，按发还投资的数额，借记“实收资本”科目，贷记“银行存款”等科目。

股份有限公司采用收购本公司股票方式减资的，按股票面值和注销股数计算的股票面值总额，借记“股本”科目，按所注销库存股的账面余额，贷记“库存股”科目，按其差额，借记“资本公积——股本溢价”科目，股本溢价不足冲减的，应借记“盈余公积”“利润分配——未分配利润”科目；购回股票支付的价款低于面值总额的，应按股票面值总额，借记“股本”科目，按所注销库存股的账面余额，贷记“库存股”科目，按其差额，贷记“资本公积——股本溢价”科目。

【例7】 亿达公司收购本公司股票方式减资，以每股8元的价格购回2013年3月10日发行的面值为7元的普通股1 000万股。全部价款以银行存款支付。其会计处理为：

（1）回购时：

借：库存股	80 000 000	
贷：银行存款		80 000 000

（2）注销时：

借：股本——普通股	70 000 000	
资本公积——普通股溢价	10 000 000	
贷：库存股		80 000 000

二、资本公积

（一）资本公积概述

资本公积是指由投资者投入但不能构成实收资本，或从其他来源取得，由所有者享有的资金，它属于所有者权益的范畴。资本公积来源于企业盈利以外的那部分积累，包括资本溢价（或股本溢价）、其他资本公积。

资本公积可以依法用于转增资本，但不得作为投资利润和股利进行分配。资本公积由全体股东享有，资本公积在转增资本时，按各个股东在实收资本中所占的投资比例计算的金额，分别转增各个股东的投资金额。

企业的资本公积通过“资本公积”科目核算，“资本公积”是所有者权益类科目，各种原因引起资本公积增加时记入“资本公积”科目贷方，用资本公积转增资本时记入“资本公积”科目借方，该科目的贷方余额反映企业资本公积实有数额。“资本公积”科目按资本公积的类别分设“资本溢价（或股本溢价）”“其他资本公积”两个明细科目。

（二）资本公积的来源与核算

1. 资本溢价（或股本溢价）

（1）资本溢价是指在有限责任公司重组，有新的投资者加入时，其出资额超过其在公司注册资本中所享有的份额。对于新成立的公司，投资者的投资一般全部作为实收资本入账。投资者按出资份额享有权利并承担义务。但改制为公司的企业或处于正常经营状态的公司接受新投资时，为了维护原有投资者的权益，缴付的出资额通常要大于作为实收资本入账的数额。其原因是，①企业在创建时的资金投入和企业已走向经营正轨时期的资金投入，即使在数量上相当，但其盈利能力不同。企业创立时，从投入资金到取得投资回报，要经过筹建、试生产经营、为产品寻找市场、开辟市场等过程，并且这种投资具有风险性，在这个过程中资本利润率很低；企业正常生产经营后，资本利润率会高于企业初创阶段。而这高于初创阶段的资本利润率是以初创时必要的资本垫支带来的，企业创办者为此付出了代价。所以，新加入的投资者要付出大于原有投资者的出资额，才能取得与原投资者相同的投资比例。②不仅原有投资从质量上发生了变化，从数量上也发生了变化。企业每年从实现的利润中形成的留存收益属于所有者权益，根据“同股同权，同股同利”的原则，新加入的投资者要与原投资者共享这部分留存收益。所以，应要求其付出大于原有投资者的出资额，才能取得与原有投资者相同的投资比例。新投资者投入的资本，按其投资比例计算的部分记入“实收资本”科目，超出部分则记入“资本公积”科目。

【例8】 时乐公司的注册资本1 200万元，经甲、乙两位股东协商同意丙公司投资3 200 000元，并占有公司20%的股份。因此，在丙公司的出资额中，2 400 000元为实收资本，另外800 000元为资本公积。账务处理为：

借：银行存款	3 200 000
贷：实收资本——丙公司	2 400 000
资本公积——资本溢价	800 000

（2）股本溢价，是指股份有限公司溢价发行股票，实际收到的款项超过股票面值总额的数额。

在股票溢价发行的情况下，作为股本入账的数额也只能按面值计算；溢价部分作为资本公积单独反映。企业发行股票取得的收入，相当于股票面值部分记入“股本”科目，超面额部分，按发行股票所得扣除发行手续费、佣金等发行费用后计入资本公积，在“资本公积——股本溢价”明细科目核算。在采用面值发行股票的情况下，应将发行收入全部记入“股本”科目，支付的股票发行费用作为财务费用处理。

【例9】 陶陶股份公司发行普通股100万股，每股面值10元，发行价格为每股50元。在股票发行过程中，直接支付并从发行收入中扣除的手续费、宣传费、印刷费等费用共计500 000元。其股票发行业务的会计处理为：

该公司发行股票实际收到的价款＝（50×1 000 000－500 000）元＝49 500 000元

应记入“资本公积”科目的金额＝［（50－10）×1 000 000－500 000］元＝39 500 000元

借：银行存款	49 500 000
贷：股本——普通股	10 000 000
资本公积——股本溢价	39 500 000

2. 其他资本公积

其他资本公积，是指除上述各项资本公积以外形成的资本公积，其中，主要是直接计入所有者权益的利得和损失。

（1）权益法核算的长期股权投资。长期股权投资采用权益法核算的，在持股比例不变的情况下，被投资单位除净损益以外所有者权益的其他变动，企业按持股比例计算应享有的份额，借记或贷记“长期股权投资——其他权益变动”科目，贷记或借记“资本公积——其他资本公积”科目。

处置采用权益法核算的长期股权投资，还应结转原计入资本公积的相关金额，借记或贷记“资本公积——其他资本公积”科目，贷记或借记“投资收益”科目。

【例10】 兰寇股份公司对A企业的投资采用权益法核算，控股40%。2013年7月A企业资本公积增加160 000元。A企业所得税率为25%。兰寇股份公司的会计处理为：

160 000元×（1－25%）×40%＝48 000元

借：长期股权投资——股票投资　　48 000

　贷：资本公积——其他资本公积　　48 000

（2）可供出售金融资产。将持有至到期投资重分类为可供出售金融资产，或将可供出售金融资产重分类为持有至到期投资的，按照“持有至到期投资”“可供出售金融资产”等科目的相关规定进行处理，相应调整资本公积。将可供出售金融资产重分类为采用成本或摊余成本计量的金融资产的，对于原计入资本公积的相关金额，还应分别不同情况进行处理：

有固定到期日的，应在该项金融资产的剩余期限内，在资产负债表日，按采用实际利率法计算确定的摊销金额，借记或贷记“资本公积——其他资本公积”，贷记或借记“投资收益”科目；没有固定到期日的，应在处置该项金融资产时，借记或贷记“资本公积——其他资本公积”，贷记或借记“投资收益”科目。

可供出售金融资产的后续计量，按照“可供出售金融资产”科目的相关规定进行处理，相应调整资本公积。

（三）资本公积的用途与核算

资本公积的主要用途即转增资本。企业按法定程序并按规定将资本公积中的有关内容转增资本，属于所有者权益内部结构的变化，并未改变所有者权益总额，一般也不会改变每位投资者在所有者权益总额中所占的份额。经股东大会或类似机构决议，用资本公积转增资本，借记“资本公积——资本溢价或股本溢价”，贷记“实收资本”或“股本”科目。

【例11】 A公司将资本公积800 000元转增资本。在原来的注册资本中，B、C、D、E四位投资者的投资比例分别为24%、37.5%、18.5%和20%，资本公积转增资本后每位投资者增加的实收资本数额分别为192 000元、300 000元、148 000元和160 000元。该公司按法定程序办完增资手续后作如下会计处理：

借：资本公积　　800 000

　贷：实收资本——B公司　　192 000

　　　　　　——C公司　　300 000

　　　　　　——D公司　　148 000

　　　　　　——E公司　　160 000

第三节　留存收益

一、留存收益的含义与内容

留存收益是企业历年经营所得净收益留存于企业尚未分配出去的部分，是企业通过经营活动实现的资本增值，在性质上与所有者投入的资本一样属于所有者权益。留存收益是企业从净利润中留存企业的积累资金，包括盈余公积和未分配利润。

投资者投入企业的资本，通过企业的生产经营活动，不仅要保持原投资的完整，而且要实现资本增值，即获取盈利。企业的盈利扣除按国家规定计算缴纳的所得税后，称之为净利润。净利润可以按照协议、合同或章程的规定，在企业的所有者之间进行分配，作为企业所有者的投资所得；但也可以出于某种考虑将部分净利润留于企业，如增加资本、扩大营业规模、留做意外准备、添置福利设施等，作为股东原始投入资本的补充。这样，企业净利润就成为留存收益的主要来源。

从理论上讲，企业的净利润全部属于企业的所有者。为了约束企业过量分配，国家要求企业留有一定积累，以利于持续经营、维护债权人利益以及改善职工福利生活条件等。因此，在会计核算上应将留存收益分为两大部分，其中，指定用途的部分成为盈余公积，它由法定盈余公积和任意盈余公积组成；未指定用途的部分，成为未分配利润，它可供企业以后年度弥补亏损、分派股利或转作盈余公积之用。

二、盈余公积

盈余公积是企业从税后利润中提取的各种公积金。为了核算反映盈余公积的形成和使用情况，应设置"盈余公积"账户，其贷方反映按规定提取的盈余公积数；借方反映实际支出数额；其余额在贷方，反映盈余公积的累计数。由于法定盈余公积和任意盈余公积有着不同的用途，所以应分设明细账进行核算。

不同性质的企业，盈余公积的构成有所不同。一般企业和股份有限公司的盈余公积包括以下两种：

（1）法定盈余公积，是指企业按照法律规定的比例从净利润中提取的盈余公积。

（2）任意盈余公积，是指企业经股东大会或类似机构批准确定的比例从净利润中提取的盈余公积。

法定盈余公积和任意盈余公积的区别在于各自计提的依据不同。前者以国家的法律和行政规章为依据提取；后者则由企业自行决定提取。

盈余公积是企业来源于生产经营活动的那部分积累，属于具有特定用途的留存收益。按照公司法的规定：企业净利润的分配顺序，首先必须按规定提取盈余公积，然后才能在出资者之间进行分配，这是公司制企业区分非公司制企业的一个显著特征。因为作为对债务只承担有限责任的企业法人，只规定最低限度的出资额显然是不够的，还必须对盈利的分配作出限制，迫使企业在向出资者分配利润之前，提取一定数额的盈余公积金，以便为企业的扩大再生产提供积累资金，并为维护债权人利益和应付企业的经营风险提供资金上的保障。

盈余公积的提取实际上是对企业当期实现的净利润向投资者分配利润的一种限制。提取盈余公积本身就属于利润分配的一部分，一经提取形成盈余公积后，在一般情况下不得用于向投资者分配利润和股利。

（一）盈余公积形成的核算

企业提取法定盈余公积和任意盈余公积时，通过"盈余公积"科目及其相关明细科目的贷方核算。企业提取盈余公积的过程属于净利润的分配过程，同时还应通过"利润分配"科目及其相关明细账户核算。因此，提取盈余公积时，借记"利润分配"科目及其相应明细科目，贷记"盈余公积"科目及相应明细科目。

【例 12】 海岑公司的税后利润为 5 000 000 元，分别按 10% 和 7% 的比例提取法定盈余公积、任意盈余公积。其会计处理为：

法定盈余公积提取额 = 5 000 000 元 × 10% = 500 000 元

任意盈余公积提取额 = 5 000 000 元 × 7% = 350 000 元

借：利润分配——提取法定盈余公积　　500 000

　　　　　　——提取任意盈余公积　　350 000

贷：盈余公积——法定盈余公积 500 000

——任意盈余公积 350 000

（二） 盈余公积使用的核算

1. 盈余公积弥补亏损

企业发生的亏损，可以用以后五年内实现的税前利润弥补。对按规定不能用税前利润弥补的亏损，则必须用以后的税后利润弥补或用盈余公积弥补。企业未弥补的亏损表现为“利润分配——未分配利润”科目借方余额，因此，用盈余公积弥补亏损，应在借记“盈余公积”科目的同时，贷记“利润分配”科目。但在账务处理时，并不直接贷记“利润分配”科目下的“未分配利润”明细科目，而是记入“其他转入”明细科目的贷方，结转“利润分配”科目时再从“其他转入”明细科目的借方转入“未分配利润”明细科目的贷方。

【例13】 蓝领公司用任意盈余公积7 200 000元，弥补以前年度亏损，其会计处理为：

借：盈余公积——任意盈余公积 7 200 000

贷：利润分配——盈余公积补亏 7 200 000

年终结转“利润分配”账户时：

借：利润分配——盈余公积补亏 7 200 000

贷：利润分配——未分配利润 7 200 000

2. 盈余公积转增资本

与资本公积相同，企业按规定办理增资手续后，可将法定盈余公积和任意盈余公积转作实收资本或股本。有限责任公司按原有股东的投资比例结转；股份有限公司按原有股份比例派送新股或增加每股面值。但法定盈余公积转增资本后，此项留存的公积金不得少于注册资本的25%。盈余公积转增资本对企业的资产、负债及所有者权益总额均不产生影响，只改变所有者权益内部的结构。

经股东大会或类似机构决议，用盈余公积弥补亏损或转增资本，借记“盈余公积”科目，贷记“利润分配——盈余公积补亏”“实收资本”或“股本”科目。

【例14】 蓝领公司经股东大会同意并按规定办理增资手续后，将法定盈余公积700 000元用于增加资本。其会计处理为：

借：盈余公积——法定盈余公积 700 000

贷：实收资本 700 000

3. 盈余公积分配股利

在特殊情况下，股份有限公司经股东大会决议，可用盈余公积分派现金股利或股票股利。分派股利后的法定盈余公积不得少于注册资本的25%。分配现金股利时，借记“盈余公积”科目，贷记“应付股利”科目；经股东大会决议，用盈余公积派送新股，按派送新股计算的金额，借记“盈余公积”科目，按股票面值和派送新股总数计算的股票面值总额，贷记“股本”科目。

【例15】 德诚公司经股东大会决议，决定用任意盈余公积分派现金股利3 000 000元。会计处理为：

借：盈余公积——任意盈余公积 3 000 000

贷：应付股利 3 000 000

三、未分配利润

（一） 未分配利润与构成

企业在制定利润分配方案时，因为考虑到各方面的因素，比如以后年度可能出现的亏损等，往往不把净利润全部分配完，而是留出一部分供以后年度分配，这部分留待以后年度分配的结存利润，就是未分配利润。未分配利润是企业所有者权益的重要组成部分。相对于所有者权益的其他部分来讲，企业对于未分配利润的使用分配有较大的自主权。从数量上来讲，未分配利润是期初未分配利润，加上本期实现的净利润，减去提取的各种盈余公积和已分配利润后的余额。可见，未分配利润有两层含义：一是留待以后年度分配的利润；二是未指定特定用途的利润。

（二） 未分配利润的核算

未分配利润是通过“利润分配”科目中“未分配利润”明细科目进行核算的。企业在生产经营过程中取得的收入和发生的成本费用，最终通过“本年利润”科目进行归集，计算出当年盈利，然后转入“利润分配——未分配利润”科目进行分配。“未分配利润”明细科目贷方反映从本年利润中转入的企业实现的净利润，以及用盈余公积弥补的亏损。借方反映从“本年利润”科目中转入的企业实现的净亏损。期末贷方余额反映企业尚未分配、留待以后分配的利润；期末借方余额反映企业尚未弥补的亏损。年度终了，结转净利润时，如企业当年实现盈利，借记“本年利润”科目，贷记“利润分配——未分配利润”科目；如果企业亏损，借记“利润分配——未分配利润”科目，贷记“本年利润”科目，然后将“利润分配”科目下的其他明细科目（即盈余公积补亏、提取法定盈余公积、应付现金股利或利润、提取任意盈余公积、转作股本的股利等明细科目）的余额，转入“未分配利润”明细科目。

【例16】 TH企业本年实现利润2 000 000元，本年提取法定盈余公积200 000元，任意盈余公积260 000元，应付股利325 000元。其会计处理为：

	借方	贷方
借：本年利润	2 000 000	
贷：利润分配——未分配利润		2 000 000
借：利润分配——提取法定盈余公积	200 000	
——提取任意盈余公积	260 000	
——应付现金股利	325 000	
贷：盈余公积——法定盈余公积		200 000
——任意盈余公积		260 000
应付股利		325 000
借：利润分配——未分配利润	785 000	
贷：利润分配——提取法定盈余公积		200 000
——提取任意盈余公积		260 000
——应付现金股利		325 000

第四节 所有者权益的披露

在资产负债中，所有者权益排列顺序依次为实收资本（或股本）、资本公积、盈余公积和未分配利润项目。同时应关注所有者权益变动表，了解所有者权益变动的详细内容。其中，未分配利润项目，应根据“利润分配——未分配利润”明细科目的期末余额填列。

根据TT股份有限公司相关账簿各科目期末余额及其他资料，填列资产负债表如表5-1所示。

表5-1 资产负债表

TT股份有限公司　　2012年12月31日　　单位：元

股东权益：	期末余额	年初余额
股本	2 164 211 422	
资本公积	4 077 048 885	
盈余公积	4 831 782 033	
未分配利润	1 792 626 037	
股东权益合计	12 865 668 377	
负债及股东权益总计	16 506 878 998	

本章小结

所有者权益是所有者在企业资产中享有的经济利益，其金额为资产减去负债后的余额。企业所有者权益包括投入资本、资本公积、盈余公积和未分配利润。

实收资本是指投资人投入企业的资本。由于企业组织形式不同，实收资本的会计核算方法也有所区别。一般企业投资者以现金投入的资本应以实际收到的金额作为实收资本入账，以非现金资产投入的资本，应按投资各方确认的价值作为实收资本入账，实际收到的金额或确认的价值超过其在该企业注册资本中所占份额部分计入资本公积。股份有限公司发行的股票，应按其面值作为股本，超过面值发行取得的收入，其超过面值部分作为股本溢价计入资本公积。

资本公积是指由投资者投入但不能构成实收资本，或从其他来源取得，由所有者享有的资金，它属于所有者权益的范畴。其内容包括资本溢价（或股本溢价）和其他资本公积项目。

留存收益是企业从历年实现的利润中提取或留存于企业的内部积累，它来源于企业的生产经营活动所实现的利润，包括盈余公积和未分配利润两部分。盈余公积是企业按照规定从净利润中提取的各种积累资金，按用途不同又可分为法定盈余公积、任意盈余公积。未分配利润是企业留待以后年度进行分配的结存利润。

思考题

1. 什么是所有者权益？它与负债有何区别？
2. 简述有限责任公司所有者权益的特点。

3. 简述股份有限公司所有者权益的特点。

4. 投入资本和留存收益有哪些区别和联系？

5. 实收资本和资本公积有哪些区别和联系？

6. 资本公积包括哪些内容？应如何进行核算？

7. 留存收益包括哪些内容？

8. 什么是盈余公积？盈余公积包括哪些内容？盈余公积的用途有哪些？

9. 如何进行盈余公积的计提与使用？

自 测 题

（一）选择题

1. 股份有限公司按规定注销库存股的，对被注销库存股的账面余额超过面值总额的部分，应依次冲减（　　）。

A. 盈余公积，未分配利润，资本公积　　B. 未分配利润，资本公积，盈余公积

C. 资本公积，未分配利润，盈余公积　　D. 资本公积，盈余公积，未分配利润

2. 某企业年初盈余公积余额为500万元，本年提取法定盈余公积200万元，提取任意盈余公积100万元，用盈余公积转增资本200万元。该企业盈余公积的年末余额为（　　）万元。

A. 450　　B. 500　　C. 550　　D. 600

3. 甲公司委托证券公司代理发行普通股股票800万股，每股面值1元，按每股1.5元的价格发行，受托单位按发行收入1%收取手续费，并从发行收入中扣除。假如企业股款已经收到，该企业实际收到的款项为（　　）万元。

A. 792　　B. 12　　C. 800　　D. 1 188

4. 某企业上年未分配利润12万元，本年税后利润为40万元，按规定提取法定盈余公积金后（提取比例为10%），又向投资者分配利润7万元，该企业本年未分配利润为（　　）万元。

A. 29万元　　B. 41万元　　C. 48万元　　D. 50万元

5. 企业提取盈余公积时，应编制的会计分录是（　　）。

A. 借记“本年利润”，贷记“盈余公积”

B. 借记“利润分配”，贷记“盈余公积”

C. 借记“盈余公积”，贷记“本年利润”

D. 借记“盈余公积”，贷记“利润分配”

6. 下列各项中能引起企业实收资本（或股本）发生增减变动的有（　　）。

A. 增资扩股　　B. 发放股利

C. 减少注册资本　　D. 投资者间进行股权转让

7. 企业的留存收益包括（　　）。

A. 实收资本　　B. 资本公积　　C. 盈余公积　　D. 未分配利润

8. 盈余公积的主要用途是（　　）。

A. 购买职工住房等基础设施　　B. 购置固定资产

C. 弥补亏损　　D. 转增资本

9. 下列各项中，不会引起企业所有者权益总额发生变动的是（　　）。

A. 计入所有者权益的利得　　B. 用资本公积转增资本

C. 用盈余公积转增资本　　D. 用盈余公积弥补亏损

10. 下列各项中，能够引起企业留存收益总额发生变动的有（　　）。

A. 本年度实现的净利润　　B. 提取法定盈余公积

C. 向投资者宣告分配现金股利　　D. 提取任意盈余公积

（二）判断题

1. 企业接受投资者投入美元资本，合同约定汇率为1:8.0，投入当天市场汇率为1:8.2，则企业接受投资者投入100万美元时，产生的资本公积为-20万元人民币。（　　）

2. 企业用盈余公积购建职工集体福利设施时，会引起所有者权益的减少。（　　）

3. 所有者对企业剩余资产有优先要求权。（　　）

4. 接受投资者投入材料物资能够增加企业的实收资本。（　　）

5. 未分配利润是指未作分配的净利润，这部分净利润仍然属于所有者。（　　）

6. 企业无法支付的应付款项应记入“资本公积”科目的贷方。（　　）

7. 法定盈余公积计提依据于国家法律，任意盈余公积计提依据于企业规定。（　　）

8. 企业以盈余公积向投资者分配现金股利，不会引起留存收益总额的变动。（　　）

9. 处置采用权益法核算的长期股权投资，还应结转原计入资本公积的相关金额，借记或贷记“资本公积——其他资本公积”科目，贷记或借记“投资收益”科目。（　　）

10. 盈余公积包括法定盈余公积、任意盈余公积。（　　）

业务练习题

1. 甲公司属于工业企业，为增值税一般纳税人，由A、B、C三位股东于2013年12月31日共同出资设立，注册资本800万元。出资协议规定，A、B、C三位股东的出资比例分别为40%、35%和25%。有关资料如下：

（1）2013年12月31日三位股东的出资方式及出资额如表5-2所示（各位股东的出资已全部到位，并经中国注册会计师验证，有关法律手续已经办妥）。

表5-2　三位股东的出资方式及出资额　　单位：万元

出资者	货币资金	实物资产	无形资产	合计
A	270		50（专利权）	320
B	130	150（设备）		280
C	170	30（轿车）		200
合计	570	180	50	800

（2）2014年甲公司实现净利润400万元，决定分配现金股利100万元，计划在2015年2月10日支付。

（3）2015年12月31日，吸收D股东加入本公司，将甲公司注册资本由原800万元增至1 000万元。D股东以银行存款100万元、原材料58.5万元（增值税专用发票中注明材料计税价格为50万元，增值税税额为8.5万元）出资，占增资后注册资本10%的股份；其余的100万元增资由A、B、C三位股东按原持股比例以银行存款出资。2015年12月31日，四位股东的出资已全部到位，并取得D股东开出的增值税专用发票，有关的法律手续已经办妥。

要求：

（1）编制甲公司2013年12月31日收到出资者投入资本的会计分录（“实收资本”科目要求写出明细科目）。

（2）编制甲公司2014年决定分配现金股利的会计分录（“应付股利”科目要求写出明细科目）。

（3）计算甲公司2015年12月31日吸收D股东出资时产生的资本公积。

（4）编制甲公司2015年12月31日收到A、B、C股东追加投资和D股东出资的会计分录。

（5）计算甲公司2015年12月31日增资扩股后各股东的持股比例。

（答案中的金额单位用万元表示）

2. A股份有限公司（以下简称A公司）2013年度有关业务资料如下：

（1）2013年1月1日，A公司股东权益总额为11 300万元（其中，股本总额为2 000万股，每股面值为1元；资本公积为8 000万元；盈余公积为1 200万元；未分配利润为100万元）。2013年度实现净利润100万元，股本与资本公积项目未发生变化。

（2）2013年12月20日，A公司董事会提出如下预案：

1）按2013年度实现净利润的10%提取法定盈余公积，按5%提取任意盈余公积。

2）以2013年12月31日的股本总额为基数，以资本公积（股本溢价）转增股本，每10股转增3股，计600万股。

（3）2013年12月31日，A公司召开股东大会，审议批准了董事会提出的预案，同时决定分派现金股利40万元。2013年12月31日，A公司办妥了上述资本公积转增股本的有关手续。

（4）2014年度，A公司发生净亏损900万元。

要求：

（1）编制A公司2013年度提取盈余公积的会计分录。

（2）编制A公司2013年度宣告分派现金股利的会计分录。

（3）编制A公司2013年度资本公积转增股本的会计分录。

（4）编制A公司2013年度结转当年利润分配的会计分录。

（5）编制A公司2014年度结转当年净亏损的会计分录。

案例分析题

1. 桦林股份公司是由五个股东共同出资组建的保健品公司，其注册资本1 000万元。股东A出资400万元，占注册资本的40%，其中，现金出资200万元，另以一项产品专利权出资，经评估作价200万元；股东B出资额为300万元，占注册资本的30%；股东C、D、E的出资额分别为100万元，各占注册资本的10%。经过几年的经营，公司的所有者权益已增至1 500万元（其中实收资本为1 000万元，资本公积为200万元，盈余公积为100万元，未分配利润为200万元）。今年年初，公司拟扩大规模，再上一条主要产品生产线，需要筹

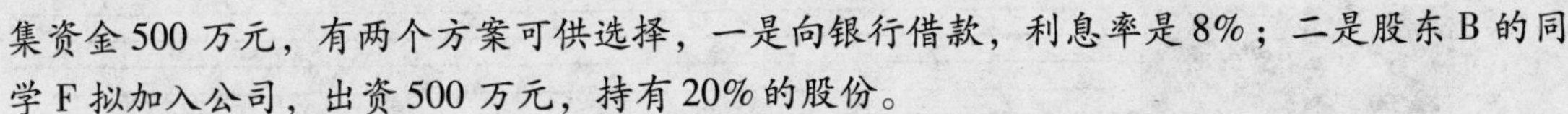

集资金500万元，有两个方案可供选择，一是向银行借款，利息率是8%；二是股东B的同学F拟加入公司，出资500万元，持有20%的股份。

要求：

(1) 若股东B欲转让10%的股份给同学G，同学G需出资150万元，其他股东同意其转让，为什么？

(2) 若考虑以同学F出资500万元，投资入股的方式筹集资金，公司注册资本增加到1 250万元，则对公司所有者权益的构成有何影响？若要合理保护原股东的权益，同学F所占股权比例为多少？

(3) 在第 (2) 问的基础上，若今年年末公司实现的税后利润为200万元，不进行利润分配。税后利润与各股东的出资有何关系？假设每年盈余公积提取比例均10%，列示今年年末公司所有者权益的构成情况？

(4) 如果你是公司的CEO，应如何作出筹集资金的决策？

2. 华星公司2013年12月31日资产负债表上的所有者权益的有关数据如下（单位：元）：

股本（普通股5 000 000股）	5 000 000
资本公积（普通股溢价）	3 000 000
盈余公积	4 000 000
未分配利润	2 500 000
合计	14 500 000

华星公司在过去的3年中，每年每股发放现金股利0.18元。公司在2013年2月15日宣告并发放股票股利100万股。4月20日又宣告发放现金股利，每股为0.15元。投资者林强持有5 000股华星公司的普通股份，当初的购入价为每股30元。

要求：

(1) 华星公司发放股票股利前后的净资产是否有变化？在发放股票股利的当天，华星公司的股票的市价从每股30元跌至25元，林强是否损失了？

(2) 林强今年收到的现金股利与以前年度收到的是否一样？

第六章

收入、费用和利润

案例与引言

沈阳黎明服装股份有限公司1998年12月23日公开发行7 000万社会公众股，1999年1月28日股票上市。公司主营业务：服装、服饰、毛纺织品及原辅料开发设计、加工、制造、批发、仓储等。上市当年该公司为粉饰经营业绩，通过非法手段编造虚假财务数据，虚增资产8 996万元，虚增负债1 956万元，虚增所有者权益7 413万元，虚增主营业务收入1.528亿元，虚增利润总额8 679万元。2001年被财政部驻辽宁省财政监察专员办事处查出。

请问影响利润的因素有哪些？黎明股份为何造假？他们是通过什么手段虚增利润的？

对于该案例的回答，正是本章的学习目标。

本章学习目标

- ◆ 收入的概念、收入确认的条件
- ◆ 主营业务收入的会计处理
- ◆ 费用的概念、费用确认的原则及会计处理
- ◆ 本年利润的构成及核算
- ◆ 暂时性差异的含义与内容
- ◆ 资产负债表债务法的账务处理
- ◆ 利润分配的顺序、内容及核算
- ◆ 收入、费用、利润的披露

第一节　收　　入

一、收入的概念与分类

（一） 收入的概念

收入是指企业在日常活动中形成的、会导致所有者权益增加的、与所有者投入资本无关的经济利益的总流入。收入产生于企业日常的生产经营活动，偶发的交易或事项产生的经济利益流入，不属于企业的收入；收入可能表现为资产的增加，也可能表现为负债的减少；收

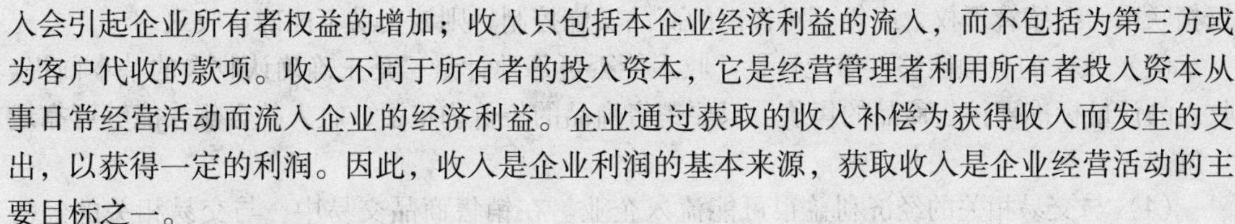

入会引起企业所有者权益的增加；收入只包括本企业经济利益的流入，而不包括为第三方或为客户代收的款项。收入不同于所有者的投入资本，它是经营管理者利用所有者投入资本从事日常经营活动而流入企业的经济利益。企业通过获取的收入补偿为获得收入而发生的支出，以获得一定的利润。因此，收入是企业利润的基本来源，获取收入是企业经营活动的主要目标之一。

（二）收入的分类

收入可以按照不同的标准进行分类。

1. 按照收入的性质分类

收入按照性质不同可以分为商品销售收入，提供劳务的收入和让渡资产使用权而获得的收入等。例如，制鞋业销售各种鞋产品的收入，百货公司销售的服装、百货等收入均为企业的商品销售收入；生产吸油烟机的企业，提供的吸油烟机的修理与清洁服务，就是该类公司的劳务收入；某制造业将其暂时不用的仓库出租而取得的收入，则是该公司让渡资产使用权而获得的收入。

2. 按照经营业务的主次分类

收入按照经营业务的主次可以分为主营业务收入和其他业务收入。主营业务收入一般占企业营业收入的比重较大且经常发生，对企业的经济效益产生较大影响。不同行业其主营业务所包括的内容也不同。工业制造企业的主营业务收入主要包括销售商品、自制半成品、代制品、代修品、提供工业性劳务等所取得的收入；商品流通企业的主营业务收入主要包括销售商品所取得的收入；旅游服务企业的主营业务收入主要包括客房收入、餐饮收入等。

其他业务收入是指企业从事主营业务以外的其他业务所形成的收入，如工业企业包装物出租收入、销售材料取得的收入、转让无形资产使用权取得的收入等。与主营业务收入相比，其他业务收入一般占企业收入的比重较小，具有服务对象不固定，收入数额不稳定的特点。

二、收入的确认

收入的确认是指收入应在何时入账。企业销售商品时，只有同时符合以下五个条件，才能确认为收入。

（1）企业已将商品所有权上的主要风险和报酬转移给购货方。风险主要是指商品由于贬值、损坏、报废、被盗等造成的损失，报酬是指商品中包含的未来经济利益，包括商品升值等。如果一项商品发生的任何损失均不需要本企业承担，带来的经济利益也不归本企业所有，则表明该商品所有权上的主要风险和报酬已转移出该企业，这是确认收入实现的重要标志。如果销售方对售出的商品还留有所有权上的主要风险，则这种交易不能确认为收入。如销售方对售出的商品负责安装、调试或检验等工作，且此项调试或检验等工作是销售合同的重要组成部分，在商品已发出但未完成安装及检验过程前，商品所有权上的主要风险和报酬并未转移给购货方，因为在安装、调试过程中还可能发生一些不确定因素，影响这项销售的实现，只有在安装完毕并检验合格后才能确认收入实现。如果销售方对售出的商品负责质量保修范围内的修理，在商品发出并办妥相关手续后就可确认收入的实现。

（2）企业既没有保留通常与所有权相联系的继续管理权，也没有对已售出的商品实施有效控制。企业将商品所有权上的主要风险和报酬转移给买方后，如果仍保留了与商品所有权相联系的继续管理权，或仍可对售出的商品实施控制，则该交易不能确认收入。

（3）收入的金额能够可靠地计量。收入能否可靠地计量，是正确确认收入的基本前提。收入的计量标准即销售商品的售价。只要销售商品的售价确定了，收入的金额才能够可靠地计量。

（4）与交易相关的经济利益很可能流入企业。在销售商品交易中，与交易相关的经济利益即为销售商品的价款。销售商品的价款能否有把握收回，是收入确认的一个重要条件。一般情况下，企业售出的商品符合合同或协议规定的要求，并已将发票账单交付买方，买方承诺付款，即表明销售商品的价款能够收回。

（5）相关的已发生或将发生的成本能够可靠地计量。要正确地确认收入，不仅相关的收入能够可靠地计量，与其对应的成本也必须能够可靠地计量。如果成本不能可靠地计量，相关的收入也不能合理确认，即使其他条件均已满足，也不能确认收入。

具体而言，商品销售收入在满足上述条件情况下，通常按下列规定作为商品销售收入的确认时点：

1）销售商品采用托收承付方式的，在办妥托收手续时确认收入。

2）销售商品采用预收款方式的，在发出商品时确认收入，预收的货款应确认为负债。

3）销售商品需要安装和检验的，在购买方接受商品以及安装和检验完毕前，不确认收入，待安装和检验完毕时确认收入。如果安装程序比较简单，可在发出商品时确认收入。

4）销售商品采用以旧换新方式的，销售的商品应当按照销售商品收入确认条件确认收入，回收的商品作为购进商品处理。

5）销售商品采用支付手续费方式委托代销的，在收到代销清单时确认收入。

6）采用售后回购方式销售商品的，收到的款项应确认为负债；回购价格大于原售价的，差额应在回购期间按期计提利息，计入财务费用。有确凿证据表明售后回购交易满足销售商品收入确认条件的，销售的商品按售价确认收入，回购的商品作为购进商品处理。

7）采用售后租回方式销售商品的，收到的款项应确认为负债；售价与资产账面价值之间的差额，应当采用合理的方法进行分摊，作为折旧费用或租金费用的调整。有确凿证据表明认定为经营租赁的售后租回交易是按照公允价值达成的，销售的商品按售价确认收入，并按账面价值结转成本。

8）分期收款销售。分期收款销售是指商品已经交付，货款分期收回的一种销售方式。分期收款销售的特点是，销售商品的价值较大，如房产、汽车、重型设备等；收款期限较长，实质上具有融资性质；收取货款的风险较大。企业销售商品满足收入确认条件时，应当按照应收合同或协议价款的公允价值确定销售商品收入金额。

三、收入的核算

（一）主营业务收入的核算

主营业务收入的核算内容主要包括：主营业务收入的确认与计量、发生销售退回的核算、由于销售商品而缴纳的各种税金以及销售成本和销售费用的核算等。对主营业务收入的核算，企业应设置“主营业务收入”“主营业务成本”和“营业税金及附加”等损益类科目。

“主营业务收入”科目核算企业销售商品、提供劳务等日常活动中的主要经济业务所取得的收入，贷方登记企业实现的主营业务收入，借方登记发生销售折让或退回时冲减的主营业务收入以及期末结转入“本年利润”科目的主营业务收入，结转后该科目应无余额。

“主营业务成本”科目核算企业销售商品、提供劳务等日常活动中的主要经济业务所发生的实际成本，借方反映本期结转的销售商品、提供劳务的实际成本，贷方反映期末结转入“本年利润”科目的成本以及因销售退回而冲减的主营业务成本，结转后该科目应无余额。

1. 一般商品销售业务

企业销售商品，根据收入确认条件确认商品销售收入时，应根据企业与购货方签订的合同或协议金额确定。无合同或协议的，应按购销双方都能接受的价格确定。企业在确定商品销售收入时不考虑各种预计可能发生的现金折扣。现金折扣在实际发生时计入发生当期的财务费用。

按实现的收入金额和应收取的增值税额，借记“银行存款”“应收账款”“应收票据”等科目。按实现的收入额，贷记“主营业务收入”科目，按应收取的增值税额，贷记“应交税费——应交增值税（销项税额）”科目。需缴纳的营业税、消费税、资源税、城市维护建设税、教育费附加等税费，应在确认收入的同时或月末，按应交的税费金额，借记“营业税金及附加”科目，贷记“应交税费——应交消费税（或应交资源税、应交城市维护建设税）”等科目。结转销售商品实际成本时，借记“主营业务成本”科目，贷记“库存商品”科目。

【例1】 甲企业为一般纳税人，2012 年 11 月份向 A 企业销售产品 1 000 件，单位售价 600 元（不含应收取的增值税），单位成本为 400 元，该产品的增值税税率为 17%，消费税税率为 6%。甲企业已按合同发货，开出转账支票代垫运杂费 200 元，已办妥托收手续。甲企业 11 月份应交城市维护建设税 9 660 元，应交教育费附加 4 140 元。甲企业的会计处理为：

（1）确认主营业务收入：

借：应收账款——A 企业	702 200	
贷：主营业务收入		600 000
应交税费——应交增值税（销项税额）		102 000
银行存款		200

（2）结转主营业务成本：

借：主营业务成本	400 000	
贷：库存商品		400 000

（3）计算营业税金及附加：

借：营业税金及附加	49 800	
贷：应交税费——应交消费税		36 000
——应交城市维护建设税		9 660
——应交教育费附加		4 140

2. 销售折让

销售折让是指企业销售商品后，因售出商品的质量问题等原因而对购货方在价格上给予的减让。销售折让应在实际发生时直接从当期实现的收入中抵减。发生销售折让时，如规定允许扣减当期销项税额的，应同时用红字冲减“应交税费——应交增值税（销项税额）”科目。按双方协议予以折让的金额，借记“主营业务收入”科目，按相应扣减销项税额的金额，借记“应交税费——应交增值税（销项税额）”科目，按其合计数贷记“应收账款”等科目。

【例2】 上述例1中甲企业销售给A企业的产品因规格与合同不符，甲企业同意给予对方5%的折让，同时允许扣减当期销项税额。甲企业的会计处理为：

发生折让时：

借：主营业务收入　　30 000

　　应交税费——应交增值税（销项税额）　　5 100

　贷：应收账款——A企业　　35 100

实际收款时：

借：银行存款　　667 100

　贷：应收账款——A企业　　667 100

3. 销售退回

销售退回是指企业已售出的商品因质量、品种不符合要求等原因而发生的退货。销售退回如果发生在企业确认收入之前，则只需要将已记入“发出商品”科目的商品成本转回“库存商品”科目。如果发生在企业确认销售收入之后，则不论是当年销售的商品，还是以前年度销售的商品，一般均应冲减退回当月的销售收入和销售成本。如果按规定允许扣减当期销项税额的，应同时用红字冲减“应交税费——应交增值税（销项税额）”科目，如该项销售已发生现金折扣或销售折让的，也应在退回当月一并调整。如果在资产负债表日及以前售出的商品，在资产负债表日至财务报告批准报出日之间发生退回，则按资产负债表日后事项处理，冲减报告年度的收入、成本和税金。

【例3】 鼎新公司于2013年2月15日向B企业销售商品一批，增值税专用发票上注明的商品价款为100 000元，增值税税额为17 000元。商品成本为70 000元，合同规定的付款条件为2/10、1/20、*N*/30。B企业于2月24日付清货款。2013年4月5日该商品因质量问题发生退货。其鼎新公司的会计处理为：

（1）2013年2月15日确认收入时：

借：应收账款——B企业　　117 000

　贷：主营业务收入　　100 000

　　　应交税费——应交增值税（销项税额）　　17 000

同时结转商品销售成本：

借：主营业务成本　　70 000

　贷：库存商品　　70 000

（2）2013年2月24日收到货款时：

借：银行存款　　115 000

　　财务费用　　2 000

　贷：应收账款——B企业　　117 000

（3）2013年4月5日销售退回时：

借：主营业务收入　　100 000

　　应交税费——应交增值税（销项税额）　　17 000

贷：银行存款　　115 000

　　财务费用　　2 000

同时冲减商品销售成本

借：库存商品　　70 000

　贷：主营业务成本　　70 000

（二） 其他业务收支的核算

工业企业转让无形资产使用权、固定资产和包装物出租、出售不需用原材料、非工业性劳务等，属于与经常性活动相关的活动，一般是企业营业执照上注明的兼营业务。如原材料销售、固定资产和包装物出租、无形资产出租、非工业性劳务等。由于其他业务在企业的经营业务中所占比重较小，根据重要性原则，一般采用较简便的方法进行核算。设置“其他业务收入”和“其他业务成本”科目，确认其他业务收入时，按实现的收入和按规定应收取的增值税额，借记“银行存款”“应收账款”“应收票据”等科目，按实现的收入，贷记“其他业务收入”科目，按专用发票上注明的增值税额，贷记“应交税费——应交增值税（销项税额）”科目。为取得收入而发生的相关成本、费用和税金，借记“其他业务成本”科目，贷记“原材料”“包装物”等科目。

【例4】 鼎新公司2013年3月份销售原材料一批，专用发票注明的价款为5 000元，增值税税额为850元，款项已收妥入账，该批材料实际成本为4 000元。其会计处理为：

销售原材料时：

借：银行存款　　5 850

　贷：其他业务收入　　5 000

　　应交税费——应交增值税（销项税额）　　850

结转材料成本时：

借：其他业务成本　　4 000

　贷：原材料　　4 000

第二节 费 用

一、费用的概念与分类

（一） 费用的概念

费用是指企业在日常活动中发生的、会导致所有者权益减少的、与向所有者分配利润无关的经济利益的总流出。费用产生于企业的日常生产经营活动，偶发的交易或事项产生的经济利益流出不属于企业的费用；费用可能表现为资产的减少，也可能表现为负债的增加，或二者兼而有之；费用会引起企业所有者权益的减少；虽然向出资者分配利润的资金也流出了企业，但不属于费用，而属于企业的利润分配。

企业经过生产过程与销售过程以后，固定资产的损耗价值、消耗掉的材料物资等转化为费用。此时费用为广义费用，即生产经营管理费用，包括生产成本、期间费用，以及能够预计到的可能发生的正常损失三部分内容。狭义费用是指计入当期损益的费用，包括已售产品的销售成本与期间费用。

制造成本即生产成本，我们称其为狭义成本。狭义成本是由广义费用转化而来。制造过程结束，产品完工入库进入销售过程。完工产品中已销售产品，其制造成本转化为销售成本，销售成本与期间费用一同计入当期损益。完工产品中的未销售产品与未被耗用的材料、尚未完成加工过程的在产品共同作为存货计入当期的资产负债表。

（二） 费用的分类

1. 费用按照经济内容分类

费用按照其经济内容，可以分为外购材料费用、外购燃料费用、外购动力费用、工资及福利费用、折旧费用、利息费用、税金及其他费用等。

2. 费用按照经济用途分类

费用按其经济用途分类，分为生产成本和期间费用。

（1）生产成本，是指与产品生产直接有关的费用，是企业为了生产一定种类和数量的产品而发生的生产费用，是生产费用的对象化。应计入产品成本的费用，有的直接用于产品生产，有的间接用于产品生产。为了具体地反映计入产品生产成本的生产费用的各种用途，还应进一步划分为若干个项目，即产品生产成本项目，简称产品成本项目或成本项目。我国制造业一般设立四个成本项目：直接材料、燃料及动力、直接人工和制造费用。

（2）期间费用，是企业当期发生费用中的重要组成部分，是指本期发生的，不能直接或间接归入某种产品成本的、直接计入当期损益的各项费用。主要包括：行政管理部门为组织和管理生产经营活动而发生的管理费用；为筹集资金而发生的财务费用；为销售商品而发生的销售费用。

二、费用的确认与计量

（一） 费用的确认

1. 费用的确认原则

企业的经济活动是多方面的，其支出的用途不尽相同。在具体确认时，应划分收益性支出与资本性支出，遵循权责发生制的确认、计量基础，同时确认与本期收入相关的费用，以计算本期利润。

（1）企业发生的费用应首先分为收益性支出与资本性支出。购建固定资产的支出属于资本性支出，应计入固定资产的成本；固定资产盘亏损失、固定资产报废清理净损失等应计入营业外支出。用于产品生产和销售、用于组织和管理生产经营活动，以及为筹集生产经营资金所发生的各种支出，即企业日常生产经营管理活动中的各种耗费，则为生产经营管理的成本费用，应计入产品成本或期间费用。

（2）费用还应分为计入产品成本的生产费用和不计入产品成本的期间费用。同时，以权责发生制为确认、计量基础，划分各个月份的生产费用和期间费用。

（3）为合理计算本期利润，应确认计入当期损益的费用，包括已售产品的销售成本与期间费用，计入当期的利润表。

2. 费用的确认标准

由于发生费用的目的是为了取得收入，因此，费用的确认应与收入的确认相联系。根据费用与收入之间的相互关系，企业费用的确认可归结为以下三种情况：

（1）依据一定的标准和分摊程序，系统合理分配的费用。如果一项资产能够在若干个会计期间为企业带来收益，企业就应采用一定的分配方式，将该资产的成本分配于各个会计期间。例如，各期固定资产折旧费用、无形资产摊销费用的确认。

（2）在支出发生时就确认的费用。在实际业务中，有些支出虽然与收入没有直接的关系，但与一定会计期间的收入紧密相连或其效益难以合理估计，均应在发生当期直接作为费用加以确认。如管理人员工资，固定资产日常修理费等，应直接确认为当期费用；又如，广告费支出，虽然可能在较长时期内受益，但很难合理估计其受益期间，因而也直接确认为当期的销售费用。

（3）按其与营业收入的因果关系确认费用。凡是与本期收入有直接联系的耗费都应确定为本期的费用。例如，已销售商品的成本是为了取得营业收入而直接发生的耗费，应在取得营业收入的期间确认为费用。

（二）费用的计量

按照《企业会计制度》规定，企业在生产经营过程中所发生的各项费用，应当以实际发生额计入成本、费用，不得以估计成本或计划成本代替实际成本。即企业在具体核算中可采用实际成本，也可采用计划成本或标准成本计价，但月末编制会计报表时，必须调整为实际成本。对于各会计期间所负担的费用，则必须按实际发生额计算、确认和结转。

三、费用的核算

（一）生产成本的核算

应计入产品成本的生产费用，有的直接用于产品生产，有的间接用于产品生产。可以分清哪种产品所耗用、可以直接计入某种产品成本的材料费用、工资费用，可直接计入直接材料、直接人工成本项目；不能分清哪种产品所耗用、不能直接计入某种产品成本，而必须按照一定标准分配计入各种产品成本的费用，应分配计入产品成本，例如，几种产品共同耗用的原材料费用、制造费用等。已计入产品成本的费用，如果本期既有完工产品，又有未完工产品，还应在完工产品和在产品之间进行分配，以计算出本期完工产品的总成本和单位成本。（产品成本计算的具体内容可参阅本教材第七章成本会计）

（二）期间费用的核算

期间费用包括管理费用、销售费用和财务费用。

1. 管理费用的核算

管理费用是指企业行政管理部门为组织和管理生产经营活动而发生的各种费用，包括企业在筹建期间内发生的开办费、董事会和行政管理部门在企业的经营管理中发生的或者应由企业统一负担的公司经费（包括行政管理部门职工工资及福利费、物料消耗、低值易耗品摊销、办公费和差旅费等）、工会经费、董事会费（包括董事会成员津贴、会议费和差旅费等）、聘请中介机构费、咨询费（含顾问费）、诉讼费、业务招待费、房产税、车船税、城镇土地使用税、印花税、技术转让费、矿产资源补偿费、无形资产摊销、研发费用、排污费及其他管理费用。

企业发生的管理费用，在“管理费用”科目核算。本期发生的各项管理费用借记“管理费用”科目，贷记“库存现金”“银行存款”“原材料”“应付职工薪酬”“累计摊销”“累计折旧”“应交税费”等科目，期末将借方余额结转入“本年利润”科目，结转后没有余额。该科目应按费用项目进行明细分类核算。

【例5】 乙企业本月摊销无形资产5 000元、聘请中介机构费32 000元、缴纳印花税1 200元、计算房产税66 000元。其会计处理为：

（1）摊销无形资产时：

借：管理费用——无形资产摊销　　5 000

　贷：累计摊销　　5 000

（2）支付聘请中介机构费、缴纳印花税时：

借：管理费用　　33 200

　贷：银行存款　　33 200

（3）计算房产税时：

借：管理费用　　66 000

　贷：应交税费——应交房产税　　66 000

2. 销售费用的核算

销售费用是指企业销售商品和材料、提供劳务的过程中发生的各种费用，包括保险费、包装费、展览费和广告费、商品维修费、预计产品质量保证损失、运输费、装卸费等，以及为销售本企业商品而专设的销售机构（含销售网点、售后服务网点等）的职工薪酬、业务费、折旧费等经营费用。

企业发生的销售费用，在“销售费用”科目核算。本期发生的各项销售费用借记“销售费用”科目，贷记“库存现金”“银行存款”“应付职工薪酬”等科目，期末将借方余额结转入“本年利润”科目，结转后没有余额。该科目应按费用项目进行明细分类核算。

【例6】 乙企业以银行存款支付本月发生的广告费40 000元，修理销售部门办公楼领用材料1 600元，发生应付工资1 200元。其会计处理为：

借：销售费用——广告费　　40 000

　贷：银行存款　　40 000

借：销售费用——修理费　　2 800

　贷：原材料　　1 600

　　　应付职工薪酬　　1 200

3. 财务费用的核算

财务费用是指企业为筹集生产经营所需资金而发生的费用，包括：利息支出（减利息收入）、汇兑损失（减汇兑收益），以及相关的手续费、企业发生的现金折扣或收到的现金折扣等。

企业发生的财务费用，在“财务费用”科目核算。企业发生各项财务费用时借记“财务费用”科目，贷记“应付利息”“银行存款”等科目；企业发生利息收入、汇兑收益时，借记“银行存款”等科目，贷记“财务费用”科目。期末将借方余额结转入“本年利润”科目，结转后没有余额。该科目应按费用项目进行明细分类核算。

【例7】 3月末乙企业支付短期借款利息3 000元，以银行存款支付银行转账手续费800元。其会计处理为：

借：财务费用——利息支出　　3 000

　　　　　　——手续费　　800

　贷：银行存款　　3 800

第三节 利 润

一、利润总额的核算

企业作为独立的经济实体，应当以自己的经营收入抵补支出实现盈利。利润就是企业在一定时期内的全部收入抵减全部支出后的差额，它是企业生产经营成果的综合反映，是企业会计核算的重要组成部分。

（一）利润的构成与计算

企业利润就其构成来看，既有生产经营活动所带来的营业利润，也有通过投资活动所取得的投资效益，还包括一些与企业生产经营活动无直接关系的事项所引起的损益，例如，处置固定资产、转让无形资产所有权的净收益或净损失。根据我国《企业会计准则》的规定，利润金额取决于收入和费用、直接计入当期利润的利得和损失金额的计量。直接计入当期利润的利得和损失，是指应当计入当期损益、会导致所有者权益发生增减变动的、与所有者投入资本或者向所有者分配利润无关的利得或者损失。

1. 营业利润

营业利润是指企业从事生产经营活动所实现的利润。它是企业利润的主要来源，能够比较恰当地代表企业管理者的经营业绩。营业利润计算公式为：

$$\text{营业利润}=\text{营业收入}-\text{营业成本}-\text{营业税金及附加}-\text{销售费用}-\text{管理费用}-\text{财务费用}-\text{资产减值损失}+\text{公允价值变动收益}+\text{投资收益}$$

2. 利润总额

利润总额是指企业的营业利润加上营业外收支净额以后的金额。其计算公式为：

$$\text{利润总额}=\text{营业利润}+\text{营业外收入}-\text{营业外支出}$$

上述公式的计算结果若为负数，则是企业发生的亏损总额。

3. 净利润

净利润是指企业的利润总额减去所得税以后的金额，即企业的税后利润。其计算公式为：

$$\text{净利润}=\text{利润总额}-\text{所得税}$$

上式中的所得税是指企业按规定应由当期损益中扣除的所得税费用。

4. 每股收益

每股收益根据归属于普通股股东的当期净利润，除以发行在外普通股数计算得出，包括基本每股收益和稀释每股收益。

（二）营业外收支的核算

1. 营业外收入

营业外收入是指直接计入当期利润的利得，与企业生产经营活动无直接关系的各种收入。营业外收入的取得，不需要企业付出任何代价，不可能也不需要与有关费用进行配比，实际上是一种纯收入，直接增加企业的利润总额。因此，在会计核算中，应严格区分营业外收入与营业收入的界限。营业外收入主要包括非流动资产处置利得、非货币性资产交换利得、债务重组利得、政府补助、盘盈利得、捐赠利得等。

企业发生的各项营业外收入，应当按照实际发生的金额在“营业外收入”科目核算。企业取得各项营业外收入时，借记“待处理财产损溢”（待处理固定资产损溢）“固定资产清理”“银行存款”“库存现金”“应付账款”等科目，贷记“营业外收入”科目。期末，将贷方余额结转入“本年利润”科目，结转后无余额。

2. 营业外支出

营业外支出是指直接计入当期利润的损失，企业发生的与生产经营活动无直接关系的各种支出。这些支出不会给企业带来任何收益，不属于企业的生产经营管理费用，但直接抵减企业的利润总额。营业外支出主要包括非流动资产处置损失、非货币性资产交换损失、债务重组损失、公益性捐赠支出、非常损失、盘亏损失等。

企业发生的各项营业外支出，应当按照实际发生的金额在“营业外支出”科目核算。企业发生营业外支出时，借记“营业外支出”科目，贷记“待处理财产损溢”（待处理固定资产损溢）“固定资产清理”“其他应收款”“库存现金”“银行存款”等科目。期末，将借方余额结转入“本年利润”科目，结转后无余额。

（三） 本年利润的结转

1. 结转本年利润的方法

利润是指在企业的生产经营过程中形成的，反映企业一定时期的经营成果。企业财会部门除了对生产经营活动中的各项收入、费用进行及时核算以外，还要定期结转收入、费用，以便确认企业当期实现的净损益。会计期末结转本年利润的方法有表结法和账结法两种。

（1）表结法。表结法是指各损益类科目每月月末只需结出本月发生额和月末累计余额，不结转到“本年利润”科目，只有在年末时才将全年累计余额结转入“本年利润”科目。但每月月末要将损益类科目的本月发生额合计数填入利润表的本月数栏，同时将本月末累计余额填入利润表的本年累计数栏，通过利润表计算反映各期的利润（或亏损）。表结法下年中损益类科目无需结转入“本年利润”科目，从而减少了转账环节和工作量，同时并不影响利润表的编制及有关损益指标的利用。

（2）账结法。账结法是指每月月末均需编制转账凭证，将在账上结计出的各损益类科目的余额结转入“本年利润”科目。结转后“本年利润”科目的本月合计数反映当月实现的利润或发生的亏损，“本年利润”科目的本年累计数反映本年累计实现的利润或发生的亏损。账结法在各月均可通过“本年利润”科目提供当月及本年累计的利润（或亏损）额，增加了转账环节的工作量。

2. 结转本年利润的核算

企业实现的利润总额（或发生的亏损总额）通过设置“本年利润”科目进行核算。该科目属于所有者权益类科目。期末，企业将各收益类科目的余额转入“本年利润”科目的贷方；将各费用类科目的余额转入“本年利润”科目的借方。结转后，“本年利润”科目若为贷方余额，则反映本年度自年初起至年末止累计实现的净利润；若为借方余额。则反映本年度自年初起至年末止累计发生的净亏损。年度终了，应将本年实现的累计净利润（或累计净亏损）全部转入“利润分配——未分配利润”明细科目，年终结转后，“本年利润”科目应无余额。

【例8】 乙企业在2012年12月31日，结账前各损益类账户的余额如表6-1所示（假设乙企业采用表结法结转本年利润）。

表 6-1　资料表　　单位：元

账户名称	借方余额	贷方余额
主营业务收入		900 000
其他业务收入		34 000
投资收益		15 000
营业外收入		35 000
公允价值变动损益		60 000
主营业务成本	500 000	
营业税金及附加	45 000	
其他业务成本	24 000	
销售费用	20 000	
管理费用	85 000	
财务费用	20 000	
资产减值损失	50 000	
营业外支出	18 000	
所得税费用	85 000	

将上述各损益类账户余额结转“本年利润”时，其会计处理为：

（1）结转主营业务收入：

借：主营业务收入　　900 000

　贷：本年利润　　900 000

（2）结转主营业务成本、营业税金及附加和资产减值损失等：

借：本年利润　　720 000

　贷：主营业务成本　　500 000

　　营业税金及附加　　45 000

　　销售费用　　20 000

　　财务费用　　20 000

　　管理费用　　85 000

　　资产减值损失　　50 000

（3）结转其他业务收支：

借：其他业务收入　　34 000

　贷：本年利润　　34 000

借：本年利润　　24 000

　贷：其他业务成本　　24 000

（4）结转公允价值变动损益：

借：公允价值变动损益　　60 000

　贷：本年利润　　60 000

（5）结转投资净收益：

借：投资收益　　15 000

　贷：本年利润　　15 000

（6）结转营业外收支：

借：营业外收入　　35 000

　贷：本年利润　　35 000

借：本年利润　　18 000

　贷：营业外支出　　18 000

（7）结转本年所得税费用：

借：本年利润　　85 000

　贷：所得税费用　　85 000

（8）计算并结转本年净利润：

“本年利润”科目借方发生额为：

（720 000 + 24 000 + 18 000 + 85 000）元 = 847 000 元

“本年利润”科目贷方发生额为：

（900 000 + 34 000 +60 000 + 15 000 + 35 000）元 = 1 044 000 元

本年实现净利润额 =（1 044 000 - 847 000）元 =197 000 元

借：本年利润：　　197 000

　贷：利润分配——未分配利润　　197 000

（若为本年亏损总额，则作相反的会计分录）。

二、所得税

企业所得税是国家对企业按其生产经营所得和其他所得依法征收的一种税。所得税属于企业的一项费用，在计算净利润前扣除。计算所得税的主要依据是企业的应纳税所得额。在实际工作中，财务会计和税收分别遵循不同的原则，服务于不同的目的。财务会计核算必须遵循会计信息的质量要求，其目的是为了真实、完整地反映企业的财务状况、经营成果以及财务状况变动的全貌，为投资者、债权人、企业管理者以及其他会计报表使用者提供决策有用的信息。税法是以课税为目的，根据经济合理、公平税负、促进竞争的原则，依据有关的税收法规，确定一定时期内纳税人应缴纳的税额。从所得税角度考虑，主要确定企业的应税所得，以对企业的经营所得以及其他所得进行征税；同时，税法还是国家调节经济活动、为宏观经济服务的一种必要手段。因此，在同一企业的同一会计期间，依据会计准则要求计算的税前会计利润与按照税法规定计算的应纳税所得额之间往往存在一定的差异。这些差异在会计上可以采用不同的方法进行核算。根据《企业会计准则第 18 号——所得税》规定，所得税的核算方法采用资产负债表债务法。

（一） 税前会计利润与应纳税所得额的差异

资产负债表债务法是指以企业的资产负债表及其附注为依据，结合相关账簿资料，分析计算各项资产、负债的计税基础，通过比较资产、负债的账面价值与其计税基础之间的差异，确定应纳税暂时性差异和可抵扣暂时性差异，从而在应交所得税基础上确定所得税费用。当期所得税费用由当期应交所得税和递延所得税两部分构成。

1. 当期应交所得税

当期应交所得税是按照税法规定的纳税所得计算的企业一定时期应当缴纳的所得税额。计算公式如下：

$$\text{应交所得税}=\text{应纳税所得额}\times\text{所得税税率}=\left(\text{利润总额}\pm\text{纳税调整额}\right)\times\text{所得税税率}$$

其中，纳税调整额包括纳税调整增加额和纳税调整减少额。纳税调整增加额主要包括税法规定允许扣除项目中，企业已计入当期费用但超过税法规定扣除标准的金额，例如，超过税法规定标准的业务招待费支出等，以及企业已计入当期损失但税法规定不允许扣除项目的金额，例如，税收滞纳金、罚款、罚金等。纳税调整减少额主要包括按税法规定允许弥补的亏损和准予免税的项目，例如，前五年内的未弥补亏损和国债利息收入等。

【例9】 甲公司2012年度税前会计利润为2 200万元，其中包括本年收到的国库券利息收入22万元，所得税税率为25%。当年按税法核定的全年公益性捐赠支出为264万元，甲公司全年实际捐赠支出为284万元。甲公司当年营业外支出中有8万元为税款滞纳罚金。

应纳税所得额 =（2 200 − 22 + 284 − 264 + 8）万元 = 2 206万元

当期应交所得税 = 2 206万元 × 25% = 551.5万元

2. 递延所得税

递延所得税是由暂时性差异的影响所形成的。计算公式如下：

$$\text{递延所得税}=\left(\text{期末递延所得税负债}-\text{期初递延所得税负债}\right)-\left(\text{期末递延所得税资产}-\text{期初递延所得税资产}\right)$$

由于资产、负债的账面价值与其计税基础不同，产生了在未来收回资产或清偿负债的期间内，应纳税所得额增加或减少并导致未来期间应交所得税增加或减少的情况。其中，资产的账面价值是指资产的账面余额减去资产减值准备后的金额；资产的计税基础是指企业收回资产账面价值的过程中，计算应纳税所得额时按照税法规定可以自应税经济利益中抵扣的金额。一般而言，负债的账面价值即负债的账面金额；负债的计税基础，是指负债的账面价值减去未来期间计算应纳税所得额时按照税法规定可予抵扣的金额。

资产或负债的账面价值与其计税基础之间的差额，产生了暂时性差异。在这些暂时性差异发生的当期，应当确认相应的递延所得税负债或递延所得税资产。根据暂时性差异对未来期间应纳税金额影响的不同，暂时性差异分为应纳税暂时性差异和可抵扣暂时性差异。

（1）应纳税暂时性差异。它是指在确定未来收回资产或清偿负债期间的应纳税所得额时，将导致产生应纳税金额的暂时性差异。该差异在未来期间转回时，会增加转回期间的应纳税所得额，从而增加应交所得税金额。应纳税暂时性差异通常产生于以下情况：

1）资产的账面价值大于其计税基础，该项资产未来期间产生的经济利益不能全部税前抵扣，两者之间的差额需要交税，从而产生应纳税暂时性差异。

2）负债的账面价值小于其计税基础，意味着就该项负债在未来期间可以税前抵扣的金额为负数，即应在未来期间应纳税所得额的基础上调增，增加应纳税所得额和应交所得税金额，从而产生应纳税暂时性差异。

【例10】 甲公司2012年年末固定资产账面原值为1 000万元，会计上按直线法已提折旧额为200万元，未提固定资产减值准备，则固定资产账面价值为800万元；税法规定可以按年数总和法计提折旧，应计提折旧额为250万元，则固定资产将来可抵扣的金额，即计税基础为750万元。形成应纳税暂时性差异为50万元。

（2）可抵扣暂时性差异。它是指在确定未来收回资产或清偿负债期间的应纳税所得额时，将导致产生可抵扣金额的暂时性差异。该差异在未来期间转回时会减少转回期间的应纳税所得额，从而减少未来期间的应交所得税。可抵扣暂时性差异一般产生于以下情况：

1）资产的账面价值小于其计税基础，从经济含义来看，资产在未来期间产生的经济利益少，按照税法规定允许税前扣除的金额多，则企业在未来期间可以减少应纳税所得额并减少应交所得税，形成可抵扣暂时性差异。

2）负债的账面价值大于其计税基础，意味着未来期间按照税法规定构成负债的全部或部分金额可以自未来应税经济利益中扣除，减少未来期间的应纳税所得额和应交所得税，产生可抵扣暂时性差异。

【例11】 甲公司2012年年末应收账款账面余额500万元，已提坏账准备100万元，则应收账款账面价值为400万元；因在确认应收账款的同时已作为收入缴纳了所得税，在收回应收账款时不用再交税，形成可抵扣金额500万元，其计税基础为500万元。账面价值400万元与计税基础500万元的差额，形成可抵扣暂时性差异为100万元。

资产负债表债务法强调暂时性差异，目的是将暂时性差异的所得税影响看作资产负债表中的一项资产或一项负债，从而符合会计概念框架中的资产或负债的定义。企业某一时期的应交所得税是按应税所得和现行所得税税率计算的结果，是构成本期所得税费用的主要内容。递延税款是对本期所得税费用的调整。

（二） 所得税的核算

税前会计利润与应纳税所得额之间的暂时性差异，会计准则规定采用资产负债表债务法进行处理。在资产负债表债务法下，对于可抵扣暂时性差异的影响额应确认为递延所得税资产，对于应纳税暂时性差异的影响额应确认为递延所得税负债。

1. 递延所得税资产的核算

设置"递延所得税资产"这一资产类科目，核算企业确认的可抵扣暂时性差异产生的递延所得税资产。"递延所得税"科目应按可抵扣暂时性差异的项目进行明细核算。根据税法规定可用以后年度税前利润弥补的亏损及税款抵减产生的所得税资产，也在"递延所得税"科目核算。"递延所得税"科目期末借方余额，反映企业确认的递延所得税资产。计算公式如下：

递延所得税资产 = 可抵扣暂时性差异 × 适用所得税税率

【例12】 甲公司2012年年末存货账面余额100万元，已提存货跌价准备10万元。则存货账面价值为90万元，存货的计税基础为100万元，形成可抵扣暂时性差异为10万元。假设甲公司适用的所得税税率为25%，对于可抵扣暂时性差异可能产生的未来经济利益，应以很可能取得的可抵扣暂时性差异的应纳税所得额为限，确认相应的递延所得税资产。在不考虑期初递延所得税资产的情况下，甲公司的账务处理为：

递延所得税资产 = 可抵扣暂时性差异 × 适用的所得税税率 = 10万元 × 25% = 2.5万元

借：递延所得税资产 25 000

　贷：所得税费用 25 000

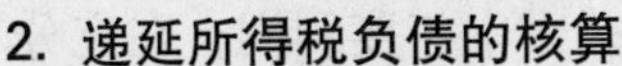

2. 递延所得税负债的核算

设置“递延所得税负债”这一负债类科目，核算企业确认的应纳税暂时性差异产生的所得税负债。“递延所得税负债”科目可按应纳税暂时性差异的项目进行明细核算。“递延所得税负债”科目期末贷方余额，反映企业已确认的递延所得税负债。计算公式如下：

递延所得税负债期末余额 = 应纳税暂时性差异 × 适用的所得税税率

【例 13】　甲公司适用的所得税税率为 25%，2012 年年末长期股权投资账面余额为 220 万元，其中原始投资成本为 200 万元，按权益法确认投资收益 20 万元，没有计提减值准备。长期投资账面价值为 220 万元与其计税基础为 200 万元之间形成应纳税暂时性差异，通常情况下应确认为递延所得税负债。在不考虑期初递延所得税负债的情况下，甲公司的账务处理为：

递延所得税负债 = 应纳税暂时性差异 × 所得税税率 = 20 万元 × 25% = 5 万元

借：所得税费用	50 000	
贷：递延所得税负债		50 000

3. 所得税费用的核算

所得税的核算就是要确认当期应交所得税和所得税费用。当期应交所得税是应纳税所得额与所得税税率的乘积，形成企业的流动负债，计入企业的资产负债表；所得税费用是抵减企业损益的费用项目，由当期所得税和递延所得税两个部分组成，计入企业的利润表。资产负债表日，对于递延所得税资产和递延所得税负债，应当按照预期收回该资产或清偿该负债期间的适用税率计量，而不是本期所得税税率。

三、利润分配

利润分配是将企业实现的净利润，按照国家有关法律和会计制度的规定进行分配。利润的分配过程和结果，不仅关系到企业所有者的合法权益能否得到保护，而且关系到企业能否长期稳定地发展。

（一）　利润分配的内容和程序

企业年度净利润，除法律、行政法规另有规定外，按照以下顺序分配：

（1）弥补以前年度亏损。企业发生的年度经营亏损，依照税法的规定可用下一年度实现的税前利润弥补；下一年度税前利润不足弥补的，可在 5 年内延续弥补；5 年内不足弥补的，应当用税后利润弥补。企业发生的年度亏损以及超过用利润抵补期限的亏损也可以用以前年度提取的盈余公积金弥补。

应当注意的是，企业以前年度亏损未弥补完的，不得提取法定盈余公积和任意盈余公积；在提取法定盈余公积之前，不得向投资者分配利润。

（2）提取法定盈余公积。根据《公司法》与《企业财务通则》的规定，法定盈余公积按照当年实现税后利润的 10% 提取。企业提取的法定盈余公积达到注册资本的 50% 时可不再提取。

（3）提取任意盈余公积。任意盈余公积是指企业按照股东会决议提取并使用的盈余公积；任意盈余公积的提取不具有强制性，企业是否提取、提取比例等均按照股东会决议确定。

（4）向投资者分配利润。企业以前年度未分配的利润，并入本年度利润，在充分考虑现金流量状况后，向投资者分配。属于各级人民政府及其部门、机构出资的企业，应当将应付国有利润上缴财政。有限责任公司按照股东的出资比例分配；股份有限公司按照股东的股份比例分配。

应当注意的几点：①股份有限公司依法回购后暂未转让或者注销的股份，不得参与利润分配；以回购股份对经营者及其他职工实施股权激励的，在拟订利润分配方案时，应当预留回购股份所需利润。②企业弥补以前年度亏损和提取盈余公积后，当年没有可供分配的利润时，不得向投资者分配利润，但法律、行政法规另有规定的除外。③企业经营者和其他职工以管理、技术等要素参与企业收益分配的，应当按照国家有关规定在企业章程或者有关合同中对分配办法作出规定。

（二） 利润分配的核算

为了反映企业利润的分配（或亏损的弥补）情况以及历年净利润分配（或亏损弥补）后的结存余额，应设置“利润分配”科目。按照企业利润分配的内容，在“利润分配”科目下主要设置以下明细科目：

（1）“盈余公积补亏”明细科目。核算企业用盈余公积金弥补的以前年度亏损。

（2）“提取法定盈余公积”明细科目。核算企业按规定从本年税后利润中提取的法定盈余公积。

（3）“提取任意盈余公积”明细科目。核算企业按规定从本年税后利润中提取的任意盈余公积。

（4）“应付现金股利或利润”明细科目。核算企业分配给普通股股东的现金股利。

（5）“转作股本的股利”明细科目。核算企业分配给普通股股东的股票股利。股票股利是企业将资金从“利润分配——未分配利润”账户转移到“股本”账户，并未改变股东权益总额，也不会改变每位股东的持股比例。股票股利增加了市场上流通股的数量。因此，一般而言，股票股利的分派会使企业的每股利润下降。

（6）“未分配利润”明细科目。核算企业年度终了时累计未分配的利润或累计未弥补的亏损。

企业按规定进行利润分配时，根据业务内容将已分配的金额分别记入“利润分配”科目所属各明细科目的借方（或贷方），贷记（或借记）“盈余公积”“应付股利”等科目。年度终了，企业将全年实现的净利润，从“本年利润”科目转入“利润分配——未分配利润”科目；借记“本年利润”科目，贷记“利润分配——未分配利润”科目；如为净亏损，则作相反的会计分录。结转后，“本年利润”科目无余额。同时，将“利润分配”科目的其他明细科目的余额均转入“未分配利润”明细科目，结转后，“利润分配”科目下除“未分配利润”明细科目外，其他明细科目均无余额。“利润分配——未分配利润”科目如为贷方余额则反映企业历年累计的未分配利润数额，如为借方余额，则反映企业历年累计的未弥补的亏损数额。

【例 14】 昆都股份有限公司 2011 年年末“利润分配——未分配利润”科目贷方余额 200 000 元，2012 年实现净利润 1 343 000 元，法定盈余公积的提取比例为 10%，任意盈余公积的提取比例为 8%，按年初未分配利润与净利润之和扣除提取的法定盈余公积和任意盈余公积后的 40% 向投资者分配现金股利。其会计处理为：

(1) 结转本年利润：

借：本年利润 1 343 000

　贷：利润分配——未分配利润 1 343 000

(2) 提取法定盈余公积：

应提取的法定盈余公积 = 1 343 000 元 × 10% = 134 300 元

应提取的任意盈余公积 = 1 343 000 元 × 8% = 107 440 元

借：利润分配——提取法定盈余公积 134 300

　　　　　——提取任意盈余公积 107 440

　贷：盈余公积——法定盈余公积 134 300

　　　　　　——任意盈余公积 107 440

(3) 向投资者分配利润：

应分配给投资者的利润 = (200 000 + 1 343 000 − 134 300 − 107 440) 元 × 40%

= 520 504 元

借：利润分配——应付现金股利 520 504

　贷：应付股利 520 504

(4) 结转"利润分配"各科目余额：

借：利润分配——未分配利润 762 244

　贷：利润分配——提取法定盈余公积 134 300

　　　　　　——提取任意盈余公积 107 440

　　　　　　——应付现金股利 520 504

年末结转后，"利润分配——未分配利润"明细科目的年末贷方余额为 780 756 元 (200 000 + 1 343 000 − 134 300 − 107 440 − 520 504)。

第四节　利润的披露

收入、费用、利润是利润表的基本要素。收入作为企业利润的主要来源，在利润表中与费用一起反映企业一定期间的生产经营成果。根据重要性原则，"营业收入"项目是企业利润的起点，它包括主营业务收入和其他业务收入，在利润表的第一行列示；为取得"营业收入"而发生的"营业成本""营业税金及附加"，在"营业收入"下分别列示。期间费用作为营业利润的构成要素，在"营业税金及附加"项目下以"销售费用""管理费用""财务费用"项目分别列示。资产减值损失是企业按照谨慎性原则提取的资产损失，列示于期间费用项目之下。加上"公允价值变动收益"和"投资收益"项目，形成企业的营业利润。同时，"营业外收入""营业外支出"作为利润总额的构成内容，依次在"营业利润"项目下列示，以计算出企业的利润总额。利润总额减去企业的所得税费用，即为企业的净利润。净利润除以当期发行在外普通股的加权平均数，即可得出每股收益。以上项目分别营业利润、利润总额、净利润、每股收益的层次列示了报告期影响所有者权益净增加或净减少的各项因素。

【例 15】 乙企业发行在外普通股的加权平均数是 50 000 股。根据【例 8】资料，列示利润表如表 6-2 所示。

表 6-2 利润表

编制单位：乙企业　　2012 年度　　单位：元

项　目	本期金额	上期金额
一、营业收入	934 000	
减：营业成本	524 000	
营业税金及附加	45 000	
销售费用	20 000	
管理费用	85 000	
财务费用	20 000	
资产减值损失	50 000	
加：公允价值变动收益	60 000	
投资收益	15 000	
二、营业利润	265 000	
加：营业外收入	35 000	
减：营业外支出	18 000	
其中：非流动资产处置损失		
三、利润总额	282 000	
减：所得税费用	85 000	
四、净利润	197 000	
五、每股收益：	3.94	
（一）基本每股收益	3.94	
（二）稀释每股收益	3.94	

本章小结

收入、费用和利润是构成利润表的基本要素。在我国，收入是企业在销售商品或提供劳务等经营业务中实现的营业收入，包括主营业务收入和其他业务收入。费用是企业在生产经营过程中发生的各种耗费，就制造业而言，包括直接费用、间接费用以及期间费用，直接费用直接计入产品的生产成本，间接费用分配计入产品的生产成本，期间费用则直接计入当期损益。利润是企业在一定期间的经营成果，即企业一定期间的收入与费用相配比形成的，因此，利润的确认必然与收入、费用的确认密切相关。按照我国《企业会计准则》的规定，目前会计实务中的企业利润就其构成来看，既包括生产经营活动实现的利润，也包括通过投资活动取得的利润，以及那些与生产经营活动无直接关系的事项所引起的盈亏，它是企业经济效益的最终体现。作为独立经济实体，企业应依法就其经营所得和其他所得计算所得税费用，向国家缴纳所得税。税后净利润要按照国家有关法律、法规规定的内容和顺序进行分配，以保护企业所有者的合法权益，保证企业长期稳定地发展。

思 考 题

1. 商品销售收入的确认应符合哪些条件？
2. 划分营业利润与营业外收支有何意义？在会计核算上有何区别？
3. 利得与损失分别包括哪些具体内容？
4. 试举例说明暂时性差异。
5. 试说明资产负债表法下核算所得税费用的程序。
6. 一般销售业务应如何核算？企业有哪些特殊销售业务？
7. 各项期间费用分别包括哪些内容？
8. 企业的净利润是如何计算与核算的？
9. 什么是每股收益，应如何计算每股收益？
10. 如何进行利润分配的核算？

自 测 题

（一）选择题

1. 企业销售商品时发生的销售折让应作为（　　）处理。

A. 增加销售费用　　B. 冲减主营业务收入
C. 增加主营业务成本　　D. 辅助账簿登记

2. 企业销售部门发生的业务招待费应记入（　　）科目。

A. "制造费用"　　B. "销售费用"　　C. "生产成本"　　D. "管理费用"

3. 2012 年 12 月销售的商品在本年 3 月退回，应（　　）。

A. 冲减利润分配期初余额
B. 冲减退回当月的销售收入和销售成本
C. 冲减销售月份的销售收入和销售成本
D. 作为以前年度损益调整处理

4. 下列项目中，不属于其他业务收入内容的是（　　）。

A. 转让非专利技术使用权收入　　B. 包装物出租收入
C. 提供非工业性劳务收入　　D. 出售专利收入

5. 下列项目中属于利得的有（　　）。

A. 出售固定资产的收入　　B. 罚款净收入
C. 出售专利使用权收入　　D. 固定资产出租收入

6. 企业采用分期收款结算方式销售商品，营业收入的入账时间是（　　）。

A. 实际收到价款时
B. 合同约定的收款日期
C. 收到全部价款时
D. 按照应收合同的公允价值确定的收入金额

7. 下列税金中应计入管理费用的有（　　）。

A. 印花税　　B. 资源税　　C. 房产税　　D. 土地使用税

8. 下列项目中，营业收入包括（　　）。

A. 转让计算机软件使用权取得的收入

B. 销售包装物获得的收入

C. 进行持有至到期投资收取的利息收入

D. 销售代制品获得的收入

9. 下列各项中，影响企业营业利润的有（ ）。

A. 销售费用　　B. 其他业务成本

C. 营业税金及附加　　D. 营业外收入

10. 下列项目中，属于其他业务成本的是（ ）。

A. 管理部门无形资产的摊销

B. 经营租出固定资产所发生的折旧

C. 转让无形资产所有权应交的营业税

D. 支付的劳动保险费

（二）判断题

1. 某企业年初“利润分配——未分配利润”账户借方余额为60 000元，本年实现利润300 000元，则当年提取盈余公积的基数为300 000元。（ ）

2. 企业如果发生亏损，可以用以后年度实现的利润弥补，也可以用以前年度提取的盈余公积弥补。（ ）

3. 按照会计制度规定，企业发生的现金折扣应冲减主营业务收入。（ ）

4. 企业用盈余公积弥补亏损时，应按弥补数额，借记“盈余公积”科目，贷记“本年利润”科目。（ ）

5. 按照会计制度规定，企业发生的商业折扣应在实际发生时冲减主营业务收入。（ ）

6. 转让无形资产使用权取得的收入计入营业外收入。（ ）

7. 用“生产成本”科目核算的在产品尚未完工前表现在存货中，完工入库后，表现为销售成本。（ ）

8. 所得税是企业的一项费用支出，不属于利润分配。（ ）

9. 收入的概念中只包括主营业务收入和其他业务收入，不包括营业外收入。（ ）

10. 公益性捐赠发生的相关支出，应记入“营业外支出”科目。（ ）

业务练习题

1. 甲企业为一般纳税人，某月份发生如下经济业务：

（1）采用支票结算方式，销售产品一批，不含增值税的价款为200 000元。货款已收到并存入银行。该批产品实际成本为150 000元，增值税税率为17%，消费税税率为8%。

（2）上年度售出的产品因质量问题发生退货。产品售价为100 000元，增值税税额为17 000元，成本为售价的60%，退回产品已入库，并开出支票退回货款和增值税。

要求：根据以上资料，编制该企业相关业务的会计分录。

2. 星云公司2012年3月发生的部分经济业务如下：

（1）1日，财务部购买办公用品850元，以现金支票支付。

（2）2日，人事部李波报销差旅费1 200元，剩余现金300元交回财务部。

（3）3日，销售部报销业务招待费1 200元，以现金支付。

(4) 5 日，以银行存款支付广告费 50 000 元。

(5) 10 日，公司办公室修理领用材料 900 元，低值易耗品 520 元（低值易耗品采用一次摊销）。

(6) 18 日，转账支付玉都会计师事务所审计费 32 000 元。以现金支付离退休人员的医药费 7 350 元。

(7) 25 日，购买印花税票 100 元，支付短期借款利息 7 800 元，其中，已预提利息5 800 元。

(8) 26 日，根据工资结算汇总表，本月行政管理人员工资 40 000 元，销售部门人员工资 23 000 元。

要求：根据以上资料，编制该公司相关业务的会计分录。

3. 星云公司在 2012 年年度决算时，各损益账户的余额如表 6-3 所示。

表 6-3 资料表

单位：元

账户名称	借方余额	贷方余额
主营业务收入		1 550 000
其他业务收入		960 000
投资收益		120 000
营业外收入		46 000
主营业务成本	870 000	
营业税金及附加	6 100	
其他业务成本	610 000	
销售费用	77 000	
管理费用	52 000	
财务费用	100 000	
营业外支出	61 000	
所得税费用	276 900	

该公司按 10% 计提法定盈余公积；按 5% 计提任意盈余公积；并分配普通股现金股利 300 000 元。

要求：

(1) 结转各损益账户余额。

(2) 计算并结转本年净损益。

(3) 进行利润分配的会计处理，并结转利润分配各明细科目。

4. 星云公司 2013 年实现利润总额 200 万元，其中取得国债利息收入 10 万元；支付违法经营的罚款 1 万元；2013 年年末存货账面余额 80 万元，已提存货跌价准备 5 万元。公司所得税税率为 25%。

要求：根据以上资料，作出该公司有关所得税业务的会计分录。

案例分析题

腾达公司是2009年2月上市的生物科技公司。因经营业绩欠佳，自2010年开始连续两年亏损，股票市价一路下滑，于2012年5月被ST（特别处理）。11月份公司专门召开了中层以上干部会议拟采取切实可行的措施扭转局面。以下是各位的发言：

销售经理：公司已实现销售收入1 000万元；2012年12月向微波公司、三力生物技术公司预收款项800万元；今年的广告费投入200万元，广告已播出，播出时间一直延续到2013年2月份。因此，可将广告费用列入2013年的费用。

财务经理：我公司计提坏账准备的比例为应收款项期末余额的5%，从近几年的实际情况看，其产生坏账损失的比例仅为2%；预计公司年末应收款项余额1 000万元。

基建经理：公司正在建设的销售部门办公楼预计总价值8 000万元，预计月折旧率1%，预计2012年11月份达到预计可使用状态，最终竣工决算预计在2013年2月份。

财务经理：公司还有7月份借入的短期借款6 000万元，期限10个月，年利率6%。

听完以上的发言，总经理与财务经理简单商议后宣布散会。2012年年末财务经理按照总经理的安排提交了一份不仅未亏损，反而盈利数百万元的会计报表。

要求：

（1）你认为公司通过哪些办法实现了扭亏为盈？这些办法合法、合规吗？

（2）你认为公司会被退市吗？

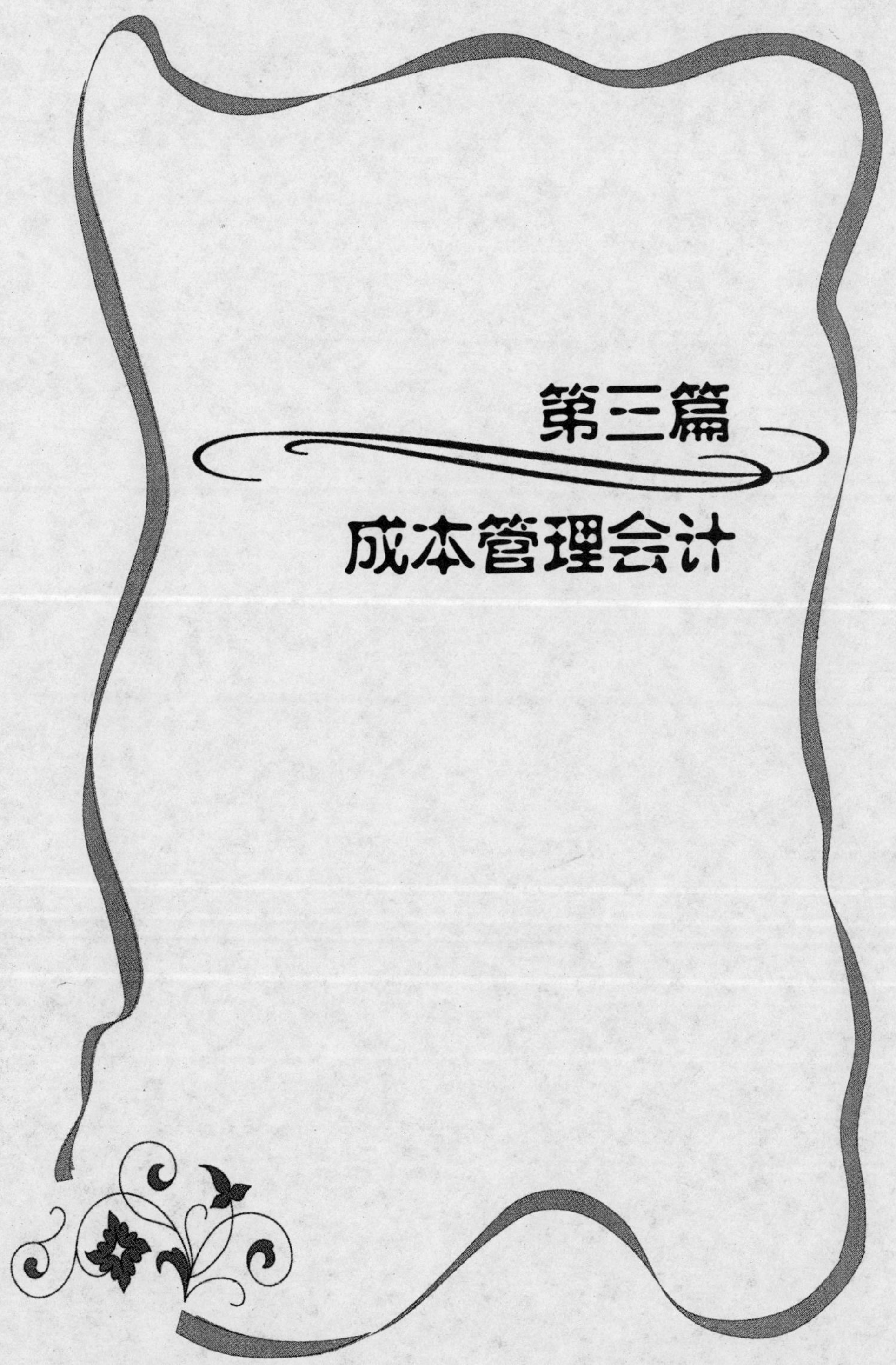

第三篇

成本管理会计

第七章

成本会计

案例与引言

新龙公司是一家生产热水器的私营公司，该公司生产的“新龙”牌热水器质量可靠，售后服务到位，因而深受顾客信赖。李平平是该公司的供销部经理，他任职已经三年了，前两年部门净利润逐年大幅度上升，公司老板十分高兴，并承诺如果今后还能保持同上年一样的利润增长，将奖励他20 000元。李平平非常高兴，因为他心里有把握实现这一目标，他知道今年的销售合同超过了去年的水平，而且他还了解到成本与去年持平。

到了年底，李平平收到了经营数据，今年销售额比去年增加18%，他心里暗自高兴。可是当他看完年度利润表后却大失所望，因为今年的利润不但没有增加，反而略有下降。请问这到底是怎么回事？如何计算热水器的生产成本？

本章学习目标

- ◆ 成本及成本会计的概念
- ◆ 产品成本的形成
- ◆ 产品成本计算的品种法
- ◆ 产品成本计算的分批法
- ◆ 产品成本计算的分步法
- ◆ 成本报表解读

第一节　成本会计概述

一、成本的概念与作用

工业企业在生产产品的过程中，要发生各种生产耗费。生产耗费包括生产资料中的劳动手段（如机器设备）和劳动对象（如原材料）的耗费，以及劳动力（如人工）等方面的耗费。工业企业在一定时期内发生的、用货币表现的生产耗费，称为企业生产费用。企业为生产一定种类、一定数量的产品所支出的各种生产费用的总和，就是这些产品的成本。

工业企业通过对成本进行核算，可以审核各项生产费用和经营管理费用的支出，促使企业降低成本、费用；可以计算各种产品的总成本和单位成本，分析和考核产品成本计划的执行情况，进一步挖掘降低产品成本的潜力；可以为企业进行成本和利润的预测提供数据，参与企业生产技术和经营管理的决策；还可以为企业计算利润、进行利润分配提供数据。

二、成本会计与财务会计的联系和区别

成本会计是会计的一个分支，是以成本为对象的一种专业会计。成本会计主要处理企业获取和消耗资源的成本及相关信息，它所提供的成本信息既可以被财务会计所利用，也可以满足企业内部管理人员进行决策和业绩评价的需要。财务会计主要侧重于为投资者、债权人、政府机构等外部使用者提供财务状况、经营成果和现金流量等信息。财务会计要依据成本会计所提供的资料进行资产计价和收益确定，而成本的归集和分配也要纳入到财务会计的总框架体系中，也就是说，成本会计隶属于财务会计。

第二节 生产成本的核算

一、产品成本核算的一般程序

（一） 生产费用归集和分配

将生产费用区分为直接材料、直接人工、制造费用，对于直接用于产品生产、专设成本项目的直接生产费用，直接记入或分配记入“生产成本——基本生产成本——×产品”科目。

1. 材料费用的归集和分配

借：生产成本——基本生产成本——×产品——直接材料

　贷：原材料

2. 人工费用的归集和分配

借：生产成本——基本生产成本——×产品——直接人工

　贷：应付职工薪酬

（二） 辅助生产费用归集和分配

辅助生产是指为基本生产车间、企业行政管理部门等单位服务而进行的产品生产和劳务供应。辅助生产产品和劳务成本的高低，影响到企业产品成本和期间费用的水平。

1. 辅助生产费用的归集

（1）账户设置及会计分录

1）“生产成本——辅助生产成本”账户。该账户应按车间以及产品或劳务的种类设置明细账，账内按照成本项目或费用项目设置专栏，进行明细核算。

借：生产成本——辅助生产成本

　贷：原材料、应付职工薪酬、制造费用、银行存款等科目

2）“制造费用”账户。该账户在辅助生产车间可以根据具体情况决定是否设置。

对于单设“制造费用”科目的辅助生产车间：

借：制造费用——××辅助生产车间

贷：原材料、应付职工薪酬、银行存款等科目

期末：

借：生产成本——辅助生产成本

贷：制造费用——××辅助生产车间

对于不单设“制造费用”科目的辅助生产车间：

借：生产成本——辅助生产成本

贷：原材料、应付职工薪酬、银行存款等科目

（2）“生产成本——辅助生产成本”明细账（见表7-1）。

表7-1 “生产成本——辅助生产成本”明细账

辅助车间：×× ××年×月 单位：元

摘要	原材料	动力	工资及福利费	折旧费	修理费	办公费	其他	合计	转出
原材料费用分配表									
动力费分配表									
工资及福利费分配表									
折旧费分配表									
修理、办公等费用支出									
辅助生产成本分配表									
合计									

2. 辅助生产费用的分配

（1）生产产品（如工具、模具、修理用备件等）的辅助生产车间，应在产品完工时：

借：周转材料——低值易耗品、原材料

贷：生产成本——辅助生产成本

（2）提供劳务（如供水、供电、供汽、修理和运输等）的辅助生产车间所发生的费用，要在各受益单位之间按适当的方法进行分配：

借：生产成本——基本生产成本、制造费用、管理费用、销售费用、在建工程等科目

贷：生产成本——辅助生产成本

（3）辅助生产费用的分配方法有：直接分配法、顺序分配法、交互分配法、代数分配法、计划成本分配法。以下主要介绍直接分配法和交互分配法。

1）直接分配法。直接分配法是指将各辅助生产车间发生的费用，直接分配给除辅助生产车间以外的各受益产品、单位，而不考虑各辅助生产车间之间相互提供产品或劳务的情况。

【例1】 某工业企业设有修理和运输两个辅助生产车间，该企业201×年10月在分配辅助生产费用以前，修理车间发生的费用为4 773元，运输车间发生的费用为7 324元。该企业辅助生产的制造费用不通过“制造费用”科目核算。各受益单位耗用劳务的情况如表7-2所示。

表7-2 各受益单位耗用劳务情况

受益单位名称 \ 辅助生产车间名称	修理车间/h	运输车间/（t·km）
修理车间		200
运输车间	48	
基本生产第一车间	850	4 250
基本生产第二车间	812	1 850
行政管理部门	300	1 100
合　计	2 010	7 400

分配计算过程如下：

第一步，计算辅助生产费用分配率。

辅助生产费用分配率 = 待分配费用 ÷ 对外提供的劳务总量

第二步，编制辅助生产费用分配表，计算辅助生产车间以外各受益单位应负担的劳务费用。

辅助生产车间以外各受益单位应负担的劳务费用 = 耗用劳务的数量 × 辅助生产费用分配率

第三步，编制会计分录。

辅助生产费用分配表如表7-3所示。

表7-3 辅助生产费用分配表（直接分配法）

201×年10月　　　　金额单位：元

辅助生产车间名称				修理车间	运输车间	合　计
待分配辅助生产费用				4 773	7 324	12 097
供应辅助车间以外单位的劳务数量/h				1 962	7 200	×
费用分配率（单位成本）/（元/h）				2.432 721 7	1.017 222 2	×
基本生产车间耗用	应借“制造费用”科目	第一车间	耗用数量/h	850	4 250	×
			分配金额	2 067.81	4 323.19	6 391
		第二车间	耗用数量/h	812	1 850	×
			分配金额	1 975.37	1 881.86	3 857.23
		分配金额小计		4 043.18	6 205.05	10 248.23
行政管理部门耗用	应借“管理费用”科目	耗用数量/h		300	1 100	×
		分配金额		729.82	1 118.95	1 848.77
分配金额合计				4 773	7 324	12 097

其中：

修理费用分配率 = 4 773 元 ÷（850 + 812 + 300）h = 2.432 721 7 元/h

　　　　　　或 = 4 773 元 ÷（2 010 − 48）h = 2.432 721 7 元/h

运输费用分配率 = 7 324 元 ÷（4 250 + 1 850 + 1 100）t·km = 1.017 222 2 元/t·km

　　　　　　或 = 7 324 元 ÷（7 400 − 200）t·km = 1.017 222 2 元/t·km

会计分录如下：

借：制造费用——第一车间　　　　　　　　　　　　6 391. 00

　　制造费用——第二车间　　　　　　　　　　　　3 857. 23

　　管理费用　　　　　　　　　　　　　　　　　　1 848. 77

　贷：生产成本——辅助生产成本——修理车间　　　　　　4 773

　　　生产成本——辅助生产成本——运输车间　　　　　　7 324

采用该方法，各辅助生产费用只进行对外分配，分配一次，计算工作简便，但分配结果不精确。只宜在辅助生产内部相互提供劳务或产品不多、不进行费用的交互分配，对辅助生产成本和企业产品成本影响不大的情况下采用。

2）交互分配法。采用交互分配法，应先根据各辅助生产车间、部门相互提供的劳务或产品的数量和交互分配前的费用分配率（单位成本），进行一次交互分配；然后将各辅助生产车间、部门交互分配后的实际费用（即交互分配前的费用加上交互分配转入的费用，减去交互分配转出的费用），再按对外提供劳务或产品的数量，在辅助生产车间、部门以外的各受益单位之间进行分配。

【例 2】 沿前例，交互分配法的辅助生产费用分配表如表 7-4 所示。

表 7-4　辅助生产费用分配表（交互分配法）

201×年 10 月　　　　　　　　　　金额单位：元

<table>
<tr><td colspan="4">项　目</td><td colspan="3">交 互 分 配</td><td colspan="3">对 外 分 配</td></tr>
<tr><td colspan="4">辅助生产车间名称</td><td>修理</td><td>运输</td><td>合 计</td><td>修理</td><td>运输</td><td>合 计</td></tr>
<tr><td colspan="4">待分配辅助生产费用</td><td>4 773</td><td>7 324</td><td>12 097</td><td>4 856. 96</td><td>7 240. 04</td><td>12 097</td></tr>
<tr><td colspan="4">供应劳务数量/h</td><td>2 010</td><td>7 400</td><td></td><td>1 962</td><td>7 200</td><td></td></tr>
<tr><td colspan="4">费用分配率（单位成本）/（元/h）</td><td>2. 374 6</td><td>0. 989 7</td><td></td><td>2. 475 5</td><td>1. 005 6</td><td></td></tr>
<tr><td rowspan="5">辅助生产车间耗用</td><td rowspan="5">应借“生产成本——辅助生产成本”科目</td><td rowspan="2">修理车间</td><td>耗用数量/h</td><td></td><td>200</td><td></td><td></td><td></td><td></td></tr>
<tr><td>分配金额</td><td></td><td>197. 94</td><td>197. 94</td><td></td><td></td><td></td></tr>
<tr><td rowspan="2">运输车间</td><td>耗用数量/(t · km)</td><td>48</td><td></td><td></td><td></td><td></td><td></td></tr>
<tr><td>分配金额</td><td>113. 98</td><td></td><td>113. 98</td><td></td><td></td><td></td></tr>
<tr><td colspan="2">分配金额小计</td><td>113. 98</td><td>197. 94</td><td>311. 92</td><td></td><td></td><td></td></tr>
<tr><td rowspan="5">基本生产车间耗用</td><td rowspan="5">应借“制造费用”科目</td><td rowspan="2">第一车间</td><td>耗用数量/h</td><td></td><td></td><td></td><td>850</td><td>4 250</td><td></td></tr>
<tr><td>分配金额</td><td></td><td></td><td></td><td>2 104. 18</td><td>4 273. 63</td><td>6 377. 81</td></tr>
<tr><td rowspan="2">第二车间</td><td>耗用数量/h</td><td></td><td></td><td></td><td>812</td><td>1 850</td><td></td></tr>
<tr><td>分配金额</td><td></td><td></td><td></td><td>2 010. 11</td><td>1 860. 29</td><td>3 870. 40</td></tr>
<tr><td colspan="2">分配金额小计</td><td></td><td></td><td></td><td>4 114. 29</td><td>6 133. 92</td><td>10 248. 21</td></tr>
<tr><td rowspan="2">行政管理部门耗用</td><td rowspan="2" colspan="2">应借“管理费用”科目</td><td>耗用数量/h</td><td></td><td></td><td></td><td>300</td><td>1 100</td><td></td></tr>
<tr><td>分配金额</td><td></td><td></td><td></td><td>742. 67</td><td>1 106. 12</td><td>1 848. 79</td></tr>
<tr><td colspan="4">分配金额合计</td><td></td><td></td><td></td><td>4 856. 96</td><td>7 240. 04</td><td>12 097</td></tr>
</table>

注：运用交互分配法分配辅助生产费用需分两个阶段进行，第一阶段为交互分配阶段，第二阶段为对外分配阶段。

第一阶段，进行辅助生产费用交互分配，具体可分为三个步骤：

1）计算辅助生产费用分配率：

辅助生产费用分配率 = 待分配费用 ÷ 提供的劳务总量

其中：

修理费用分配率 = 4 773 元 ÷ 2 010h = 2. 374 6 元/h

运输费用分配率 = 7 324 元 ÷ 7 400t · km = 0. 989 7 元/t · km

2）计算辅助生产车间内部耗用劳务应负担的劳务费用。即计算修理车间应负担的运输费用；计算运输车间应负担的修理费用。

辅助生产车间内部耗用劳务应负担的费用 = 耗用劳务的数量 × 辅助生产费用分配率

3）会计分录：

借：生产成本——辅助生产成本——修理车间 197. 94
　　生产成本——辅助生产成本——运输车间 113. 98
　贷：生产成本——辅助生产成本——修理车间 113. 98
　　　生产成本——辅助生产成本——运输车间 197. 94

第二阶段，进行辅助生产费用的对外分配，具体可分为三个步骤：

1）计算辅助生产费用对外分配率：

辅助生产费用对外分配率 = 辅助生产车间实际费用 ÷ 对外提供的劳务总量

其中：

修理费用对外分配率 = （4 773 + 197. 94 − 113. 98）元 ÷ （2 010 − 48）h = 2. 475 5 元/h

运输费用对外分配率 = （7 324 + 113. 98 − 197. 94）元 ÷ （7 400 − 200）t · km = 1. 005 6 元/t · km

2）计算辅助生产车间以外各受益单位应负担的劳务费用。

辅助生产车间以外各受益单位应负担的劳务费用 = 耗用劳务的数量 × 辅助生产费用对外分配率

3）会计分录：

借：制造费用——第一车间 6 377. 81
　　制造费用——第二车间 3 870. 40
　　管理费用 1 848. 79
　贷：生产成本——辅助生产成本——修理车间 4 856. 96
　　　生产成本——辅助生产成本——运输车间 7 240. 04

采用该方法，由于辅助生产内部相互提供劳务全部进行了交互分配，因而提高了分配结果的正确性，但由于各种辅助生产费用都要计算两个费用分配率，进行两次分配，因而计算量有所增加。由于交互分配的费用分配率（单位成本）是根据交互分配以前的待分配费用计算的，不是各该辅助生产的实际单位成本，因而分配结果也不是很准确。

（三）间接费用的归集和分配

用于产品生产但没有专设成本项目的各项间接费用，先通过“制造费用”科目归集，期末，再按适当的分配方法分配转入“生产成本——基本生产成本——×产品”科目。

1. 制造费用的归集

制造费用是指工业企业为生产产品（或提供劳务）而发生，应该计入产品成本，但没

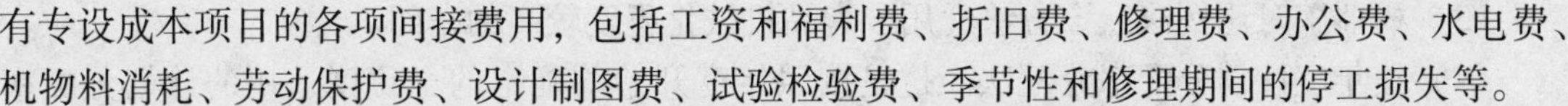

有专设成本项目的各项间接费用，包括工资和福利费、折旧费、修理费、办公费、水电费、机物料消耗、劳动保护费、设计制图费、试验检验费、季节性和修理期间的停工损失等。

(1) 账户设置及会计分录。基本生产车间为组织和管理生产而发生的费用应设置“制造费用”总账账户进行核算，并按不同的车间、部门设立明细账。

账务处理：

借：制造费用——××车间

　贷：原材料、应付职工薪酬、银行存款等

如果辅助生产车间设置“制造费用”科目，比照基本生产车间进行；如果辅助生产车间不设置“制造费用”科目，则辅助生产车间发生的费用全部通过“生产成本——辅助生产成本”科目核算。

(2)“制造费用”明细账（见表7-5）。

表7-5 “制造费用”明细账

车间名称：××　　　　　　　　　　　　××年×月

摘要	工资及福利费	折旧费	修理费	办公费	水电费	机物料消耗	劳动保护费	其他	合计
合计									

2. 制造费用的分配

由于各车间的制造费用水平不同，制造费用的分配绝大部分应按照车间分别进行，而不应将各车间的制造费用汇总起来，在整个企业范围内进行分配。但也可能有一部分是在企业的行政管理部门（厂部或总厂）中发生的，如设计制图费、试验检验费等，这一部分制造费用应由厂部或总厂进行归集，并在全厂的各种产品之间进行分配，计入各该产品的成本。

分配制造费用的方法通常有：生产工人工时比例法、生产工人工资比例法、机器工时比例法和按年度计划分配率分配法等。分配方法一经确定，不得随意变更。

(1) 生产工人工时比例法。该方法所称的生产工人工时，是指各种产品耗用的实际工时或定额工时。

制造费用分配率 = 制造费用总额 ÷ 产品生产工时总数

某种产品应分配的制造费用 = 该种产品生产工时 × 制造费用分配率

(2) 生产工人工资比例法。采用这一方法，各种产品的机械化程度应该相差不多，否则机械化程度高的产品，由于工资费用少，分配负担的制造费用也少，影响费用分配的合理性。

（3）机器工时比例法。该方法适用于产品机械化程度较高的车间。

（4）按年度计划分配率分配法。这是按照年度开始前确定的全年度适用的计划分配率分配费用的方法。假定以定额工时作为分配标准，其分配计算的公式为：

年度计划分配率 = 年度制造费用计划总额 ÷ 年度各种产品计划产量的定额工时总数

某月某种产品应负担的制造费用 = 该月该种产品实际产量的定额工时数 × 年度计划分配率

采用该方法，不管各月实际发生的制造费用多少，每月各种产品中的制造费用都按年度计划分配率分配。这种方法特别适用于季节性生产企业采用。但在年度内如果发现全年的制造费用实际数、产量实际数与计划数可能发生较大的差异时，应及时调整计划分配率。

通过上述制造费用的归集和分配，除了采用按年度计划分配率分配法以外，“制造费用”总账科目和所属明细科目都应没有月末余额。

采用年度计划分配率分配法，“制造费用”总账科目和所属明细科目不仅可能有月末余额，而且既可能有借方余额，也可能有贷方余额。“制造费用”科目如有年末余额，一般可在年末调整计入12月份的产品成本，借记“生产成本——基本生产成本”科目，贷记“制造费用”科目；如果实际发生额大于计划分配额，用蓝字追加，否则用红字冲减。

（四）生产费用在完工产品和在产品之间的分配

期末，经过对在产品和完工产品的盘点核实数量后，按照适当的方法，将按产品归集的生产费用在完工产品和在产品之间进行分配。

企业应根据在产品数量的多少、各月在产品数量变化的大小、各项费用比重的大小，以及定额管理基础的好坏等具体条件，采用适当的分配方法。生产费用在完工产品和在产品之间进行分配的方法通常有：不计算在产品成本、在产品成本按年初数固定计算、在产品成本按其所耗用的原材料费用计算、约当产量法、在产品成本按定额成本计算、定额比例法等。

1. 不计算在产品成本

采用该方法，虽然有月末在产品，但不计算成本，本月发生的生产费用就是本月完工产品的成本。该方法适用于各月月末在产品数量很小的产品。

2. 在产品成本按年初数固定计算

采用该方法，月末在产品成本固定不变，本月发生的生产费用就是本月完工产品的成本。该方法适用于各月月末在产品数量较小，或在产品数量虽大，但各月之间变化不大的产品。

3. 在产品成本按其所耗用的原材料费用计算

采用该方法，月末在产品成本只计算其所耗用的原材料费用，不计算工资及福利费，就是说，产品的加工费全部由完工产品成本负担。该方法适用于各月月末在产品数量较大，各月在产品数量变化也较大，但原材料费用在成本中所占比重较大的产品。

4. 约当产量法

采用该方法，将月末在产品数量按照完工程度折算为相当于完工产品的产量，即约当产量，然后按照完工产品数量与月末在产品约当产量的比例分配计算完工产品费用和月末在产品费用。

这种分配方法适用于月末在产品数量较大，各月末在产品数量变化也较大，产品成本中原材料费用和工资及福利费等加工费用的比重相差不多的产品。

5. 在产品成本按定额成本计算

采用该方法，月末在产品的各项费用按该费用定额计算，即月末在产品成本按其数量和单位定额成本计算。将某种产品月初在产品成本加上本月生产费用减去月末在产品定额成本，余额就是完工产品成本。就是说，每月生产费用脱离定额的差异都计入当月完工产品成本。

该方法适用于定额管理基础比较好，各项消耗定额或费用定额比较准确、稳定，而且各月末在产品数量变动不大的产品。

6. 定额比例法

采用该方法，生产费用按照完工产品与月末在产品定额消耗量或定额费用的比例进行分配。其中，原材料费用，按原材料的定额消耗量或定额费用的比例进行分配；工资及福利费等其他费用，可以按各该定额费用的比例进行分配，也可以按定额工时比例分配。

该方法适用于定额管理基础比较好，各项消耗定额或费用定额比较准确、稳定，但各月末在产品数量变动较大的产品。

$$\text{月末在产品定额消耗量} = \text{月初在产品定额消耗量} + \text{本月投入的定额消耗量} - \text{本月完工产品定额消耗量}$$

（五） 编制完工产品的产品生产成本表

编制完工产品的产品生产成本表，以反映所生产各种产品的总成本和单位成本。编制完工产品入库的会计分录，将已完工产品的成本从“生产成本——基本生产成本——×产品”科目的贷方转入“库存商品”科目的借方。

二、生产特点和管理要求对产品成本计算的影响

生产类型不同，管理要求不同，产品成本计算对象也有所不同。生产特点和管理要求对产品成本计算的影响，主要表现在产品成本计算对象的确定上。

（一） 生产组织特点和管理要求对产品成本计算的影响

工业企业的生产按照生产组织划分，可分为大量生产、成批生产、单件生产。成批生产又可按照批量大小，分为大批生产和小批生产。

（1）大量生产。如面粉、食糖、化肥的生产，要求连续不断地重复生产一种或者若干种产品，因而管理上只要求，而且也只能够按照产品的品种计算成本。

（2）大批生产。如木器生产，由于产品批量大，往往在几个月内不断重复地生产一种或者若干种产品，只要求按照产品的品种计算成本。

（3）小批生产。如服装生产，其生产的批量小，一批产品一般可以同时完工，因而有可能按照产品的批别归集费用、计算各批产品的成本。

（4）单件生产。如造船、重型机械制造，其生产按件组织，因而有可能也有必要按照产品件别计算产品成本。

（二） 工艺过程特点和管理要求对产品成本计算的影响

工业企业的生产按照工艺过程划分，可分为单步骤生产和多步骤生产两种类型。

（1）单步骤生产。如发电、采煤，其工艺过程不可能或不需要划分几个生产步骤，因而只要求按照产品的品种计算成本。

（2）多步骤生产。如机械制造、钢铁生产，其工艺过程由若干个可以间断的、分散在

不同地点进行的生产步骤组成。为了计算各生产步骤的成本，加强各个步骤的生产管理，往往不仅要求按照产品的品种或批别计算成本，而且还要求按照生产步骤计算成本。但如果企业规模小，管理上不要求按照生产步骤考核生产耗费、计算产品成本，也可以不按照生产步骤计算成本，而只按照产品的品种或批别计算成本。

（三）产品成本计算的基本方法

产品成本计算的基本方法如表7-6所示。

表7-6　产品成本计算的基本方法

产品成本计算方法	生产组织	工艺过程和管理要求
品种法	大量大批单步骤生产	单步骤生产或管理上不要求分步骤计算成本的多步骤生产
分批法	小批单件生产	同上
分步法	大量大批多步骤生产	管理上要求分步骤计算成本的多步骤生产

三、产品成本计算的方法

（一）产品成本计算的品种法

1. 品种法的概念、特点和适用范围

产品成本计算的品种法，是按照产品品种计算产品成本的一种方法。其特点是：既不要求按照产品批别计算成本，也不要求按照生产步骤计算成本，而只要求按照产品的品种计算成本。它适用于大量大批的单步骤生产或管理上不要求分步骤计算成本的多步骤生产。

2. 品种法的计算程序和账务处理

（1）品种法的计算程序概述

1）如果只生产一种产品，成本计算对象就是该种产品。计算产品成本时，只需要为这种产品开设一本产品成本明细账，账内按照成本项目设专栏或专行。发生的生产费用全部都是直接计入费用，可以直接计入该种产品成本明细账，没有在各个成本计算对象之间分配费用的问题。

2）如果生产多种产品，就要按照产品品种分别开设产品成本明细账，发生的直接计入费用应直接计入各产品成本明细账，发生的间接计入费用则应采用适当的分配方法，在各个成本计算对象之间进行分配，然后计入各有关产品的成本明细账。

3）在月末计算产品成本时，如果没有在产品，或者在产品数量很少，就不需要计算月末在产品成本。这样，各种产品成本明细账中按照成本项目归集的全部生产费用，就是各该产品的产成品总成本，总成本除以产品产量，就是各该产品的单位成本。

4）在月末计算产品成本时，如果有在产品，而且在产品数量很多，还需要将产品成本明细账中归集的生产费用，采用适当的分配方法，在完工产品和月末在产品之间进行分配，计算完工产品成本和月末在产品成本。

（2）品种法的计算程序和账务处理举例。

【例3】　某企业下设一个基本生产车间和一个辅助生产车间——机修车间。基本生产车间生产甲、乙两种产品，采用品种法计算产品成本。生产成本——基本生产成本明细账设置“直接材料”“直接人工”和“制造费用”三个成本项目。辅助生产车间的制造费用不通过

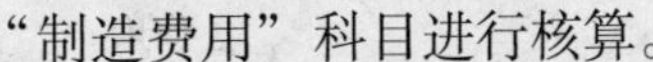

“制造费用”科目进行核算。

1）201×年10月份生产车间发生的经济业务如下：

① 基本生产车间领料50 000元，其中：直接用于甲产品的A材料10 000元，直接用于乙产品的B材料15 000元，甲、乙产品共同耗用的C材料20 000元（按甲、乙产品的定额消耗量比例进行分配，甲产品的定额消耗量为4 000kg，乙产品的定额消耗量为1 000kg），车间耗用的消耗性材料5 000元；辅助生产车间领料6 000元；共计56 000元。

② 基本生产车间本月报废低值易耗品一批，实际成本2 000元，残料入库计价100元，采用五五摊销法核算。

③ 基本生产车间的工人工资20 000元（按甲、乙产品耗用的生产工时比例进行分配，甲产品耗用生产工时6 000h，乙产品耗用生产工时2 000h），管理人员工资4 000元；辅助生产车间的工人工资6 000元，管理人员工资1 500元；共计31 500元。

④ 以银行存款4 410元购买一批食用油发放给职工。其中甲产品生产工人2 100元，乙产品生产工人700元，基本生产车间管理人员560元，辅助生产车间人员1 050元。

⑤ 基本生产车间月初在用固定资产原值100 000元，月末在用固定资产原值120 000元；辅助生产月初、月末在用固定资产原值均为40 000元；按月折旧率1%计提折旧。

⑥ 基本生产车间发生其他支出4 540元；辅助生产车间发生其他支出3 050元；共计7 590元，均通过银行办理转账结算。

2）辅助生产车间（机修车间）提供劳务9 000h，其中：为基本生产车间提供8 000h，为企业管理部门提供1 000h，辅助生产费用按工时比例进行分配。

3）基本生产车间的制造费用按生产工时比例在甲、乙产品之间进行分配。

4）甲产品的原材料在生产开始时一次投入，直接材料费用按产成品和月末在产品数量的比例进行分配，直接人工费用和制造费用采用约当产量比例法进行分配。甲产品本月完工产品1 000件，月末在产品400件，完工率40%。乙产品各月在产品数量变化不大，生产费用在完工产品与在产品之间的分配，采用在产品按固定成本计价法。甲、乙产品月初在产品成本资料见产品成本明细账。

（1）编制各项要素费用分配的会计分录如下：

1）材料费用分配：

C材料费用分配率＝20 000元÷（4 000＋1 000）kg＝4元/kg

甲产品负担的全部材料＝（4 000×4＋10 000）元＝26 000元

乙产品负担的全部材料＝（1 000×4＋15 000）元＝19 000元

借：生产成本——基本生产成本——甲产品——直接材料	26 000
——乙产品——直接材料	19 000
制造费用	5 000
生产成本——辅助生产成本	6 000
贷：原材料	56 000

2）低值易耗品报废：

借：原材料	100
制造费用	900
贷：周转材料——低值易耗品——摊销	1 000

借：周转材料——低值易耗品——摊销　　2 000
　贷：周转材料——低值易耗品——在用　　2 000

3）工资费用分配：

工资费用分配率 = 20 000 元 ÷（6 000 + 2 000）h = 2.5 元/h

甲产品负担的工资费用 =（6 000 × 2.5）元 = 15 000 元

乙产品负担的工资费用 =（2 000 × 2.5）元 = 5 000 元

借：生产成本——基本生产成本——甲产品——直接人工　　15 000
　　　　　　　　　　　　　　——乙产品——直接人工　　5 000
　　制造费用　　4 000
　　生产成本——辅助生产成本　　7 500
　贷：应付职工薪酬　　31 500

4）购买食用油发放给职工：

借：生产成本——基本生产成本——甲产品——直接人工　　2 100
　　　　　　　　　　　　　　——乙产品——直接人工　　700
　　制造费用　　560
　　生产成本——辅助生产成本　　1 050
　贷：应付职工薪酬——非货币性福利　　4 410
借：应付职工薪酬——非货币性福利　　4 410
　贷：银行存款　　4 410

5）计提折旧：

基本生产车间月折旧额 = 100 000 元 × 1% = 1 000 元

辅助生产车间月折旧额 = 40 000 元 × 1% = 400 元

借：制造费用　　1 000
　　生产成本——辅助生产成本　　400
　贷：累计折旧　　1 400

6）其他支出：

借：制造费用　　4 540
　　生产成本——辅助生产成本　　3 050
　贷：银行存款　　7 590

（2）编制辅助生产费用分配的会计分录如下：

辅助生产费用合计 =（6 000 + 7 500 + 1 050 + 400 + 3 050）元 = 18 000 元

辅助生产费用分配率 = 18 000 元 ÷（8 000 + 1 000）h = 2 元/h

基本生产车间负担 =（8 000 × 2）元 = 16 000 元

企业管理部门负担 =（1 000 × 2）元 = 2 000 元

借：制造费用　　16 000
　　管理费用　　2 000
　贷：生产成本——辅助生产成本　　18 000

（3）编制结转基本生产车间制造费用的会计分录如下：

制造费用合计 =（5 000 + 900 + 4 000 + 560 + 1 000 + 4 540 + 16 000）元 = 32 000 元

制造费用分配率＝32 000 元÷（6 000＋2 000）h＝4 元/h

甲产品制造费用＝（6 000×4）元＝24 000 元

乙产品制造费用＝（2 000×4）元＝8 000 元

借：生产成本——基本生产成本——甲产品——制造费用　24 000
　　　　　　　　　　　　　　——乙产品——制造费用　8 000
　贷：制造费用　32 000

（4）计算填列甲、乙产品成本明细账（见表 7-7、表 7-8）。

表 7-7　产品成本明细账

产品名称：甲　201×年 10 月　产成品产量：1 000 件　在产品约当产量：160 件　单位：元

项　目	直接材料	直接人工	制造费用	合　计
月初在产品成本	16 000	11 900	16 600	44 500
本月生产费用	26 000	17 100	24 000	67 100
生产费用合计	42 000	29 000	40 600	111 600
分配率/（元/件）	30	25	35	
完工产品成本	30 000	25 000	35 000	90 000
月末在产品成本	12 000	4 000	5 600	21 600

注：直接材料分配率＝42 000 元÷（1 000＋400）件＝30 元/件；直接人工分配率＝29 000 元÷（1 000＋160）件＝25 元/件；制造费用分配率＝40 600 元÷（1 000＋160）件＝35 元/件。

表 7-8　产品成本明细账

产品名称：乙　201×年 10 月　产成品产量：560 件　单位：元

项　目	直接材料	直接人工	制造费用	合　计
月初在产品成本	9 500	3 500	5 000	18 000
本月生产费用	19 000	5 700	8 000	32 700
生产费用合计	28 500	9 200	13 000	50 700
完工产品成本	19 000	5 700	8 000	32 700
月末在产品成本	9 500	3 500	5 000	18 000

（5）编制结转产成品成本的会计分录：

借：库存商品——甲产品　90 000
　　　　　　——乙产品　32 700
　贷：生产成本——基本生产成本——甲产品　90 000
　　　　　　　　　　　　　　——乙产品　32 700

（二） 产品成本计算的分批法

1. 分批法的概念、特点、适用范围和计算程序

分批法是按照产品批别计算产品成本的一种方法，又称订单法。生产部门可以根据以下方法确定产品批别：①同一订单中的不同产品。②不同订单中的同种产品。③同一订单中同种产品的组成部分。④不同订单中的不同产品。

分批法的特点是不按产品的生产步骤而只按产品的批别（分批、不分步）计算成本。

该方法适用于小批生产和单件生产。

2. 计算程序

（1）生产计划部门对生产任务进行编号（又称产品批号或生产令号），签发生产通知单下达车间，并通知会计部门。

（2）会计部门根据生产计划部门下达的产品批号（即产品批别），设立产品成本明细账。

（三）产品成本计算的分步法

1. 分步法的概念、特点和适用范围

分步法是按照产品的生产步骤计算产品成本的方法。其特点是不按产品的批别计算成本，而按产品的生产步骤计算产品成本。它适用于大量大批且管理上要求分步骤计算成本的多步骤生产。

2. 计算程序

（1）按照生产步骤和产品品种设立产品成本明细账。产品成本计算的分步与实际的生产步骤不一定完全一致。只对管理上有必要分步计算成本的生产步骤单独设立产品成本明细账，单独计算成本；管理上不要求单独计算成本的生产步骤，则可与其他生产步骤合并设立产品成本明细账，合计计算成本。如按生产车间设立，或按实际生产步骤设立，或在一个车间内按不同步骤设立，或将几个车间合并设立。

（2）将记入各种产品、各生产步骤成本明细账中的生产费用，采用适当的分配方法在完工产品和月末在产品之间进行分配，计算各该产品、各该生产步骤的完工产品成本和月末在产品成本。

（3）根据成本管理对于各生产步骤成本资料的不同要求（要不要计算各生产步骤的半成品成本），各生产步骤成本的计算和结转，采用逐步结转和平行结转两种方法。

3. 逐步结转分步法

逐步结转分步法是按照产品的生产步骤逐步结转半成品成本，最后算出产成品成本的分步法，也称为计列半成品成本分步法。逐步结转分步法实际上是品种法的多次连接应用。

半成品实物的转移方式及账务处理方法为：①如果半成品完工后，不直接为下一步骤领用，而是通过半成品库收发。②如果半成品完工后，直接为下一步骤领用，半成品成本则应在各步骤的产品成本明细账之间直接结转。

逐步结转分步法，按照半成品成本在下一步骤成本明细账中的反映方法不同，又可分为综合结转和分项结转两种方法。

（1）综合结转法。采用这种方法，应将各步骤所耗用的半成品成本，以“原材料”“直接材料”或专设的“半成品”项目综合记入其成本明细账中。综合结转可以按照半成品的实际成本结转，也可以按照半成品的计划成本（或定额成本）结转。采用综合结转法计算产品需要将计算出的产成品成本还原为按原始成本项目反映的成本。通常采用的还原方法是：从最后一个步骤起，把各步骤所耗上一步骤半成品的综合成本，逐步分解，还原成直接材料、直接人工、制造费用等原始成本项目，从而求得按原始成本项目反映的产成品成本资料。如果是四个步骤，则还原三次；如果是三个步骤，则还原两次，以此类推。

$$\text{还原分配率}=\frac{\text{本月产成品所耗上一步骤半成品成本合计}}{\text{本月所产该种半成品成本合计}}$$

（2）分项结转法。采用这种方法，应将各步骤所耗用的半成品成本，按照成本项目分项转入各步骤产品成本明细账的各个成本项目中。如果半成品通过半成品库收发，那么，在自制半成品明细账中登记半成品成本时，也要按照成本项目分别登记。分项结转可以按照半成品的实际成本结转，也可以按照半成品的计划成本结转。产成品成本不需要进行成本还原。

4. 平行结转分步法

平行结转分步法是平行结转各生产步骤生产费用中应计入产成品成本的“份额”，然后汇总计算产成品成本的分步法，也称为不计列半成品成本分步法。

（1）半成品实物的转移方式及账务处理。采用平行结转分步法，不论半成品是在各生产步骤之间直接转移，还是通过半成品库收发，都不通过“自制半成品”科目进行总分类核算。半成品成本不随同实物转移。

（2）平行结转分步法中所指的“在产品”为“广义在产品”，包括：尚在本步骤加工中的在产品；本步骤完工转入半成品库的半成品；已从半成品库转到以后各步骤进一步加工、尚未最后产成的在产品。

另外，在一些工业企业中，生产的产品品种、规格繁多，同时可以按照一定的标准分类，为了简化计算，可以采用分类法计算产品成本。分类法的特点是：按照产品类别归集费用、计算成本；同一类产品内不同品种（或规格）产品的成本采用一定的分配方法分配确定。分类法与生产类型没有直接的联系，因而可以在各种类型的生产中应用。

作业成本计算是在20世纪80年代后期发展起来的一种新的成本计算方法，其产生的背景主要是由于企业制造环境的变化以及管理理论与方法的创新。作业成本法核算的基本程序是：确认作业，划分作业中心；以作业中心为成本库汇集费用；将各个成本库的成本分配到最终产品。

第三节　成本报表解读

一、成本报表概述

（一）成本报表的概念

成本报表是根据企业日常的产品成本核算资料定期编制，用来反映、考核和分析企业在一定时期内产品成本水平以及产品成本计划执行结果的报告性文件。

（二）编制成本报表的意义

通过成本报表的编制和分析，可以揭示成本计划的执行情况，促使企业降低成本、节约费用，从而提高企业的经济效益。此外，成本报表提供的实际成本资料，还可以为企业制定产品价格、进行成本和利润预测、制定生产经营决策以及编制成本和利润计划等提供重要数据。

（三）成本报表的种类

成本报表不是对外报送或公布的会计报表，因此，成本报表的种类、项目、格式和编制方法，可以由企业自行确定，也可以由主管企业的上级机构会同企业共同规定。

1. 成本报表按反映的内容分类

（1）反映成本水平的报表。如产品生产成本表、主要产品单位成本表等。

（2）反映费用支出情况的报表。如管理费用明细表、销售费用明细表、财务费用明细表等。

（3）成本管理专题报表。如责任成本表、质量成本表等。

2. 按编制时间分类

成本报表按编制的时间划分，可以分为定期成本报表和不定期成本报表。定期成本报表一般按月度、季度、年度编制。不定期成本报表是针对成本管理中出现的问题或亟待解决的问题编制的。

3. 按成本报表编制的范围分类

成本报表按编制的范围划分，可分为全厂成本报表、车间成本报表、班组成本报表或个人成本报表。

（四）编制要求

为了真实、准确、完整、及时地编制成本报表，必须做到数据真实可靠、内容完整、指标齐全、编报及时。

二、成本报表分析的方法

成本报表的分析方法主要有对比分析法、比率分析法、连环替换分析法、差额计算分析法和趋势分析法等。

（一）对比分析法

对比分析法也称比较分析法，它是通过实际数与基数的对比来揭示实际数与基数之间的差异，借以了解经济活动的成绩和问题的一种分析方法。各种成本报表的分析都要采用这种方法。对比的基数一般有计划数、定额数、前期实际数、本企业的历史先进水平、国内外同行业的先进水平等。对比分析法只适用于同质指标的数量对比，如实际原材料费用与定额原材料费用对比。

（二）比率分析法

比率分析法是通过计算各项指标之间的相对数，即比率，借以考察经济业务的相对效益的一种分析方法。比率分析法主要有相关指标分析法和构成比率分析法两种。前者考察的比率有产值成本率、成本利润率等，后者考察的比率有直接材料费用比率、直接人工费用比率、制造费用比率等。

（三）连环替换分析法

连环替换分析法是顺序用各项因素的实际数替换基数，借以计算各项因素影响程度的一种分析方法。

连环替换分析法的计算程序是：①根据指标的计算公式确定影响指标变动的各项因素。②排列各项因素的顺序，数量因素排在前面，质量因素排在后面。③按排定的因素顺序和各项因素的基数进行计算。④顺序将前面一项因素的基数替换为实际数，将每次替换以后的结果与其前一次替换以后的结果进行对比，顺序算出每项因素的影响程度，有几项因素就替换几次。⑤将各项因素的影响程度的代数和，与指标变动的差异总额核对相符。

（四） 差额计算分析法

差额计算分析法是根据各项因素的实际数与基数的差额来计算各项因素影响程度的方法，是连环替换分析法的一种简化方法。

（五） 趋势分析法

趋势分析法是通过连续若干期相同指标的对比，来揭示各期之间的增减变化，据以预测经济发展趋势的一种分析方法。

三、产品生产成本表分析

产品生产成本表（按产品种类反映）的分析，一般可以从以下两个方面进行：①全部商品产品本期实际成本与计划成本的对比分析。②可比产品本期实际成本与上期实际成本的对比分析。全部商品产品包括可比产品和不可比产品，可比产品是指上一年度正式生产过、具有上年成本资料的产品；不可比产品是指上一年度没有正式生产过、没有上年成本资料的产品。

对于可比产品，如果企业或上级机构规定了本年成本比上年成本的计划降低额和计划降低率指标，还应计算可比产品成本的实际降低额和实际降低率指标。

$$\text{可比产品成本计划降低额}=\text{可比产品计划产量按上年实际平均单位成本计算的本年累计总成本}-\text{可比产品计划产量按本年计划单位成本计算的本年累计总成本}$$

$$\text{可比产品成本计划降低率}=\frac{\text{可比产品成本计划降低额}}{\text{可比产品计划产量按上年实际平均单位成本计算的本年累计总成本}}\times 100\%$$

$$\text{可比产品成本实际降低额}=\text{可比产品实际产量按上年实际平均单位成本计算的本年累计总成本}-\text{可比产品实际产量按本年实际单位成本计算的本年累计总成本}$$

$$\text{可比产品成本实际降低率}=\frac{\text{可比产品成本实际降低额}}{\text{可比产品实际产量按上年实际平均单位成本计算的本年累计总成本}}\times 100\%$$

影响可比产品成本降低额变动的因素有三个，即产品产量变动、产品品种比重变动和产品单位成本变动；影响可比产品成本降低率变动的因素有两个，即产品品种比重变动和产品单位成本变动。

四、主要产品单位成本表分析

该表的分析主要是应该选择成本超支或节约较多的产品有重点地进行，以便克服缺点，吸取经验，更有效地降低产品的单位成本。

（一） 直接材料费用分析

假定乙产品本年计划规定和本月实际发生的单位材料消耗数量、材料单价如表 7-9 所示。

表 7-9 直接材料计划与实际费用对比表

项　目	单位材料消耗数量/kg	材料单价/元	直接材料费用/元
本年计划	4	16.75	67
本月实际	3.4	20	68
直接材料费用差异	×	×	+1

现采用差额计算分析法计算有关因素变动对直接材料费用超支的影响如下：

材料消耗数量变动的影响 = ［（3.4 − 4）×16.75］元 = −10.05 元

材料价格变动的影响 = ［（20 − 16.75）×3.4］元 = +11.05 元

两因素影响程度合计 = （−10.5 + 11.05）元 = +1 元

通过以上计算可以看出，由于该产品的直接材料消耗量节约使材料费用降低 10.05 元；由于该产品的材料价格提高使材料费用超支 11.05 元，两者相抵，净超支 1 元。

（二） 直接人工费用分析

假定某企业实行计时工资制度，乙产品每件所耗工时数和每小时工资费用的计划数、实际数如表 7-10 所示。

表 7-10 直接人工计划与实际费用对比表

项 目	单位产品所耗工时/h	每小时工资费用/元	直接人工费用/元
本年计划	15	2	30
本月实际	11.84	2.50	29.60
直接人工费用差异	×	×	−0.40

现采用差额计算分析法计算有关因素变动对直接人工费用节约的影响如下：

单位产品所耗工时变动的影响 = ［（11.84 − 15）×2］元 = −6.32 元

每小时工资费用变动的影响 = ［（2.50 − 2）×11.84］元 = +5.92 元

两因素影响程度合计 = （−6.32 + 5.92）元 = −0.40 元

通过以上计算可以看出，由于单位产品所耗工时减少使人工费用降低 6.32 元；由于该产品每小时工资费用提高使人工费用超支 5.62 元，两者相抵，净节约 0.40 元。

（三） 制造费用分析

制造费用一般是间接计入费用，产品成本中的制造费用一般是根据生产工时等分配标准计入的，因此，产品单位成本中的制造费用分析，通常与计时工资制度下直接人工费用的分析相类似。

五、制造费用明细表分析

该表一般按照制造费用的费用项目分别反映各费用的本年计划数、上年同期实际数、本月实际数和本年累计实际数。

由于制造费用的项目很多，应该选择超支或节约数额较大或费用比重较大的项目，采用对比分析法和构成比率分析法进行分析。

六、销售费用、管理费用和财务费用明细表分析

销售费用、管理费用和财务费用明细表一般按照费用项目分别反映各费用的本年计划数、上年同期实际数、本月实际数和本年累计实际数，其分析方法与制造费用明细表的分析方法基本相同。

本 章 小 结

工业企业在一定时期内发生的、用货币表现的生产耗费，称为企业生产费用。企业为生

产一定种类、一定数量的产品所支出的各种生产费用的总和，就是这些产品的成本。成本会计是会计的一个分支，是以成本为对象的一种专业会计。

辅助生产是指为基本生产车间、企业行政管理部门等单位服务而进行的产品生产和劳务供应。辅助生产车间发生的费用要先进行归集，然后采用一定的分配方法进行分配，分配方法主要有直接分配法、顺序分配法、交互分配法、代数分配法、计划成本分配法。辅助生产产品和劳务成本的高低，影响到企业产品成本和期间费用的水平。

工业企业为生产产品（或提供劳务）而发生，应该计入产品成本，但没有专设成本项目的各项间接费用，先通过“制造费用”科目进行归集，期末，采用一定的分配方法将制造费用转入“生产成本——基本生产成本”科目。分配制造费用的方法通常有：生产工人工时比例法、生产工人工资比例法、机器工时比例法和按年度计划分配率分配法等。

期末，经过对在产品和完工产品的盘点核实数量后，按照一定的方法，将按产品归集的生产费用在完工产品和在产品之间进行分配。企业应根据在产品数量的多少、各月在产品数量变化的大小、各项费用比重的大小，以及定额管理基础的好坏等具体条件，采用适当的分配方法。生产费用在完工产品和在产品之间进行分配的方法通常有：不计算在产品成本、在产品成本按年初数固定计算、在产品成本按其所耗用的原材料费用计算、约当产量法、在产品成本按定额成本计算、定额比例法等。

产品成本计算的品种法，是按照产品品种计算产品成本的一种方法。其特点是：既不要求按照产品批别计算成本，也不要求按照生产步骤计算成本，而只要求按照产品的品种计算成本。它适用于大量大批的单步骤生产或管理上不要求分步骤计算成本的多步骤生产。

分批法是按照产品批别计算产品成本的一种方法，又称订单法。分批法的特点是不按产品的生产步骤而只按产品的批别（分批、不分步）计算成本。该方法适用于小批生产和单件生产。

分步法是按照产品的生产步骤计算产品成本的方法。其特点是不按产品的批别计算成本，而按产品的生产步骤计算产品成本。它适用于大量大批且管理上要求分步骤计算成本的多步骤生产。

凡是产品的品种、规格繁多，又可以按照一定标准划分为若干类别的企业或车间，均可以采用分类法计算成本。

作业成本法核算的基本程序是：确认作业，划分作业中心；以作业中心为成本库汇集费用；将各个成本库的成本分配到最终产品。

成本报表是根据企业日常的产品成本核算资料定期编制，用来反映、考核和分析企业在一定时期内产品成本水平以及产品成本计划执行结果的报告性文件。成本报表的分析方法主要有对比分析法、比率分析法、连环替换分析法、差额计算分析法和趋势分析法等。

思 考 题

1. 简述产品成本核算的一般程序。
2. 怎样核算制造费用？制造费用有哪些分配方法？
3. 完工产品和月末在产品之间分配费用，一般采用什么方法？各种方法的适用范围是什么？
4. 简述品种法的概念、特点、适用范围及计算程序。
5. 简述分批法的概念、特点、适用范围及计算程序。

6. 简述分步法的概念、特点、适用范围及计算程序。

7. 简述成本报表的分析方法。

8. 如何分析全部产品生产成本表（按成本项目反映）?

自 测 题

（一）选择题

1. 下列各项费用中，不能直接借记“生产成本——基本生产成本”科目的是（ ）。

A. 车间生产工人福利费　　B. 车间生产工人工资
C. 车间管理人员工资　　D. 构成产品实体的原料费用

2. 下列各项中，可用于辅助生产费用分配的方法是（ ）。

A. 品种法　　B. 分步法
C. 对比分析法　　D. 直接分配法

3. 属于产品成本项目的是（ ）。

A. 外购材料费用　　B. 职工工资
C. 制造费用　　D. 折旧费用

4. 在某种产品各月末在产品数量较大、但各月之间变化很小的情况下，为了简化成本计算工作，其生产费用在该种产品的完工产品与在产品之间进行分配时，适宜采用的方法是（ ）。

A. 不计算在产品成本法　　B. 在产品按固定成本计价法
C. 在产品按完工产品计算法　　D. 在产品按定额成本计价法

5. 在大量大批多步骤生产的情况下，如果管理上不要求分步计算产品成本，其所采用的成本计算方法应是（ ）。

A. 品种法　　B. 分批法　　C. 分步法　　D. 分类法

6. 采用平行结转分步法时，完工产品与在产品之间的费用分配，是（ ）。

A. 各生产步骤完工半成品与月末加工中在产品之间的费用分配
B. 产成品与月末狭义在产品之间的费用分配
C. 产成品与月末加工中在产品之间的费用分配
D. 产成品与月末广义在产品之间的费用分配

7. 品种法适用于（ ）。

A. 小批单件单步骤生产
B. 管理上不要求分步骤计算产品成本的大量大批多步骤生产
C. 大量大批单步骤生产
D. 管理上不要求分步骤计算产品成本的小批单件多步骤生产

8. 在确定完工产品与在产品分配的方法时，应考虑的条件有（ ）。

A. 各月末在产品数量的多少　　B. 各月末在产品数量变化的大小
C. 各项费用比重的大小　　D. 定额管理基础的好坏

9. 下列各项中，属于成本报表的有（ ）。

A. 产品生产成本表　　B. 主要产品单位成本表
C. 产品销售费用明细表　　D. 财务费用明细表

10. 影响可比产品成本降低率的因素有（　　）。

A. 产品产量　　B. 产品价格

C. 产品品种比重　　D. 产品单位成本

（二）判断题

1. 产品成本是指企业在一定时期内发生的、用货币表现的生产耗费。（　　）

2. 凡是直接用于产品生产而且专设成本项目的费用，都应单独地记入“生产成本——基本生产成本”科目。（　　）

3. 某产品在完工产品与在产品之间分配生产费用时采用在产品按固定成本计价法，该产品 12 月份发生的生产费用之和也就是该产品当月的完工产品成本。（　　）

4. 每个工业企业最终都必须按照产品品种计算出产品成本。（　　）

5. 分批法下的产品批量必须根据购买者的订单确定。（　　）

6. 采用约当产量比例法时，分配原材料费用与分配加工费用所用的完工率都是一致的。（　　）

业务练习题

1. 某季节性生产车间全年制造费用计划为 82 400 元；全年各种产品的计划产量为：A 产品 2 000 件，B 产品 1 060 件；单件产品的工时定额为：A 产品 4h，B 产品 8h。4 月份该车间的实际产量为：A 产品 120 件，B 产品 90 件。

要求：

（1）计算制造费用年度计划分配率（列出计算过程）。

（2）计算 4 月份应分配转出的制造费用（列出计算过程），编制有关会计分录。

2. 某产品经两道工序完工，其月初在产品与本月发生的工资及福利费之和为 255 000 元，该月完工产品 600 件。该产品的工时定额为：第一工序 30h，第二工序 20h。月末在产品数量为：第一工序 300 件，第二工序 200 件。各工序在产品在本工序的完工程度均按 50% 计算。

要求：

（1）分别计算该产品各工序在产品的累计工时定额和定额工时。

（2）计算完工产品定额工时。

（3）按定额工时比例分配计算完工产品和在产品的工资及福利费。

3. 某产品单位成本表中所列原料费用为：计划 5 000 元，实际 4 950 元；单位产品原料消耗为：计划 50kg，实际 55kg；原料单价为：计划 100 元，实际 90 元。

要求：

（1）计算单位产品原料费用脱离计划的差异。

（2）采用差额计算分析法，计算原料消耗量和原料单价变动对原料费用的影响。

案例分析题

某工业企业下设供水和运输两个辅助生产车间。辅助生产车间的制造费用不通过“制造费用”科目核算。辅助生产费用的分配采用交互分配法。2013 年 6 月份各辅助生产车间发生的费用及提供的产品和劳务数量如表 7-11 所示。

要求：

（1）计算填列“辅助生产费用分配表”（见表7-11）。

（2）编制辅助生产费用交互分配的会计分录（“生产成本——辅助生产成本”科目要列出明细科目，下同）。

（3）编制辅助生产费用对外分配的会计分录。

表7-11 辅助生产费用分配表

××企业 2013年6月 金额单位：元

<table>
<tr><td colspan="3">项　目</td><td colspan="3">交互分配</td><td colspan="3">对外分配</td></tr>
<tr><td colspan="3">辅助车间</td><td>供水</td><td>运输</td><td>合计</td><td>供水</td><td>运输</td><td>合计</td></tr>
<tr><td colspan="3">待分配费用</td><td>8 200</td><td>18 200</td><td>26 400</td><td></td><td></td><td></td></tr>
<tr><td colspan="3">劳务供应数量</td><td>41 000t</td><td>5 200km</td><td>×</td><td></td><td></td><td>×</td></tr>
<tr><td colspan="3">单位成本（分配率）</td><td></td><td></td><td>×</td><td></td><td></td><td>×</td></tr>
<tr><td rowspan="5">辅助生产车间</td><td rowspan="2">供水</td><td>耗用数量</td><td>×</td><td>200</td><td>×</td><td>×</td><td>×</td><td>×</td></tr>
<tr><td>分配金额</td><td>×</td><td></td><td></td><td>×</td><td>×</td><td>×</td></tr>
<tr><td rowspan="2">运输</td><td>耗用数量</td><td>1 000</td><td>×</td><td>×</td><td>×</td><td>×</td><td>×</td></tr>
<tr><td>分配金额</td><td></td><td>×</td><td></td><td>×</td><td>×</td><td>×</td></tr>
<tr><td colspan="2">分配金额小计</td><td></td><td></td><td></td><td>×</td><td>×</td><td>×</td></tr>
<tr><td colspan="2" rowspan="2">基本生产车间</td><td>耗用数量</td><td>×</td><td>×</td><td>×</td><td>35 000</td><td>4 000</td><td>×</td></tr>
<tr><td>分配金额</td><td>×</td><td>×</td><td>×</td><td></td><td></td><td></td></tr>
<tr><td colspan="2" rowspan="2">企业管理部门</td><td>耗用数量</td><td>×</td><td>×</td><td>×</td><td>5 000</td><td>1 000</td><td>×</td></tr>
<tr><td>分配金额</td><td>×</td><td>×</td><td>×</td><td></td><td></td><td></td></tr>
<tr><td colspan="3">分配金额合计</td><td>×</td><td>×</td><td>×</td><td></td><td></td><td></td></tr>
</table>

第八章

管理会计

案例与引言

红光保健品有限公司，主要生产排毒养颜胶囊和提神补脑液，市场畅销，特别是在春、秋两季，市场上常常脱销，供不应求。

今年一入春，该公司销售部门要求进行加班加点，突击生产，生产更多的产品以扩大销售，提高利润。然而生产部门却反对这种做法，认为这样做会打乱全年的生产计划，花费的代价太大。另外，生产部门知道，由于节假日加班加点，往往要支付两倍甚至于三倍的工资，因此产品成本很高，在进行责任指标考核时，将对生产部门十分不利，甚至会影响奖金。所以生产部门竭力反对，并抱怨销售部门只顾自己的一系列销售指标，而不考虑生产部门的苦衷。

但是，销售部门马上提出，生产部门是否愿意承担失去大量客户的责任，是否考虑到销售收入和企业利润等各项经济指标。当然，生产部门是不愿意承担这些责任的，双方争论不休，最后矛盾上交厂部。

厂长请财务科长提出意见，是否接受各项加班加点任务，怎样处理生产部门和销售部门之间的矛盾。假如你是财务科长，应该怎样回答这个问题？

本章学习目标

- 管理会计的定义、管理会计与财务会计的区别和联系
- 采用完全成本法和变动成本法计算分期损益
- 贡献毛益盈亏临界点、安全边际分析
- 计算实现目标利润的销售量或销售额
- 销售预测、成本预测、利润预测、资金需要量预测
- 短期经营决策
- 全面预算
- 标准成本法
- 责任会计

第一节 管理会计概述

一、管理会计的职能

（一） 管理会计的概念

管理会计是把会计与现代管理技术结合起来，以货币为主要计量尺度，对企业的生产经营活动进行预测、决策、计划、控制和考核评价，借以加强企业内部管理，提高经济效益的价值管理系统。

（二） 管理会计与财务会计的联系和区别

管理会计与财务会计是现代企业会计的两个分支。两者之间存在着一定的内在联系，但管理会计作为一门独立的边缘学科，又与财务会计有着许多明显的区别。

1. 管理会计与财务会计的联系

（1）两者的研究对象是一致的。管理会计与财务会计的对象都是企业的资金运动。管理会计与财务会计研究对象在时间和空间上侧重点不同，财务会计是从企业整体的全部生产经营活动出发，处理或提供已经发生的历史信息；管理会计是从局部或特定项目出发，处理或提供全局尚未发生的或现在的经济信息。

（2）信息来源相同。管理会计与财务会计是两个相关又不相同的会计信息系统，它们的主要信息来源都是相同的，即都是直接反映企业生产经营活动的原始信息。两门学科运用各自特定的方法方式对同源信息进行加工、整理、汇总、筛选，形成各自的经济信息。同时，两者形成、提供的信息是互用的，管理会计需用的原始信息要依靠财务会计报表提供；而管理会计生成、提供的信息又为财务会计的监督创造了良好的条件。

（3）服务对象交叉。财务会计侧重于对外服务，同时也对内服务；管理会计侧重于对内服务，但它提供的信息对企业的外部报表使用者也是需要的。

2. 管理会计与财务会计的区别

（1）核算对象的侧重点不同。财务会计侧重于为企业外部投资者、债权人、政府有关部门等单位定期提供有关企业财务状况、经营成果和现金流量的信息；管理会计主要为企业内部生产经营管理服务。

（2）核算依据不同。财务会计要受会计准则和企业财务会计制度的约束；管理会计受生产经营决策中的成本与效益关系的制约，没有强制性的会计准则和会计制度的约束。

（3）核算重点不同。财务会计的核算重点是对历史资料的反映评价，以及事中的监督；管理会计的工作重点在于预测设计未来、控制现在和考评过去。

（4）核算方法不同。财务会计核算具有以证、账、表为主线的会计核算方法体系；管理会计方法多种多样，企业应根据情况加以选择。

（5）核算精确度不同。财务会计要求数字精确而完整，并保持其平衡关系；管理会计不要求绝对精确，一般只要求保证及时性的近似数值。

（6）会计期间不同。财务会计的会计期间具有较强的规范性，一般是月度和年度，会计期间按会计准则要求不能任意更改；管理会计的会计期间具有很大的灵活性，小到日或时，长到一年甚至几十年。

二、现代管理会计的形成与发展

管理会计的产生与19世纪末到20世纪初形成的“科学管理理论”有密切的关系。经过南北战争的美国，资本主义经济得到了较快的发展，但企业管理落后，劳动生产率很低。如何加强企业管理，他们进行了各种探索，把当时科学技术的最新成果应用于企业的生产管理，从而形成了科学管理学说，这种学说创始者是泰罗。

20世纪20年代，是泰罗的科学管理学说盛行时期。泰罗学说实践方面的核心是从时间和动作的研究上提高生产（工作）效率，为此，要求制定出实现最高效率的各项工作标准，作为组织生产、评价和考核工作成果的尺度，以实现企业经营管理的标准化。泰罗学说的广泛实施，提高了企业的生产效率和工作效率，并促使会计理论迅速发展。在企业管理标准化的要求下，产生了标准成本会计。之后，在会计实践中，管理会计的专门方法相继形成。1928年，西屋公司工程师与会计师设计了一种弹性预算的方法，使预算控制得到迅速发展；1930年，亨利·赫斯创造了盈亏临界图；1936年，乔纳森·哈利斯总结出了直接成本计算法。

到了20世纪40年代，特别是第二次世界大战以后，由于资本主义企业的规模日益扩大，国际、国内市场竞争激烈，同时失业率增加，经济危机发生频繁，企业管理当局为了战胜对手，增加竞争能力，十分重视提高产品质量，降低产品成本，扩大企业利润。这时，专门配合职能管理与科学管理的“责任会计”和“本量利分析”等专门方法就应运而生。

在20世纪50年代，现代科学技术的发展日新月异，并大规模应用于生产，使生产力获得十分迅速的发展。资本主义企业进一步集中，规模越来越大，竞争加剧，市场瞬息万变，给企业的经营管理带来严重困难，这就促使企业经营管理者重视经济预测和决策，加强对生产经营活动的规划和控制。于是，专门为加强企业内部管理服务的管理会计应运而生，管理会计理论迅速发展，管理会计方法在企业中普遍推广和运用，使管理会计形成了一个比较完整的体系。1952年在欧洲召开的世界会计学年会上，正式通过了管理会计这个名词，把过去传统的会计核算工作称为财务会计。

从20世纪50年代到70年代，是管理会计的初级发展阶段，人们称之为传统管理会计阶段。在此阶段，以成本管理为中心，把成本计算和预算控制以及变动成本法、本量利分析等各种方法综合组成一个系统化的利润规划，并增添了经营决策和长期投资决策的分析等内容，使管理会计在原有基础上，内容不断完善，吸收了现代管理理论和技术方法，形成了科学的理论体系和比较完善的应用方法，标志着管理会计学科逐渐走向成熟。

20世纪80年代至今，管理会计得到了进一步发展。随着计算机辅助设计、计算机辅助生产以及柔性制造系统等高科技成果在生产中的广泛应用，企业生产组织和生产管理显示出许多革命性的变革，适时生产系统、全面质量管理等新观念、新理论和新方法相继形成，这就对作为管理的重要工具的会计提出了新的挑战。

第二节 管理会计的主要内容

管理会计学的内容体系主要有管理会计基础、决策会计和执行会计三大部分。

管理会计的方法是从管理会计理论引申并从管理会计实践中总结出来的。由于管理会计是一门边缘学科，它广泛地吸取了现代管理科学、高等数学等相关学科的理论与方法，使管理会计的方法更加丰富多彩。管理会计的技术方法主要有变动成本计算法、本量利分析法、差量决策分析法、预测分析方法、投资决策分析方法，以及成本控制、预算编制、责任会计等专门方法。

一、管理会计基础

管理会计基础是指管理会计的基本理论和基本方法，主要包括管理会计总论、成本习性及变动成本法、本量利分析等具体内容。这些内容为决策会计和控制会计提供了基本理论和分析方法。

（一） 成本的概念及分类

1. 成本按经济用途分类

企业的成本按经济用途可分为制造成本和非制造成本两类。

（1）制造成本。制造成本是指在产品制造过程中发生的直接材料、直接人工和制造费用。

（2）非制造成本。非制造成本是指销售与行政管理方面发生的费用，一般可以细分为销售成本、管理成本两类。

2. 成本按性态分类

成本性态是指成本总额的变动与产量之间的依存关系。按照成本与产量的依存关系，可将成本分为固定成本、变动成本和半变动成本（或混合成本）三类。

（1）固定成本（a）。固定成本是指在一定产量范围内与产量增减变化没有直接联系的费用。其特点主要表现为：在相关范围内，成本总额的不变性；单位产品分摊固定成本的反比例变动性。固定成本通常又可分为酌量性固定成本和约束性固定成本。酌量性固定成本是指企业根据经营方针由高层领导确定一定期间的预算额而形成的固定成本，如研究开发费、广告宣传费、职工培训费等。约束性固定成本主要属于经营能力成本，它是和整个企业经营能力的形成及其正常维护直接相联系的，如厂房、机器设备折旧、保险费、财产税等。

（2）变动成本（bx）。变动成本是指在相关范围内，其成本总额随着产量的增减成比例增减。其特点主要表现为：变动成本总额随着产量的增减成正比例增减；单位变动成本的不变性。

（3）混合成本。混合成本是指总成本虽然受产量变动的影响，但是其变动的幅度并不同产量的变化保持严格的比例。其表现形式为：混合成本有一个初始量，类似固定成本，在此基础上，产量增加，成本也会增加，又类似变动成本，如电话费；混合成本随产量的增长而呈阶梯式增长，称阶梯式成本，如检验员的工资。

混合成本可以按一定的方法分解为固定成本和变动成本，如高低点法、回归直线法等。

3. 成本按可控性分类

成本按照可控性可以区分为可控成本与不可控成本两类。从一个单位或部门看，凡成本的发生，属于这个单位或部门权责范围内，能为这个单位或部门所控制的，叫做这个单位或部门的可控成本。反之，不属于某一单位或部门的权责范围内，不能为这个单位或部门所控制的，叫做这个单位或部门的不可控成本。

可控成本与不可控成本的区分是相对的，某项成本从某一个单位看是不可控的，而对另一个单位则是可控的。

4. 成本按经营决策的不同要求分类

经营决策要运用一系列独特的成本概念，作为分析、评价有关方案经济效益大小的重要依据。下面就经营决策要着重考虑的一些成本概念作简要阐述：

（1）差别成本。差别成本是指不同方案之间预计成本的差额。

（2）机会成本。决策时必须从多种可供选择的方案中选取一种最优方案，这时必须有一些次优方案要被放弃。因此，要把已放弃的次优方案的可计量价值看作被选取的最优方案的“机会成本”加以考虑，才能对最优方案的最终利益作出全面的评价。

（3）付现成本。付现成本是指确定的某项决策方案中，需要以现金支付的成本。

（4）重置成本。重置成本是指按照现在的市场价格购买目前所持有的某项资产所需支付的成本。

（5）沉没成本。沉没成本是指过去发生、无法收回的成本。

（6）可避免成本。可避免成本是指通过某项决策行动可以改变其数额的成本。

（7）不可避免成本。不可避免成本是同可避免成本相对的一个成本概念。不可避免成本是指某项决策行动不能改变其数额的成本。

（8）相关成本与非相关成本。相关成本是指与决策有关的未来成本，如差别成本、机会成本、付现成本、重置成本、可避免成本等。

非相关成本是指过去已经发生、与某一特定决策方案没有直接联系的成本如沉没成本、不可避免成本等。

（二）变动成本法

1. 变动成本法及其理论依据

变动成本法是指在计算产品成本和存货成本时，只考虑产品生产过程中消耗的直接材料、直接人工和变动性制造费用，而不考虑固定性制造费用，所有固定性制造费用均作为期间成本在发生的当期全额列入利润表，从当期收入中扣除。其理由是：产品成本是指在产品生产过程中发生的，随产量而变动的成本。根据这一原则，只有直接材料、直接人工和变动性制造费用是在产品生产过程中发生的，随产量变动，所以产品成本只包括这三大部分。固定性制造费用主要是为企业提供一定的生产经营条件而发生，同产品的实际生产没有直接的联系，并不随产量的增减而增减，也就是说，这部分费用所联系的是会计期间，而不是产品，应在费用发生的当期，全额列作期间成本，从本期的销售收入中直接扣减。

2. 变动成本法与完全成本法的区别

（1）产品成本的组成不同。

（2）在“产成品”与“在产品”存货估价方面的区别。采用完全成本法时，由于它将全部的生产成本（包括变动的和固定的生产成本）在已销产品、库存产成品和期末在产品之间进行分配，所以库存产成品和期末在产品不仅包含了变动的生产成本，而且还包括了一部分的固定生产成本。

采用变动成本法时，由于只将变动生产成本在已销产品、库存产成品和期末在产品之间进行分配，固定生产成本没有结转至下期，金额直接从本期销售收入中扣减，所以库存产成品和期末在产品并没有负担固定生产成本，其金额必然低于采用完全成本法时的估价。

【例 1】 某厂本月生产甲产品 8 000 件，销售 7 500 件，期末产成品存货 500 件（假定期初无产成品存货，期末无在产品存货）每件直接材料 15 元，直接人工 12 元，变动性制造费用 10 元，全月发生固定性制造费用 80 000 元。则完全成本法和变动成本法计算表如表 8-1 所示。

表8-1 完全成本法和变动成本法计算表 单位：元

项 目	完全成本法计算	变动成本法计算
直接材料	15	15
直接人工	12	12
变动性制造费用	10	10
固定性制造费用	80 000 ÷ 8 000 = 10	—
产品单位成本	47	37
产成品期末存货数量/件	500	500
产成品期末存货成本	23 500	18 500

可见，产成品期末存货成本（23 500 − 18 500）元 = 5 000 元，正是由于完全成本法中包括了固定性制造费用5 000元（500件 × 10元/件）所造成的。

（3）在盈亏计算方面的区别。由于两种成本计算方法对固定成本的处理不同，所以对分期损益的影响也将不同。

1）产销平衡的情况。在产销平衡的情况下，两种成本计算方式所确定的分期损益是相同的，即当生产量等于销售量（期初存货成本 = 期末存货成本）时，按完全成本法确定的税前利润等于按变动成本法确定的税前利润。

2）产销不平衡的情况。在产销不平衡的情况下，两种成本计算方式所确定的分期损益是不同的。

① 本期生产量大于销售量：

当本期生产量大于销售量（期末存货成本 > 期初存货成本）时，按完全成本法确定的税前利润大于按变动成本法确定的税前利润。

②本期生产量小于销售量：

当本期生产量小于销售量（期末存货成本 < 期初存货成本）时，按完全成本法确定的税前利润小于按变动成本法确定的税前利润。

【例2】 某企业只生产一种A产品，直接材料6元/件，直接人工4元/件，变动性制造费用2元/件，变动性销售及管理费0元，固定性销售及管理费总额5 000元，固定性制造费用总额15 000元。全年生产量5 000件，期初无存货，本期销售A产品4 500件，期末存货500件，A产品单位售价20元。

分析采用完全成本法、变动成本法时的单位产品成本、期间成本、期末存货成本、税前利润，具体计算表如表8-2所示。

表8-2 计算表

项 目	完全成本法	变动成本法
单位产品成本	$\left(6+4+2+\frac{15\,000}{5\,000}\right)$元 = 15元	（6 + 4 + 2）元 = 12元
期间费用/成本	5 000元	（15 000 + 5 000）元 = 20 000元
期末存货成本	（500 × 15）元 = 7 500元	（500 × 12）元 = 6 000元
税前利润	［4 500 × (20 − 15) − 5 000］元 = 17 500元	［4 500 × (20 − 12) − 20 000］元 = 16 000元

税前利润差额 =（17 500 - 16 000）元 = 1 500 元，即单位产品分摊的固定性制造费用 = ［3 ×（500 - 0）］元 = 1 500 元。

（三）本量利分析原理

1. 贡献毛益

贡献毛益是指产品的销售收入扣除变动成本后的余额，又称贡献边际、边际贡献或创利额。反映贡献毛益的指标主要有：

（1）单位贡献毛益（cm）。单位贡献毛益是指每种产品的销售单价减去其单位变动成本后的余额。计算公式为：

$$\text{单位贡献毛益}(cm) = \text{单价} - \text{单位变动成本} = p - b$$

（2）贡献毛益总额（Tcm）。贡献毛益总额是指各种产品的销售收入总额减去各种产品变动成本总额后的余额。计算公式为：

$$\begin{aligned}\text{贡献毛益总额}(Tcm) &= \text{销售收入} - \text{变动成本} = px - bx \\ &= \text{销售量} \times \text{单位贡献毛益} = xcm \\ &= \text{销售收入} \times \text{贡献毛益率} = pxcmR\end{aligned}$$

（3）贡献毛益率（cmR）。贡献毛益率是指以单位贡献毛益除以销售单价或以贡献毛益总额除以销售收入总额。计算公式为：

$$\text{贡献毛益率}(cmR) = \frac{\text{贡献毛益}}{\text{销售收入}}\left(\frac{p-b}{p}\text{或}\frac{px-bx}{px}\right) \times 100\%$$

与贡献毛益率密切相关的指标是变动成本率。所谓变动成本率（bR）是变动成本占销售收入的百分比，或单位变动成本占单价的百分比。计算公式为：

$$\text{变动成本率}(bR) = \frac{\text{变动成本}}{\text{销售收入}}\left(\frac{b}{p}\text{或}\frac{bx}{px}\right) \times 100\%$$

$$\text{贡献毛益率}(cmR) + \text{变动成本率}(bR) = 1$$

可见，贡献毛益率与变动成本率属于互补性质，变动成本率高的企业，其贡献毛益率低，创利能力弱；反之，变动成本率低的企业，其贡献毛益率高，创利能力强。

2. 盈亏临界点

盈亏临界点，也称保本点或损益两平点，是指在一定销售量下，企业的销售收入和成本相等，不盈也不亏。基本公式：销售数量 × 销售单价 - 销售数量 × 单位变动成本 - 固定成本 = 利润，即 $px - bx - a = E$。

（1）单一品种的盈亏临界点。令：销售数量 × 销售单价 - 销售数量 × 单位变动成本 - 固定成本 = 0，则

$$\begin{aligned}\text{盈亏临界点的销售量}(x_0) &= \frac{\text{固定成本}}{\text{销售单价} - \text{单位变动成本}} = \frac{\text{固定成本}}{\text{单位产品贡献毛益}} \\ &= \frac{a}{p-b} = \frac{a}{cm}\end{aligned}$$

$$\begin{aligned}\text{盈亏临界点的销售额}(y_0) &= \text{盈亏临界点的销售量} \times \text{销售单价} = x_0 p \\ &= \frac{\text{固定成本}}{\text{单位产品贡献毛益}} \times \text{销售单价} \\ &= \frac{\text{固定成本}}{\dfrac{\text{单位产品贡献毛益}}{\text{销售单价}}} = \frac{\text{固定成本}}{\text{贡献毛益率}} = \frac{a}{cmR}\end{aligned}$$

$$达到盈亏临界点的作业率(dR)=\frac{盈亏临界点的销售量(额)}{正常开工的销售量(额)}\times 100\%$$

（2）多品种的盈亏临界点

在实际经济生活中，绝大多数企业都不止生产经营一种产品。在这种情况下，前面介绍的单一品种的本量利模型就无法运用。由于不同品种的销售量无法直接相加，因此就无法直接应用以单一品种为基础的盈亏临界点销售量计算公式。在多品种条件下，可以运用的本量利分析方法有多种形式，主要包括：综合加权贡献毛益率法、顺序法、联合单位法、分算法和主要品种法等。以下主要介绍综合加权贡献毛益率法的应用：

1）计算各种产品销售额占全部产品总销售额的比重。

2）求出各种产品综合的加权贡献毛益率，即

$$综合的加权贡献毛益率=\sum\left(\begin{matrix}各种产品\\贡献毛益率\end{matrix}\times\begin{matrix}各种产品销售额占全\\部产品总销售额的比重\end{matrix}\right)$$

3）计算整个企业综合的盈亏临界点销售额，即

$$\begin{matrix}综合的盈亏临界点销\\售额(以金额表现)\end{matrix}=\frac{固定成本总额}{综合的加权贡献毛益率}$$

4）计算各种产品的盈亏临界点销售额，即

$$\begin{matrix}各种产品的盈亏临\\界点销售额(金额表现)\end{matrix}=\begin{matrix}综合的盈亏临界点销\\售额(以金额表现)\end{matrix}\times\begin{matrix}各种产品销售额占全\\部产品总销售额的比重\end{matrix}$$

【例3】 某企业计划资料如表8-3所示。

表8-3 资料表 金额单位：元

项 目	销售量	单价	单位变动成本	销售收入	贡献毛益	贡献毛益率	固定成本
*A*产品	100 000件	10	8.5	1 000 000	150 000	15%	300 000
*B*产品	25 000台	20	16	500 000	100 000	20%	
*C*产品	10 000套	50	25	500 000	250 000	50%	
合 计	×	×	×	2 000 000	500 000	25%	

试计算综合盈亏临界点的销售额和各种产品盈亏临界点的销售额与销售量。

计算步骤如下：

（1）计算各种产品销售额占全部产品总销售额的比重：

A产品 1 000 000 ÷ 2 000 000 × 100% = 50%

B产品 500 000 ÷ 2 000 000 × 100% = 25%

C产品 500 000 ÷ 2 000 000 × 100% = 25%

（2）各种产品综合的加权贡献毛益率 = 50% × 15% + 25% × 20% + 25% × 50% = 25%

（3）整个企业综合的盈亏临界点销售额 = 300 000元 ÷ 25% = 1 200 000元

（4）计算各种产品的盈亏临界点销售额和销售量：

A产品：1 200 000元 × 50% = 600 000元，600 000元 ÷ 10元/件 = 60 000件

B产品：1 200 000元 × 25% = 300 000元，300 000元 ÷ 20元/台 = 15 000台

C产品：1 200 000元 × 25% = 300 000元，300 000元 ÷ 50元/套 = 6 000套

3. 安全边际

安全边际是指盈亏临界点以上的销售量，即现有销售量超过盈亏临界点销售量的差额。反映安全边际指标主要有：安全边际量、安全边际额和安全边际率。

安全边际量（MS 量）＝现有（或预计可达到）的销售量－盈亏临界点的销售量

$= x - x_0$

安全边际额（MS 额）＝现有（或预计可达到）的销售额－盈亏临界点的销售额

$= y - y_0$

＝单价×安全边际量＝$p \times MS$ 量

$$\text{安全边际率}(MSR)=\frac{\text{安全边际量（额）}}{\text{现有（或预计）可达到的销售量（额）}}\times 100\%$$

安全边际率与达到盈亏临界点的作业率之间存在以下关系：

安全边际率＋盈亏临界点的作业率＝$MSR + dR = 1$

安全边际量（额）与安全边际率都是正指标，即越大越好。

由于保本点销售量所创造的贡献毛益正好够补偿固定成本，所以超过保本点以上的安全边际所提供的贡献毛益就是利润。即：

销售利润＝安全边际量×单位贡献毛益

或＝安全边际额×贡献毛益率

两边同时除以销售收入，则：

销售利润率＝安全边际率×贡献毛益率

这表明，企业销售利润率水平受到安全边际率和贡献毛益率两个因素的共同影响。

4. 保利点分析或实现目标利润分析

（1）单一品种保利点分析：

令：销售数量×销售单价－销售数量×单位变动成本－固定成本＝目标利润，则：

$$\text{实现目标利润的销售量}=\frac{\text{固定成本}+\text{目标利润}}{\text{销售单价}-\text{单位变动成本}}=\frac{\text{固定成本}+\text{目标利润}}{\text{单位贡献毛益}}$$

两边同时乘以单价，得：

$$\text{实现目标利润的销售额}=\frac{\text{固定成本}+\text{目标利润}}{\text{单位贡献毛益}}\times\text{单价}=\frac{\text{固定成本}+\text{目标利润}}{\text{贡献毛益率}}$$

目标净利润＝目标利润×（1－所得税税率）

目标利润＝目标净利润÷（1－所得税税率）

（2）多品种保利点分析：

$$\text{实现目标利润的销售额}=\frac{\text{固定成本}+\text{目标利润}}{\text{综合的加权贡献毛益率}}$$

二、决策会计

决策会计为企业决策者确定经营目标、制定最优决策和拟定实施计划提供科学依据。决策会计的具体内容包括预测分析、长短期决策及全面预算。预测是决策的前提，决策是预算的基础，预算是预测决策的综合反映，又是经营目标的具体化，也是控制考核的依据。

（一） 经营预测

1. 销售预测

销售预测的方法可分为定性销售预测法和定量销售预测法。以下主要讲解定量销售预测法。

（1）算术平均法。算术平均法是指根据过去若干期的销售量，计算简单的算术平均数，作为未来的销售预测数的一种方法。计算公式为：

$$F = \frac{\sum x_i}{n}$$

式中 F——算术平均数；

x_i——第 i 个观察值；

n——观察值个数。

（2）加权平均法。采用加权平均法进行销售预测，同样是将若干历史时期的销售量或销售额作为观察值，将各个观察值与各自的权数相乘之积加总，然后除以权数之和，求出其加权平均数，并将加权平均数作为销售量的预测值。

加权平均法的计算公式为：

$$F = \sum_{i=1}^{n} W_i X_i$$

式中 F——加权平均数；

W_i——第 i 个观察值的权数；

X_i——第 i 个观察值；

n——观察值个数。

W_i 应该满足下列两个条件：

$\sum W_i = 1$

$W_1 < W_2 < W_3 < W_4 < \cdots < W_n$

（3）指数平滑法。指数平滑法是指根据前期销售量的实际数和预测数，以加权因子为权数，进行加权平均来预测下一期销售量的方法。其计算公式如下：

预测期销售量 = 平滑系数 × 上期实际销售量 + （1 − 平滑系数） × 上期预测销售量

$$F_t = aA_{t-1} + (1-a)F_{t-1}$$

式中 F_t——本期预测数；

A_{t-1}——上期实际数；

F_{t-1}——上期预测数；

a——平滑系数，取值范围为 0 ~ 1，一般取中值，即在 0.3 ~ 0.7 之间。

（4）回归直线法。回归直线法一般是运用直线回归方程，根据自变量的变化，来预测因变量发展变动趋势的方法。其计算公式如下：

$$y = a + bx$$

（5）趋势平均法。将该方法用于销售预测，是假定未来时期的销售是与它相接近时期销售的直接继续，而同较远时期的销售关系较小，同时为了尽可能缩小偶然因素的影响，可以最近若干期的平均值作为计算预测期的预测值的基础。其计算公式如下：

$$F = \bar{A} + n\bar{t}$$

式中 F——计划期成本预测值；

$\bar{A}$——五期平均值；

n——距离预测时间的期数；

$\bar{t}$——最近趋势平均数。

2. 成本预测

（1）可比产品成本预测。成本预测的主要内容有：①测定目标成本。②测算基年预计成本水平。③预测各项因素对实现目标成本的保证程度。④测算计划期产品成本的发展变化趋势等。

（2）不可比产品成本预测。不可比产品是指企业以往年度没有正式生产过的产品，其成本水平无法与过去进行比较，因而就不能像可比产品那样通过采用下达成本降低指标的方法控制成本支出。预测时主要采用技术测定法、产值成本法和目标成本法等。

3. 利润预测

（1）直接预测法。直接预测法是指根据本期的有关数据，直接推算出预测期的利润数额的一种方法。预测时可根据利润的构成方式，即

利润总额 = 营业利润 + 投资净收益 + 营业外收支净额

（2）比例计算法。

1）销售利润率预测法：

预测计划期产品销售利润额 = 预计计划期产品销售收入 × 上期销售收入利润率

2）销售成本利润率预测法：

预测计划期产品销售利润额 = 预计计划期产品销售成本 × 上期销售成本利润率

3）产值利润率预测法：

预测计划期产品销售利润额 = 预计计划期产品总产值 × 上期产值利润率

4. 资金需要量预测

资金需要量预测，就是以预测企业生产经营规模的发展和资金利用效果的提高等为依据，在分析有关历史资料、技术经济条件和发展规划的基础上，运用数学方法，对预测期资金需要量进行科学的预计和测算。在资金需要量预测中，常用的方法有资金增长趋势预测法（回归分析法）和预计资产负债表法。下面主要介绍预计资产负债表法。

预计资产负债表法是通过编制预计资产负债表来预计预测期资产、负债和留用利润，从而测算外部资金需要量的一种方法。

（1）分析研究资产负债表中那些随销售变动而变动的项目，并将这些项目分别除以基年的销售量，以销售百分比的形式表示。

一般地，资产负债表中资产类项目，如货币资金、正常的应收账款、存货等项目，都会随销售的增长而相应地增长。固定资产项目的利用率如果达到饱和状态，则需要随销售的增长而增添设备。负债类项目，如应付账款、其他应付款等项目，一般也会随销售的增长而增长。而长期负债、所有者权益等项目，则不随销售的增长而增长。

（2）将资产以销售百分比表示的合计减去负债能随销售增长而增长的项目以销售百分比表示的合计，求出未来年度每增加一元的销售需要增加筹资的百分比。

（3）以预测未来年份增加的销售量乘以每增加一元销售需筹资金额的百分比，然后再

扣除企业内部形成的资金来源（如未分配利润等），即可得出未来年度需增加筹资的预测值。

【例4】 某公司2012年的销售额为100万元，这已是该公司最大的生产能力。假定税后净利润占销售额的4%，计4万元，已分配利润为税后净利润的50%，2013年预测销售量可达150万元。2012年12月31日的资产负债表如表8-4所示。

表8-4　资产负债表

2012年12月31日　　　　单位：万元

资　产	金　额	负债及所有者权益	金　额
银行存款	2	应付账款	15
应收账款	17	应付票据	3
存货	20	长期借款	20
固定资产（净值）	30	实收资本	40
无形资产	11	未分配利润	2
资产总计	80	负债及所有者权益总计	80

试预测该公司2013年的筹资需要量。

计算步骤如下：

（1）根据2012年12月31日的资产负债表，计算各项目占当年销售收入总额的百分比，如表8-5所示。

表8-5　计算表

资　产	占当年销售收入总额（%）	负债及所有者权益	占当年销售收入总额（%）
银行存款	2÷100=2%	应付账款	15÷100=15%
应收账款	17÷100=17%	应付票据	3÷100=3%
存货	20÷100=20%	长期借款	不变动
固定资产（净值）	30÷100=30%	实收资本	不变动
无形资产	不变动	未分配利润	变动
资产总计	69%	负债及所有者权益总计	18%

（2）计算未来年度每增加一元的销售量需要增加筹资的百分比，即：69%－18%=51%

上述计算表明，销售每增加1元，全部资产将增加0.69元，负债将增加0.18元，因此，尚欠0.51元需要筹资。

（3）预计2013年应增筹的资金为：（150－100）万元×51%=25.5万元

（4）估计新增利润，并考虑一部分筹资可以从未分配利润中取得。2013年销售收入150万元，按照税后净利润占销售额4%计算，税后净利润为6万元，已分配利润为税后净利润的50%，尚留50%，即3万元，这部分未分配的利润可以抵充筹资额。所以，预计的筹资额应为：（25.5－3）万元=22.5万元。

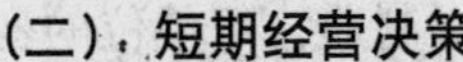

（二）．短期经营决策

1. 生产何种产品的决策分析

假定企业可以自主利用生产设备用于生产甲产品或乙产品，但不能同时生产两种产品。这就要求企业必须根据现有的资源条件，在这两种产品之间作出正确的选择。其选择的标准是看哪种产品在经济上最为合算，能为企业提供最多的利润。

2. 产品增产的决策分析

产品增产的决策是指利用剩余生产能力，在原预定投产的几种产品中适当地扩大某种产品的生产量。

3. 亏损产品是否停产（转产）的决策分析

判断产品该不该停产，主要是取决于该产品最终能否提供贡献毛益，若贡献毛益为正数，说明该项亏损产品不应停产。

4. 零（部）件自制或外购的决策分析

（1）零（部）件需要量确定时自制或外购的决策。

【例5】 某企业生产甲产品，每年需要A零件1 000件，如果外购，其外购成本每件为25元，该厂有剩余的生产能力，这剩余的生产能力亦无其他用途，可供生产此零件，单位产品制造成本如下：

项目	金额
直接材料	10元
直接人工	6元
制造费用	
变动性制造费用	4元
固定性制造费用	7元
合　计	27元

分析：表面上看起来，零件的自制单位成本比外购单价高2元（27元－25元），似乎应选择外购合算。其实不然，因为在自制成本中包含了与决策无关的成本——固定性制造费用，只有为制造零件而发生的直接材料、直接人工、变动性制造费用是决策的相关成本。

自制零件成本　1 000元×（10＋6＋4）＝20 000元

外购零件成本　1 000元×25＝25 000元

外购零件成本超出自制零件成本　5 000元

可见，A零件外购零件成本比自制零件成本高5 000元，宜选择自制。

沿上题，假定其剩余生产能力不仅可用于自制A零件1 000件，也可以用于生产乙产品900件，每件获利10元，但两者相互排斥。

自制零件成本　1 000元×（10＋6＋4）＝20 000元

机会成本　900元×10＝9 000元

合计　29 000元

外购零件成本　1 000元×25＝25 000元

自制零件成本高于外购零件成本　4 000元

可见，若考虑了机会成本，A零件自制零件成本比外购零件成本高4 000元，宜选择外购，将剩余生产能力用于生产乙产品。

（2）零（部）件需要量不确定时自制或外购的决策。

【例6】 假设某厂生产上需用B零件，外购单价20元，如自行制造，每单位的变动成本为10元，但零件若自制，需为此每年追加固定成本20 000元。试对零件的外购或自制作出决策。

分析：设每年需要B零件x件，则：外购B零件成本$=20x$，自制B零件成本$=10x+20\ 000$

令$20x=10x+20\ 000$，得$x=2\ 000$件

说明B零件需要量在2 000件以上时，自制成本低于外购价，宜自制；若B零件需要量在2 000件以下时，自制成本高于外购价，宜外购。

5. 半成品立即出售或继续加工的决策分析

在某些企业中，所生产的产品在完成一定的加工阶段后，可以作为半成品出售，也可以继续加工后再出售，其售价较高，但要追加一定的成本。所以，在进行抉择时，就必须计算分析进一步加工后预期所增加的收入能否超过进一步加工时所追加的成本，若前者大于后者，则半成品可以选择进一步加工；反之，则以直接出售半成品为宜。

6. 联产品是否进一步加工的决策分析

在某些企业里，利用同一种原材料，在同一生产过程中生产出两种或两种以上性质或用途不同的主要产品，这些产品成为联产品。如汽油、煤油、柴油等产品都是炼油厂的联产品。在联产品加工过程中发生的成本称为联合成本，要选择合理的方法，将联合成本在全部联产品之间进行分摊。如果分离后联产品还需继续加工，就必须另外追加成本，这种成本称为可分成本，可分成本应由分离后继续加工的产品独自负担。

对于生产联产品的企业，经常面临着联产品是直接销售还是进一步加工的抉择。管理人员在决策时，必须采用差量分析法，要弄清楚进一步加工后预期增加的收入能否超过预期的可分成本，若前者大于后者，则联产品可以选择进一步加工；反之，则以直接出售联产品为宜。

7. 是否接受特殊价格追加订货的决策分析

（1）简单条件下的决策

1）不冲击本期计划任务（正常订货）的完成。

2）不需要追加专属成本。

3）剩余能力无法转移。

当以上三个条件同时具备时，属于简单条件下的决策。简单条件下，只要特殊订货单价大于该产品的单位变动成本，就可以接受该追加订货。

（2）复杂条件下的决策

1）当追加订货冲击正常任务时。当追加订货冲击正常任务时，应将由此减少的贡献毛益作为追加订货方案的机会成本，当追加订货的贡献毛益足以补偿这部分机会成本时，则可以接受订货。

2）当追加专属成本时。当追加专属成本时，如果追加订货的贡献毛益大于专属成本，则可以接受订货。

3）当剩余能力可以转移时。当剩余能力可以转移时，应将与此有关的可能收益作为追加订货方案的机会成本综合考虑。当追加订货的贡献毛益足以补偿这部分机会成本时，则可以接受订货。

8. 产品最优组合决策分析

如果企业同时生产两种或两种以上的产品，管理人员需根据市场的需要和企业现有的资源，合理安排各种产品的生产（销售）量，使各种产品的生产量达到最优组合，以取得最佳的经济效益。这类问题可以用线性规划法求解。

（三） 全面预算

1. 全面预算的意义和内容

全面预算是对企业全部经济活动过程的正式计划所作的数量说明。它在形式上与我国工业企业的生产技术财务计划有些类似，但它们的编制程序和侧重点存在很大的差别。编制全面预算的目的，在于通过对产、供、销各个环节和人、财、物等因素的综合平衡，全面安排各项生产经营业务，并确定其应达到的标准，为实现企业的总目标创造条件和提供保证。企业通过编制和执行全面预算，加强企业内部控制，对于提高企业管理水平，以争取实现较好的经营成果和经济效益，具有重要意义。

首先，通过企业全面预算，可以促使企业领导人更全面、认真地考虑与企业前途有关的重要问题。

其次，通过企业全面预算的贯彻执行，可以促进企业各级主管人员体会到作为企业最高领导人的助手作用。

再次，可通过进一步审查，核实各项决策的预期效果和可行性，事先发现未来时期内生产经营管理方面的薄弱环节，以便采取有效的防范措施。

全面预算的内容可归纳为业务预算、财务预算和专门决策预算。业务预算是指企业日常发生的各项具有实质性的基本活动的预算，包括销售预算、生产预算，直接材料预算、直接人工预算、单位生产成本预算、产品销售费用及管理费用预算；财务预算是企业在计划期内反映有关现金收支、经营成果和财务状况的预算，包括现金预算、预计利润表、预计资产负债表、预计现金流量；专门决策预算是企业经常发生的、一次性业务的预算。

2. 全面预算的编制程序

由于全面预算编制方式不同，其程序也不同。全面预算编制方式可分为自下而上、自上而下、财务议编三种。自下而上地编制全面预算，一般应先由最低层负责成本控制的人员自行编制本身的预算，然后送交上级审查，经过反复研究、协商、修订和平衡后，再逐级加以汇编，最后再送交最高级领导审核批准。自上而下编制全面预算的程序是，先由企业最高领导层制定总目标，编制全面预算，分解有关指标，然后再由有关部门依据下达的控制指标编制本部门预算。财务议编的程序是，财务部门依据企业最高层的要求编制企业全面预算和部门预算。权衡以上三种编制方式，自下而上的编制方式较之其他编制方式优越，主要体现在：自下而上地编制预算，意味着由各级主管人员自行确定其本部门、本单位的目标和任务，这必将使他们意识到自己在企业中的重要地位，从而自觉地加强其提高工作质量和效率的责任心和自豪感，并以全局观点来对待和要求其所主管的部门或单位的业务。各级主管人员直接控制本部门、本单位的实际业务，熟悉情况，并了解各种可能存在的问题，故由其自行编制的预算，必定是经过深思熟虑而认为可以实现的，并足以显示其作为主管人员的工作业绩和对企业的贡献。

3. 全面预算的编制方法

（1）固定预算和弹性预算

1）固定预算又叫静态预算，是指只按照预算期间内计划预定的一种活动水平确定相应的数据。固定预算，从整体上看，通常每年编制一次，使预算期间和会计年度相一致，便于预算执行结果的分析、评价和考核。年度预算要有分季的数字，而其中的第一个季度，还应有分月的数字，也就是近期的预算数要比远期的预算数分得更细一些。随着时间的推移，当第一个季度即将过去，第二个季度即将来临的时候，又要将第二个季度的预算数按月分解，提出第二个季度分月的预算数，如此顺序推进。在月份内，有关现金收支的预算数，还可按旬或周进一步细分。

2）弹性预算是将预算支出划分为变动费用和固定费用，在编制预算时，预算中的变动费用随产品产销量的变动而予以增减，而固定费用则相对稳定不变。因此，弹性预算大多用于支出预算中；弹性预算的主要优点是能够适用多种业务量的变化，更好地发挥预算控制的作用，并使预算执行情况的评价考核建立在更加客观可比的基础之上。

（2）增量预算和零基预算

1）增量预算是以基期的各种费用项目的实际开支数为基础，然后对计划期间可能会使各费用项目发生变动的有关因素（如产量的增减、规定的成本降低率的高低等）加以细致考虑，最终确定出它们在计划期间应增减的数额。如编制费用预算是在现有基础上增加一定的百分比，就叫做“增量预算法”。如果在现有基础上减少一定的百分比，则称为“减量预算法”。

2）零基预算是指以零点为基础而制定的预算，也就是排除过去和现实中存在而又可以避免的种种消极因素的影响，把各项生产经营业务视为从头开始的新工作加以安排，客观考虑其获取收入、发生开支和实现利润的可能性，并据以预算。

零基预算是20世纪60年代美国得克萨斯州的彼得·派尔首先提出来的，它很快就得到美国政府和企业界的重视。1976年，美国总统卡特把零基预算引入白宫的预算管理中，起到了十分有效的作用。

（3）定期预算和滚动预算

1）定期预算。定期预算是固定以一年为期的预算。预算期与会计年度相适应。它的优点是便于将实际数和预算数进行对比，也有利于对预算的执行情况进行分析和评价。但是固定以一年为期的预算也存在一些缺陷：

首先，预算通常都是在计划期开始前两三个月进行编制，那时人们对计划期的某些经济活动的情况还不够明确，特别是对后期的经济业务更是模糊不清，往往只能提出一个大概的轮廓和笼统的数字，因而在执行预算时就难免会遇到许多困难。

其次，在编制预算时所预估的一年的经济活动和推测的数字，在预算执行的过程中由于种种原因，常常会有所变动，使原来的预算不能适应新的变动情况。

再者，固定以一年为期的预算，在执行了一段时期之后，往往会使管理人员只考虑剩下来的几个月的经济活动，因而缺乏长远打算。

2）滚动预算。滚动预算又称为永续预算或延续预算，其特点是始终保持一定的有效预算期，故可适应短期预算和长期预算的编制。以年度预算为例，就是每过一个月份或一个季度，即在原预算的基础上向后延伸而增列一个月份或一个季度的预算，并在必要时对原预算的剩余部分作适当调整修改，以适应对未来情况的最新预测。这样，就使年度预算永远保持一个年度的有效期，而成为名副其实的年度预算，对其未来时期生产经营业务的指导和控制作用，也就不会因时间的推移而有所削弱。实行滚动预算，可以根据生产经营活动和企业主客观条件的变化，对预算进行修订，把长期预算与短期预算、需要与可能有机地结合起来，使企业始终有一个科学的预算，用以指导生产经营活动。

(4) 概率预算。概率预算是指按照概率原则确定各项预计因素，编制预算的一种方法。预算编制涉及的许多变量（如产量、销售量、价格、成本等），其预计的变动可能是一个定值（如销售量将增加到多少，成本将降低到多少等），也可能由于预算编制时对有关变量的预期的变动还难以准确掌握，只能作一个近似的估计——估计它们将在一定范围内变动，以及在这个范围内有关数值可能出现的概率如何。为适应这种情况，预算的编制就不能单纯对有关变量业已肯定的数值进行加工计算，同时还需对有关变量可预期的概率进行具体分析，使预算更符合客观实际情况。

三、执行会计

执行会计包括控制会计和业绩考评会计。它是适应企业内部控制要求，以行为科学理论为指导，以挖掘潜力提高经济效益为核心，通过制定控制标准、目标分解、落实责任、监督控制、责任核算与考核为手段，对企业生产经营活动发挥控制和督促作用。执行会计的具体内容包括成本控制和责任会计。

（一）标准成本法

1. 标准成本法的概念

标准成本法是指通过制定标准成本，将标准成本与实际成本进行比较获得成本差异，并对成本差异进行因素分析，据以加强成本控制的一种信息系统。

2. 制定标准成本的作用

(1) 标准成本作为计量业绩的尺度，能起到对员工的考核和激励作用，提高他们的责任感和积极性。

(2) 标准成本系统的形成有助于企业各部门的协调。这是因为标准成本的实现要求企业的各个职能部门进行协调一致的努力。

(3) 便于企业编制预算。因为标准成本是一种预计成本，可以作为编制预算的依据。

(4) 可以简化产品成本的计算。因为标准成本系统将标准成本和成本差异分别列示，原材料、在产品、产成品和产品销售成本均可以按标准成本直接入账，这就大大地简化了日常的账务处理工作。

3. 标准成本的种类

(1) 基本的标准成本。它是以实施标准成本的第一年度或选定某一基本年度的实际成本作为标准，用以衡量以后各年度的成本高低，据以观察成本升降的趋势。这种标准成本一经制定，多年保持不变，可以使各个时期的成本以同一的标准为基础进行比较。但是随着时间的推移，产品的生产技术和企业经营情况会发生变化，使原有的标准成本显得日益过时，不能很好地发挥成本管理的控制作用，所以，在实际工作中这种标准成本较少采用。

(2) 理想的标准成本。它是以现有的技术、设备在最好的经营管理条件下，所发生的成本水平作为成本标准。采用这种标准成本，不允许出现任何浪费。这种标准成本一般难于达到，所以，在实际工作中很少采用。

(3) 正常的标准成本。它是根据企业的正常生产能力，以有效经营条件为基础而制定的标准成本。可以采用企业过去较长时间内实际数据的平均值，并估计未来的变动趋势。由于在制定这种标准成本时，将那些在现实条件下难于完全避免的超额消耗也计算在内，所以这种标准的实现，对管理人员和工人来说，既不是轻而易举，但又不是高不可攀，是经过努力可以达到的，因而在成本管理中能充分发挥其应有的积极作用，在实际工作中得到了最广泛地运用。

4. 标准成本的制定

产品成本主要由直接材料、直接人工和制造费用三个成本项目组成，应按照这些项目的特点分别制定其标准成本。其基本形式为："数量"标准乘以"价格"标准得到各有关项目的标准成本。"数量"标准主要由工程技术部门制定，"价格"标准则由会计部门会同有关责任部门（如采购部门等）研究制定。

（1）直接材料的标准成本：

$$\text{直接材料标准成本} = \sum(\text{单位产品的用料标准} \times \text{材料的标准单价})$$

（2）直接工资的标准成本：

$$\text{直接人工标准成本} = \text{单位产品的标准工时数量} \times \text{标准小时工资率}$$

（3）制造费用的标准成本

1）变动性制造费用的标准成本。单位产品变动性制造费用的标准成本，一般是以直接工资的标准工时乘以每一工时变动性制造费用的标准分配率求得。

$$\begin{array}{c}\text{单位工时变动性制}\\\text{造费用的标准分配率}\end{array} = \frac{\text{变动性制造费用预算总数}}{\text{直接工资标准总工时}} \times 100\%$$

$$\begin{array}{c}\text{单位产品变动性制}\\\text{造费用的标准成本}\end{array} = \begin{array}{c}\text{单位产品直接工}\\\text{资的标准工时}\end{array} \times \begin{array}{c}\text{每工时变动性制}\\\text{造费用标准分配率}\end{array}$$

2）固定性制造费用的标准成本。如果采用变动成本法，固定性制造费用直接计入当期的损益表，作为本期销售收入的一个扣减项目，不必在各种产品之间进行分配，因而不包括在单位产品的标准成本中；如果采用完全成本法，固定性制造费用和变动性制造费用一样，也要通过分配计入单位产品的标准成本中去，分配时，可根据直接工资的标准工时，先算出固定性制造费用每单位工时的标准分配率：

$$\begin{array}{c}\text{单位工时固定性制}\\\text{造费用的标准分配率}\end{array} = \frac{\text{固定性制造费用预算总数}}{\text{直接工资标准总工时}} \times 100\%$$

$$\begin{array}{c}\text{单位产品固定性制}\\\text{造费用的标准成本}\end{array} = \begin{array}{c}\text{单位产品直接工}\\\text{资的标准工时}\end{array} \times \begin{array}{c}\text{每工时固定性制}\\\text{造费用标准分配率}\end{array}$$

根据上述方法计算出的直接材料、直接人工、制造费用的标准成本按产品加以汇总，便可确定各产品的标准成本。

5. 成本差异分析

产品的标准成本是一种预定的目标成本，是用来控制实际成本的，但在成本发生的具体过程中，由于种种原因，产品的实际成本与预定的标准成本会发生偏差，这种差额称为成本差异。如果实际成本超过标准成本，所形成的差异称为不利差异；反之，如果实际成本低于标准成本，所形成的差异称为有利差异。

（1）直接材料成本差异分析：

$$\text{直接材料成本总差异} = \text{直接材料实际成本} - \text{直接材料标准成本}$$

$$\text{直接材料数量差异} = \left(\text{直接材料实际消耗数量} - \text{直接材料标准消耗数量}\right) \times \text{直接材料标准单价}$$

$$\text{直接材料价格差异} = \left(\text{直接材料实际单价} - \text{直接材料标准单价}\right) \times \text{直接材料实际消耗数量}$$

（2）直接人工成本差异分析：

直接人工成本总差异 = 直接人工实际成本 − 直接人工标准成本

直接人工效率差异 =（实耗工时 − 标准工时）× 标准工资率

直接人工工资率差异 =（实耗工资率 − 标准工资率）× 实耗工时

（3）制造费用成本差异分析

1）变动性制造费用成本差异分析：

变动性制造费用成本总差异 = 实际变动性制造费用 − 标准变动性制造费用

变动性制造费用效率差异 =（实际工时 − 标准工时）× 变动性制造费用标准分配率

$$\text{变动性制造费用分配率差异} = \text{实际工时} \times \left(\text{实际变动性制造费用分配率} - \text{标准变动性制造费用分配率}\right)$$

2）固定性制造费用成本差异分析：

固定性制造费用成本总差异 = 实际固定性制造费用 − 标准固定性制造费用

固定性制造费用效率差异 =（实际工时 − 标准工时）× 固定性制造费用标准分配率

固定性制造费用生产能力利用差异 =（预计应完成的总工时 − 实际工时）× 标准分配率

固定性制造费用开支差异 = 实际固定性制造费用 − 固定性制造费用预算数

（二）责任会计

1. 责任会计的概念

责任会计是适应经济责任制的要求，在企业内部建立不同层次的责任中心，通过对有关信息的处理和反馈，把核算与各责任中心的工作实绩联系起来，从而对各责任中心责任范围内的经济活动进行严密的控制与考核的一种会计制度。

2. 责任会计的作用

责任会计作为对各层次的责任中心进行控制和绩效考评的一种制度，它对加强企业经营管理有着十分重要的作用：有利于贯彻经济责任制和加强企业管理，充分调动起各部门和每个职工的积极性，使企业内部各单位、各部门目标明确，有责有权，及时了解生产经营中的实际情况，尽快地解决存在的问题，提高劳动生产率；有利于各级主管人员掌握全面情况，层次分明，重点突出；有利于实行例外管理原则，使高层次管理人员摆脱日常事务性工作，集中精力处理更重要的问题，特别是企业的未来，以保证企业在激烈的市场竞争中能够生存和不断得到发展；责任会计制度把责、权、利紧密地结合起来，有利于促使企业各级主管人员和全体职工目标一致，同心协力地进行工作；使各级主管人员在自己的职责范围内，可以行使自己的权限，独立地从事经营管理活动，有利于促使企业管理中的各级决策更能从实际出发，并保证其顺利地贯彻执行。

3. 责任会计的基本原则

（1）成本效益原则。建立企业责任会计的根本目的是以最小的投入获得最大的产出，提高企业经济效益。因此，成本效益原则应是最基本的原则。

（2）综合性原则。责任指标要具备一定的综合性，能够比较全面地反映责任实体所承担的经济责任。一般可以设置效益、消耗、资金及相应的配套指标。效益指标应通过内部利润和利润率、净收益和净收益率、报酬率、贡献毛益和贡献毛益率来反映；消耗指标应通过物化劳动消耗和活劳动消耗的价值指标和实物指标来反映；资金指标应通过货币资金、材料资金、成品资金、生产资金、债权债务资金以及其他资金的占用时间和周转次数来反映。

（3）可控性原则。可控性原则是指责任实体只能对在职权范围内可以控制的经济活动负责，权力和责任必须紧密结合，保持一致。责任报告中只列入责任者能够控制的成本、收入和利润等内容，不可控因素不必列入，或只作为补充的参考资料。经济责任制的可控程度大体分为四种：一是完全可以直接控制的；二是部分可以直接控制的；三是可以间接控制的；四是不能控制的。只有根据责任的可控程度来划分经济责任的归属，才能发挥责任会计的积极作用。

（4）反馈性原则。反馈是企业决策的基础，决策是根据反馈而作出的符合客观实际的判断。只有正确的决策，才能产生正确的行动和良好的效果。因此，要求责任会计应该有一个良好的记录和报告制度，使各责任者能够及时了解各自的预算执行情况，以便他们不失时机地行使权力，调整责任中心的经济活动，实现规定的目标。贯彻反馈性原则，首先要建立有效率的反馈组织体系和科学的指标体系，反馈信息要讲求实效性和准确性。信息反馈体系同核算体系是分不开的，两者基本上应当保持一致。

（5）一致性原则。责任者权责范围的确定，责任预算的编制和责任者成绩的评价、考核，应该促使他们协调地为企业总目标的实现而努力工作，保持各责任中心的目标同企业总目标的一致性，以及责任者的利益同企业整体利益的一致性。这是因为各责任实体的目标是由企业总目标分解制定的，各责任实体的目标是实现总目标的保证，两者不能偏废和分离。

（6）责、权、利相结合原则。责任会计制度要求每个责任中心及责任者承担各自的责任，并给责任中心相应的权力，同时，为各责任中心制定出合理的绩效考核标准，做到奖罚分明，真正地将责、权、利三者有机地结合起来，充分调动起各责任单位和职工个人的积极性，确保实现企业管理方针的总体目标的完成。

4. 责任会计的基本内容

责任会计的基本内容包括以下几个方面：

（1）确定责任会计单位。根据经营管理和组织形式的需要，将企业内部各单位、各部门划分为经济责任归属层次，按照分层负责原则明确各层次的责任，并将企业的经营总目标分解落实到各责任中心，组成一个上下左右纵横连锁的责任会计体系。

（2）确定责任实体的考核内容。按照各责任实体的责权范围及责任预算的内容，确定责任实体的考核内容。具体说，就是建立一套完整的收集、记录、整理、计算等核算体系，随时记录各责任中心的成本、收入、利润、资金等有关资料，作为考核责任预算执行情况和编制业绩报告的依据。

（3）建立一套完整的信息控制系统。按照责任归属原则形成一套完整的计算、记录和报告的责任会计账务处理原则和程序，提供及时、准确、可靠的经济活动信息，反映和衡量责任单位预算指标与实际执行情况的差异，揭示工作成绩和存在的问题，使责任实体的负责人及上级领导能及时总结经验，纠正偏差。

（4）针对实际数和预算数之间的差异所进行的分析。根据各责任中心的业绩报告，分

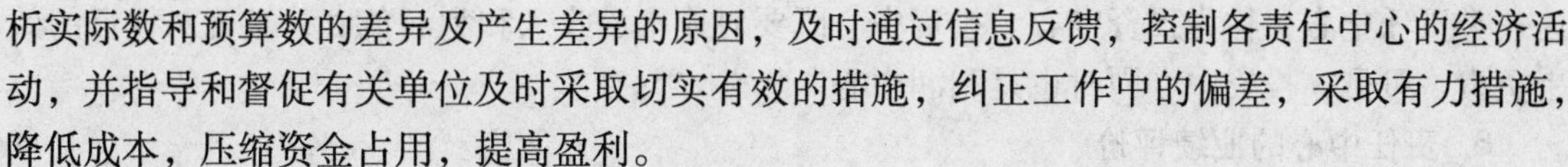

析实际数和预算数的差异及产生差异的原因，及时通过信息反馈，控制各责任中心的经济活动，并指导和督促有关单位及时采取切实有效的措施，纠正工作中的偏差，采取有力措施，降低成本，压缩资金占用，提高盈利。

5. 责任中心的分类

根据企业内部责任中心的权责范围及业务流动的特点不同，责任中心可分为成本中心、利润中心、投资中心三大类。

（1）成本中心。成本中心是指对成本或费用承担责任的责任中心。成本中心一般包括负责产品生产的生产部门、劳务提供部门以及给予一定费用指标的管理部门。成本中心的应用范围最广，从一般意义出发，企业内部凡有成本发生，需要对成本负责，并能实施成本控制的单位，都可以成为成本中心。工业企业上至工厂一级，下至车间、工段、班组，甚至个人都有可能成为成本中心。成本中心的规模不一，各个较大的成本中心又共同构成一个更大的成本中心。从而，在企业形成一个逐级控制、层层负责的成本中心体系。规模大小不一和层次不同的成本中心，其控制和考核的内容也不尽相同。

成本中心只对可控成本承担责任。可控成本是指责任单位可以预计、计量、施加影响和落实责任的那部分成本。具体来说，可控成本必须具备以下四个条件：

1）可以预计。

2）可以计量。

3）可以施加影响。

4）可以落实责任。

凡不能同时具备上述四个条件的成本通常为不可控成本。可控成本与不可控成本是相对的，在一定的时空条件下可以发生相互转化。

（2）利润中心。利润中心是对利润负责的责任中心。由于利润是收入扣除成本费用之差，利润中心是指既对成本负责又对收入和利润负责的区域。它既要控制成本费用的发生，也要对收入和成本的差额即利润进行控制。这类责任中心一般是指有产品或劳务生产经营决策权的企业内部部门。利润中心分为自然利润中心与人为利润中心两种。

1）自然利润中心，是指可以直接对外销售产品并取得收入的利润中心。这种利润中心本身直接面向市场，具有产品销售权、价格制定权、材料采购权和生产决策权。它虽然是企业内的一个部门，但其功能同独立企业相近。最典型的形式就是公司内的事业部，每个事业部均有销售、生产、采购的机能，有很大的独立性，能独立地控制成本、取得收入。

2）人为利润中心，是指对内流转产品，视同产品销售而取得“内部销售收入”的利润中心。这种利润中心一般不直接对外销售产品，只对本企业内部各责任中心提供产品（含劳务）。成立人为利润中心应具备两个条件：一是可以向其他责任中心提供产品或劳务：二是能合理确定转移产品的内部转移价格，以实现公平交易、等价交换。人为利润中心一般也应具备独立的经营权，即能自主决定本利润中心的产品品种（含劳务）、产品质量、作业方法、人员调配、资金使用等。实际上工业企业的大多数成本中心都可以转成人为利润中心，条件是它们提供的产品或配件能制定出合适的内部转移价格。

（3）投资中心。某些企业内部单位，如果不仅在产品的生产和销售上享有较大的自主权，而且能相对独立地运用其所掌握的资金，并有权购建或处理固定资产，扩大或缩减现有的生产能力，则需进一步将其获得的利润和所占用的资金进行对比，考核资金的利用效果，这一类责任中心，称为投资中心。投资中心既要对成本、收入和利润负责，又要对投资的效果负责。可见，投资中心同时也是利润中心。

6. 责任中心的业绩评价

（1）利润中心的考核。利润中心的考核指标为利润，即通过一定期间实际实现的利润同责任预算所确定的利润进行对比，评价其责任中心的业绩。由于成本计算方式不同，各利润中心的利润指标的表现形式也不相同。采取完全成本法时，利润是按财务会计核算中的计算公式求得的，这里不再详述。

（2）成本中心的考核。成本中心考核的主要内容是成本，即通过各成本中心的实际责任成本与预算责任成本的比较，评价成本中心业务活动的优劣。与此相适应，成本中心的考核指标包括成本（费用）降低额和降低率两项，其计算公式为：

成本（费用）降低额 = 预算责任成本或费用 − 实际责任成本或费用

$$成本(费用)降低率 = \frac{成本(费用)降低额}{预算责任成本(费用)} \times 100\%$$

（3）投资中心的考核。投资中心的业绩评价，主要是围绕“投资利润率”“剩余收益或剩余利润”进行的。

1）投资利润率。投资利润率又称为投资报酬率，是指投资中心所获得的利润与投资额之间的比率。其计算公式为：

投资利润率 = 经营净利润 ÷ 经营资产

2）剩余收益。剩余收益是指投资中心获得的利润扣减其最低投资收益后的余额。其计算公式为：

剩余收益 = 经营净利润 − 经营资产 × 预期最低投资利润率

【例7】 假定某企业的投资利润率如表8-6所示。

表8-6 资料表

投资中心	利润/元	投资/元	投资利润率
甲	1 500	10 000	15%
乙	900	10 000	9%
整个企业	2 400	20 000	12%

假定甲投资中心现面临一个新的投资机会，其投资额为10 000元，可获利润1 300元，投资利润率为13%，试评价该投资机会。假定甲投资中心预期最低投资利润率为12%。

分析如下：

（1）用“投资利润率”指标评价该投资机会，如表8-7所示。

表8-7 计算表

投资中心	利润/元	投资/元	投资利润率
甲	1 500 + 1 300 = 2 800	10 000 + 10 000 = 20 000	14%
乙	900	10 000	9%
整个企业	3 700	30 000	12.3%

可见，就整个企业而言，接受投资后，投资利润率增长0.3%，应接受该投资机会；但由于甲投资中心投资利润率下降了1%，甲投资中心有可能难以接受这一投资机会。

(2) 用“剩余收益”指标评价该投资机会：

甲投资中心接受该投资机会前的剩余收益 =（1 500 − 10 000 × 12%）元 = 300 元

甲投资中心接受该投资机会后的剩余收益 =（2 800 − 20 000 × 12%）元 = 400 元

可见，如果以剩余收益来考核投资中心的业绩，则甲投资中心应接受该投资机会。

7. 内部转移价格

内部转移价格是指企业各责任中心之间提供产品或劳务所运用的统一内部结算价格，运用内部转移价格的目的是正确评价各责任中心的绩效。

采用内部转移价格进行内部结算，可以使企业内部的两个责任中心处于类似于市场交易的买卖两极，起到与外部市场价格相似的作用。责任中心作为卖方，即提供产品或劳务的一方，必须不断改善经营管理，降低成本费用，以其收入抵偿支出，取得更多的利润。而买方即产品或劳务的接受一方也必须在竞价后所形成的买入成本的前提下，千方百计降低自身的成本费用，提高产品或劳务的质量，争取获得更多的利润。

(1) 内部转移价格的制定原则

1) 全局性原则。制定内部转移价格必须强调企业整体利润高于各责任中心的利润。内部转移价格直接关系到各责任中心的经济利益的大小，每个责任中心必然为本责任中心争取最大的价格好处。在利益彼此冲突的情况下，企业和各责任中心应本着企业利润最大化要求，制定内部转移价格。

2) 公平性原则。内部转移价格的制定应公平合理，应充分体现各责任中心的经营努力或经营业绩，防止某些责任中心因价格优势而获得额外的利益，某些责任中心因价格劣势而遭受额外损失。

3) 自主性原则。在确保企业整体利益的前提下，只要可能，就应通过各责任中心的自主竞争或讨价还价来确定内部转移价格，真正在企业内部实现市场模拟，使内部转移价格能为各责任中心所接受。

4) 重要性原则。即内部转移价格的制定应当体现以下要求：对原材料、半成品、产成品等重要物资的内部转移价格制定从细，而对劳保用品、修理备件等数量繁多、价值低廉的物资，其内部转移价格的制定从简。

(2) 内部转移价格的类型。内部转移价格的类型有市场价格、协商价格、双重价格、成本转移价格等。

本章小结

管理会计是把会计与现代管理技术结合起来，以货币为主要计量尺度，对企业的生产经营活动进行预测、决策、计划、控制和考核，借以加强企业内部管理，提高经济效益的价值管理系统。

管理会计与财务会计的联系：①两者的研究对象一致。②信息来源相同。③服务对象交叉。管理会计与财务会计的区别：①核算对象的侧重点不同。②核算依据不同。③核算重点不同。④核算方法不同。⑤核算精确度不同。⑥会计期间不同。

成本性态是指成本总额的变动与产量之间的依存关系。按照成本与产量的依存关系，可将成本分为固定成本、变动成本和半变动成本（或混合成本）三类。

变动成本法是指在计算产品成本和存货成本时，只包括产品生产过程中消耗的直接材料、直接人工和变动性制造费用，而不包括固定性制造费用，所有固定性制造费用均作为期间成本在发生的当期全额列入利润表，从当期收入中扣除。

贡献毛益是指产品的销售收入扣除变动成本后的余额。反映贡献毛益指标主要有：①单位贡献毛益。②贡献毛益总额。③贡献毛益率。

盈亏临界点，也称保本点或损益两平点，是指在一定销售量下，企业的销售收入和成本相等，不盈也不亏。基本公式为：销售数量×销售单价－销售数量×单位变动成本－固定成本＝利润，即 $px-bx-a=E$。反映盈亏临界点的指标主要有：盈亏临界点的销售量；盈亏临界点的销售额；达到盈亏临界点的作业率。

安全边际是指盈亏临界点以上的销售量，即现有销售量超过盈亏临界点销售量的差额。反映安全边际的指标主要有：①安全边际量。②安全边际额。③安全边际率。

保利点分析或实现目标利润分析

1）单一品种保利点分析：

$$\text{实现目标利润的销售量}=\frac{\text{固定成本}+\text{目标利润}}{\text{销售单价}-\text{单位变动成本}}=\frac{\text{固定成本}+\text{目标利润}}{\text{单位贡献毛益}}$$

$$\text{实现目标利润的销售额}=\frac{\text{固定成本}+\text{目标利润}}{\text{单位贡献毛益}}\times\text{单价}=\frac{\text{固定成本}+\text{目标利润}}{\text{贡献毛益率}}$$

2）多品种保利点分析：

$$\text{实现目标利润的销售额}=\frac{\text{固定成本}+\text{目标利润}}{\text{综合的加权贡献毛益率}}$$

销售预测的方法可分为定性销售预测法和定量销售预测法。其中，定量销售预测法主要有：①算术平均法。②加权平均法。③指数平滑法。④回归直线法。⑤趋势平均法等。

短期经营决策主要包括：生产何种产品的决策；产品增产的决策；亏损产品是否停产（转产）的决策；零（部）件自制或外购的决策；半成品立即出售或继续加工的决策；联产品是否进一步加工的决策；是否接受特殊价格追加订货的决策；产品最优组合决策等。

全面预算的内容可归纳为业务预算、财务预算和专门决策预算。业务预算是指企业日常发生的各项具有实质性的基本活动的预算，包括销售预算、生产预算、直接材料预算、直接人工预算、单位生产成本预算、产品销售费用及管理费用预算；财务预算是企业在计划期内反映有关现金收支、经营成果和财务状况的预算，包括现金预算、预计利润表、预计资产负债表、预计现金流量；专门决策预算是企业经常发生的、一次性业务的预算。

标准成本法是指通过制定标准成本，将标准成本与实际成本进行比较获得成本差异，并对成本差异进行因素分析，据以加强成本控制的一种信息系统。标准成本系统由标准成本、差异分析和差异处理三个部分组成，对于实际发生的成本，根据标准成本这一预定的尺度，将其分解为体现标准的部分和偏离标准的部分，可以使企业管理者和员工们加强成本意识，找出差距，分析差异产生的原因，并尽可能采取措施加强成本控制。根据成本的组成，产品的标准成本包括直接材料标准成本、直接人工标准成本和制造费用的标准成本，分别适用于对直接材料、直接人工和制造费用的计划和控制。

责任会计是适应经济责任制的要求，在企业内部建立不同层次的责任中心，通过对有关信息的处理和反馈，把核算与各责任中心的工作实绩联系起来，从而对各责任中心责任范围内的经济活动进行严密的控制与考核的一种会计制度。根据企业内部责任中心的权责范围及业务流动的特点不同，责任中心可分为成本中心、利润中心、投资中心三大类。

内部转移价格是指企业各责任中心之间提供产品或劳务所运用的统一内部结算价格，运用内部转移价格的目的是正确评价各责任中心的绩效。内部转移价格的类型主要有：市场价格；协商价格；双重价格；成本转移价格等。

思考题

1. 什么是成本性态？成本按性态怎样分类？
2. 变动成本法与完全成本法在产品成本组成上的主要区别在哪里？它们的理论根据是什么？
3. 盈亏临界点以上的贡献毛益是不是利润？为什么？
4. “为改变企业亏损状态，凡是亏损产品都应停产”，你认为这句话对吗？为什么？
5. 为什么说销售预算是全面预算的出发点？
6. 什么是可控成本和不可控成本？请举例说明之。

自测题

（一）选择题

1. 属于编制全面预算的出发点和日常业务预算的基础的是（　　）。

A. 销售预算　　B. 生产预算　　C. 产品成本预算　　D. 直接材料预算

2. 具有独立或相对独立法人和生产经营决策权，并对成本和利润负责的责任中心是（　　）。

A. 成本中心　　B. 利润中心　　C. 投资中心　　D. 财会中心

3. 变动成本计算法，将固定成本（　　）。

A. 在已销售产品、库存产品之间分配

B. 在已销售产品、库存产品和在产品之间分配

C. 结转到下期

D. 全额直接从本期销售收入中扣减

4. 变动成本法下，下列哪些项目计入期间成本（　　）。

A. 变动制造费用　　B. 固定制造费用

C. 销售费用　　D. 管理费用

5. 在售价、固定成本不变的情况下，当单位变动成本增加时，会使(　　)。

A. 利润下降　　B. 贡献毛益减少

C. 盈亏临界点提高　　D. 盈亏临界点下降

6. 综合加权贡献毛益率的决定因素包括（　　）。

A. 综合的保本点销售额

B. 各产品销售数量比重

C. 各产品销售收入占总销售收入的比重

D. 各产品贡献毛益率

（二）判断题

1. 尽管管理会计与财务会计工作的侧重点不同，但两者的方法体系是相同的。（　　）

2. 单价单独变动时，会使安全边际反方向变动。 （ ）

3. 当期末存货量为零，而期初存货量不为零时，完全成本法确定的税前利润大于变动成本法确定的税前利润。 （ ）

4. 安全边际率与保本作业率呈反方向变动。 （ ）

5. 企业的亏损产品生产越多，企业亏损越大，因而应停产。 （ ）

6. 相关范围仅仅针对固定成本而言，与变动成本并无联系。 （ ）

业务练习题

1. 某公司2012年度销售预算情况如表8-8所示。

表8-8 资料表

季 度	1	2	3	4	合 计
预计销售量/件	2 500	3 750	4 500	3 000	13 750
销售单价/元	20	20	20	20	20

若销售当季收回货款60%，次季收回货款35%，再次季收回货款5%，预算年度期初应收账款金额为22 000元，其中包括上年第三季度销售的应收账款4 000元和第四季度销售的应收账款18 000元。

要求：编制销售预算及预期现金收入分析表。

2. 假设A公司的成本资料如下：销售单价40元，单位变动成本28元，固定成本总额1 584 000元。

要求：

（1）计算盈亏临界点销售量和销售额。

（2）该公司为达到税前目标利润120 000元，计算其保利点销售量。

（3）该公司如达到税后目标利润180 000元（所得税税率为25%），计算其保利点销售量。

（4）假定变动成本中有50%为人工成本，固定成本中有20%为人工成本，此时，人工成本已上升10%，求盈亏临界点销售量。

3. 已知某集团公司下设三个投资中心，有关资料如表8-9所示。

表8-9 资料表

指 标	集团公司	A投资中心	B投资中心	C投资中心
净利润/万元	34 650	10 400	15 800	8 450
净资产平均占用额/万元	315 000	94 500	145 000	75 500
期望的最低投资报酬率	10%			

要求：

（1）计算该集团公司和各投资中心的投资利润率，并据此评价各投资中心的业绩。

（2）计算各投资中心的剩余收益，并据此评价各投资中心的业绩。

（3）综合评价各投资中心的业绩。

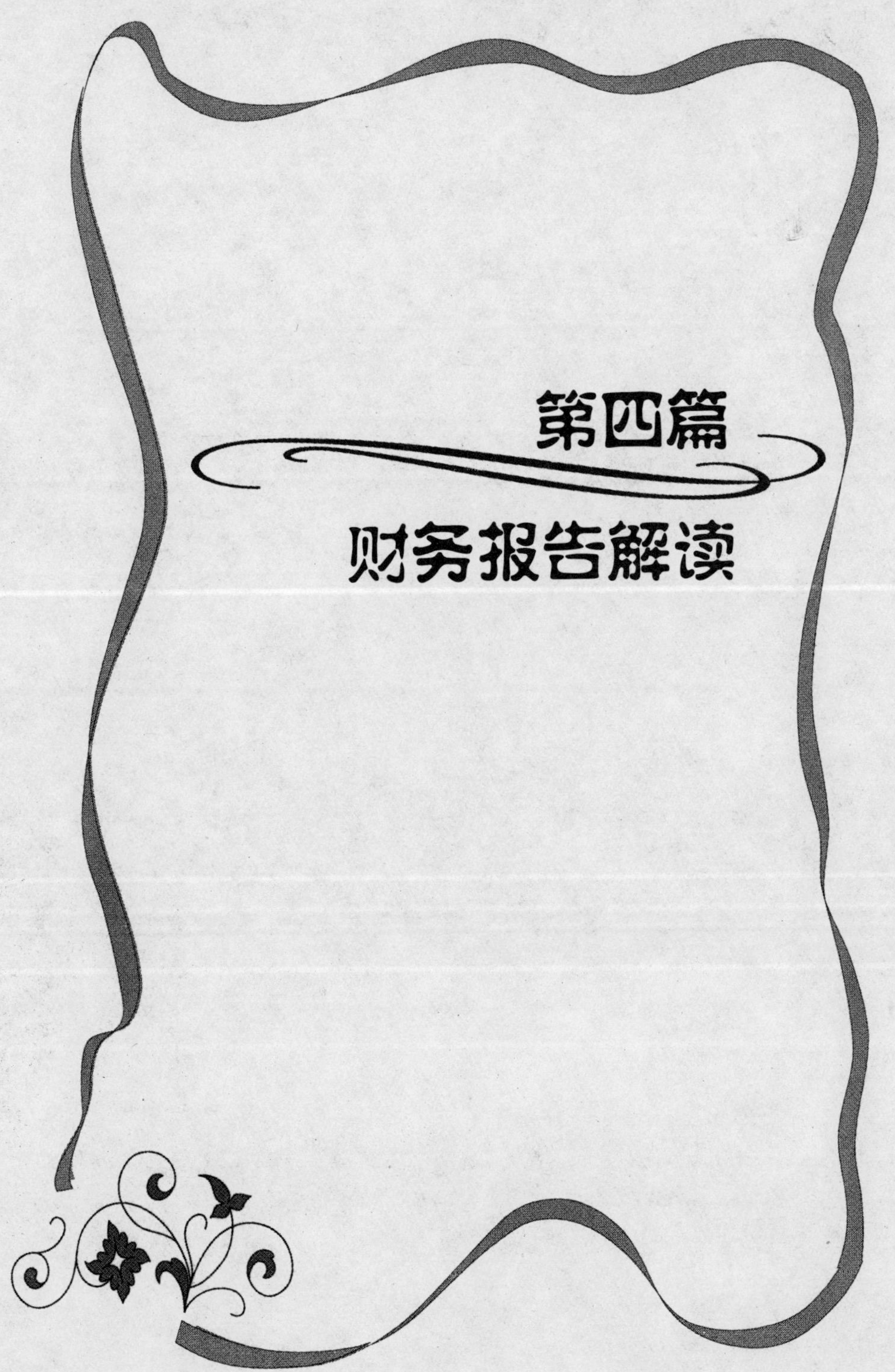

第四篇

财务报告解读

第九章

财务报告阅读与分析

案例与引言

您准备购入一家公司的股票吗？作为股东，需要了解该公司的财务状况、盈利能力与质量，以及公司的成长潜力；您将成为某银行信贷部的经理吗？会经常审查企业的贷款申请，需要根据公司的情况，作出是否给予贷款的决策；您很可能成为公司的经理，不仅需要查证与防范企业内部人员的舞弊问题，而且还要根据主要会计信息进行成本、利润等方面的管理与决策。以上角色，都需要企业的财务会计报告。

哇！太多了！草草翻阅任何一家上市公司的财务报告，基本都有五六十页的内容。财务会计报告包括哪些内容？如何了解公司的财务状况、盈利能力？如何透视公司的盈利质量？

您相信该企业的财务会计报告吗？在您进行会计报表分析之前，是否有个帮手能够助您一臂之力呢？

本章学习目标

- ◆ 资产负债表的内容与解读
- ◆ 利润表的数据来源及解读
- ◆ 利润与现金流量的差异、现金流量表的内容与解读
- ◆ 所有者权益变动表的内容与解读
- ◆ 会计报表附注的内容
- ◆ 审计报告的阅读和利用

财务报告即财务会计报告。它是企业对外提供的反映企业某一特定日期财务状况和某一会计期间经营成果、现金流量的文件。财务会计报告包括会计报表和会计报表附注。其中，会计报表是财务会计报告的主体与核心，包括资产负债表、利润表、现金流量表及所有者权益变动表；会计报表附注是为便于会计报表使用者理解会计报表的内容而对会计报表的编制基础、编制依据、编制原则和方法及报表项目等所作的解释。另外，判断财务会计报告的质量，应首先阅读审计报告，审计报告能够帮你把好第一关。

第一节 资产负债表阅读与分析

一、资产负债表的作用

资产负债表是反映企业某一特定日期财务状况的会计报表。所谓财务状况是指公司的资金来源与资金运用状况，负债资金所占比重，以及资产、负债和所有者权益各自的构成情况。资产负债表能够提供企业的下列经济信息：

1. 企业在会计期末的资产、负债和所有者权益情况

其中，资产项目表明企业在会计期末拥有的资产总额及其分布状况；负债项目表明企业在会计期末的负债总额、负债具体内容及偿还日期；所有者权益项目表明企业在会计期末的净资产数额、投资者在企业资产中享有的权益及所有者权益的构成情况。

2. 企业在某一特定时点的短期偿债能力

所谓短期偿债能力，是指企业偿还流动负债的能力。一般而言，流动负债需用流动资产偿还。流动资产的变现能力越强，说明企业的短期偿债能力越强；反之，流动资产的变现能力越差，说明企业的短期偿债能力越弱。因此，通过资产负债表中流动资产和流动负债的信息，能够评价企业的短期偿债能力。

3. 企业在某一特定时点的财务安全性和稳定性

公司的资金来源于债权人的资金和出资者的投资。负债总额占资金来源总额的比重称作财务结构或资金结构。负债比重高，一方面，说明债权人所冒的风险越大，企业财务结构的稳定性越弱；另一方面，说明企业举借长期负债资金的能力越差；因此，保持适度的负债水平，不仅能够保证企业的财务安全，使企业具有较强的长期偿债能力，并且能够增强企业筹措资金的能力，使企业稳步、健康地发展。

4. 企业在一定时期财务发展变化的趋势

将企业的某项指标依次列示几个月份或年度，如蓝丰公司应收账款数额分别为：2007年度248万元、2008年度278万元、2009年度300万元、2010年度320万元、2011年度360万元，该项指标说明公司业务可能在快速成长，也可能在产品销售信用管理方面存在问题，应在相关方面进一步研究。

二、资产负债表的数据来源

资产负债表的数据一般是直接根据有关总账科目的期末余额填列，某些项目需要根据总账科目和明细科目的记录分析、计算后填列。

（一）根据总账科目的余额计算填列

“交易性金融资产”“工程物资”“固定资产清理”“递延所得税资产”“短期借款”“交易性金融负债”“应付票据”“应付职工薪酬”“应交税费”“应付利息”“应付股利”“其他应付款”“专项应付款”“预计负债”“递延所得税负债”“实收资本（或股本）”“资本公积”“库存股”“盈余公积”等项目，应根据有关总账科目的余额填列。

有些项目则需根据几个总账科目的余额计算填列：“货币资金”项目，应根据“库存现

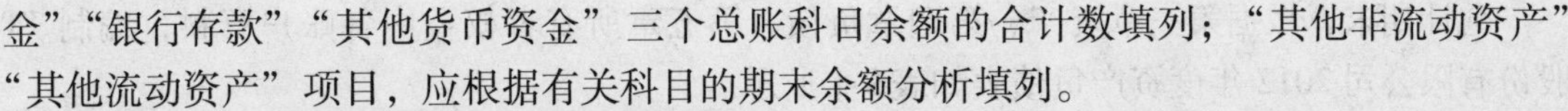

金”“银行存款”“其他货币资金”三个总账科目余额的合计数填列；“其他非流动资产”“其他流动资产”项目，应根据有关科目的期末余额分析填列。

（二） 根据明细账科目的余额计算填列

“开发支出”项目，应根据“研发支出”科目中所属的“资本化支出”明细科目期末余额填列；“应付账款”项目，应根据“应付账款”和“预付账款”科目所属的相关明细科目的期末贷方余额合计数填列；“预收款项”项目，应根据“预收账款”和“应收账款”科目，所属各明细科目的期末贷方余额合计数填列；“一年内到期的非流动资产”“一年内到期的非流动负债”项目，应根据有关非流动资产或负债项目的明细科目余额分析填列；“长期借款”“应付债券”项目，应分别根据“长期借款”“应付债券”科目的明细科目余额分析填列；“未分配利润”项目，应根据“利润分配”科目中所属的“未分配利润”明细科目期末余额填列。

（三） 根据有关总账科目和明细账科目的余额分析计算填列

“长期借款”项目，应根据“长期借款”总账科目余额扣除“长期借款”科目所属的明细科目中将在资产负债表日起一年内到期、且企业不能自主地将清偿义务展期的长期借款后的金额计算填列；“长期待摊费用”项目，应根据“长期待摊费用”科目的期末余额减去将于一年内（含一年）摊销的数额后的金额填列；“其他非流动负债”项目，应根据有关科目的期末余额减去将于一年内（含一年）到期偿还数后的金额填列。

（四） 根据有关科目余额减去其备抵科目余额后的净额填列

“可供出售金融资产”“持有至到期投资”“长期股权投资”“在建工程”“商誉”项目，应根据相关科目的期末余额填列，已计提减值准备的，还应扣减相应的减值准备；“固定资产”“无形资产”“投资性房地产”“生产性生物资产”“油气资产”项目，应根据相关科目的期末余额扣减相关的累计折旧（或摊销、折耗）填列，已计提减值准备的，还应扣减相应的减值准备，采用公允价值计量的上述资产，应根据相关科目的期末余额填列；“长期应收款”项目，应根据“长期应收款”科目的期末余额，减去相应的“未实现融资费用”科目和“坏账准备”科目所属相关明细科目期末余额后的金额填列；“长期应付款”项目，应根据“长期应付款”科目的期末余额，减去相应的“未确认融资费用”科目期末余额后的金额填列。

（五） 综合运用上述填列方法分析填列

主要包括：“应收票据”“应收利息”“应收股利”“其他应收款”项目，应根据相关科目的期末余额，减去“坏账准备”科目中有关坏账准备期末余额后的金额填列；“应收账款”项目，应根据“应收账款”和“预收账款”科目所属各明细科目的期末借方余额合计数，减去“坏账准备”科目中有关应收账款计提的坏账准备期末余额后的金额填列；“预付款项”项目，应根据“预付账款”和“应付账款”科目所属各明细科目的期末借方余额合计数，减去“坏账准备”科目中有关预付款项计提的坏账准备期末余额后的金额填列；“存货”项目，应根据“材料采购”“原材料”“发出商品”“库存商品”“周转材料”“委托加工物资”“生产成本”“受托代销商品”等科目的期末余额合计，减去“受托代销商品款”“存货跌价准备”科目期末余额后的金额填列，材料采用计划成本核算，以及库存商品采用计划成本核算或售价核算的企业，还应按加或减材料成本差异、商品进销差价后的金额填列。

会计期末，根据第三章资产、第四章负债、第五章所有者权益中各账户资料，编制TT股份有限公司2012年度资产负债表如表9-1所示。

表9-1 资产负债表

编制单位：TT股份有限公司　　2012年12月31日　　单位：元

资　产	期末余额	年初余额
流动资产：		
货币资金	1 897 285 619	911 741 821
交易性金融资产		
应收票据	636 710 918	6 065 759 933
应收账款	3 110 693 440	1 205 803 404
预付款项	260 297 061	323 763 972
应收利息		
应收股利		
其他应收款	1 719 234 476	104 878 148
存货	6 159 410 714	7 465 509 312
一年内到期的非流动资产		
其他流动资产		
流动资产合计	13 783 632 228	16 077 456 590
非流动资产：		
可供出售金融资产		
持有至到期投资		
长期应收款		
长期股权投资	179 689 921	179 437 261
投资性房地产	13 920 000	
固定资产	1 785 651 922	1 513 055 023
在建工程	532 027 124	627 954 376
工程物资	471 697	
固定资产清理	245 509	1 046 045
无形资产·	167 520 055	171 053 885
开发支出		
商誉		
长期待摊费用	43 720 542	4 134 615
递延所得税资产		
其他非流动资产		
非流动资产合计	2 723 246 770	2 496 681 205
资产总计	16 506 878 998	18 574 137 795

（续）

负债和股东权益	期末余额	年初余额
流动负债：		
短期借款	237 984 245	1 153 000 000
交易性金融负债		
应付票据	1 431 312 171	5 031 620 414
应付账款	1 446 186 787	1 158 400 489
预收款项	260 395 348	273 663 261
应付职工薪酬	157 629 224	122 542 989
应交税费	11 290 735	20 348 537
应付利息	905 456	587 775
应付股利	2 970 818	4 955 532
其他应付款	55 390 948	73 767 466
一年内到期的非流动负债	30 000 000	
其他流动负债		
流动负债合计	3 634 065 732	7 838 886 463
非流动负债：		
长期借款	6 000 000	36 000 000
应付债券		
长期应付款	1 144 889	12 244 964
专项应付款		
预计负债		
递延所得税负债		
其他非流动负债		
非流动负债合计	7 144 889	48 244 964
负债合计	3 641 210 621	7 887 131 427
股东权益：		
股本	2 164 211 422	1 988 968 232
资本公积	4 077 048 885	2 539 336 835
减：库存股		
盈余公积	4 831 782 033	4 738 640 681
未分配利润	1 792 626 037	1 420 060 620
股东权益合计	12 865 668 377	10 687 006 368
负债及股东权益总计	16 506 878 998	18 574 137 795

三、资产负债表解读

（一） 观察资产、 负债和所有者权益总额的变化， 把握财务发展的方向

根据比较资产负债表，分别计算资产总额、负债总额及所有者权益总额的变化，其计算公式如下：

$$\text{资产的变化} = \text{资产的期末余额} - \text{资产的期初余额} \tag{1}$$

$$\text{负债的变化} = \text{负债的期末余额} - \text{负债的期初余额} \tag{2}$$

$$\text{所有者权益的变化} = \text{所有者权益的期末余额} - \text{所有者权益的期初余额} \tag{3}$$

$$\text{资产的变化} = \text{负债的变化} + \text{所有者权益的变化} \tag{4}$$

资产总额表明企业在特定时点的经济资源总量，资产总额的大小能够反映企业规模的大小。公式（1）说明资产的增减变化，必然改变企业负债和所有者权益的结构。资产增加，可能会伴随负债增加或获取利润导致所有者权益的增加；还可能引起负债和所有者权益的此增彼减。

负债总额表明企业在特定时点承担的风险规模。公式（2）说明负债总额的增减变化，能够反映企业财务风险的变化。如果企业为了谋求长远利益，而增加负债，尽管在一定时期内增大了企业风险，从长远看，仍然对企业有利。

所有者权益总额表明企业在特定时点公司股东拥有的净资产的数额。公式（3）说明所有者权益总额的变化，反映股东在公司中财富的变化。如果本期股东在未增加投资或公司未增加资本公积的情况下，所有者权益增加，是本期实现利润转化的结果，从而说明本期经营效果较好。

公式（4）说明，资产的变化是结果，而负债和所有者权益的变化可以解释为资产变化的原因。

（二） 分别阅读资产、 负债、 所有者权益的具体信息， 寻找财务发展变化的具体原因

首先，自上而下计算资产、负债、所有者权益各项目的具体变化，分别对各项内容的期末余额与期初余额进行比较；其次，针对变化大的项目，结合资产、负债、所有者权益各部分内容的分析特点，找出资产、负债、所有者权益变化的具体原因。

（三） 计算相关财务比率， 检验财务安全性

计算相关财务比率，检验企业财务的安全性，也称作偿债能力。可通过资产负债表中相关项目的关系，计算财务指标，观察企业的偿债能力。

1. 资产负债率

$$\text{资产负债率} = \text{负债总额} \div \text{资产总额} \times 100\%$$

从我国上市公司资产负债率的一般水平看，认为理想的资产负债率为50%以下，40%比较合适。比率过高，企业财务风险加大；比率过低，则太保守，影响企业的经营业绩。

不同角度或者不同身份的人对该比率的看法不尽相同。持股CEO认为企业应适度举债，比率较高，虽增大财务风险，但如果资金利润率高于利息率，会增加企业收益，从而增加自己的收益。不持股的CEO不喜欢过高的资产负债率，因为这会增大财务风险，加大了企业破产的可能性，从而会影响自己的形象；即使资金利润率高于利息率，能够增加企业收益，但与自己的利益关系不大。债权人认为公司资产负债率越低，对其本金

与利息偿还的安全度越高；反之，公司资产负债率越高，对其本金与利息偿还的安全度越低。股东或投资者对资产负债率的要求，则取决于企业的资金利润率与借入资金利息率的关系。若资金利润率高于利息率，资产负债率越高越有利；反之，资金利润率低于利息率，资产负债率越低越有利。

企业在不同经济发展阶段应设计不同的资产负债率。一般而言，公司处于繁荣时期，扩张需要资金，资产负债率可高些；公司处于不景气时期，应尽可能降低资产负债率，以降低公司的财务风险，减轻利息负担。

2. 产权比率

$$产权比率 = 负债总额 \div 所有者权益总额 \times 100\%$$

产权比率越低，对债权人权益的保障程度越高，财务风险越小。据经验判断，产权比率小于100% 为宜，说明企业的净资产正好可以偿还债务。该比率与资产负债率的区别是：资产负债率侧重于偿付债务的物质保障程度；产权比率侧重于揭示财务结构的稳健程度，以及自有资金对偿债风险的承受能力。产权比率越低，企业的财务结构越稳健。

3. 流动比率

$$流动比率 = 流动资产 \div 流动负债$$

根据经验判断，该比率保持在2左右较适宜，高于2，说明企业的短期偿债能力强；反之，说明企业的短期偿债能力弱。实际上，并非流动比率越高越好。流动比率越高，说明企业在会计期末可能存在大量的应收款项尚未收回；或存有大量的存货，因此，在关注流动比率的同时，还应观察应收款项平均收账期和存货周转率指标。

4. 速动比率

$$速动比率 = 速动资产 \div 流动负债$$

速动资产包括货币资金、交易性金融资产、应收票据、应收账款、其他应收款等。即从流动资产中扣除存货、预付款项。根据经验判断，速动比率为1较适宜。

经过以上三个步骤以后，基本上可对公司的财务状况作出初步判断。

（四） 审视和评价资产项目

1. 观察资产结构的合理性

所谓资产结构是指在资产总额中，各项资产所占的比重。不同性质的企业以及企业的不同经营时期，企业各类资产所占比重有所不同。制造业的固定资产比重较高，商品流通企业的流动资产比重较高；而商品流通企业在其业务淡季，流动资产的比重会下降，在业务旺季，流动资产的比重会上升。在企业各类资产中，能够直接形成销售收入的主要是存货，更具体的是原材料、在产品及库存商品；而原材料、在产品、库存商品以外的流动资产项目与固定资产是有助于销售收入形成的资产。因此，在资产总量一定的情况下，原材料、在产品、库存商品以外的流动资产项目与固定资产比重较高，企业资金的周转速度会越慢。对此，企业应尽可能地提高原材料、在产品、库存商品等资产比重，还应采取各项措施加速其周转。

2. 关注资产质量的高低

分析资产质量，应首先计算一道算术题：2 + 2 = ? 等式左边的“2 + 2”，意为公司各项资产的账面价值之和；等式右边的“?”强调的是公司资产的变现价值。该道算术题的答案有多个，首先，“2 + 2”可能等于“4”，说明资产的账面价值与其变现价值等值；其次，

“2+2”可能等于“2或3”，说明资产的账面价值高于其变现价值，即资产贬值；最后，“2+2”可能等于“5或6”，说明资产的账面价值低于其变现价值，即资产增值。要想解出该道算术题的最终答案，需要对公司的各项资产的质量进行逐一分析。

（1）货币资金项目。货币资金属于账面价值与其变现价值等值的资产。货币资金质量分析，重点关注货币资金构成质量与运用质量。在企业的经济业务涉及多种货币的情况下，不同的经济形势与环境决定了货币币值的不同走向，从而，影响货币资金的构成质量。影响货币资金运用质量的因素较多：①企业一定时期的资产规模与业务收支规模，决定其货币资金规模。②不同行业的货币资金规模会有较大区别。③相同行业即使是资产规模相同的企业也会有不同的货币资金持有政策与运用水平。④分析企业货币资金的内部控制制度是判断企业货币资金运用质量的制度因素，包括内部控制制度的完善程度与制度执行质量两个方面。⑤分析企业遵守国家货币资金管理规定的质量。

【例1】 A企业与B企业均是建筑用板材的生产企业，其资产规模相近，近年来产品畅销。从多年经营规律看，此二公司日常持有180万元的货币资金，基本满足正常的生产运营。但A企业的银行存款额常年保持450万元的规模，占流动资产的60%；应收账款20%，存货20%；流动负债总额250万元，流动比率为3。B企业银行存款额平均在150万元左右，占流动资产的20%；交易性金融资产30%，应收账款20%，存货30%；流动负债总额500万元，流动比率为1.5。

一般而言，银行存款利率较低，银行存款数额过大，会降低企业的盈利能力，同时，也会增强企业的短期偿债能力。反映企业短期偿债能力的重要指标之一就是流动比率。流动比率是流动资产与流动负债的比值。根据例题中的数据，如果不考虑其他因素，A企业的盈利能力会低于B企业；但是A公司具有较强的短期偿债能力。

【例2】 C公司为一有限责任公司。财务部有一名出纳，三名会计。出纳负责库存现金的收入与支出，保管公司负责人的印鉴与支票簿并登记库存现金与银行存款的日记账。一名会计负责总账与报表，一名会计负责采购与固定资产明细账，一名会计负责其他业务的明细账。

天天小商品批发公司，设有一名出纳，外聘一名兼职会计，柜台销售商品的工作与收据的开具由老板的亲戚小魏负责。

该案例缺少哪些内部控制特征？

货币资金内部控制的重要内容之一是不相容的职务相互分离，不相容职务主要包括：授权批准、业务经办、会计记录、财产保管、稽核检查。不相容职务分别由不同的人员担任，形成牵制机制，进行制约和监督。因此，C公司保管支票簿的职员不能同时负责库存现金支出账和银行存款账。天天小商品批发公司柜台销售商品的工作与收据的开具由老板的亲戚小魏一人负责，未做到业务经办职务与会计记录职务的分离，开票人与收款人之间应相互牵制。

（2）交易性金融资产项目。企业取得交易性金融资产时，是按交易性金融资产的公允价值作为初始成本确认的。资产负债表日，企业应将交易性金融资产的公允价值变动计入当期损益。因此，企业持有的交易性金融资产市价的升高或降低，会影响企业的利润表；而且，只要企业的交易性金融资产未被出售，其增加或减少的利润额均无对应的现金流。

（3）应收款项项目。企业的应收款项即可能转化为货币资金，也可能转化为坏账；预付账款即可能收到采购的商品，也可能收不到采购的商品转化为坏账。因此，应收及预付款项的账面价值有可能低于变现价值，给企业造成损失。

1）应收票据与应收账款质量分析。企业的应收票据若到期不能收回，债权企业应按规定提取坏账准备。应收票据与应收账款都是企业为扩大销售规模，向购货方提供的商业信用，因此，应收票据与应收账款数额的大小既与企业所处的行业有关，也与企业的信用政策有关；企业信用政策的松紧程度又与其产品的受欢迎程度密切相关。如果企业因种种原因出现产品销售量下降，市场占有率降低，企业可能会放宽信用政策，增大应收债权的规模，对此，应通过分析应收债权的账龄，计算应收账款平均收账期的办法对应收债权的质量作出判断。从一般规律看，账龄超过信用期的时间越长，发生坏账的可能性越大。应收账款平均收账期是反映应收账款周转情况的一个重要指标，其计算公式如下：

$$\text{应收账款平均收账期}=\frac{\text{应收账款平均余额}\times 360\text{ 天}}{\text{赊销收入净额}}$$

企业的应收账款平均收账期越短，说明资金利用效果越好。

2）其他应收款与预付账款质量分析。企业其他应收款项目繁杂，往往存在诸多不规范行为，如：企业之间的贷款形成的债权，应重点分析其合法性与债务人的偿债能力；在上市公司，如果其他应收款年末比年初大量增加，往往存在被母公司占用的情况，对此，应关注会计报表附注提供的详细信息。预付账款往往与特定存货的采购有关，一般所占比重不大。

【例 3】　贝贝酷汽车公司 2012 年年末利润总额 5.20 亿元。该公司按应收账款余额百分比法计提坏账准备。2012 年年末公司应收账款余额 20.5 亿元。其中，3 年期以上的应收账款 8.20 亿元，占应收账款总额的 40%；1 年期以上的应收账款 0.5 亿元；其余应收账款均在信用期内。公司计提坏账准备的比率为 2%，年初“坏账准备”科目余额为零，本年提取坏账准备 410 万元。如果您是注册会计师，对该公司应收账款计提坏账准备的业务应如何处理？注册会计师的审计会对公司的经营成果有哪些影响？

一般而言，3 年期以上的应收账款，收回的可能性很小，应全额提取坏账准备，因此，应收账款 8.20 亿元，应全额提取坏账准备。对此，公司由盈利 5.20 亿元，变为亏损 3.2 亿元。

（4）存货项目。不同行业、企业的存货种类与质量会有很大差别。有些商品易腐烂变质，有些商品则时效性较强，受时尚与技术等因素的影响极易陈旧过时。在搞清存货类别情况下，应按如下要点进行分析：

1）分析存货规模与结构的变化。在制造业，原材料、在产品与自制半成品、库存商品各自占有较大比重。或因能够享受购货折扣而大量采购原材料；或因收到大量订单需要储备原材料；也可能因不当采购所致，等等。如果储备的原材料价格上升，则会增大存货规模；就库存商品而言，无论产量增加与否，只要销量下降，就会增大库存量，此时应从产品质量、营销政策、信用政策等多方面分析原因。

2）发出存货计价方法的选择与存货周转速度变化分析。发出存货有多种计价方法可供企业选择。如果企业的客观条件发生了变化，企业可以变更存货计价方法，即会计政策变更。发出存货计价方法的变化即影响本期损益，也影响期末存货价值。

存货量增大会加大企业营运资金的占用额，影响资金周转速度。如果某件商品的成本是 40 元，售价 100 元。每销售一件商品能够赚取利润 60 元，再购买相应的原材料继续生产该种商品。可见，只有循环的次数越多，赚取的利润越大。反映存货周转速度的指标是存货周转率，该指标既可用周转一次所需要的天数表示，也可用一定时期周转的次数表示。一般情况下，在一年之内企业存货周转的次数越多，周转一次所需要的天数越少，说明存货资金利用率高。存货周转率计算如下：

$$存货周转次数=\frac{销售成本}{存货平均余额}$$

$$存货周转天数=\frac{360天}{存货周转次数}=\frac{存货平均余额\times 360天}{销售成本}$$

3）期末存货质量分析。依据企业会计准则，期末存货应按成本与可变现净值孰低原则计价。因此，分析期末存货质量要关注企业是否适当地提取了存货跌价准备。存货遭受毁损，全部或部分过时，也需要变更会计估计。因此，会计估计变更是否适当，是否成为了企业调节利润的工具，是期末存货质量分析时需要特殊注意的一点。

（5）一年内到期的非流动资产项目，是指持有至到期投资、长期应收款、长期待摊费用等资产中将于一年内到期或摊销完毕的部分。持有至到期投资、长期应收款计入该项目中，能够增强企业的短期偿债能力。

（6）可供出售金融资产项目。资产负债表日，可供出售金融资产应当以公允价值计量，且公允价值变动计入资本公积（其他资本公积）。分析可供出售金融资产的质量，首先，关注其公允价值是否持续下降，判断可供出售金融资产是否合理的提取了减值准备。其次，注意持有至到期投资与可供出售金融资产的重分类，是否符合规定条件。

（7）持有至到期投资项目。一般情况下，企业投资于持有至到期投资是以盈利为目的的。投资者要求定期收取利息，到期收回本金。因此，分析持有至到期投资的质量，首先，应关注有否超过合同约定偿还期的债权投资，超过的期限越长，其可回收性越差，质量也就越差；其次，分析持有至到期投资是否合理地提取了减值准备；最后，注意持有至到期投资与可供出售金融资产的重分类，是否符合规定条件。

（8）长期应收款项目。长期应收款项目反映企业尚未收回的长期应收款。它是企业采用融资租赁方式出租资产和递延方式分期收款销售商品或提供劳务等经营活动产生的应收款项。也可能实质上构成对被投资单位净投资的长期权益。

（9）长期股权投资。一方面，企业进行长期股权投资，期末应当获得投资收益，但是，该类投资往往是为了企业战略考虑，可能连续几个会计年度的投资收益为负数，因此，应关注长期股权投资的质量。另一方面，企业合并也会形成长期股权投资，因此，还应分析合并会计报表。

1）长期股权投资质量分析。企业为达到特殊目的的长期股权投资属于高风险资产。这种风险表现在投资方是否能够按照账面金额收回出资额同时获得稳定收益。

在公司制企业中，投资方的股权投资，一般不能从被投资方撤出。投资方想变现其股权投资，只能转让股权。而转让股权的价格又取决于转让方与受让方双方的讨价还价。从而给投资方是否能够按照账面金额收回出资额带来风险。尽管投资方占被投资方有表决权股份的份额达到50%以上，即能够决定被投资方的财务与经营政策，但是，被投资方与投资方毕竟属于两个相对独立的经济实体，给投资方获得投资收益带来很大的不确定性。

长期股权投资投资收益的确定，按照投资方占被投资企业有表决权股份的比例的不同，在会计上分别采用成本法与权益法核算。在成本法下，只有收到被投资企业发放的现金股利时，才确认投资收益，也就是说，现金的流入与投资收益的确认是同步的。在权益法下，只要被投资企业实现盈利，不论被投资企业是否分配现金股利，投资方均按照持股比例确认投资收益。而且，企业所确认的投资收益，一般大于分回的现金股利，即现金的流入与投资收益的确认不完全同步，从而影响企业的现金流量。

如果长期投资未来可收回金额低于账面价值，或有证据表明该项投资实质上已经不能再给企业带来经济利益的情形，应分析企业是否适当地提取了长期投资减值准备。

2）合并会计报表

① 合并会计报表的概念与意义。合并会计报表是以母公司与子公司组成的企业集团作为会计主体，以母公司与子公司单独编制的个别会计报表为基础，由母公司编制的反映企业集团整体财务状况、经营成果及现金流量的会计报表。合并会计报表主要包括合并资产负债表、合并利润表及合并现金流量表、合并所有者权益（或股东权益）变动表。合并会计报表不仅能够提供企业集团经营状况的综合会计信息；而且，有利于避免人为粉饰会计报表的行为，为会计信息的使用者提供更为客观、有用的决策信息。

② 合并会计报表的合并范围。根据《企业会计准则第 33 号——合并财务报表》，在我国，凡是能够为母公司所控制的被投资单位，即子公司都应纳入合并会计报表的合并范围。所谓控制是指有权决定一个企业的财务和经营政策，并能据以从该企业的经营活动中获得利益。我国合并会计报表的合并范围如下：

首先，母公司拥有其半数以上表决权股本的被投资单位。母公司直接或通过子公司间接拥有被投资单位半数以上的表决权，表明母公司能够控制被投资单位，应当将该被投资单位认定为子公司，纳入合并财务报表的合并范围。但是，有证据表明母公司不能控制被投资单位的除外。

其次，母公司拥有被投资单位半数或以下的表决权，满足下列条件之一的，视为母公司能够控制被投资单位，应当将该被投资单位认定为子公司，纳入合并财务报表的合并范围：

其一，通过与被投资单位其他投资者之间的协议，拥有被投资单位半数以上的表决权。

其二，根据公司章程或协议，有权决定被投资单位的财务和经营政策。

其三，有权任免被投资单位的董事会或类似机构的多数成员。

其四，在被投资单位的董事会或类似机构占多数表决权。

在确定能否控制被投资单位时，应当考虑企业和其他企业持有的被投资单位的当期可转换的可转换公司债券、当期可执行的认股权证等潜在表决权因素。

不纳入合并范围的公司、企业或单位有三类：已宣告被清理整顿的原子公司，是指在当期宣告被清理整顿的被投资单位，该被投资单位在上期是本企业的子公司；已宣告破产的原子公司，是指在当期宣告破产的被投资单位，该被投资单位在上期是母公司的子公司；母公司不能控制的其他被投资单位，是指母公司不能控制的除上述情形以外的其他被投资单位，如联营企业、合营企业等。

③ 合并会计报表的编制方法：

首先，全资子公司与非全资子公司合并会计报表的区别。前者说明母公司 100% 拥有子公司的股份；后者说明母公司拥有子公司部分股份，个别会计报表的相同项目只能按照母公司拥有子公司的表决权比例进行合并。例如，甲公司直接拥有乙公司 80% 的股份，乙公司的所有者权益中只有80%属于甲公司，另外20%的股份，应作为“少数股东权益”项目反映在资产负债表所有者权益项目中；在合并利润表中，应将20%股份享有的利润以“少数股东损益”项目列示于“净利润”项目之下。同时，在合并所有者权益变动表中，在本年金额和上年金额栏中单独列示。

其次，编制调整分录与相关项目的抵销分录。首先，在编制合并资产负债表时，母公司要对子公司的长期股权投资按照权益法进行调整，编制调整分录。其次，将母公司与子公司的个别会计报表项目过入工作底稿，相同项目相加；最后，编制抵销分录，扣除重复计算项目，计算出合并会计报表各项目的金额。

编制合并资产负债表需要进行抵销处理的项目主要有：第一，母公司对子公司长期股权投资项目与子公司所有者权益项目。第二，母公司与子公司、子公司相互之间发生的内部债权债务项目。第三，存货项目，即内部购进存货价值中包含的未实现内部销售利润。第四，固定资产项目，包括固定资产原价和累计折旧项目，即内部购进固定资产价值中包含的未实现内部销售损益。第五，无形资产项目，即内部购进无形资产价值中包含的未实现内部销售损益。第六，与抵销的长期股权投资、应收账款、存货、固定资产、无形资产等资产相关的减值准备的抵销。

编制合并利润表需进行抵销处理的项目主要有：第一，内部营业收入和内部营业成本项目的抵销。第二，内部购进商品作为固定资产、无形资产等资产使用时的抵销；第三，内部应收款项计提的坏账准备等减值准备的抵销；第四，内部投资收益（利息收入）和利息费用的抵销；第五，母公司与子公司、子公司相互之间持有对方长期股权投资的投资收益的抵销等。

【例4】 2013年1月1日亿达公司以银行存款1 000万元取得M公司80%的股份（假定亿达公司与M公司的企业合并属于非同一控制下的企业合并）。亿达公司备查簿中记录的M公司在2013年1月1日可辨认资产、负债的公允价值与其账面价值相同。假定亿达公司与M公司的会计政策相同。其他有关资料如下：

（1）2013年1月1日，M公司所有者权益总额为1 000万元，其中股本为800万元；资本公积为200万元，盈余公积0元，未分配利润为0元。

（2）2013年，M公司实现净利润250万元，年末未分配利润250万元。2013年12月31日，M公司所有者权益总额为1 250万元，其中股本为800万元，资本公积为200万元，盈余公积为零，未分配利润为250万元。

亿达公司在编制2013年合并资产负债表时，因其对M公司的长期股权投资日常核算采用成本法，首先应当按照权益法进行调整。确认亿达公司在2013年M公司实现净利润250万元中所享有的份额200万元（250×80%）。

借：长期股权投资——M公司　　2 000 000

　贷：投资收益——M公司　　2 000 000

第一，长期股权投资与被投资单位所有者权益的抵销：

母公司对子公司进行的股权投资，一方面反映为长期股权投资以外的其他资产的减少，另一方面反映为长期股权投资的增加，在母公司个别资产负债表中作为资产类项目中的长期股权投资列示。子公司接受这一投资时，一方面增加资产的数额，另一方面作为实收资本处理，在其个别资产负债表中一方面反映为实收资本的增加，另一方面反映为相对应的资产的增加。从企业集团整体来看，并不引起整个企业集团的资产、负债和所有者权益的增减变动。因此，编制合并财务报表时应当在母公司与子公司会计报表数据相加的基础上，将母公司对子公司长期股权投资项目与子公司所有者权益项目予以抵销。

2013 年 12 月 31 日，亿达公司对 M 公司长期股权投资经调整后的金额为1 200万元（1 000 +200），与其在 M 公司股东权益总额中所享有的金额1 000 万元（1 250 万元 ×80%）之间的差额 200 万元，应当作为商誉处理。至于 M 公司股东权益中 20% 的部分，即 250 万元属于少数股东权益。应编制抵销分录如下：

① 借：股本　　8 000 000
　　资本公积　　2 000 000
　　盈余公积　　0
　　未分配利润　　2 500 000
　　商誉　　2 000 000
　贷：长期股权投资　　12 000 000
　　少数股东权益　　2 500 000

第二，内部债权与债务项目的抵销：

母公司与子公司、子公司相互之间的债权和债务项目，是指母公司与子公司、子公司相互之间的应收账款与应付账款、预付账款和预收账款、应付债券与债券投资等项目。发生在母公司与子公司、子公司相互之间的这些项目，集团内部企业的一方在其个别资产负债表中反映为资产，而另一方则在其个别资产负债表中反映为负债。但从企业集团整体角度考察，它只是内部资金运动，既不能增加企业集团的资产，也不能增加负债。为此，在编制合并财务报表时应当将内部债权债务项目予以抵销。

亿达公司向 M 公司销售产品一批，应收账款 60 万元，即为 M 公司的应付账款。假定不考虑税金因素。编制合并报表时，有关抵销分录为：

② 借：应付账款　　600 000
　贷：应收账款　　600 000

将抵销分录过入合并资产负债表工作底稿，计算出合并会计报表各项目的金额，如表 9-2 所示。

表 9-2　亿达集团合并资产负债表工作底稿

2013 年 1 月 1 日　　单位：万元

项　目	母公司	子公司	合计数	抵销分录		少数股东权益	合并数
				借方	贷方		
资　产							
货币资金	260	100	360				360
应收账款	760	360	1 120		②60		1 060
存货	1 580	340	1 920				1 920
长期股权投资	1 200	0	1 200		①1 200		0
商誉				①200			200
固定资产	4 200	1 200	5 400				5 400
资产合计	8 000	2 000	10 000	200	1 260		8 940

（续）

项　　目	母公司	子公司	合计数	抵销分录		少数股东权益	合并数
				借方	贷方		
负债和所有者权益							
应付账款	800	100	900	②60			840
长期负债	1 280	650	1 930				1 930
股本	5 000	800	5 800	①800			5 000
资本公积	200	200	400	①200			200
盈余公积	160	0	160				160
未分配利润	560	250	810	①250			560
少数股东权益						①250	250
负债和所有者权益合计	8 000	2 000	10 000	1 310		250	8 940

（10）投资性房地产项目。首先，投资性房地计量模式的变化。如果房地产资产物价持续上涨，企业在将成本模式转为公允价值模式时，以及资产负债表日进行后续计量时，会产生未实现利得，从而增加企业利润。因此，应关注两点：一是企业将成本模式转为公允价值模式的动机；二是取得公允价值的证据是否确凿。其次，投资性房地产的用途转换。投资性房地产的转换用途不同，有的影响当期利润；有的影响当期所有者权益。因此，关注点是企业投资性房地产转为自用房地产是否有确凿证据，是否存在进行利润操纵的动机。

（11）固定资产项目

1）固定资产投资分析。企业的固定资产质量反映了企业持续经营与发展的物质基础与技术装备水平。任何企业在一定时间内都要根据企业的生产经营计划，购建固定资产，或接受投资者投入固定资产，或租入固定资产，进行固定资产的战略性投资或战术性投资。如果用流动资产中的银行存款购建固定资产，其优点是资产的成本具有可验证性，但是，可能会造成流动资金紧张，甚至使企业财务状况恶化。其固定资产购建支出，可通过资产负债表年末数与年初数的比较，以及现金流量表投资活动的现金流出量信息进行判断。接受投资者投入的固定资产能够增加所有者权益，从而增强企业的举债能力；租入的固定资产，是在分期支付租金的情况下，取得了资产的控制权或使用权，但是，支付租金的总额会明显高于资产的购置成本，同时增加了企业的流动负债或长期负债，影响企业进一步举债的能力。因此，分析企业的固定资产质量，既要考虑固定资产成本的客观性，也要注意固定资产投资对企业盈利能力、偿债能力、发展潜力的影响作用。

2）固定资产折旧与减值准备分析。首先，计提固定资产折旧的方法有直线法与加速折旧法。各类折旧方法对企业损益的影响不同，折旧方法的变更、固定资产使用寿命的调整、净残值率的大小均影响各期的折旧额，从而影响企业损益，因此，应关注企业是否利用以上内容操纵利润。其次，判断企业是否合理地提取了固定资产减值准备。计提固定资产减值准备的目的主要是为了核实资产的真实价值，避免误导投资者的决策。最后，应重点关注企业所在行业的特点，对于机械制造、化工、钢铁行业，固定资产比重较大，任何一项固定资产政策的变更都会对企业利润造成很大影响。

(12) 无形资产与开发支出的披露与质量分析

无形资产质量分析是“算术题2+2=?”最难得出结果的题目。尤其对于使用年限有限的无形资产，其等式左边的“2+2”是无形资产的账面价值，其计算公式如下：

$$\text{无形资产账面价值}=\text{无形资产账面余额}-\text{无形资产摊销价值}-\text{无形资产减值准备}$$

公式可见，无形资产的账面价值受以下三个因素影响：

1）无形资产账面余额，是企业取得无形资产的实际成本。取得无形资产的方式不同，其成本的计量也不同。应当说，在资产负债表中披露的无形资产价值基本上是购入的无形资产，反映了无形资产的公允价值；而自行开发的无形资产，在符合资本化条件的情况下，其开发费用计入了无形资产的成本；而不符合资本化条件的开发费用已计入了当期费用。但是，形成无形资产成本的开发费用不一定与该无形资产的市场价值一致。因此，对企业无形资产能够给企业带来的超额利益的多少，一方面，可根据企业主营业务收入的变化及其在行业中的排名情况进行判断；另一方面，可以通过企业的市场占有率指标评估其无形资产的真实价值。

2）使用年限有限的无形资产的摊销价值。首先，无形资产摊销价值的大小，关键取决于无形资产的摊销年限，摊销年限越长，各期摊销的数额越小，反映在资产负债表中无形资产的数额越大；反之，摊销年限越短，反映在资产负债表中无形资产的数额越小。其次，摊销年限受竞争对手影响较大，竞争对手出现得越早，企业无形资产的收益期限越短。最后，在实际工作中，也存在无形资产摊销不合理、不合规的问题。例如，摊销期限确定的不合理、不合规；对已确定的合理的摊销期限任意变动；任意多摊或少摊无形资产、使其成为人为地调节利润的手段。

3）无形资产减值准备。尽管会计准则提供了判断无形资产减值的迹象，但是，计提无形资产减值准备仍具有很大的主观随意性，特别容易被别有用心的上市公司作为粉饰会计报表的手段。尤其对高科技企业、IT行业，无形资产减值准备易发生较大变化。

（五）分析负债项目

负债项目应分别关注企业近期和远期偿债的数量与风险。流动负债重点把握大额流动负债的具体还款日期，与流动资产中的货币资金等速动资产作比较，判断企业的短期偿债能力。长期负债应重点关注长期借款和应付债券。

1. 流动负债占负债总额比重分析

流动负债占负债总额的比重用公式表示如下：

$$\text{流动负债占负债总额比重}=\text{流动负债}\div\text{负债总额}\times100\%$$

流动负债占负债总额比重越大，企业偿还债务的压力也越大。这就要求企业必须时刻关注营运资金的周转速度。反之，流动负债占负债总额的比重越小，企业偿还债务的压力也就越小。因此，无论从企业资本结构的安全性而言，还是从短期债权人的角度看，流动负债占负债总额的比重越小越安全。

当然，增大流动负债占负债总额的比重会降低企业的融资成本，因此，企业应该使比重保持在一个相对合理的水平。在保证企业不发生短期偿债风险的前提下，尽量多地利用流动负债融资。

2. 流动负债项目分析

首先，应与流动资产中的货币资金等速动资产作比较，判断企业的短期偿债能力。其次，重点关注大额流动负债的具体还款日期。如果企业的短期借款大量增加，说明企业的经营业务波动性较大；应付票据与应付账款项目增大的原因主要有：在不损害企业信誉的前提下，尽量拖欠购货款项的支付；销售收入增加较快，应收账款大幅增加，导致坏账增加，影响企业正常运营，不得不推迟购货款项的支付；应付股利累计金额较大，首先，说明公司的流动资金紧张；其次，有必要对上市公司的股利分配政策产生疑问，也对公司盈利状况是否确实产生怀疑；应交税费大量增加，很可能因为销售收入不能尽快收现，造成企业营运资金周转困难，而不得不拖欠税款的支付。其他应付款项目常常成为企业收入和利润的“调节器”，当企业收入较多的时候，为了以丰补歉，可能会使其他应付款与应收账款混淆，隐瞒收入。

3. 长期负债项目分析

首先，从还款的期限看，长期负债项目与流动负债项目相比，虽然即期偿债压力较小，但是长期负债项目的偿还金额往往较大，因此，应关注各项长期负债的具体还款日期，企业的经营状况、再借款能力是否能够满足偿还各项大额借款的要求。其次，长期负债项目常常与企业的固定资产购建有关，一方面，应注意利息费用资本化的情况，防止以利息费用作为调解利润的手段；另一方面，关注购建固定资产的状况，因为如果建造固定资产的工程出现问题，会给企业带来沉重的负担。

（六） 关注所有者权益项目

所有者权益项目应重点搞清什么原因导致所有者权益发生了变化？当公司的出资人增加或减少了对公司的投资时，实收资本或股本和资本公积项目会相应变化。当公司盈利或亏损时，盈余公积和未分配利润项目会相应增加或减少。企业的实收资本或股本越充足，说明企业承担各种风险的能力越强。

分析实收资本或股本项目，首先，应根据公司披露的控股股东名单分析股东权益的构成情况，重点关注对企业具有控制能力及重大影响的控股股东的控股比率、背景状况，只有控股股东才能对企业的未来具有决定性影响。其次，比较股本与注册资本的数额。如果股本小于注册资本，说明企业存在资金不到位情况，应进一步找出原因，例如，是属于公司章程中规定的分期注资还是故意拖欠出资额？无形资产的出资比重有多大？出资者是否以抵押物作为投入资本，骗取企业的投资收益等？

资本公积项目分析应根据会计准则的规定，重点搞清资本公积的各种来源的核算是否准确、合理；企业是否按照规定以资本公积转增资本。盈余公积和未分配利润是企业利润的转化形式，尤其未分配利润，其规模大小和变化趋势是判断企业经营状况的重要标志，在企业的所有者权益项目中，如果未分配利润所占比重较大，而且逐年增加，说明企业持续、稳定发展，具有良好的发展前景。

（七） 关注受人为因素影响较多的会计报表项目

以下会计事项均需要会计人员的职业判断，因此，也容易成为企业调节利润的手段。

（1）固定资产、无形资产和长期待摊费用项目：固定资产应按照规定定期提取折旧，无形资产和长期待摊费用应进行摊销。固定资产提取折旧、无形资产和长期待摊费用摊销时，会增加费用，减少利润；因此，应关注与固定资产折旧、无形资产和长期待摊费用摊销相关的因素，分析各项因素的变化原因。

(2) 应收账款和其他应收款、存货、可供出售金融资产、持有至到期投资、长期股权投资、固定资产、在建工程、商誉项目。应关注企业是否按规定提取了减值准备或坏账准备？应把握企业提取各项减值准备的依据和程序。

(3) 待处理流动资产损溢、待处理固定资产损溢项目。从现实来看，将待处理流动资产损溢、待处理固定资产损溢等有关损失挂账，即潜亏挂账，已成为我国上市公司及其他企业进行利润操纵的主要方式之一。不少企业存在资产不实、利润虚增、甚至虚盈实亏的现象。这种报表列示方法无疑为企业粉饰经营业绩留下了可乘之机。

第二节　利润表阅读与分析

一、利润表的作用

利润表是反映企业一定会计期间经营成果的会计报表。经营成果就是企业运用出资人和债权人的资金赚取的利润，在数量上，它是企业的收入减去费用后的差额。利润表能够提供企业的下列经济信息：

1. 企业在一定会计期间利润额及利润的构成情况

我国采用多步骤利润表，分别反映了企业的综合收益总额、其他综合收益、每股收益、税后利润额、利润总额、营业利润；在利润总额中包括了企业正常的生产经营业务形成的营业利润和企业的偶然交易和事项形成的非营业利润各自的数额；在营业利润中，包括企业的主营业务形成的利润、其他业务形成的利润以及生产经营管理费用对营业利润的影响数额。

2. 企业在一定会计期间的经营状况及发展变化趋势

1 至 11 月份的利润表，分别反映收入、费用与利润各项指标的本月数和本年累计数；年末的利润表，分别反映收入、费用与利润各项指标的上年数和本年累计数。企业内部管理使用的利润表，还可以分别提供企业各期收入、费用与利润的预算数或行业内平均数。通过各期收入、费用与利润各项指标的比较，不仅反映了一定期间的经营业绩，还能够发现经营管理中的问题，以便分析企业的获利能力及未来的发展趋势。

二、利润表的数据来源

利润表的各项数据一般根据各损益类科目的本期发生额分析填列。具体填列方法归纳如下：

(1) 根据有关总分类账户的本期发生额分析填列。例如，营业收入、营业成本、营业税金及附加、销售费用、管理费用、财务费用、资产减值损失、公允价值变动收益、投资收益、营业外收入、营业外支出、所得税费用等项目。其中，营业收入项目，应分别根据主营业务收入与其他业务收入分析填列；营业成本项目，应根据主营业务成本与其他业务成本分析填列。

(2) 根据会计报表中有关项目的数字计算后填列，例如，营业利润、利润总额、净利润、综合收益总额项目。

（3）根据企业相关资料分析计算填列，例如，每股收益、其他综合收益。

根据TT股份有限公司2012年度各损益类科目的本期发生额经分析后，编制利润表如表9-3所示。

表9-3　利润表

编制单位：TT股份有限公司　　　　2012年度　　　　单位：元

项　目	本期金额	上期金额
一、营业收入	11 555 171 067	12 907 749 667
减：营业成本	9 786 914 590	9 572 697 011
营业税金及附加	50 714 211	43 207 215
销售费用	874 596 208	697 456 613
管理费用	81 308 477	420 203 883
财务费用	17 933 136	19 214 570
资产减值损失	108 204 203	126 319 451
加：公允价值变动收益	9 960	
投资收益	－16 110 736	36 494 363
其中：对联营企业和合营企业的投资收益	－16 110 736	36 494 363
二、营业利润	619 399 459	2 065 145 280
加：营业外收入	5 411 154	6 163 370
减：营业外支出	3 868 254	3 820 556
其中：非流动资产处置损失		
三、利润总额	620 942 359	2 067 488 094
减：所得税费用	155 235 590	516 872 024
四、净利润	465 706 769	1 550 616 070
五、每股收益：		
（一）基本每股收益	3.5	11.62
（二）稀释每股收益	3.5	11.62
六、其他综合收益	134 808 685	620 119 951
七、综合收益总额	600 515 454	2 170 736 021

三、利润表解读

（一）观察公司是赚钱还是赔钱

首先，看净利润。净利润为正数是盈利，说明所有者的权益实现了保值与增值；净利润为负数，是亏损，说明所有者的权益正在遭受损失。其次，作为管理者，以本期净利润与本期预算数比较，把握完成预算的情况。

（二） 企业在哪儿赚的钱

（1）营业利润。营业利润是企业利润的主要部分，占比重最大，而且来自企业的日常经营活动，它是企业最稳定的利润来源，它综合反映了企业经营活动产生的收入、费用和利润。

（2）利润总额。它是营业利润加上营业外收入减去营业外支出后的余额，是企业一定时期的总利润。

（3）净利润。它是利润总额经纳税调整减去所得税费用后的余额。净利润归投资人所有，因此，净利润的实现会增加企业的所有者权益。

（4）每股收益。它是指净利润与股本总数的比率。它是测定股票投资价值的重要指标之一，是分析每股价值的一个基础性指标，是综合反映公司获利能力的重要指标，它是公司某一时期净收益与股份数的比率。

（5）综合收益总额。它是企业在某一期间与所有者之外的其他方面进行交易或发生其他事项所引起的净资产变动。

（三） 管理者评价利润指标的满意度

企业内部使用的利润表，应报告三项信息：本期数、上期数、预算数。首先，本期数与上期数比较，观察利润增加还是减少？其次，本期数与预算数比较，观察利润增加还是减少？

如果企业的利润总额比上年增加100万元，其中20%来自营业利润；80%来自非营业利润，此时，利润总额的增长并不能盲目乐观；反之，其增加的100万元利润，其中80%来自营业利润，则说明企业的盈利能力明显增强。

（四） 观察收入、费用和利润的变化趋势

通过评价利润指标的满意度，可以进一步分析利润增加或减少的原因，为下一步的工作指出方向。

（1）观察销售收入增加还是减少。销售收入增加，说明主营业务在发展；销售收入减少，说明主营业务在萎缩。

（2）观察各项费用增加了还是减少了。费用增加会减少利润；费用减少会增加利润。

（3）观察费用增加与销售增长的同步性。只有在销售收入增长水平高于费用增长水平的情况下，才能够增加企业利润；反之，费用增长水平高于销售收入增长水平，说明虽然扩大了销售规模，但是盈利能力并未提升。

（4）各项利润稳步增长还是大起大落？各项利润稳步增长，说明企业的盈利能力增强，具有良好的未来发展能力；反之，各项利润大起大落，尤其是营业利润大起大落，说明企业在销售渠道、市场占有率或者在产品质量方面尚有较多的工作要做。

（五） 评估企业的盈利能力

1. 不同会计信息使用者的盈利能力分析

利润是企业生产经营成果的综合反映，虽然不同的会计信息使用者，在企业中的经济利益关系不同，对企业利润关注的侧重点不同，但其共同的一点是，只有企业的利润不断增长，盈利能力逐渐增强，才能满足企业的债权人、出资者、企业的管理者各自的利益需求。

一般而言，企业短期债权人的直接利益是要求企业在短期内对短期债务还本付息，因此，短期债权人注重企业的短期利益，例如，当年的盈利情况或某个月份的盈利情况，而较少关心企业的长期盈利能力；同时，短期债权人更关注企业的实际现金流量，因为只有存在现实的货币，才能够偿还各种债务。企业长期债权人的直接利益是企业能够在较长时期内偿还债务的本金和利息。在一个较长的时期内，企业面临的外部市场环境与内部管理状况，很可能发生变化，因此，长期债权人比短期债权人更关心企业经营的长期稳定性和持续发展性。

作为企业出资者的股东，首先的要求是企业必须有盈利，而且盈利越高越好，这样，出资者才能够实现资本保值与增值。其次，出资者的出资是否保值，以及增值程度的大小是出资者选择投资项目的首要依据。因此，出资者不仅关心企业经营的长期稳定性和持续发展性，而且，更注重预测企业盈利的变动趋势。

作为企业管理当局注重的是企业的强壮与规模，只有企业强大，才能够在竞争激烈的市场经济中继续生存；企业在做强的基础上做大，成为某个领域的领跑者，不仅能够获得该领域的大部分利润，而且有可能获取垄断的超额利润。因此，企业管理当局，不仅应分析企业获利水平，而且应分析获利结构，即把握哪些业务、产品或项目能够增加企业的盈利？应采取哪些对策提高盈利水平？以判断企业获利水平的高低、稳定性，以及企业的持续发展能力。

2. 利润指标的可靠性与合理性分析

利润是收入减去费用后的数额，因此，分析企业经营的盈利能力，长期稳定性和持续发展性，不仅应分析利润指标的可靠性，还应分析利润的合理性。

（1）利润指标的可靠性分析。利润指标的可靠性是指利润数额的真实性。只有收入与费用的确认真实可靠，才能够保证利润数额的可靠性，因为企业粉饰经营业绩的手段，无非是虚增收入或少列费用，或二者兼而有之。

1）收入的真实性。应重点关注是否存在以下问题：产品销售收入、其他业务收入的入账时间不正确，入账金额不实；白条出库作销售入账；将预收账款转作销售收入；向预付款单位发出商品时，不作销售处理；在建工程领用产成品，不作销售处理；虚列销售收入交易事项，以增加利润；在年底搞突击销售，造成应收账款大量增加；利用往来账调剂利润，故意隐匿收入；企业利润指标任务完成情况好时，利用其他应付款隐藏利润；利润指标完成情况不好时，又利用其他应收款虚增利润，进行人为调节；为逃避税收，材料销售直接冲减材料成本，不确认收入；乱用会计科目，调整收入，例如，将出租包装物的其他业务收入，计入营业外收入。

2）费用的真实性分析。应重点关注是否存在费用的人为操纵，例如：①企业为了虚增利润或减少亏损，当期少结转产品销售成本。这种方法无法从会计报表中直接发现。可以通过计算存货周转率，来检验产品销售成本数额的准确性。如果存货周转率很低，则说明该企业可能存在着少结转产品销售成本，从而导致虚增利润或掩盖亏损的问题。②随意改变结转产品销售成本的方法；随意调节成本差异率。③企业采用分期收款销售方式销售产品，不按规定结转成本。④虚增期末存货价值，导致销售成本下降。⑤计提减值准备的依据不合理，通过过度计提或少计提来调节利润。⑥通过折旧额，调节成本、费用和利润。扩大或缩小计提折旧固定资产的范围，任意提高或降低折旧率，改变计提折旧的方法达到多提或少提折旧的目的。⑦少列“财务费用”的发生额以此减少亏损数额。

3）企业是否以非经常性损益调节利润。例如，通过在关联企业之间出售资产、转让股权获取收益；通过非货币性交易、债务重组的方式虚增利润等。

（2）利润指标的合理性分析

1）判断企业的利润是否与营业收入同步增长。一般而言，大多数企业的营业利润在利润总额中所占比例最大，说明企业的利润与营业收入同步增长；如果利润增长幅度与营业收入增幅差距很大，或者营业收入增长，利润反而下降，说明企业的产品在同类产品中生产成本较高；或者是财务费用、管理费用、销售费用增速太快；或者因为非经常性项目，例如，投资经营亏损、营业外支出较大所致。应当说明的一点是，任何企业都应不断建立新的利润增长点，因此，在企业投资初期往往投入很大，加之投资一个新的项目会增加各种费用，而投资的效益则需要一年甚至几年才能体现，这也会降低企业当期的盈利水平，出现营业收入增长，利润反而下降的情况。

2）计算相关指标，判断企业的盈利能力。例如，计算销售毛利率，分析企业利润形成的基础是否较强。因为销售毛利率是销售毛利与主营业务收入之间的比值，其中，销售毛利是营业收入扣除销售成本后的数额。销售毛利率越高，用来抵补各项支出的能力越强，说明企业的获利能力越高。计算营业利润率，它是营业利润与营业收入之间的比值。从营业利润的构成看，该指标不仅考核企业产品经营的获利能力，而且能够说明企业其他经营业务的获利能力，以及将销售费用、管理费用、财务费用纳入考核范围，更能体现企业盈利能力的稳定性和持久性。另外，以销售费用、管理费用、财务费用与营业收入相比较，可以了解企业销售部门、管理部门的工作效率以及企业融资业务的合理性。如果营业收入以高于成本与费用的速度增长，从而营业利润大量增加，不仅说明企业主要产品市场占有率增大，产品的竞争力增强了，而且说明企业内部管理有效率。

计算净资产收益率，它是净利润与平均股东权益的比率。说明企业每百元净资产的盈利水平，比率越大，表明企业出资者获得的报酬越高。它是衡量上市公司盈利能力的重要指标之一。

3）关注非经常项目的变化。如果企业账面有大量的长期投资，应关注具体的投资项目。尤其应重点分析长期股权投资，判断其是否是企业可以依赖的利润来源；在企业的营业利润较低的情况下，应关注投资收益的变化，投资收益的来源渠道有：长短期投资的转让收益、持有至到期投资的利息收益、长期股权投资按成本法核算的股利收益以及按权益法确认的股权投资收益。其中，按权益法确认的股权投资收益与现金流量是不同步的，因此应注意与现金流量表中“取得投资收益所收到的现金”项目比较，以判断投资收益的可靠性。

第三节　现金流量表阅读与分析

一、利润与现金流量的差异分析

（一） 利润指标的局限性

案例：D 公司是一家化工涂料制造公司。2013 年年报显示如下：

（1）2013 年主营业务收入 10 亿多元，比上年同期增长 35%。

（2）营业利润 4 亿元，比上年同期增长 12%。

（3）利润总额3.1亿元，比上年同期增长11%。

（4）每股收益0.46元，比上年增加0.12元。

（5）其他应收款剧增，较上年同期增长32倍。

（6）存货较去年同期增长80倍。

（7）流动负债总额10亿元，较去年同期增长40%，其中短期借款5亿元。

（8）D公司董事会提出利润分配预案，每10股分派现金2.5元，预计支付现金股利1.8亿元。

（9）当年大量进行权益性投资，共收购不同地区的五个化工涂料制造与批发公司，支付现金12亿元。

问题：该公司濒临破产，为什么?

从以上资料分析，该公司利润总额3.1亿元，主要来源于营业利润，从主营业务收入10亿多元，比上年同期增长35%的情况判断，主营业务利润不存在问题。每股收益0.46元，与同行业平均比较，尚处于中上等水平。因经营业绩较好，银行乐于为其提供贷款5亿元。主营业务收入10亿多元，但是，款项回收率不高是其主要原因，该公司可能在产品销售方面、货款回收环节存在问题，其他应收款剧增，存货增长80倍，占压了大量资金，造成公司营运资金已非常紧张，不得不向银行借款；同时，向股东分配现金股利与大量的权益性投资，均需要支付大量现金。一旦面临偿还大额流动负债的压力，将使公司由濒临破产转化为实质性破产。

利润指标说明的是企业在一定时期的盈利能力，这种盈利能力是以权责发生制下为基础计算的，其收入的确认标准强调满足取得款项的权利，而不是款项的实际收回，因此一旦确认销售收入实现，则账面上收入增加，利润增加，但现金并不一定增加。造成利润与现金流入的不同步，这正是利润表的局限性。可见，企业在一定时期的盈利能力只是提供了盈利的数量，但是并未说明企业的盈利质量，所谓盈利质量是指利润与现金收支的同步或基本同步性，保证企业的资金循环处于良性循环状态。

（二） 现金流量

现金流量表中的现金是指货币资金与现金等价物。货币资金包括库存现金、银行存款、其他货币资金；现金等价物是指期限在3个月内的短期债券投资等。现金等价物应具备四个条件：期限短、流动性强、易于转换为已知金额的现金、价值变动风险很小的投资。

现金流量是指企业在一定时期内现金流入量、现金流出量与现金净流量的总称。具体如下：

现金流入量是指企业在一定时期内流入现金的数量。例如，企业销售商品的同时收回现金、向银行借入款项、企业对外投资收到现金股利等。

现金流出量是指企业在一定时期内流出现金的数量，包括购买原材料支付现金、发放职工工资支付现金、归还银行借款等。

现金净流量是指企业在一定时期内现金流入量减去现金流出量以后的差额。现金净流量为正数，表明现金净增加额；现金净流量为负数，表明现金净减少额。可见，现金流量是以收付实现制为基础计算的企业在一定时期内收入与付出现金的数量。人们往往把现金比作企业的血液，只有“血液”顺畅地流动，才能增强企业的造血功能，企业才能成为一个健康的财务机体。

通过以上分析，可以得出利润与现金流量之间差异的结论：其一，利润是以权责发生制为基础计算的结果；现金流量是以收付实现制为基础计算的结果。其二，会计政策的选择使得企业的利润具有可调节性。首先，会计准则与会计制度允许企业根据客观情况与企业特点选择会计政策，因此，会计政策的变更具有合法性。然而，不同企业利润管理的目的各不相同，有的公司是为了配股或取得银行借款；有的公司是为了以丰补歉，从而使得相同行业的利润在不同企业之间存在着一定程度的不可比性；其次，为了达到利润管理的目的，通过关联交易等手段非法虚构收入与利润。尤其某些上市公司虚构收入与利润案件的曝光，增加了会计信息使用者对会计利润的不信任：利润表所列的收入能够实现吗？已确认销售收入的现金回收率有多大？据此计算的净资产收益率、每股收益等指标还有意义吗？因此，要想判断企业的盈利质量，必须阅读和分析现金流量表。

二、现金流量表的内容

（一） 现金流量的分类

现金流量表将企业所有的经济业务划分为三类，即经营活动、投资活动和筹资活动。也就是说，现金流量包括经营活动产生的现金流量、投资活动产生的现金流量和筹资活动产生的现金流量。

1. 经营活动的现金流量

经营活动是指企业投资活动和筹资活动以外的所有交易和事项，包括销售商品或提供劳务、购买商品或接受劳务、收到返还的税费、经营性租赁、支付工资、支付广告费用、产品推销费、缴纳各项税款等。通过经营活动产生的现金流量，可以说明企业的经营活动对现金流入与流出的影响程度，判断企业在不动用对外筹得资金的情况下，是否足以维持生产经营、偿还债务、支付股利和对外投资等的资金需要。

2. 投资活动的现金流量

投资活动是指企业长期资产的购建和不包括在现金等价物范围内的投资及其处置活动。现金流量表中的投资，即包括股权投资，也包括对内投资。具体内容有：取得或收回投资、购建和处置固定资产、无形资产及其他长期资产等。投资活动产生的现金流量中不包括作为现金等价物的投资。通过投资活动产生的现金流量，可以判断企业投资活动产生现金流量的能力以及对企业现金净流量的影响程度。

3. 筹资活动的现金流量

筹资活动是指导致企业资本及债务规模和构成发生变化的活动，包括吸收投资、发行股票和债券、取得借款、偿还借款、分配利润或现金股利等。通过筹资活动产生的现金流量，可以判断企业筹资活动产生现金流量的能力以及对企业现金净流量的影响程度。

（二） 现金流量表的结构与内容

1. 现金流量表的结构

现金流量表是反映企业在一定会计期间内经营活动、投资活动和筹资活动现金流入、流出的会计报表。现金流量表包括六部分，采用报告式的结构反映企业经营活动产生的现金流量（直接法）、投资活动产生的现金流量、筹资活动产生的现金流量、汇率变动对现金的影响额、现金及现金等价物净增加额与期末现金及现金等价物的余额。TT 股份有限公司 2012 年度财务会计报告中的现金流量表如表 9-4 所示。

表9-4 现金流量表

编制单位：TT股份有限公司　　2012年度　　单位：元

项　目	2012年度
一、经营活动产生的现金流量	
销售商品、提供劳务收到的现金	15 684 482 510
收到的税费返还	
收到的其他与经营活动有关的现金	46 611 678
经营活动现金流入小计	15 731 094 188
购买商品、接受劳务支付的现金	10 998 906 462
支付给职工以及为职工支付的现金	329 056 168
支付的各项税费	727 088 970
支付的其他与经营活动有关的现金	643 059 850
经营活动现金流出小计	12 698 111 450
经营活动产生的现金流量净额	3 032 982 738
二、投资活动产生的现金流量	
收回投资收到的现金	
取得投资收益收到的现金	
处置固定资产、无形资产和其他长期资产收回的现金净额	910 085
处置子公司及其他营业单位收到的现金净额	
收到的其他与投资活动有关的现金	
投资活动现金流入小计	910 085
购建固定资产、无形资产和其他长期资产支付的现金	243 524 230
投资支付的现金	
取得子公司及其他营业单位支付的现金净额	
支付的其他与投资活动有关的现金	2 125 046 560
投资活动现金流出小计	2 368 570 790
投资活动产生的现金流量净额	−2 367 660 705
三、筹资活动产生的现金流量	
吸收投资收到的现金	1 711 941 521
取得借款收到的现金	1 554 120 085
收到的其他与筹资活动有关的现金	
筹资活动现金流入小计	3 266 061 606
偿还债务支付的现金	2 872 008 492
分配股利、利润或偿付利息支付的现金	82 875 216
支付其他与筹资活动有关的现金	520 550
筹资活动现金流出小计	2 955 404 258
筹资活动产生的现金流量净额	310 657 348
四、汇率变动对现金及现金等价物的影响	9 564 417
五、现金及现金等价物净增加额	985 543 798
加：期初现金及现金等价物余额	911 741 820
六、期末现金及现金等价物余额	1 897 285 618

2. 现金流量表的内容

（1）经营活动产生的现金流量

1）经营活动现金流入量

第一，销售商品、提供劳务收到的现金。该项目反映的是企业在经营活动中由于本期销售商品或提供劳务而实际收到的现金。具体包括：本期销售商品、提供劳务从购买方收取的销货款和增值税销项税额；前期赊销商品、提供劳务，在本期收回的款项；本期销售商品或提供劳务的预收款项，减去本期销售本期退回的商品和前期销售本期退回的商品支付的现金。企业销售材料和代购代销业务收到的现金，也在本项目反映。

第二，收到的税费返还。该项目反映企业本期收到的增值税、营业税、消费税、所得税、关税和教育费附加等各种税费返还款。

第三，收到的其他与经营活动有关的现金。该项目反映企业收到的罚款收入、经营性租赁收到的租金等其他与经营活动有关的现金流入。金额较大的应当单独列示。

2）经营活动现金流出量

第一，购买商品、接受劳务支付的现金。该项目反映企业在经营活动中由于本期购买商品、接受劳务而实际支付的现金。具体包括：本期购买商品、接受劳务，向销售方支付的货款和增值税进项税额；前期赊购商品、接受劳务，在本期支付的款项；本期购进商品、接受劳务而预付的款项，减去本期发生的购货退回收到的现金。

第二，支付给职工以及为职工支付的现金。该项目反映企业本期实际支付给职工（离退休人员、在建工程和无形资产人员除外）的工资、奖金、各种津贴和补贴等职工薪酬。

第三，支付的各种税费。该项目反映企业本期发生并支付的税费；以前各期发生但在本期支付的税费，本期预交的增值税、营业税、消费税、房产税、教育费附加等。计入固定资产价值、实际支付的耕地占用税、本期退回的增值税、所得税等除外。

第四，支付的其他与经营活动有关的现金。该项目反映企业支付的罚款支出、支付的差旅费、业务招待费、保险费、经营租赁支付的现金等其他与经营活动有关的现金流出。金额较大的应当单独列示。

3）经营活动产生的现金流量净额。上述经营活动产生的现金流入量和现金流出量的差额即为经营活动产生的现金流量净额。

（2）投资活动产生的现金流量

1）投资活动现金流入量

第一，收回投资收到的现金。该项目反映企业出售、转让或到期收回除现金等价物以外的交易性金融资产、长期股权投资而收到的现金，以及收回持有至到期投资本金而收到的现金，但持有至到期投资收回的利息除外。

第二，取得投资收益收到的现金。该项目反映企业因股权性投资而实际收到的现金股利，从子公司、联营公司或合营企业分回利润而收到的现金，以及因持有至到期投资实际取得的现金利息收入等，但股票股利除外。

第三，处置固定资产、无形资产和其他长期资产收回的现金净额。该项目反映企业出售、报废固定资产、无形资产和其他长期资产所取得的现金（包括因资产毁损而收到的保险赔偿收入），减去为处置这些资产而支付的有关费用后的净额，但现金净额为负数的除外。

第四，“处置子公司及其他营业单位收到的现金净额”项目，反映企业处置子公司及其他营业单位所取得的现金减去相关处置费用后的净额。

第五，收到的其他与投资活动有关的现金。该项目反映企业本期除上述项目以外，收到的与投资活动有关的现金。

2）投资活动现金流出量

第一，购建固定资产、无形资产和其他资产支付的现金。该项目反映企业购买、建造固定资产、取得无形资产和其他长期资产所支付的现金及增值税款、支付的应由在建工程和无形资产负担的职工薪酬现金支出。但为购建固定资产而发生的借款利息资本化部分、融资租入固定资产所支付的租赁费除外。

第二，投资支付的现金。该项目反映企业取得的除现金等价物以外的权益性投资和持有至到期投资所支付的现金以及支付的佣金、手续费等附加费用。

第三，取得子公司及其他营业单位支付的现金净额。该项目反映企业购买子公司及其他营业单位购买价中以现金支付的部分，减去子公司或其他营业单位持有的现金和现金等价物后的净额。

第四，支付的其他与投资活动有关的现金。该项目反映企业本期除上述项目以外，支付的其他与投资活动有关的现金。例如，购买股票或债券时支付的已经宣告但尚未领取的现金股利或已经到付息期但尚未领取的债券利息等。

3）投资活动产生的现金流量净额。上述投资活动产生的现金流入量和现金流出量的差额即为投资活动产生的现金流量净额。

（3）筹资活动产生的现金流量

1）筹资活动现金流入量

第一，吸收投资收到的现金。该项目反映企业本期通过发行股票、发行债券以及吸收投资者货币资金投资等而实际收到的现金，减去直接支付给金融企业的佣金、手续费、宣传费、咨询费、印刷费等发行费用后的净额。

第二，取得借款所收到的现金。该项目反映企业本期通过举借各种短期借款、长期借款而实际收到的现金。

第三，收到的其他与筹资活动有关的现金。该项目反映企业本期除上述项目以外，收到的其他与筹资活动有关的现金。

2）筹资活动现金流出量

第一，偿还债务支付的现金。该项目反映企业本期以现金偿付债务（借款、债券等）本金的数额。

第二，分配股利、利润或偿付利息所支付的现金。该项目反映企业本期实际以现金支付的现金股利、利润、借款利息、债券利息等。

第三，支付的其他与筹资活动有关的现金。该项目反映本期除上述项目以外，支付的其他与筹资活动有关的现金。包括因发行股票、债券等筹集资金而由企业直接支付的审计和咨询等费用、为购建固定资产而发生的借款利息资本化部分、融资租入固定资产所支付的租赁费、以分期付款方式购建固定资产以后各期支付的现金等。

3）筹资活动产生的现金流量净额。上述筹资活动产生的现金流入量和现金流出量的差额即为筹资活动产生的现金流量净额。

（4）汇率变动对现金的影响。该项目反映下列内容：

1）企业外币现金流量及境外子公司的现金流量折算为记账本位币时，所采用的现金流量发生日的即期汇率或按照系统合理的方法确定的、与现金流量发生日即期汇率近似的汇率折算的金额。

2）“现金及现金等价物净增加额”中外币现金净增加额按期末汇率折算的金额。

（5）现金及现金等价物净增加额。现金及现金等价物净增加额是指上述各类活动产生的现金流量净额之和，反映本期企业的净现金流入额或净现金流出额。

（6）期末现金及现金等价物余额。该项目应以现金及现金等价物净增加额，加上期初现金及现金等价物余额而得。

三、现金流量表解读

（一）现金流量表的作用

现金流量表提供企业在一定会计期间内经营活动、投资活动和筹资活动各部分现金流入、流出的信息。现金流量表就像一座桥梁，实现了资产负债表与利润表之间的沟通。如果将现金看做是企业的血液，那么，现金流量表则是企业的“验血报告”。对现金流量表总体状况进行分析，能够从如下方面对企业的经营状况作出判断：

1. 企业在一定会计期间内现金来源、流向及现金余额的变动情况

现金流量表分别反映经营活动、投资活动和筹资活动现金流入、流出的信息。各项经济活动的现金流入量是企业在一定会计期间内的现金来源；各项经济活动的现金流出量是企业在一定会计期间内的现金用途；三项经济活动的现金净流量的合计，表明了企业本会计期间较上期现金的净增加额或净减少额。

2. 分析和判断企业的偿债能力

现金净流量为正数，表明本期现金净额增加；现金净流量为负数，表明本期现金净额减少。尤其是本期经营活动现金净流量为正数或大量增加，说明企业盈利能力较强，盈利质量较高，偿债能力当然强。

3. 借助现金流量信息可以规划和预测企业未来产生现金的能力

作为内部管理者，根据现金的净增加额，可以规划下一会计期间的生产经营能力；合理安排投资项目，确定尚需筹集的资金额。外部信息使用者分析经营活动现金流量，判断企业的盈利状况；分析投资活动的现金流出量，判断企业的发展前景，以便进行股票买入、卖出的决策。

4. 判断企业财务状况和经营成果的可靠性

首先，根据现金流量信息分析企业净利润与相关现金流量产生差异的原因，通过利润与现金流量之间差距的大小，去透视利润表数据的真与假，从而判断企业经营成果的可靠性；其次，根据资产负债表揭示的资产、负债、所有者权益变动的结果，可通过现金流量表找出变动的原因。例如，长期投资期末比期初增加较多，可通过现金流量表找出增加的原因，分析各项长期投资项目是否合理，从而判断企业长期投资的可靠性。

（二）现金流量表具体项目分析

1. 经营活动现金流量分析

经营活动现金流量为正或较大，说明企业造血功能尚可或较强；反之，说明企业陷入困

境，应考虑改变经营结构。经营活动现金流量是一个正常生产经营企业主要的资金来源。企业的对内投资活动与筹资活动都是为经营活动现金流量创造条件的经济活动。在企业的成本与费用消耗中，一部分是付现费用，例如，支付职工工资、支付购买材料的货款等；另一部分是按照权责发生制原则确认的非付现费用，例如，提取本期固定资产折旧费用、无形资产摊销等。经营活动现金流量为正或较大，说明企业通过正常的生产经营活动所带来的现金流入量，在补偿了付现费用和非付现费用后仍有剩余，以此满足企业进行产品结构调整、开发新产品的资金需求，使企业在先做强、再做大的良性循环中不断发展。经营活动现金流量为零，可能说明经营活动所带来的现金流入量，未能补偿非付现费用；经营活动现金流量为负，说明经营活动所带来的现金流入量，既未能补偿非付现费用，也未能全部补偿付现费用。其结果，从长期资金循环的角度看，必然造成资金紧张，从而，可能推迟偿还债务、增大负债规模，加大企业的财务风险。

计算经营现金指数分析盈利质量。经营现金指数的计算公式如下：

经营现金指数 = 经营活动现金净流量 ÷营业利润

企业在追求利润最大化的同时，也应强调经营活动现金流量的最大化。当企业获取的利润与回收的现金一致时，经营现金指数等于1，说明企业生产的产品适销对路，市场占有率高，而且货款回收管理措施得力。当企业赊销业务增大，应收账款回收速度放慢时，经营现金指数就会小于1。如果企业虚记营业收入、虚增应收账款，其经营现金指数就会更小，因此，经营现金指数越接近于1，说明企业的盈利质量越高，其经营成果越可靠。

现金流量最大化是企业充满活力的具体表现。现金流入量较大，流出量也较大，说明企业在持续经营，业务活动在正常开展。例如，经营活动的现金流量中“给职工支付的现金”项目，若为逐年增加，可透视企业的人力资源政策，从人力资源的角度判断企业的持续经营能力。

2. 投资活动的现金流量分析

投资活动对企业的经营方向、经营结构会产生重大影响，而且涉及的金额较大，因此，分析投资活动的现金流量，应重点关注以下两点：

（1）企业的投资目的与投资方向。如果企业以控制另一公司为目的，一般应进行长期股权投资。如果企业拟调整经营方向或扩大经营规模为目的进行投资，一般是购建固定资产、在建工程或无形资产。如果企业以获利为目的，应进行债券投资，因债券投资相对于购买公司一定股权的股权投资，风险较低，盈利比较稳定。

（2）投资规模与投资风险。固定资产、在建工程或无形资产投资，因投资金额较大，影响企业的经营规模，对企业未来发展会产生重大影响，需要就投资项目的发展前景、市场情况进行全面、谨慎的可行性论证，充分考虑各种风险，以达到增强企业的盈利能力，提高企业竞争力的目的。企业以控制另一公司为目的的长期股权投资，一般应采用权益法反映长期股权投资的账面价值并确认投资收益，因此，被投资企业的经营状况、发展前景会对投资企业造成较大影响。

企业进行长期股权投资和以调整经营方向或扩大经营规模为目的的投资，一般会使企业投资活动的现金流出量大于流入量，其资金缺口，主要通过经营活动实现盈利积累的货币资金以及负债融资方式取得。这种投资不仅会消耗大量的货币资金，也有可能挤占正常经营活动所需现金，例如，推迟购货或延期偿还债务；而且，还会提高企业的负债水平。因此，投资项目的时间选择、投资回收期的长短以及所需资金的筹集方式，都需要企业作出合理的安排。

3. 筹资活动的现金流量分析

在以下两种情况下，企业需要筹集资金：其一，经营活动的现金净流量为负数，不能满足正常生产活动的资金需求；其二，虽然经营活动的现金净流量为正数，但是仍不能满足投资活动的现金流出量。因此，企业在筹集资金时，应关注以下两点：

（1）筹资量是否与企业的发展规模相适应。无论经营活动的资金需求，还是投资活动的资金需求，均要符合企业的发展规划。尤其是投资活动的资金需求量，应进行充分的经济性与技术性论证，以避免因筹资过多，提高企业的负债水平，增加筹资风险，或筹资量不足，影响投资项目的正常进度。

（2）选择适当的筹资方式，规避筹资风险。一般而言，借款与发行债券方式筹集资金，财务风险高，资金成本低；而发行股票方式筹集资金则财务风险低，资金成本高。因此，企业应根据现实的负债水平、当前的利率水平，选择适当的筹资方式，规避筹资风险。

（三）现金流量表的综合分析

通过以上分析，在了解了现金流量表的作用和对现金流量表的具体项目分析以后，还应将经营活动、投资活动和筹资活动的现金流量结合起来，综合分析企业的现金流量情况。其分析方法是将经营活动、投资活动和筹资活动的现金净流量，利用排列组合的方法进行组合，可以将企业的现金流量大致分为八种类型，每种类型均表明一定的经济意义，从而判断企业的现金流量状况，如表9-5所示。

表9-5　现金流量综合分析表

现金流量类型	现金流量状况
经营现金净流量为 + 投资现金净流量为 + 筹资现金净流量为 +	这类公司经营活动现金流量状况良好；在投资活动方面，因前期有计划的投资活动，不仅使经营活动进入良性循环，而且投资效益已经显现；但是，公司仍在融资，如果没有新的投资机会，会造成资金浪费
经营现金净流量为 + 投资现金净流量为 + 筹资现金净流量为 −	企业主营产品销售市场稳定，已进入投资回收期；同时，进行大量外部资金的偿还，尽管筹资活动的现金净流量为负数，但因较好的经营活动现金流量与投资活动现金流量状况良好，不足以威胁企业的财务状况；公司吸收的投资，也在进行正常的利润分配
经营现金净流量为 + 投资现金净流量为 − 筹资现金净流量为 +	企业处于扩张期。企业目前经营状况良好，大量货币资金回笼；但是，企业为扩大市场份额，大量追加投资。其资金来源一方面通过经营活动的积累，另一方面，筹集资金进行投资
经营现金净流量为 + 投资现金净流量为 − 筹资现金净流量为 −	这类公司经营状况良好，但企业一方面在偿还以前的债务，另一方面继续进行投资。投资活动和筹资活动两方面的现金流出，可能引起企业财务状况恶化，因此，应随时关注经营状况的变化
经营现金净流量为 − 投资现金净流量为 + 筹资现金净流量为 +	这类公司表明，正常的生产经营活动所需资金依靠借钱维持，企业面临较大的财务风险；虽然投资活动现金流量为正数，但应重点分析投资活动现金净流入是来自投资收益还是收回投资，如果是后者，说明企业的财务状况非常严峻

（续）

现金流量类型	现金流量状况
经营现金净流量为－ 投资现金净流量为－ 筹资现金净流量为＋	这类公司经营状况较差，经营活动现金流入不足以弥补现金流出；企业依靠借债维持日常经营与投资项目两个方面的现金流出，企业面临较大的财务风险；如果通过投资能够渡过难关，企业还可能有发展；这类公司也可能处于产品初创期，需要投入大量资金，形成生产能力，开拓市场，其资金来源只有依靠筹资活动
经营现金净流量为－ 投资现金净流量为＋ 筹资现金净流量为－	这类公司主营业务状况不佳，经营活动现金流量入不敷出；同时，需要偿还大量的债务；只得依靠收回投资以弥补现金的不足。说明企业的整体财务状况较差，面临破产的危险
经营现金净流量为－ 投资现金净流量为－ 筹资现金净流量为－	企业经营状况较差，同时面临偿债压力；加上投资支出大量资金，说明企业的整体财务状况已经很差，随时会出现破产的危险

第四节　所有者权益变动表阅读与分析

一、所有者权益变动表的作用

所有者权益变动表是反映构成所有者权益各组成部分当期的增减变动情况的报表。所有者权益变动表不仅包括所有者权益总量的增减变动，还包括所有者权益增减变动的重要结构性信息，特别是要反映直接计入所有者权益的利得和损失，让报表使用者准确理解所有者权益增减变动的根源。其作用表现在以下几个方面：

（1）所有者权益变动表全面反映了企业一定时期所有者权益总量的增减变动情况，从而提供了企业对所有者出资的保值增值信息。

（2）分别反映了企业正常生产经营活动导致的所有者权益变动与非正常活动导致的所有者权益变动信息。例如，净利润的增减变动属于企业正常生产经营活动导致的所有者权益变动；会计政策变更影响的所有者权益变动则属于非正常活动导致的所有者权益变动。

（3）反映了所有者权益的结构性变动信息。分别列示了直接计入损益导致的所有者权益变动、直接计入权益的所有者权益变动、报告期内利润分配情况对所有者权益的影响，以及所有者权益项目内部变化对所有者权益的影响。其主要目的是让报表使用者了解所有者权益增减变动的根源，分析企业发展潜力的大小。

二、所有者权益变动表的数据来源

所有者权益变动表各项目应当根据当期净利润、其他综合收益、所有者投入资本和向所有者分配利润、提取盈余公积等情况分析填列。

（1）上年年末余额，应根据上年本表第四大项填列。

（2）本年年初余额，应根据上年年末余额加减会计政策变更和前期差错更正的数额计

算填列。

（3）本年增减变动金额，应根据利润表填列净利润项目；根据“实收资本”“资本公积”“盈余公积”“利润分配”科目的相关内容填列其他综合收益、所有者投入和减少资本项目、利润分配项目和所有者权益内部结转项目。

（4）本年年末余额项目，根据以上项目计算填列。TT 股份有限公司 2012 年度财务会计报告中的所有者权益变动表如表 9-6 所示。

三、所有者权益变动表解读

（一）观察公司所有者权益增减变动总额

先看最后一栏，所有者权益合计的本年金额栏与上年金额栏的差额。如果不存在出资者增加投资额情况，差额为正，所有者权益增加，说明出资者的资金实现了保值与增值；反之差额为负，说明所有者权益减少，说明出资者的资金不仅未能保值，而且，因经营亏损，抵减了出资者的投资额。

（二）观察公司所有者权益增减变动的具体原因

应区分企业正常生产经营活动导致的所有者权益变动与非正常活动导致的所有者权益变动。正常生产经营活动导致的所有者权益变动主要包括：净利润、其他综合收益、所有者投入和减少资本、利润分配和所有者权益内部结转五项内容。

（1）净利润应是增加所有者权益的主要因素。

（2）其他综合收益，是指可供出售金融资产公允价值变动净额、权益法下被投资单位其他所有者权益变动的影响以及与计入所有者权益项目相关的所得税影响等内容计入资本公积的数额；以上项目的利得，说明该项资产在增值；以上项目的损失说明该项资产在减值。

（3）利润分配中的提取盈余公积项目，是净利润的转化形式。即净利润计入盈余公积的数额。而对所有者（或股东）的利润分配，则会减少企业的所有者权益。

（4）所有者投入和减少资本，是指根据企业的生产经营情况，出资者增加或减少对企业的投资额计入实收资本或股本的数额。

（5）所有者权益内部结转，只影响所有者权益的内部结构，不影响所有者权益总额。

（三）计算所有者权益增值率，评估企业的增值能力

（1）所有者权益增值率。该指标是通过分析当期所有者权益比上期所有者权益增长的比率来反映企业所有者权益增值情况的一个比率。其计算公式为：

$$\text{所有者权益增值率} = \frac{\text{当期所有者权益} - \text{上期所有者权益}}{\text{上期所有者权益}} \times 100\%$$

（2）所有者权益增值的结构比率。计算其他综合收益增长率，即当期其他综合收益占所有者权益增值额的比率；计算盈余公积增长率，即当期提取的盈余公积占所有者权益增值额的比率；实收资本或股本增长率，即当期所有者投入和减少资本占所有者权益增值额的比率等。

（四）关注所有者权益增值率的人为操纵

重点关注净利润增加所有者权益的真实性；其他综合收益增加所有者权益的合理性；盈余公积增加所有者权益的准确性。

表9-6 所有者

编制单位：TT股份有限公司 2012

项 目	本年金额				
	实收资本（或股本）	资本公积	减：库存股	盈余公积	未分配利润
一、上年年末余额	1 988 968 232	2 539 336 835		4 738 640 681	1 420 060 620
加：会计政策变更					
前期差错更正					
二、本年年初余额	1 988 968 232	2 539 336 835		4 738 640 681	1 420 060 620
三、本年增减变动金额（减少以“－”号填列）					
（一）净利润					465 706 769
（二）其他综合收益		500 000 000			
上述（一）和（二）小计					
（三）所有者投入和减少资本					
1. 所有者投入资本	175 243 190	537 000 000			
2. 股份支付计入所有者权益的金额		712 050			
3. 其他		500 000 000			
（四）利润分配					
1. 提取盈余公积				46 570 676. 90	－46 570 676. 90
2. 对所有者（或股东）的分配					－46 570 675. 1
3. 其他				46 570 675. 1	
（五）所有者权益内部结转					
1. 资本公积转增资本（或股本）					
2. 盈余公积转增资本（或股本）					
3. 盈余公积弥补亏损					
4. 其他					
四、本年年末余额	2 164 211 422	4 077 048 885		4 831 782 033	1 792 626 037

权益变动表

年度　　　　　　　　　　　　　　　　　　　　　　　　　　　　单位：元

	上年金额					
所有者权益合计	实收资本（或股本）	资本公积	减：库存股	盈余公积	未分配利润	所有者权益合计
10 687 006 368	1 988 968 232	2 539 336 835		4 583 579 074	24 506 157	9 136 390 298
10 687 006 368	—	—	—	—	—	—
	—	—	—			
465 706 769	—	—	—		1 550 616 070	1 550 616 070
500 000 000						
	—	—				
712 243 190						
712 050						
500 000 000	—					
0				155 061 607	−155 061 607	0
−46 570 675.1						
46 570 675.1						
12 865 668 377	1 988 968 232	2 539 336 835		4 738 640 681	1 420 060 620	10 687 006 368

第五节 会计报表附注

一、会计报表附注的内容

会计报表的内容具有一定的固定性和规定性，使其所提供的会计信息量受到限制。会计报表附注不仅是会计报表的补充，更重要的是为便于会计报表使用者理解会计报表的内容而对会计报表的编制基础、编制依据、编制原则和方法及主要项目等所作的解释。会计报表附注是年度财务会计报告的重要组成部分，是充分披露会计信息的手段。其内容包括九部分：一是企业的基本情况；二是财务报表的编制基础；三是遵循企业会计准则的声明；四是重要会计政策和会计估计；五是会计政策和会计估计变更以及差错更正的说明；六是报表重要项目的说明；七是或有事项；八是资产负债表日后事项；九是关联方关系及其交易。

二、重要会计政策和会计估计

（一） 会计政策和会计估计的确定与披露

会计政策是指企业在会计确认、计量和报告中所采用的原则、基础和会计处理方法。会计实务中，有多种会计政策可以选择，但不同的会计政策往往会导致不同的核算结果。披露企业所选用的会计政策，对报表使用者进行决策至关重要，它有助于报表使用者更好地理解会计信息。例如，企业存货计价方法，长期股权投资的核算方法，固定资产折旧方法，等等。

会计估计是指企业对不确定的交易和事项以最近可利用的历史资料和经验为基础所作的判断，如坏账准备的计提比例、固定资产的预计使用年限等。由于各种客观因素的影响，有些会计事项很难精确计量，只能进行合理估计。

企业应当根据《企业会计准则第28号——会计政策、会计估计变更和差错更正》与应用指南的规定，结合本企业的实际情况，确定会计政策和会计估计，经股东大会或董事会、经理（厂长）会议或类似机构批准，按照法律、行政法规等的规定报送有关各方备案。

企业应当披露采用的重要会计政策和会计估计，不重要的会计政策和会计估计可以不披露。在披露重要会计政策和会计估计时，应当披露重要会计政策的确定依据和财务报表项目的计量基础，以及会计估计中所采用的关键假设和不确定因素。

（二） 会计政策和会计估计变更以及差错更正的说明

1. 会计政策变更的说明

（1）会计政策变更的条件。企业采用的会计政策，在每一会计期间和前后各期应当保持一致，不得随意变更。但是，满足下列条件之一的，可以变更会计政策：①法律、行政法规或者国家统一的会计制度等要求变更。②会计政策变更能够提供更可靠、更相关的会计信息。

（2）会计政策变更的处理方法。会计政策变更能够提供更可靠、更相关的会计信息的，应当采用追溯调整法处理，将会计政策变更累积影响数调整列报前期最早期初留存收益。但确定该项会计政策变更累积影响数不切实可行的除外。

追溯调整法，是指对某项交易或事项变更会计政策，视同该项交易或事项初次发生时即采用变更后的会计政策，并以此对财务报表相关项目进行调整的方法。会计政策变更累积影响数，是指按照变更后的会计政策对以前各期追溯计算的列报前期最早期初留存收益应有金额与现有金额之间的差额。

（3）会计政策变更的披露。①会计政策变更的性质、内容和原因。②当期和各个列报前期财务报表中受影响的项目名称和调整金额。③无法进行追溯调整的，说明该事实和原因以及开始应用变更后的会计政策的时点、具体应用情况。

2. 会计估计变更的说明

（1）会计估计变更与处理方法。会计估计变更，是指由于资产和负债的当前状况及预期经济利益和义务发生了变化，从而对资产或负债的账面价值或者资产的定期消耗金额进行调整。

企业对会计估计变更应当采用未来适用法处理。在当期期初确定会计政策变更对以前各期累积影响数不切实可行的，也应当采用未来适用法处理。未来适用法，是指将变更后的会计政策应用于变更日及以后发生的交易或者事项，或者在会计估计变更当期和未来期间确认会计估计变更影响数的方法。

企业难以对某项变更区分为会计政策变更或会计估计变更的，应当将其作为会计估计变更处理。

（2）会计估计变更的披露。①会计估计变更的内容和原因。②会计估计变更对当期和未来期间的影响数。③会计估计变更的影响数不能确定的，披露这一事实和原因。

3. 前期差错及其更正的说明

（1）前期差错与处理方法。前期差错，是指由于没有运用或错误运用下列两种信息，而对前期财务报表造成省略或错报。①编报前期财务报表时预期能够取得并加以考虑的可靠信息。②前期财务报告批准报出时能够取得的可靠信息。前期差错通常包括计算错误、应用会计政策错误、疏忽或曲解事实以及舞弊产生的影响，以及存货、固定资产盘盈等。

前期差错应当采用追溯重述法进行更正。追溯重述法，是指在发现前期差错时，视同该项前期差错从未发生过，从而对财务报表相关项目进行更正的方法。确定前期差错影响数不切实可行的，可以从可追溯重述的最早期间开始调整留存收益的期初余额，财务报表其他相关项目的期初余额也应当一并调整，也可以采用未来适用法。

（2）前期差错的披露。①前期差错的性质。②各个列报前期财务报表中受影响的项目名称和更正金额。③无法进行追溯重述的，说明该事实和原因以及对前期差错开始进行更正的时点、具体更正情况。

三、会计报表重要项目的说明

企业对报表重要项目的说明，应当按照资产负债表、利润表、现金流量表、所有者权益变动表及其项目列示的顺序，采用文字和数字描述相结合的方式进行披露。报表重要项目的明细金额合计，应当与报表项目金额相衔接。以便报表的阅读者详细了解该报表项目的具体内容。

根据《企业会计准则第30号——财务报表列报》与应用指南的规定，企业对报表重要项目的说明基本包括四十二项内容：

（1）交易性金融资产。分别说明交易性债券投资、交易性权益工具投资、指定为以公允价值计量且其变动计入当期损益的金融资产、衍生金融资产及其他交易性金融资产的期末公允价值合计数与年初公允价值合计数。

（2）应收款项。分别说明应收账款按账龄结构和按客户类别的期末账面余额合计数与年初账面余额合计数。应收票据、预付账款、长期应收款、其他应收款，比照应收账款进行披露。

（3）存货。分别说明原材料、在产品、库存商品、周转材料的年初账面余额、本期增加额、本期减少额和期末账面余额；各种存货跌价准备的期初账面余额、本期计提额、本期转回额和期末账面余额。

（4）其他流动资产。其他流动资产的期末账面价值、年初账面价值。

（5）可供出售金融资产。分别说明可供出售金融资产的期末公允价值和年初公允价值。

（6）持有至到期投资。分别说明各项持有至到期投资的期末账面余额和年初账面余额。

（7）长期股权投资。企业投向各被投资单位的长期股权投资期末账面余额和年初账面余额；被投资单位由于所在国家或地区及其他方面的影响，其向投资企业转移资金的能力受到限制的，应当披露受限制的具体情况；当期及累计未确认的投资损失金额。

（8）投资性房地产。①企业采用成本模式进行后续计量的房屋、建筑物，土地使用权的年初账面余额、本期增加额、本期减少额和期末账面余额。②企业采用公允价值模式进行后续计量的，应当披露投资性房地产公允价值的确定依据及公允价值金额的增减变动情况。③如有房地产转换的，应当说明房地产转换的原因及其影响。

（9）固定资产。分别说明各类固定资产包括房屋建筑物、机器设备、运输工具等的原价、累计折旧额、固定资产减值准备累计金额和固定资产账面价值合计数；企业确有准备处置固定资产的，应当说明准备处置的固定资产名称、账面价值、公允价值、预计处置费用和预计处置时间等。

（10）生产性生物资产和公益性生物资产。说明各类生物资产的期末实物数量；各类生产性生物资产的预计使用寿命、预计净残值、折旧方法、累计折旧和减值准备累计金额。

（11）油气资产。当期在国内和国外发生的取得矿区权益、油气勘探和油气开发各项支出的总额；各类油气资产的原价、累计折耗、油气资产减值准备累计金额和油气资产账面价值合计数。

（12）无形资产。分别说明各种无形资产的原价、累计摊销额、无形资产减值准备累计金额和无形资产账面价值合计；计入当期损益和确认为无形资产的研究开发支出金额。

（13）商誉。商誉的形成来源、账面价值的增减变动情况。

（14）递延所得税资产和递延所得税负债。各项已确认递延所得税资产和递延所得税负债的期末账面余额和年初账面余额；未确认递延所得税资产的可抵扣暂时性差异、可抵扣亏损等的金额（存在到期日的，还应披露到期日）。

（15）资产减值准备。各项资产减值准备的本期计提额、本期减少额（转回、转销）和期末账面余额。

（16）所有权受到限制的资产。说明资产所有权受到限制的原因；所有权受到限制的资产金额包括各项用于担保的资产、其他原因造成所有权受到限制的资产的年初账面价值、本期增加额、本期减少额和期末账面价值。

（17）交易性金融负债。各项交易性金融负债的期末公允价值和年初公允价值。

（18）职工薪酬。应付职工薪酬中工资、奖金、津贴和补贴；职工福利费；社会保险费，包括医疗保险费、基本养老保险费、年金缴费、失业保险费、工伤保险费、生育保险费；住房公积金；工会经费和职工教育经费；非货币性福利；因解除劳动关系给予的补偿和其他职工薪酬，其他与获得职工提供的服务相关的支出，比如，企业提供给职工以权益形式结算的认股权、以现金形式结算但以权益工具公允价值为基础确定的现金股票增值权等。

（19）应交税费。各种应交税费的期末账面余额和年初账面余额。

（20）其他流动负债。各项其他流动负债，例如预计负债的期末账面余额和年初账面余额。

（21）短期借款和长期借款。各种短期借款和长期借款，包括信用借款、抵押借款、质押借款和保证借款的期末账面余额和年初账面余额；对于期末逾期借款，应分别对贷款单位、借款金额、逾期时间、年利率、逾期未偿还原因和预期还款期等进行披露。

（22）应付债券。各项应付债券的年初账面余额、本期增加额、本期减少额和期末账面余额。

（23）长期应付款。长期应付款的期末账面价值和年初账面价值。

（24）营业收入。分别说明主营业务收入、其他业务收入的本期发生额和上期发生额；披露建造合同当期预计损失的原因和金额。

（25）公允价值变动收益。产生各种公允价值变动收益来源的本期发生额和上期发生额。

（26）投资收益。产生投资收益的来源的本期发生额和上期发生额；按照权益法核算的长期股权投资，直接以被投资单位的账面净损益计算确认投资损益的事实及原因。

（27）资产减值损失。各类资产减值损失的本期发生额和上期发生额。

（28）营业外收入。营业外收入中固定资产处置利得、无形资产处置利得等的本期发生额和上期发生额。

（29）营业外支出。营业外支出中固定资产处置损失、无形资产处置损失等的本期发生额和上期发生额。

（30）所得税费用。所得税费用（收益）的组成，包括当期所得税、递延所得税；所得税费用（收益）与会计利润的关系。

（31）政府补助。企业应当披露取得政府补助的种类及金额。

（32）每股收益。基本每股收益和稀释每股收益分子、分母的计算过程；列报期间不具有稀释性但以后期间很可能具有稀释性的潜在普通股；在资产负债表日至财务报告批准报出日之间，企业发行在外普通股或潜在普通股股数发生重大变化的情况，如股份发行、股份回购、潜在普通股发行、潜在普通股转换或行权等。

（33）企业可以按照费用的性质分类披露。

（34）非货币性资产交换。换入资产、换出资产的类别；换入资产成本的确定方式；换入资产、换出资产的公允价值及换出资产的账面价值。

(35) 股份支付。当期授予、行权和失效的各项权益工具总额；期末发行在外股份期权或其他权益工具行权价的范围和合同剩余期限；当期行权的股份期权或其他权益工具以其行权日价格计算的加权平均价格；股份支付交易对当期财务状况和经营成果的影响。

(36) 债务重组。按照《企业会计准则第12号——债务重组》第十四条或第十五条的相关规定进行披露。

(37) 借款费用。当期资本化的借款费用金额；当期用于计算确定借款费用资本化金额的资本化率。

(38) 外币折算。计入当期损益的汇兑差额；处置境外经营对外币财务报表折算差额的影响。

(39) 企业合并。企业合并发生当期的期末，合并方或购买方应当按照《企业会计准则第20号——企业合并》第十八条或第十九条的相关规定进行披露。

(40) 租赁。融资租赁出租人应当说明未实现融资收益的余额，并披露与融资租赁有关的不同剩余租赁期的最低租赁收款额。经营租赁出租人应当说明各类租出资产的期末账面价值和年初账面价值。融资租赁承租人应当说明未确认融资费用的余额，并披露与融资租赁有关的各类租入固定资产的年初和期末原价、累计折旧额、减值准备累计金额；以后年度将支付的最低租赁付款额。对于重大的经营租赁，经营租赁承租人应当披露不同剩余租赁期的最低租赁付款额。各售后租回交易以及售后租回合同中的重要条款。

(41) 终止经营。终止经营收入、终止经营费用、终止经营利润总额、终止经营所得税费用和终止经营净利润的本期发生额和上期发生额。

(42) 分部报告。业务分部或地区分部的营业收入、营业费用、营业利润、资产总额、负债总额以及相关补充信息。对于次要报告形式，企业还应披露对外交易收入、分布资产总额。

四、或有事项

(一) 或有事项的概念

或有事项，是指过去的交易或者事项形成的，其结果须由某些未来事项的发生或不发生才能决定的不确定事项。或有事项包括或有资产和或有负债。常见的或有事项主要有：未决诉讼或仲裁、债务担保、产品质量保证（含产品安全保证）、承诺、亏损合同、重组义务、环境污染整治等。

或有资产，是指过去的交易或者事项形成的潜在资产，其存在须通过未来不确定事项的发生或不发生予以证实。或有负债，是指过去的交易或者事项形成的潜在义务，其存在须通过未来不确定事项的发生或不发生予以证实；或过去的交易或者事项形成的现时义务，履行该义务不是很可能导致经济利益流出企业或该义务的金额不能可靠计量。或有负债和或有资产不符合负债或资产的定义和确认条件时，企业不应当确认或有负债和或有资产，而应当进行相应披露。

(二) 预计负债的确认和计量

企业对被确认为负债的或有事项，应在资产负债表中以“预计负债”项目反映，以便与其他负债项目区别开来。与或有事项相关的义务，如果同时符合以下三个条件，企业应将该或有事项确认为预计负债：

(1) 该义务是企业承担的现时义务，比如某公司驾驶员违章造成严重交通事故后，该公司将要承担的赔偿义务，就是该公司承担的现时义务。

(2) 履行该义务很可能导致经济利益流出企业，通常是指履行与或有事项相关的现时义务时，导致经济利益流出企业的可能性超过 50%。企业因或有事项承担的一些义务，并不都会导致经济利益流出企业。比如甲企业为乙企业提供债务担保，是否可能导致经济利益流出甲企业，要依据乙企业未来的经营情况和财务状况来确定。由此可以看出，为其他企业提供的债务担保，虽然属于或有事项，但是在担保债务到期之前，一般不应确认为预计负债，在会计报表附注中按规定要求披露即可。

(3) 该义务的金额能够可靠地计量。预计负债应当按照履行相关现时义务所需支出的最佳估计数进行初始计量；而且，应当在资产负债表日对预计负债的账面价值进行复核。

(三) 或有事项的披露

企业应当在附注中披露的或有事项信息有：

(1) 预计负债。①预计负债的种类、形成原因以及经济利益流出不确定性的说明。②各类预计负债的期初、期末余额和本期变动情况。③与预计负债有关的预期补偿金额和本期已确认的预期补偿金额。

(2) 或有负债（不包括极小可能导致经济利益流出企业的或有负债）：①或有负债的种类及其形成原因，包括已贴现商业承兑汇票、未决诉讼、未决仲裁、对外提供担保等形成的或有负债。②经济利益流出不确定性的说明。③或有负债预计产生的财务影响，以及获得补偿的可能性；无法预计的，应当说明原因。

(3) 企业通常不应当披露或有资产。但或有资产很可能会给企业带来经济利益的，应当披露其形成的原因、预计产生的财务影响等。

(4) 在涉及未决诉讼、未决仲裁的情况下，按照以上要求披露全部或部分信息预期对企业造成重大不利影响的，企业无须披露这些信息，但应当披露该未决诉讼、未决仲裁的性质，以及没有披露这些信息的事实和原因。

五、资产负债表日后事项

资产负债表日后事项是指资产负债表日至财务会计报告批准报出日之间发生的需要调整或说明的事项，是对资产负债表日存在状况的一种补充或说明。

资产负债表日后事项包括调整事项和非调整事项。调整事项是指在资产负债表日或之前已经存在，并已被记录在资产负债表上的事项，这种事项对按资产负债表日存在状况编制的会计报表产生重大影响。对于调整事项，应视同资产负债表所属期间发生的事项进行账务处理，并据此对资产负债表日会计报表相关项目的数字进行调整，但不必在报表附注中进行披露。

非调整事项是指在资产负债表日并不存在，而在期后才发生的事项。非调整事项不影响资产负债表日的存在状况，不需要对资产负债表日编制的会计报表进行调整，但由于事项重大，如不加以说明，可能会影响报表使用者作出正确的估计和决策，因此，应当在会计报表附注中予以披露。非调整事项主要包括：发行股票和债券，对某个企业的大额投资，自然灾害导致的资产损失等。

应在会计报表附注中披露的资产负债表日后事项主要有：①对于非调整事项，说明其性质和内容，并估计其对财务状况和经营成果的影响。如果无法作出估计，应当说明无法估计的理由。②资产负债表日后，企业利润分配方案中拟分配的以及经审议批准宣告发放的股利或利润。

六、关联方关系及其交易

在财务决策中，一方控制、共同控制另一方或对另一方施加重大影响，以及两方或两方以上同受一方控制、共同控制或重大影响的，则说明他们之间存在关联关系。在关联方之间发生的转移资源或义务的事项（不论其是否收取款项），称之为关联交易。

根据《企业会计准则第36号——关联方披露》规定，关联方关系及其交易应予披露的内容有：

（1）企业无论是否发生关联方交易，均应当在附注中披露与该企业之间存在控制关系的母公司和子公司有关的信息。应当披露母公司和所有子公司的名称，母公司和子公司的业务性质、注册地、注册资本（或实收资本、股本）及其变化，以及母公司对于该企业、企业对子公司的持股比例和表决权比例。在披露母公司名称时，母公司不是该企业最终控制方的，还应当披露企业集团内对该企业享有最终控制权的企业（或主体）的名称。母公司和最终控制方均不对外提供财务报表的，还应当披露母公司之上与其最相近的对外提供财务报表的母公司名称。

（2）企业与关联方发生关联方交易的，应当在附注中披露该关联方关系的性质、交易类型及交易要素。关联方关系的性质，是指关联方与该企业的关系，即关联方是该企业的子公司、合营企业、联营企业等；交易要素至少应当包括：交易的金额；未结算项目的金额、条款和条件，以及有关提供或取得担保的信息；未结算应收项目坏账准备金额；定价政策。

第六节　审计报告的阅读和利用

无论投资者或潜在投资者，银行信贷部的经理，还是公司的管理层，均需要阅读公司的财务会计报告，以了解该公司的财务状况、盈利能力与质量以及公司的成长潜力。问题的关键是，你相信该公司的财务会计报告吗？在作出决策之前，你可以找一个帮手，帮你把握第一关，这个帮手就是审计。

一、会计师事务所与注册会计师

会计师事务所是注册会计师依法承办业务的机构，注册会计师只有加入到会计师事务所才能承办法定业务。在企业界，下列四大国际会计公司的名字可以说是家喻户晓，分别是：普华永道（Price Waterhouse Coopers）、安永（Ernst & Young）、德勤（Deloitte & Touche）、毕马威（KPMG）。

注册会计师是依法取得注册会计师证书并接受委托从事审计和会计咨询、会计服务业务的执业人员。注册会计师是企业财务会计报告的仲裁者。注册会计师审计业务包括：审查企业会计报表，出具审计报告；验证企业资本，出具验资报告；办理企业合并、分立、清算事宜中的审计业务，出具有关的报告；办理法律法规规定的其他审计业务，出具相应的审计报告；对企业内部控制的审计业务，出具内部控制审计报告。会计咨询和会计服务业务包括：

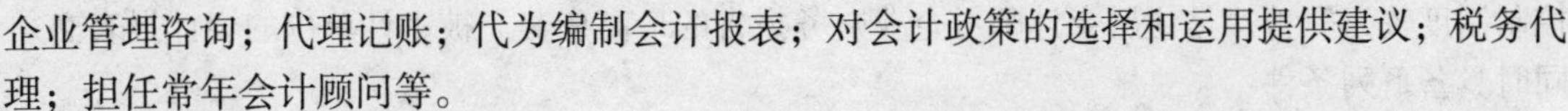

企业管理咨询；代理记账；代为编制会计报表；对会计政策的选择和运用提供建议；税务代理；担任常年会计顾问等。

注册会计师审计是企业的外部审计。外部审计包括国家审计和注册会计师审计两部分。国家审计是由独立的国家审计机关和人员对国家各级各类行政部门、国有企事业单位及其他拥有国有资产单位的会计资料及其所反映的财政财务收支活动的真实性、合法性和效益性进行监察或审查、查处的一种审计形式。注册会计师审计是由独立的注册会计师对企业所执行的、主要针对财务会计报告的审计；其目的主要是证明财务会计报表的合法性、公允性，以及会计政策的一贯性。相对于外部审计，我国的大中型企业还应设置内部审计机构。从内容看，内部审计大致包括两个方面：一是对本单位的财务状况及经营成果进行审计，称内部财务审计；二是对本公司的经营管理行为和效果进行的审计，称内部经营管理审计。从最终目的看，内部财务审计主要是为了保证内部财务会计核算的正确性、准确性和合法合规性，从而保证内部经营管理决策基础的正确性、合理性。因此，内部审计的含义不仅指财务审计，更倾向于管理审计。

二、会计责任与审计责任

会计责任是指提供会计信息的单位和个人应对选择和应用适当的会计处理方法、保持完整的会计记录、建立、健全相关的内部控制制度、保护企业各项资产的安全、完整，以及对会计资料的真实性、合法性、完整性负责。新《会计法》第四条规定："单位负责人对本单位的会计工作和会计资料的真实性、完整性负责。"第二十一条规定："财务会计报告应当由单位负责人和主管会计工作的负责人、会计机构负责人（会计主管人员）签名并盖章"；设置总会计师的单位，还须由总会计师签名并盖章。

审计责任是指注册会计师在执行审计业务时，应依据审计准则，判断企业经济活动的合法性、公允性，评价管理层选用会计政策的恰当性和作出会计估计的合理性，并出具审计报告，对审计报告的真实性、合法性负责。注册会计师是会计师事务所提供审计报告的责任主体，应当承担审计责任。《注册会计师法》与《审计准则》规定了注册会计师的审计责任是：注册会计师应当在审计报告中清楚地表达对财务报表的意见，并对出具的审计报告负责。

三、审计报告的类型

审计报告是指注册会计师根据中国注册会计师审计准则的规定，在实施审计工作的基础上对被审计单位财务报表发表审计意见的书面文件。审计报告是审计工作的最终结果。审计报告主要有两大类，即标准审计报告和非标准审计报告。标准审计报告是指不含有说明段、强调事项段或其他事项段或其他任何修饰性用语的无保留意见的审计报告；非标准审计报告是指带强调事项段或其他事项段的无保留意见的审计报告和非无保留意见的审计报告。非无保留意见的审计报告包括保留意见的审计报告、否定意见的审计报告和无法表示意见的审计报告。

（一） 标准审计报告

1. 注册会计师出具标准审计报告的条件

无保留意见是指对被审计单位的财务报告无保留地表示满意，它表明被审计单位的会计控制制度较为完善，是注册会计师对企业财务报告的最高褒奖。被审计单位的会计报表必须同时具备下列条件：

第一，财务报表已经按照适用的会计准则和相关会计制度的规定编制，在所有重大方面公允反映了被审计单位的财务状况、经营成果和现金流量。

（1）在评价财务报表是否按照适用的会计准则和相关会计制度的规定编制时，注册会计师应当考虑：①财务报表是否充分披露了选择和运用的重要会计政策。②选择和运用的会计政策是否符合适用的会计准则和相关会计制度，并适合于被审计单位的具体情况。③管理层作出的会计估计是否合理。④财务报表反映的信息是否具有相关性、可靠性、可比性和可理解性。⑤财务报表是否作出充分披露，使财务报表使用者能够理解重大交易和事项对被审计单位财务状况、经营成果和现金流量的影响。⑥财务报表使用的术语（包括每一财务报表的标题）是否适当。

（2）在评价财务报表是否作出公允反映时，注册会计师应当考虑：①经管理层调整后的财务报表，是否与注册会计师对被审计单位及其环境的了解一致。②财务报表的列报、结构和内容是否合理。③财务报表是否真实地反映了交易和事项的经济实质。

第二，注册会计师已经按照中国注册会计师审计准则的规定计划和实施审计。

2. 标准审计报告的内容与格式

审计报告基本要素包括九部分：①标题。②收件人。③引言段。④管理层对财务报表的责任段。⑤注册会计师的责任段。⑥审计意见段。⑦注册会计师的签名和盖章。⑧会计师事务所的名称、地址及盖章。⑨报告日期。其中，引言段、管理层对财务报表的责任段、注册会计师的责任段和审计意见段是审计报告的核心内容。

引言段说明了注册会计师审计被审计单位财务报表的时间范围和内容范围。

管理层对财务报表的责任段，要求注册会计师说明被审计单位管理层是否按照企业会计准则的规定编制财务报表，具体包括两个方面：①按照适用的财务报告编制基础编制财务报表，并使其实现公允反映。②设计、实施和维护与财务报表编制相关的内部控制，以使财务报表不存在由于舞弊或错误而导致的重大错报。

注册会计师的责任段，从四个方面说明：①注册会计师的责任是在执行审计工作的基础上对财务报表发表审计意见。②注册会计师按照中国注册会计师审计准则的规定执行了审计工作。中国注册会计师审计准则要求注册会计师遵守职业道德守则，计划和执行审计工作以对财务报表是否不存在重大错报获取合理保证。③审计工作涉及实施审计程序，以获取有关财务报表金额和披露的审计证据。选择的审计程序取决于注册会计师的判断，包括对由于舞弊或错误导致的财务报表重大错报风险的评估。在进行风险评估时，注册会计师考虑与财务报表编制和公允列报相关的内部控制，以设计恰当的审计程序，但目的并非对内部控制的有效性发表意见。审计工作还包括评价管理层选用会计政策的恰当性和作出会计估计的合理性，以及评价财务报表的总体列报。④注册会计师相信已获取的审计证据是充分、适当的，为其发表审计意见提供了基础。

如果接受委托，结合财务报表审计对内部控制有效性发表意见，注册会计师应当省略本条第③项中“但目的并非对内部控制的有效性发表意见”的术语。

审计意见段应当说明，财务报表是否在所有重大方面按照企业会计准则的规定编制，公允反映了被审计单位的财务状况、经营成果和现金流量。标准审计报告的参考格式如下：

审 计 报 告

ABC 股份有限公司全体股东：

我们审计了后附的 ABC 股份有限公司（以下简称 ABC 公司）财务报表，包括 201×年 12 月 31 日的资产负债表，201×年度的利润表、现金流量表和股东权益变动表，以及财务报表附注。

一、管理层对财务报表的责任

编制和公允列报财务报表是 ABC 公司管理层的责任，这种责任包括：（1）按照企业会计准则的规定编制财务报表，并使其实现公允反映；（2）设计、执行和维护必要的内部控制，以使财务报表不存在由于舞弊或错误导致的重大错报。

二、注册会计师的责任

我们的责任是在实施审计工作的基础上对财务报表发表审计意见。我们按照中国注册会计师审计准则的规定执行了审计工作。中国注册会计师审计准则要求我们遵守中国注册会计师职业道德守则，计划和执行审计工作以对财务报表是否不存在重大错报获取合理保证。

审计工作涉及实施审计程序，以获取有关财务报表金额和披露的审计证据。选择的审计程序取决于注册会计师的判断，包括对由于舞弊或错误导致的财务报表重大错报风险的评估。在进行风险评估时，注册会计师考虑与财务报表编制和公允列报相关的内部控制，以设计恰当的审计程序，但目的并非对内部控制的有效性发表意见。审计工作还包括评价管理层选用会计政策的恰当性和作出会计估计的合理性，以及评价财务报表的总体列报。

我们相信，我们获取的审计证据是充分、适当的，为发表审计意见提供了基础。

三、审计意见

我们认为，ABC 公司财务报表在所有重大方面按照企业会计准则的规定编制，公允反映了 ABC 公司 201×年 12 月 31 日的财务状况以及 201×年度的经营成果和现金流量。

××会计师事务所　　　　　　　　　　中国注册会计师：×××

（盖章）　　　　　　　　　　　　　　（签名并盖章）

　　　　　　　　　　　　　　　　　　中国注册会计师：×××

　　　　　　　　　　　　　　　　　　（签名并盖章）

中国××市　　　　　　　　　　　　　二〇一×年×月×日

（二） 非标准审计报告——带强调事项段无保留意见的审计报告

1. 注册会计师出具带强调事项段无保留意见审计报告的条件

（1）强调事项可能对财务报表产生重大影响，但被审计单位进行了恰当的会计处理，且在财务报表中作出充分披露。

（2）强调事项不影响注册会计师发表的审计意见。

2. 带强调事项段无保留意见审计报告的特点与格式

审计报告的强调事项段是指注册会计师在审计意见段之后增加的对重大事项予以强调的段落。其中，应强调的重大事项包括：①存在可能导致对持续经营能力产生重大疑虑的事项或情况、但不影响已发表的审计意见。②存在可能对财务报表产生重大影响的不确定事项

(持续经营问题除外)、但不影响已发表的审计意见。不确定事项是指其结果依赖于未来行动或事项，不受被审计单位的直接控制，但可能影响财务报表的事项。强调事项段的目的是注册会计师提醒财务报表使用者关注强调信息。带强调事项段无保留意见审计报告参考格式如下：

审计报告

ABC 股份有限公司全体股东：

我们审计了后附的 ABC 股份有限公司（以下简称 ABC 公司）财务报表，包括201×年12月31日的资产负债表，201×年度的利润表、现金流量表和股东权益变动表，以及财务报表附注。

一、管理层对财务报表的责任

编制和公允列报财务报表是 ABC 公司管理层的责任，这种责任包括：（1）按照企业会计准则的规定编制财务报表，并使其实现公允反映。（2）设计、执行和维护必要的内部控制，以使财务报表不存在由于舞弊或错误导致的重大错报。

二、注册会计师的责任

我们的责任是在执行审计工作的基础上对财务报表发表审计意见。我们按照中国注册会计师审计准则的规定执行了审计工作。中国注册会计师审计准则要求我们遵守中国注册会计师职业道德守则，计划和执行审计工作以对财务报表是否不存在重大错报获取合理保证。

审计工作涉及实施审计程序，以获取有关财务报表金额和披露的审计证据。选择的审计程序取决于注册会计师的判断，包括对由于舞弊或错误导致的财务报表重大错报风险的评估。在进行风险评估时，注册会计师考虑与财务报表编制和公允列报相关的内部控制，以设计恰当的审计程序，但目的并非对内部控制的有效性发表意见。审计工作还包括评价管理层选用会计政策的恰当性和作出会计估计的合理性，以及评价财务报表的总体列报。

我们相信，我们获取的审计证据是充分、适当的，为发表审计意见提供了基础。

三、审计意见

我们认为，ABC 公司财务报表在所有重大方面按照企业会计准则的规定编制，公允反映了 ABC 公司201×年12月31日的财务状况以及201×年度的经营成果和现金流量。

四、强调事项

我们提醒财务报表使用者关注，如财务报表附注×所述，ABC 公司在201×年发生亏损×万元，在201×年12月31日，流动负债高于资产总额×万元。ABC 公司已在财务报表附注×充分披露了拟采取的改善措施，但其持续经营能力仍然存在重大不确定性。本段内容不影响已发表的审计意见。

××会计师事务所　　　　中国注册会计师：×××
（盖章）　　　　（签名并盖章）
　　　　中国注册会计师：×××
　　　　（签名并盖章）
中国××市　　　　二〇一×年×月×日

（三） 非无保留意见的审计报告

当存在下列情形之一时，如果认为对财务报表的影响是重大的或可能是重大的，注册会计师应当出具非无保留意见的审计报告：①根据获取的审计证据，得出财务报表整体存在重大错报的结论。②无法获取充分、适当的审计证据，不能得出财务报表整体不存在重大错报的结论。

1. 保留意见的审计报告

（1）保留意见审计报告的条件。如果认为财务报表整体是公允的，但还存在下列情形之一，注册会计师应当出具保留意见的审计报告：①在获取充分、适当审计证据后，注册会计师认为错报单独或汇总起来对财务报表影响重大，但不具有广泛性。②注册会计师无法获取充分、适当审计证据以作为形成审计意见的基础，但认为未发现的错报（如存在）对财务报表可能产生的影响重大，但不具有广泛性。

（2）保留意见审计报告的特点与格式。当出具保留意见的审计报告时，注册会计师应当在审计意见段中使用"除……的影响外"等术语。如果因审计范围受到限制，注册会计师还应当在注册会计师的责任段中提及这一情况。保留意见审计报告参考格式如下：

审计报告

ABC 股份有限公司全体股东：

我们审计了后附的 ABC 股份有限公司（以下简称 ABC 公司）财务报表，包括 201×年 12 月 31 日的资产负债表，201×年度的利润表、现金流量表和股东权益变动表以及财务报表附注。

一、管理层对财务报表的责任

编制和公允列报财务报表是 ABC 公司管理层的责任，这种责任包括：（1）按照企业会计准则的规定编制财务报表，并使其实现公允反映。（2）设计、执行和维护必要的内部控制，以使财务报表不存在由于舞弊或错误导致的重大错报。

二、注册会计师的责任

我们的责任是在实施审计工作的基础上对财务报表发表审计意见。我们按照中国注册会计师审计准则的规定执行了审计工作。中国注册会计师审计准则要求我们遵守中国注册会计师职业道德守则，计划和执行审计工作以对财务报表是否不存在重大错报获取合理保证。

审计工作涉及实施审计程序，以获取有关财务报表金额和披露的审计证据。选择的审计程序取决于注册会计师的判断，包括对由于舞弊或错误导致的财务报表重大错报风险的评估。在进行风险评估时，注册会计师考虑与财务报表编制和公允列报相关的内部控制，以设计恰当的审计程序，但目的并非对内部控制的有效性发表意见。审计工作还包括评价管理层选用会计政策的恰当性和作出会计估计的合理性，以及评价财务报表的总体列报。

我们相信，我们获取的审计证据是充分、适当的，为发表保留意见提供了基础。

三、导致保留意见的事项

ABC 公司 201×年 12 月 31 日的应收账款余额×万元，占资产总额的×%。由于 ABC 公司未能提供债务人地址，我们无法实施函证以及其他审计程序，以获取充分、适当的审计证据。

（续）

四、保留意见

我们认为，除“三”导致保留意见的事项段所述事项产生的影响外，ABC 公司财务报表在所有重大方面按照企业会计准则的规定编制，公允反映了 ABC 公司 201×年 12 月 31 日的财务状况以及 201×年度的经营成果和现金流量。

××会计师事务所　　　　中国注册会计师：×××
（盖章）　　　　（签名并盖章）
　　　　中国注册会计师：×××
　　　　（签名并盖章）
中国××市　　　　二〇一×年×月×日

2. 否定意见的审计报告

（1）否定意见审计报告的条件。注册会计师在获取充分适当审计证据后，如果认为错报单独或汇总起来对财务报表影响重大且具有广泛性，应当出具否定意见的审计报告。

（2）否定意见审计报告的特点与格式。当出具否定意见的审计报告时，注册会计师应当在审计意见段中使用“由于导致否定意见的事项段所述事项的重要性”等术语。否定意见的审计报告参考格式如下：

审 计 报 告

ABC 股份有限公司全体股东：

我们审计了后附的 ABC 股份有限公司（以下简称 ABC 公司）财务报表，包括 201×年 12 月 31 日的资产负债表，201×年度的利润表、现金流量表和股东权益变动表以及财务报表附注。

一、管理层对财务报表的责任

编制和公允列报财务报表是 ABC 公司管理层的责任，这种责任包括：（1）按照企业会计准则的规定编制财务报表，并使其实现公允反映；（2）设计、执行和维护必要的内部控制，以使财务报表不存在由于舞弊或错误导致的重大错报。

二、注册会计师的责任

我们的责任是在执行审计工作的基础上对财务报表发表审计意见。我们按照中国注册会计师审计准则的规定执行了审计工作。中国注册会计师审计准则要求我们遵守中国注册会计师职业道德守则，计划和执行审计工作以对财务报表是否不存在重大错报获取合理保证。

审计工作涉及实施审计程序，以获取有关财务报表金额和披露的审计证据。选择的审计程序取决于注册会计师的判断，包括对由于舞弊或错误导致的财务报表重大错报风险的评估。在进行风险评估时，注册会计师考虑与财务报表编制和公允列报相关的内部控制，以设计恰当的审计程序，但目的并非对内部控制的有效性发表意见。审计工作还包括评价管理层选用会计政策的恰当性和作出会计估计的合理性，以及评价财务报表的总体列报。

我们相信，我们获取的审计证据是充分、适当的，为发表否定意见提供了基础。

（续）

三、导致否定意见的事项

如财务报表附注×所述，ABC公司的长期股权投资未按企业会计准则的规定采用权益法核算。如果按权益法核算，ABC公司的长期投资账面价值将减少×万元，净利润将减少×万元，从而导致ABC公司由盈利×万元变为亏损×万元。

四、否定意见

我们认为，由于“（三）导致否定意见的事项”段所述事项的重要性，ABC公司财务报表没有在所有重大方面按照企业会计准则的规定编制，未能公允反映ABC公司201×年12月31日的财务状况以及201×年度的经营成果和现金流量。

××会计师事务所　　　　　　　　　　中国注册会计师：×××
（盖章）　　　　　　　　　　　　　　（签名并盖章）
　　　　　　　　　　　　　　　　　　中国注册会计师：×××
　　　　　　　　　　　　　　　　　　（签名并盖章）
中国××市　　　　　　　　　　　　　二〇一×年×月×日

3. 无法表示意见的审计报告

（1）无法表示意见审计报告的条件。如果无法获取充分、适当审计证据以作为形成审计意见的基础，但认为未发现的错报（如存在）对财务报表可能产生的影响重大且具有广泛性，以至于无法对财务报表发表审计意见，注册会计师应当出具无法表示意见的审计报告。

（2）无法表示意见审计报告的特点与格式。当出具无法表示意见的审计报告时，注册会计师应当在注册会计师责任段说明无法获取充分、适当的审计证据以为发表审计意见提供基础，并在审计意见段中使用“由于导致无法表示意见的事项段所述事项的重要性，我们无法获取充分、适当的审计证据以为发表审计意见提供基础”“我们不对财务报表发表审计意见”等术语。无法表示意见的审计报告参考格式如下：

审计报告

ABC股份有限公司全体股东：

我们接受委托，审计后附的ABC股份有限公司（以下简称ABC公司）财务报表，包括201×年12月31日的资产负债表，201×年度的利润表、现金流量表和股东权益变动表以及财务报表附注。

一、管理层对财务报表的责任

编制和公允列报财务报表是ABC公司管理层的责任，这种责任包括：（1）按照企业会计准则的规定编制财务报表，并使其实现公允反映；（2）设计、执行和维护必要的内部控制，以使财务报表不存在由于舞弊或错误导致的重大错报。

二、注册会计师的责任

我们的责任是在按照中国注册会计师审计准则的规定执行审计工作的基础上对财务报表发表审计意见。但由于“三、导致无法表示意见的事项”段中所述的事项，我们无法获取充分、适当的审计证据以为发表审计意见提供基础。

（续）

三、导致无法表示意见的事项

ABC公司未对201×年12月31日的存货进行盘点，金额为×万元，占期末资产总额的40%。我们无法实施存货监盘，也无法实施替代审计程序，以对期末存货的数量和状况获取充分、适当的审计证据。

四、无法表示意见

由于“三、导致无法表示意见的事项”段所述事项的重要性，我们无法获取充分、适当的审计证据以为发表审计意见提供基础，因此，我们不对ABC公司财务报表发表审计意见。

××会计师事务所　　　　　　中国注册会计师：×××
（盖章）　　　　　　　　　　（签名并盖章）
　　　　　　　　　　　　　　中国注册会计师：×××
　　　　　　　　　　　　　　（签名并盖章）
中国××市　　　　　　　　　二〇一×年×月×日

一般而言，通过分析审计报告进而发现投资机会的情况比较少，多数情况是对公司财务会计报告提供信息的真实程度引起警觉，防范投资风险。会计信息使用者应利用审计报告关注企业重大事项的说明、选择和运用恰当的会计政策和会计估计的说明、影响公司损益的事项、对公司资产质量的判定以及持续经营能力等问题。

本章小结

财务会计报告包括财务报表和附注。

资产负债表能够提供企业在会计期末的资产、负债和所有者权益情况；企业在某一特定时点的短期偿债能力；企业在某一特定时点的财务安全性和稳定性；企业在一定时期财务发展变化的趋势。资产负债表的数据一般是直接根据有关总账科目的期末余额填列，某些项目需要根据总账科目和明细账科目的记录分析、计算后填列。阅读和分析资产负债表时，首先，应观察资产总额、负债和所有者权益总额的变化，把握财务发展的方向。其次，是分别阅读资产、负债、所有者权益的具体信息，寻找财务发展变化的具体原因。第三，计算相关财务比率，检验财务安全性。第四，审视和评价资产项目。第五，分析负债项目。第六，关注所有者权益。第七，关注受人为因素影响较多的会计报表项目。

利润表是反映企业一定会计期间经营成果的会计报表。利润表能够提供企业在一定会计期间利润额及利润的构成情况；企业在一定会计期间的经营状况及发展变化趋势。利润表的各项数据一般根据各损益类科目的本期发生额分析填列。解读利润表时，首先，应看净利润，观察公司是赚钱还是赔钱。其次，关注企业在哪儿赚的钱。第三，作为管理者，以本期净利润与本期预算数比较，把握完成预算的情况。第四，观察收入、费用和利润的变化趋势。第五，评估企业的盈利能力。

现金流量表是反映企业在一定会计期间内经营活动、投资活动和筹资活动各部分现金流入、流出的信息的会计报表。现金流量表包括六部分，采用报告式的结构反映企业经营活动产生的现金流量、投资活动产生的现金流量、筹资活动产生的现金流量、汇率变动对现金的影响额、现金及现金等价物净增加额和期末现金及现金等价物余额；通过阅读现金流量表能够了解企业在一定会计期间内现金来源、流向及现金余额的变动情况；分析和判断企业的偿债能力；借助现金流量信息可以规划和预测企业未来产生现金的能力；判断企业财务状况和经营成果的可靠性。

所有者权益变动表是反映企业年末所有者权益（或股东权益）变动的情况，并在一定程度上体现企业综合收益的报表。所有者权益变动不仅包括所有者投入和减少资本；而且包括直接计入所有者权益的利得和损失和最终属于所有者权益变动的净利润，从而构成企业的综合收益。

附注是为便于会计报表使用者理解会计报表的内容而对会计报表的编制基础、编制依据、编制原则和方法及主要项目等所作的解释，包括九部分：一是企业的基本情况；二是财务报表的编制基础；三是遵循企业会计准则的声明；四是重要会计政策和会计估计；五是会计政策和会计估计变更以及差错更正的说明；六是报表重要项目的说明；七是或有事项；八是资产负债表日后事项；九是关联方关系及其交易。

无论投资者或潜在投资者，银行信贷部的经理，还是公司的管理层，都需要阅读公司的财务报告，以了解该公司的财务状况、盈利能力与质量以及公司的成长潜力。是否相信该公司的财务会计报告，在作出决策之前，可以通过阅读审计报告把好第一关。审计报告主要有两大类，即标准审计报告和非标准审计报告。标准审计报告是指不含有说明段、强调事项段、其他事项段或其他任何修饰性用语的无保留意见的审计报告；非标准审计报告是指带强调事项段或其他事项段的无保留审计意见的审计报告和非无保留意见的审计报告。

思　考　题

1. 财务会计报告包括哪些内容？何为企业的财务状况？何为企业的经营成果？
2. 资产负债表提供了哪些重要信息？如何编制资产负债表？
3. 应从哪些方面阅读资产负债表？你认为应对资产负债表的哪些项目予以重点关注？
4. 利润表提供了哪些重要信息？如何编制利润表？
5. 应如何阅读利润表？如何分析企业的盈利能力？
6. 现金流量表中现金与现金流量的概念？该表的作用有哪些？现金流量表包括哪些内容？
7. 资产负债表、利润表、现金流量表之间有哪些联系？
8. 如何根据现金流量的类型，判断企业的财务状况与盈利质量？
9. 会计报表附注的意义是什么？主要披露了哪些内容？
10. 审计报告的重要作用是什么？审计报告有哪些类型？各种类型审计报告的特点是什么？

自　测　题

（一）选择题

1. 下列各项，属于投资活动产生的现金流量是（　　）。

A. 出售长期股权投资收到的现金　　B. 收到退回的所得税

C. 接受现金捐赠　　D. 收到投资者投入的现金

2. 资产负债表中的“未分配利润”项目，应（　　）。

A. 根据“本年利润”科目的余额填列
B. 根据“利润分配”科目的余额填列
C. 根据“利润分配——未分配利润”科目的发生额填列
D. 根据“本年利润”科目和“利润分配”科目的余额计算填列

3. 将于一年内到期的长期借款在资产负债表中应（ ）。
A. 在“短期借款”项目下列示
B. 在“长期借款”项目下列示
C. 在备查簿记录
D. 在流动负债下设置“一年内到期的非流动负债”项目单独反映

4.“应收账款”科目所属明细科目如有贷方余额，应在资产负债表（ ）项目内反映。
A. 应收账款 B. 预收账款 C. 应付账款 D. 预付账款

5. 所有者权益变动的原因有（ ）。
A. 提取盈余公积 B. 本年实现净利润
C. 向投资者分配利润 D. 资本公积转增资本

6. 现金流量表中“购买商品、接受劳务支付的现金”项目，反映（ ）内容。
A. 当期发生的应付票据 B. 当期预付购买商品的款项
C. 当期支付前期购入商品的未付款项 D. 当期接受劳务支付的现金

7. 现金等价物的必备条件是（ ）。
A. 期限短 B. 流动性强
C. 易于转换为已知金额的现金 D. 价值变动风险很小

8. 我国企业的基本会计报表包括（ ）。
A. 资产负债表 B. 利润表
C. 所有者权益变动表 D. 现金流量表

（二）判断题

1. 持有至到期投资中将于一年内到期的部分，仍然在“持有至到期投资”科目核算，但在编制资产负债表时，应列在“流动资产”有关项目内。（ ）

2. 利润表中的净利润应与“本年利润”科目结转到“利润分配—未分配利润”科目的数字一致。（ ）

3. 营业外收入应反映在利润表的营业利润中。（ ）

4. 财务会计报告的核心部分是会计报表附注。（ ）

5. 会计政策是指企业进行会计核算时所采用的原则、基础和会计处理方法。（ ）

6. 利润表是反映企业在一定时期盈利质量的会计报表。（ ）

7. 现金流量表中的现金指的是货币资金包括库存现金、银行存款、其他货币资金。（ ）

8. 通过现金流量表，能够判断企业财务状况和经营成果的可靠性。（ ）

9. 市盈率是公司股票市价与每股收益的比值。（ ）

10. 产权比率侧重于揭示财务结构的稳健程度，以及自有资金对偿债风险的承受能力。（ ）

业务练习题

1. 资产负债表分析

资料：

（1）ABB 公司是一家上市公司。表 9-7 为 ABB 公司 2013 年度的资产负债表（简表）。

（2）公司的短期借款期限 6 个月，系 2013 年 7 月 9 日借入；长期借款期限两年，系 2012 年 2 月 1 日借入。

要求：

（1）根据以上资料，分析 ABB 公司的 2013 年度资产变化的原因及合理性？

（2）计算相关财务比率，对公司的偿债能力作出评价。

表 9-7　ABB 公司资产负债表（简表）

2013 年 12 月 31 日　　单位：万元

资　　产	年初余额	期末余额	负债及所有者权益	年初余额	期末余额
流动资产：			流动负债：		
货币资金	800	900	短期借款	2 000	2 300
交易性金融资产	1 000	500	应付账款	1 000	1 200
应收账款	1 200	1 300	预收款项	300	400
预付款项	40	70	其他应付款	100	100
存货	4 060	5 280	流动负债合计	3 400	4 000
流动资产合计	7 100	8 050	长期借款	2 000	2 500
长期股权投资	400	400	所有者权益：		
固定资产	12 000	14 000	实收资本	12 000	12 000
无形资产	500	550	盈余公积	1 600	1 600
非流动资产合计	12 900	14 950	未分配利润	1 000	2 900
			所有者权益合计	14 600	16 500
资产总计	20 000	23 000	负债及所有者权益总计	20 000	23 000

2. 利润表分析

资料：比上公司是一家上市公司，表 9-8 为比上公司 2012 年度和 2013 年度的利润表。

要求：

（1）根据表 9-8 的资料，对比上公司利润表各项数据进行差异分析？

（2）填列表 9-9，对比上公司盈利能力的满意度作出评价。

表9-8 比上公司利润表

单位：万元

项　　目	2012年	2013年
一、营业收入	18 600	21 000
其中：主营业务收入	18 600	21 000
二、营业成本		
其中：营业成本	10 700	12 200
营业税金及附加	1 080	1 200
销售费用	1 620	1 900
管理费用	800	1 000
财务费用	200	300
加：投资收益	300	300
三、营业利润	4 500	4 700
加：营业外收入	100	150
减：营业外支出	600	650
四、利润总额	4 000	4 200
减：所得税（税率为25%）	1 000	1 050
五、净利润	3 000	3 150

表9-9 比上公司业务收入利润率计算表

单位：万元

项　　目	2012年	2013年
营业利润		
利润总额		
净利润		
毛利率（%）		
营业利润率（%）		
销售收入利润率（%）		
销售收入净利率（%）		

3. 某公司2011年、2012年的有关资料如表9-10所示：

表9-10 资料表

单位：元

年　　份	销售收入	销售成本	期末存货	期末应收账款
2011年	1 216 000	816 000	160 000	192 000
2012年	1 440 000	1 104 000	224 000	240 000

要求：根据上述资料计算该公司2012年的下列指标：

（1）存货周转率。

（2）应收账款周转率（假设公司的销售收入中的30%为赊销收入）。

（3）销售毛利率。

4. 资料：已知某公司目前的流动比率为1.8。

要求：考虑发生以下经济业务会对流动比率产生何种影响？

（1）购买设备一台，款项以银行存款支付。

（2）从银行取得一笔长期借款。

（3）偿还短期借款。

（4）进行短期有价证券投资。

（5）如果该公司目前的流动比率仅为0.95，则上述答案是否会发生变化？

第十章

企业财务能力综合评价

案例与引言

上海水仙电器股份有限公司（以下简称水仙）前身为上海洗衣机总厂，创建于1980年，是国家定点的家用洗衣机和燃气热水器专业生产企业，其产品多次获得国家和上海市优质产品称号。水仙净资产收益率在1990年为8.42%，1991年为18.65%，为国内同行业中的佼佼者。1992年，水仙改制为股份制公司，同年发行A股股票，并在上海证券交易所上市。1993年，水仙牌洗衣机和热水器的总产量分别占全国同类产品的10.9%和2.9%。1993年3月，水仙与美国惠而浦公司共同投资组建上海惠而浦水仙有限公司，水仙占45%的股权。1996年亏损2 446.1万元，1997年亏损面进一步加大，1998年被ST处理，2000年被PT处理并暂停上市，2001年宣布退市。

究竟出了什么问题，使水仙在短短几年内，从一个国内知名企业沦落为中国第一只被摘牌的股票、第一家因连年亏损而被依法退市的上市公司呢？要回答这个问题，需要对该公司的财务报表进行详细分析。

本章学习目标

- ◆ 企业偿债能力的分析指标
- ◆ 企业营运能力的分析指标
- ◆ 企业盈利能力的分析指标
- ◆ 企业成长能力的分析指标
- ◆ 杜邦分析法
- ◆ 综合评分法

第一节　财务指标体系

如前所述，根据会计准则的规定，企业必须定期编制财务会计报告，向企业的投资人、债权人、政府有关部门等提供反映企业财务状况、经营成果和资金变动情况的信息资料，供其决策时参考。由于财务会计报告是在经济业务发生后编制的，是对已经发生或完成的经济活动的概括和总结，只能简单地反映情况，不能说明导致企业目前状况的原因，也无法据此

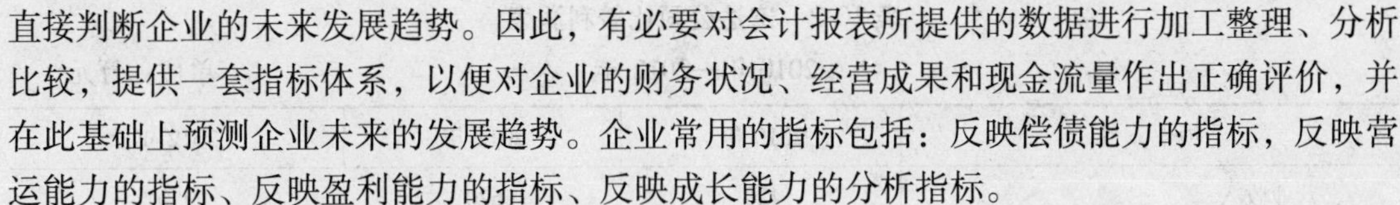

直接判断企业的未来发展趋势。因此，有必要对会计报表所提供的数据进行加工整理、分析比较，提供一套指标体系，以便对企业的财务状况、经营成果和现金流量作出正确评价，并在此基础上预测企业未来的发展趋势。企业常用的指标包括：反映偿债能力的指标，反映营运能力的指标、反映盈利能力的指标、反映成长能力的分析指标。

一、反映企业偿债能力的指标

偿债能力是指企业偿还全部到期债务的能力，这是企业债权人、投资者和管理者都十分关心的问题。因为在瞬息万变的市场经济条件下，即使有良好发展前景的企业，也可能由于不能按期偿还债务而被迫清算。因此，分析和判断企业的偿债能力，是财务分析的一项重要内容。

按照债务偿还期限，反映企业偿债能力的指标可以分为两类：短期偿债能力指标和长期偿债能力指标。为了便于介绍，给出宏达公司最近四年的比较资产负债表、比较利润表和比较现金流量表，如表 10-1、表 10-2、表 10-3 所示。

表 10-1 宏达公司比较资产负债表

2009 年—2012 年　　单位：万元

项　目	2009 年	2010 年	2011 年	2012 年
资产				
货币资金	20	28	22	24
应收账款	52	72	92	152
存货	28	60	92	166
流动资产合计	100	160	206	342
长期股权投资		105	122	126
固定资产	400	535	712	832
非流动资产合计	400	640	834	958
资产总计	500	800	1 040	1 300
负债与所有者权益				
短期借款	20	26	30	40
应付账款	40	48	55	92
应付职工薪酬	10	12	15	18
应交税费	10	14	20	30
流动负债合计	80	100	120	180
应付债券	100	100	200	300
负债合计	180	200	320	480
股本（每股 1 元）	200	300	320	320
资本公积	40	192	232	242
盈余公积	60	78	120	180
未分配利润	20	30	48	78
所有者权益合计	320	600	720	820
负债与所有者权益总计	500	800	1 040	1 300

表 10-2 宏达公司比较利润表

2010 年—2012 年 单位：万元

项 目	2010 年	2011 年	2012 年
一、营业收入	420	620	950
减：主营业务成本	228	348	545
营业税金及附加	20	30	50
销售费用	67	74	96
管理费用	54	62	80
财务费用	12	25	36
加：投资收益	12	21	35
二、营业利润	51	102	178
加：营业外收入	1	2	2
减：营业外支出	2	4	5
三、利润总额	50	100	175
减：所得税费用	12.5	25	43.75
四、净利润	37.5	75	131.25
五、每股收益：			
（一）基本每股收益	0.134	0.216	0.366
（二）稀释每股收益①	0.112	0.186	0.279
六、其他综合收益	1	1	2
七、综合收益总额	38.5	76	133.25

① 宏达公司稀释每股收益 = 净利润/（普通股股数 + 可转换债券）。

表 10-3 宏达公司比较现金流量表

2010 年—2012 年 单位：万元

项 目	2010 年	2011 年	2012 年
一、营业活动产生的现金流量			
销售商品、提供劳务收到的现金	400	600	890
收到的税费返还	2	3	5
现金流入小计	402	603	895
购买商品、接受劳务支付的现金	（262）	（383）	（597）
支付给职工以及为职工支付的现金	（95）	（110）	（132）
支付的各项税费	（25）	（40）	（88）
支付的其他与经营活动有关的现金		（5）	（6）
现金流出小计	（382）	（538）	（823）
经营活动产生的现金流量净额	20	65	72

（续）

项　　目	2010 年	2011 年	2012 年
二、投资活动产生的现金流量			
购建固定资产、无形资产和其他长期资产支付的现金	(159)	(211)	(158)
投资支付的现金	(105)	(17)	(4)
现金流出小计	(264)	(228)	(162)
投资活动产生的现金流量净额	(264)	(228)	(162)
三、筹资活动产生的现金流量			
吸收投资收到的现金	252	60	10
取得借款收到的现金	16	124	120
现金流入小计	268	184	130
偿还债务所支付的现金	(10)	(20)	(13)
分配股利、利润或偿付利息所支付的现金	(6)	(7)	(25)
现金流出小计	(16)	(27)	(38)
筹资活动产生的现金流量净额	252	157	92
四、现金及现金等价物净增加额	8	(6)	2

（一）反映企业短期偿债能力的指标

短期偿债能力，是指企业偿还各种流动负债的能力。资产是偿还负债的基础，企业短期偿债能力的强弱，直接表现为流动资产与流动负债的比例。

反映企业短期偿债能力的指标主要有以下几个：

1. 营运资金

营运资金是指企业全部流动资产减去全部流动负债后的余额，是衡量企业短期偿债能力的绝对数指标。如果流动资产大于流动负债，则营运资金为正数，说明有一部分流动资产来源于长期负债或所有者权益。在实际工作中，企业的营运资金状况往往会影响企业的负债筹资能力，许多贷款协议和债务契约中经常有要求债务人保持某一最低营运资金水平的条款。从债权人角度看，营运资金越多，说明企业可用于偿付短期债务的流动资产越多，企业的短期偿债能力越强。但从企业理财角度看，营运资金并不是越多越好。营运资金过多，意味着企业流动资产占用资金过多，可能存在积压的存货或长期收不回来的应收账款，说明企业没能有效地利用资金，失去了获取更多利润的机会。由于营运资金受企业规模影响较大，因此该指标在不同企业之间不具有可比性。

2. 流动比率

流动比率是指企业全部流动资产与全部流动负债之间的比率，也被称为营运资本率，计算公式为：

$$流动比率=\frac{流动资产}{流动负债}$$

流动比率越高，说明企业的短期偿债能力越强，反之，则说明短期偿债能力较弱。一般认为，流动比率应维持在 2 左右，它表明 1 元的流动负债有 2 元的流动资产作保障。

运用流动比率指标时，应当注意以下问题：

（1）该指标只反映流动资产与流动负债之间的数量关系，没有考虑流动资产的结构和流动性。如果流动资产中含有大量的积压存货、预付款项或长期收不回来的应收账款，即使流动比率大于2，也并不表示其偿债能力强。反之，如果流动资产中多为变现能力很强的资产，即使流动比率小于2，其偿债能力依然很强。

（2）该指标是根据资产负债表数字计算得出的，是时点指标，只反映期末流动资产与流动负债的比率关系，不能代表企业在整个会计期间的偿债能力。

（3）从该指标的计算公式看，当流动比率大于1时，分子分母等量增加，会使流动比率下降，等量减少则会使流动比率上升，因此该指标受人为操作的可能性较大。例如，在年末集中偿还借款，下年初再借回，或将年末应购进的存货推迟到下年初再购进等，都可能导致流动比率虚增。

（4）行业不同，对流动比率的要求也有所不同，一般而言，营业周期越短，对流动比率的要求越低，营业周期越长，对流动比率的要求越高。例如，饮食行业的正常流动比率远远低于工业和商业，其原因是饮食行业的存货周转速度快，而且大部分为现金销售。

因此，采用流动比率来评价企业的短期偿债能力，通常只能在本行业内进行对比，同时必须与企业的资产结构、资产变现速度及行业特点结合起来进行综合考虑，才能得出正确的分析结论。但无论怎样，与营运资金相比，由于流动比率考虑了流动资产规模与流动负债规模之间的关系，因此扩大了指标的可比范围。例如，可以在长虹公司和康佳公司之间比较流动比率，但比较营运资金则没有任何意义，因为这两个公司的规模不同。

根据表10-1中有关资料，计算最近三年宏达公司的流动比率：

2010年：流动比率 = 160 ÷100 =1.60

2011年：流动比率 = 206 ÷120 =1.72

2012年：流动比率 = 342 ÷180 =1.90

计算结果表明，宏达公司从2010年到2012年，流动比率逐年上升，说明该公司的短期偿债能力越来越强。

将上述计算结果与本行业的平均水平或先进水平进行对比，可以确定该公司在本行业的地位。对流动资产和流动负债的构成项目逐项分析，可以找出影响流动比率变动的主要原因。

3. 速动比率

速动比率，也称为酸性测试比率，是指企业变现能力最强的速动资产与全部流动负债之间的比率。计算公式为：

$$速动比率 = \frac{速动资产}{流动负债}$$

速动资产包括货币资金、交易性金融资产、应收票据、应收账款、其他应收款等，等于全部流动资产减去存货和预付账款。存货和预付账款属于流动性较差、变现所需时间较长的资产。存货需要经过销售和应收账款环节才能转变为现金，特别是当存货中包含积压和滞销产品或必须经过较长时间储备才能销售的产品时（如酒厂的产品），其变现能力更差。预付款项是预付的购货款，其变现时间比存货更长。计算速动比率时，将这两项资产扣除，可以比较准确地反映企业的短期偿债能力。速动比率越高，表明企业的短期偿债能力越强，但同

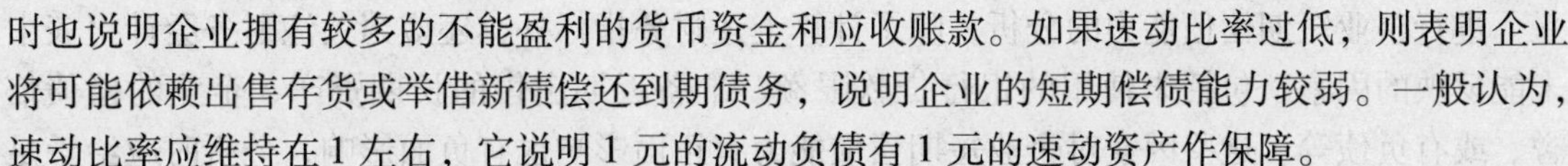

时也说明企业拥有较多的不能盈利的货币资金和应收账款。如果速动比率过低，则表明企业将可能依赖出售存货或举借新债偿还到期债务，说明企业的短期偿债能力较弱。一般认为，速动比率应维持在1左右，它说明1元的流动负债有1元的速动资产作保障。

根据表10-1中有关资料，计算宏达公司最近三年的速动比率如下：

2010年：速动比率 = 100 ÷ 100 = 1

2011年：速动比率 = 114 ÷ 120 = 0.95

2012年：速动比率 = 176 ÷ 180 = 0.98

计算结果表明，从2010至2012年，虽然宏达公司的流动比率持续上升，但速动比率却相对稳定并略有下降。结合资产负债表进行分析，可以看出流动比率上升主要是由于存货储备上升所致。

根据速动比率分析企业的短期偿债能力时，应注意速动资产中应收账款的比例以及应收账款的账龄和可收回性。在速动比率相同的条件下，应收账款所占比例越低，账龄越短，说明速动资产的质量越好，变现能力越强；反之则较弱。分析时可借助应收账款周转率来了解应收账款质量，以便对速动比率作出正确评价。

应当说明的是，速动比率在不同行业和企业也应有所区别。例如，零售商店通常只有现金销售，应收账款很少，这类企业的速动比率一般明显低于1，但仍有很强的短期偿债能力。

4. 经营现金净流量比率

上述指标都是根据某一特定时点上的资产、负债额计算的，属于静态指标，只能反映报告期末的状况，不能反映企业某一段时期内动态的偿债能力。为了解决这个问题，可以用经营活动产生的现金流量净额与流动负债平均余额进行对比，计算经营现金净流量比率。计算公式为：

$$\text{经营现金净流量比率} = \frac{\text{经营活动现金流量净额}}{\text{流动负债平均余额}} \times 100\%$$

其中：$\text{流动负债平均余额} = \frac{\text{期初流动负债余额} + \text{期末流动负债余额}}{2}$

负债需要用现金偿还，而经营活动产生的现金净流入量是偿还负债的真正来源，经营活动现金净流量越大，企业内部产生的可用于偿还负债的现金越充分。一般认为，该指标保持在40%以上时较好，说明企业的短期偿债能力较强。如果经营活动现金净流量为负数，则计算该指标无意义。

根据表10-1、表10-3中有关资料，计算宏达公司营业现金净流量比率如下：

2010年：$\text{经营现金净流量比率} = \frac{20}{(80+100) \div 2} \times 100\% = 22.22\%$

2011年：$\text{经营现金净流量比率} = \frac{65}{(100+120) \div 2} \times 100\% = 59\%$

2012年：$\text{经营现金净流量比率} = \frac{72}{(120+180) \div 2} \times 100\% = 48\%$

计算结果表明，宏达公司2011年和2012年营业现金净流量比率比2010年的大幅度提高，其主要原因是营业现金净流入量增加，说明该公司生产销售状况良好，短期偿债能力较强。

进行企业短期偿债能力的分析，除了计算上述财务指标外，还应当关注财务会计报表中未能反映的因素，包括未使用的银行贷款限额、准备近期出售的长期资产、企业的偿债信誉、或有负债等。这些因素对企业短期偿债能力有正面影响也有负面影响，分析时应给予足够的重视。

（二） 反映企业长期偿债能力的指标

长期偿债能力，指企业偿还全部债务本金和利息的能力。长期偿债能力的强弱取决于两个方面，一是合理的资本结构，二是企业的盈利能力。资本结构是指企业资产、负债、所有者权益之间的数量关系。资产来源于负债和所有者权益，负债必须按期偿还，并支付固定的利息，负债占资产比例越大，企业的偿债压力也就越大，企业无力支付到期债务本息的可能性也就越大。所有者权益可供企业长期使用，既没有偿还期限，也没有固定的股利支付要求，其占资产的比例越大，企业的财务实力越强，偿债能力也就越强。但从长期看，企业的偿债能力则最终取决于它的盈利能力。较强的盈利能力不仅可以使企业从经营活动中获取足够的现金流入量，而且可以吸引投资者和债权人，随时筹集到所需要的资金，以偿还到期债务的本金和利息。

因此，反映企业长期偿债能力的指标也包括两个方面，一是反映企业资本结构的指标，二是反映企业的盈利能力的指标。此处主要介绍从资本结构角度来反映企业偿债能力的指标。

1. 资产负债率

资产负债率是指企业负债总额与资产总额之间的比率。计算公式为：

$$资产负债率=\frac{负债总额}{资产总额}$$

资产负债率反映企业资产总额中有多大比例是依靠借贷筹集的。资产负债率越高，企业的债务负担越重，不能偿还的可能性也就越大，债权人的风险越高，但较高的资产负债率也可能为投资人带来财务杠杆利益。因此，不同的利益主体，对资产负债率的评价也有所不同。

债权人最关心能否按期收回借贷本金和利息，如果资产负债率过高，说明企业的资产大部分由债权人提供，经营风险大部分由债权人承担。资产负债率低，表明企业可用于抵债的资产多，债权人的保障程度高，即使企业破产清算，债权人的贷款也有一定的收回保证。因此，债权人认为该比率越低越好。

从投资者角度看，由于负债利息可以在计算所得税前扣除，因此负债高可以起到节税作用。同时以举债方式筹资，既可以保持股东对企业的控制权，又可以分散经营风险，并通过财务杠杆作用，提高投资者的回报。因此对于投资者而言，只要债务成本率低于资产回报率，资产负债率就越高越好；反之，则应当降低资产负债率。

此外，资产负债率还可以反映企业经营者利用借入资金进行经营活动的能力。一般认为，适当的资产负债率，说明企业朝气蓬勃，对前途充满信心。过低的资产负债率，则说明企业畏缩不前，经营者缺乏魄力。

判断一个企业的资产负债率是否适宜，一般以企业盈利能力和经营活动现金流量是否稳定为标准，企业盈利能力越强，现金流量越稳定，为债权人所能接受的负债比率越高；反之则低。例如，公用事业单位的资产负债率可以高达70%以上，而一般制造业则应维持在

50% 左右。

根据表 10-1 中有关资料，计算宏达公司最近三年的资产负债率：

2010 年：资产负债率 $=\frac{200}{800}\times 100\%=25\%$

2011 年：资产负债率 $=\frac{320}{1\ 040}\times 100\%=30.77\%$

2012 年：资产负债率 $=\frac{480}{1\ 300}\times 100\%=36.92\%$

计算结果表明，在过去的三年中，宏达公司的资产负债率逐年上升，但仍在正常范围内。一方面说明宏达公司的偿债能力较强，另一方面也表明该公司没有充分利用借贷方式筹资，应结合资产报酬率指标作进一步分析。

2. 产权比率

产权比率是指企业的负债总额与所有者权益总额之间的比率，反映债务资本与权益资本的对比关系。计算公式为：

$$产权比率=\frac{负债总额}{所有者权益总额}\times 100\%$$

从债权人角度看，产权比率越低越好。该指标越低，说明企业自有资本越雄厚，债权人借贷资金受所有者权益保障的程度越大，债权人越有安全感。所有者权益是债权人利益的最终保障，如果负债总额超出所有者权益总额，债权人将承担较大的经营风险，企业一旦破产清算，债权人将难以收回贷款。一般认为，该指标应维持在 1 左右。

根据表 10-1 中有关资料，计算宏达公司最近三年的产权比率：

2010 年：产权比率 $=\frac{200}{600}\times 100\%=33.33\%$

2011 年：产权比率 $=\frac{320}{720}\times 100\%=44.44\%$

2012 年：产权比率 $=\frac{480}{820}\times 100\%=58.54\%$

该指标计算结果与资产负债率一致，虽然宏达公司最近三年的产权比率逐年上升，但仍然在正常范围内。

3. 有形净资产负债率

有形净资产负债率是指企业负债总额与有形净资产之间的比率。有形净资产是指账面上属于企业投资者的有形资产价值，等于所有者权益减去无形资产后的余额。计算公式为：

$$有形净资产负债率=\frac{负债总额}{所有者权益-无形资产}$$

有形净资产负债率实际上是产权比率的延伸，但比产权比率更谨慎，反映的结果也更客观。因为从谨慎的观点看，企业清算时绝大部分无形资产不能用于抵债，因此，将无形资产从净资产中扣除，计算负债总额占有形净资产的比例，能够更客观地反映债权人资本受所有者权益的保障程度。

对于债权人而言，有形净资产负债率越低越好，该指标越低，说明企业可用于抵债的有形净资产越多，企业的偿债能力越强。

4. 长期资本负债率

长期资本负债率是指长期负债占所有者权益和长期负债之和的比率。计算公式为：

$$长期资本负债率 = \frac{长期负债}{所有者权益 + 长期负债} \times 100\%$$

长期资本负债率指标，反映在可供企业长期使用的资金中负债所占的比例，比例越大，债权人的风险也越大；反之则比较小。该指标是债权人在签订长期贷款合同时必须要考虑的因素。

根据表10-1中有关资料，计算宏达公司最近三年的长期资本负债率：

2010年：长期资本负债率 = 100 ÷ （600 + 100） × 100% = 14.29%

2011年：长期资本负债率 = 200 ÷ （720 + 200） × 100% = 21.74%

2012年：长期资本负债率 = 300 ÷ （820 + 300） × 100% = 26.79%

计算结果表明，在宏达公司的长期资金来源中，负债所占比例逐年增加。如果要了解其中的原因，还需要结合公司的发展战略和筹资决策作进一步分析。

5. 利息保障倍数

利息保障倍数，也称为利息赚取倍数，是指企业息税前利润与利息费用之间的比率，可用于衡量企业偿付借款利息的能力。计算公式为：

$$利息保障倍数 = \frac{息税前利润}{利息费用} = \frac{利润总额 + 利息费用}{利息费用}$$

公式中的利息费用是指支付给债权人的全部利息，包括计入本期财务费用的利息和计入资产成本的资本化利息。由于我国的利润表上不单独列示利息费用，计算该指标时可将财务费用视同利息费用。

利息保障倍数可以反映企业用经营收益支付利息的能力，该比率越高，说明企业偿付利息的能力越强，债权人借贷本金的收回就越有保障。实际上，只要企业能够及时足额偿还利息，保持良好的付息记录，就可以通过借新债还旧债的方式偿还债务本金，企业就没有偿还债务本金的压力。一般认为，利息保障倍数在3以下时，企业的偿债能力就比较弱了，如果小于1，说明企业的经营收益已经不足以支付举债经营的利息，企业已陷入财务困境，债权人的借贷资金已无安全性可言。

为了考察企业偿债能力是否稳定，通常需要连续计算几个年度的利息保障倍数，从中选取最低年度作为代表企业偿债能力的指标，并与同行业平均水平进行对比，以判断企业的偿债能力。其理由是，不论经营好坏，企业都要偿付一定的利息，特别是具有周期性经营特点的企业，在利润较高的年度，可能利息保障倍数很高，在利润低的年度，利息保障倍数则很低，用低年度的指标作为判断企业偿债能力的标准，更符合谨慎原则。

根据表10-1、表10-2中的有关资料，计算宏达公司最近三年的利息保障倍数：

2010年：利息保障倍数 = （50 + 12） ÷ 12 = 5.17

2011年：利息保障倍数 = （100 + 25） ÷ 25 = 5

2012年：利息保障倍数 = （175 + 36） ÷ 36 = 5.86

计算结果表明，虽然宏达公司近三年负债大量增加，但由于息税前利润增长较快，因此利息保障倍数比较稳定，为及时偿付利息提供了保障。

应当说明的是，根据利息保障倍数评价企业的偿债能力，也应考虑行业特点，并与企业

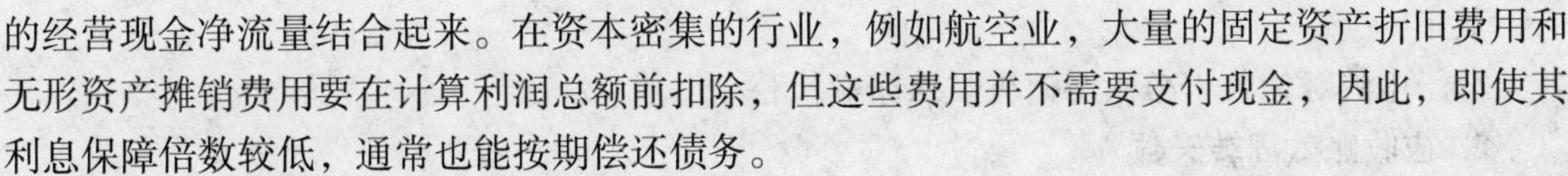

的经营现金净流量结合起来。在资本密集的行业，例如航空业，大量的固定资产折旧费用和无形资产摊销费用要在计算利润总额前扣除，但这些费用并不需要支付现金，因此，即使其利息保障倍数较低，通常也能按期偿还债务。

6. 现金流量债务比

将经营活动现金净流量净额与债务总额进行对比，可以了解企业用每年的经营活动现金净流入量偿付所有债务的能力。计算公式为：

$$经营活动现金流量净额与债务总额之比=\frac{经营活动现金净流入额}{债务总额}$$

该比率越高，说明企业偿付债务总额的能力越强。一般认为，该比率维持在20%左右时较好。

根据表10-1、表10-3中有关资料，计算宏达公司的营业现金流量与负债总额之比：

$$2010年：经营活动现金流量净额与债务总额之比=\frac{20}{(180+200)\div 2}\times 100\%=10.53\%$$

$$2011年：经营活动现金流量净额与债务总额之比=\frac{65}{(200+320)\div 2}\times 100\%=25\%$$

$$2012年：经营活动现金流量净额与债务总额之比=\frac{72}{(320+480)\div 2}\times 100\%=18\%$$

计算结果表明，2011年宏达公司的偿债能力比2010年大幅度提高，2012年又略有下降，但基本属于正常。将该指标与市场利率或企业的实际负债利率对比，可以了解企业的最大付息能力。以2012年为例，即使市场利率高达18%，宏达公司仍然能够按期支付利息，而只要能够按期付息，就能够通过借新债来还旧债，维持负债规模，不存在偿还本金的压力。如果市场利率低于18%，说明宏达公司还可以举借新债。

进行长期偿债能力分析，除了计算上述财务比率外，还应当关注报表中未能反映的因素，如长期经营租赁费用、长期资产价值等。长期经营租赁费用不计入企业负债，但必须按期支付，构成企业的实际负债，如果数额较大、租赁期较长且具有经常性，必然会影响企业的长期偿债能力。关注长期资产的价值，是因为当企业因经营不善或资金周转困难被迫出售长期资产以清偿债务时，长期资产的变现价值就变得十分重要。

二、反映企业营运能力的指标

营运能力是指企业有效运用各种资产的能力，反映企业的经营管理水平。营运能力强，表明企业可以用较少的投入取得较高的经济效益，提高企业的偿债能力和盈利能力。反映企业营运能力的指标主要有应收账款周转率、存货周转率、固定资产周转率、总资产周转率。

（一）应收账款周转率

应收账款周转率，是反映应收账款变现速度的指标，有两种表达方式：一种是应收账款周转次数，另一种是应收账款周转天数。

1. 应收账款周转次数

应收账款周转次数，表示应收账款在一年内周转了几次，反映当年应收账款的收款频率。计算公式为：

$$应收账款周转次数=\frac{赊销收入净额}{应收账款}$$

其中：

分子中的赊销收入净额用销售收入净额代替。

2. 应收账款周转天数

应收账款周转天数，又称为平均收账期，是指应收账款从发生到收回所需要的平均天数。计算公式为：

$$应收账款周转天数=\frac{365}{应收账款周转次数}$$

$$或=\frac{应收账款\times 365}{赊销收入净额}$$

在一定时期内，应收账款周转次数越多或周转一次所需要的时间越短，说明应收账款变现速度越快，资产利用的效率越高。反之，则说明资产利用效率较低。

根据表10-1、表10-2中的有关资料，计算宏达公司2012年应收账款周转率：

$$应收账款周转率（周转次数）=\frac{950}{152}次/年=6.25次/年$$

$$应收账款周转率（周转天数）=\frac{365}{6.25}天=58.4天$$

即：2012年度，宏达公司应收账款的收款频率为6.25次，平均收账期58.4天。分析时可以将该指标与前期指标、企业信用期或行业平均水平进行对比。如果宏达公司的信用期为30天，则实际收账期大大超过信用期，说明该公司应收账款质量较差。可能是该公司收款工作力度不够，也可能是客户发生财务困难或故意拖欠货款。不管什么原因，客观上都加大了应收账款的资金占用，降低了资产使用效率。企业应当采取相应的措施，如加强货款的催收工作，检查企业的信用政策是否合理等。

此外，还应当注意的是，应收账款持有量与销售收入成正比，应收账款周转率与企业的信用政策密切相关。企业为了扩大销售往往会放宽信用政策，延长信用期，因此而增加了销售收入和销售利润，扩大了产品的市场占有率，在这种情况下，虽然应收账款周转速度下降，但并不说明企业资产营运能力差。因为从长远看，由此带来的利益可以弥补应收账款过多而增加的资金占用成本。此时，企业需要在扩大销售和因放宽信用政策而增加应收账款之间进行权衡。

（二） 存货周转率

存货是企业流动资产中所占比重最大的资产，其变现速度直接影响企业资产的营运能力。存货周转率是反映企业销售能力和存货流动性的指标，也有两种表达方式：一种是存货周转次数，另一种是存货周转天数。

1. 存货周转次数

存货周转次数，表示企业存货在一年内周转了几次，反映当年存货的销售频率。计算公式为：

$$存货周转率（周转次数）=\frac{销售收入}{存货}$$

2. 存货周转天数

存货周转天数，表示本年存货从入库到销售所需要的平均天数。计算公式为：

$$存货周转率（周转天数）=\frac{365}{存货周转次数}$$

$$或=\frac{存货\times 365}{销售收入}$$

在一定时期内，存货周转次数越多或周转一次所需要的时间越短，说明企业的销售能力越强，存货流动性越强，即存货转变为应收账款或现金的速度越快，存货管理业绩越好。在正常情况下，销售存货应获得一定的利润，因此存货周转速度与销售利润成正比。存货周转速度加快，说明同样数额的存货资金占用能够为企业带来较大的经济效益。

从计算公式可以看出，提高存货周转率的途径有两条，一是扩大销售，二是减少存货储备。但如果存货储备过低，有可能发生因缺货而丢失潜在客户的情况，影响未来的销售收入，或因增加存货的采购批量和生产批量造成存货订货成本和生产准备成本上升。因此，企业需要在保持足够的存货储备但可能造成存货资金积压与减少存货储备但有可能丢失潜在客户之间进行权衡。

根据表 10-1、表 10-2 中有关资料，计算宏达公司 2006 年的存货周转率：

$$存货周转率（周转次数）=\frac{950}{166}次/年=5.72\ 次/年$$

$$存货周转率（周转天数）=\frac{365}{5.72}天=63.81\ 天$$

即：在 2012 年，宏达公司存货的销售频率为 5.72 次，存货的平均库存天数为 63.81 天。分析时可以将计算结果与该公司前几期实际数据及同行业平均水平或先进水平进行对比，以便对该公司存货的周转情况作出正确评价。

应收账款周转天数与存货周转天数之和，为企业的营业周期。营业周期，也称为存货的变现期，表示存货从入库到销售后收回现金所需要的平均天数。计算公式为：

$$营业周期=应收账款周转天数+存货周转天数$$

根据宏达公司 2012 年应收账款周转天数和存货周转天数，计算宏达公司的营业周期：

$$营业周期=（58.4+63.81）天=122.21\ 天$$

即：2012 年，宏达公司的存货从入库到销售并收回现金，平均需要 122.21 天。

（三）固定资产周转率

固定资产是企业的主要劳动资料，在全部资产中所占比例最大，企业对固定资产的运用效率直接影响企业的经济效益，固定资产营运能力主要通过固定资产周转率（周转次数）指标来反映，计算公式为：

$$固定资产周转率=\frac{销售收入净额}{固定资产净值}$$

固定资产周转率表示销售收入与固定资产投资之间的关系，该指标越高，说明每一元固定资产投资所创造的销售收入越多，固定资产利用的效率越高，反之，则说明固定资产利用效率较低。根据表 10-1、表 10-2 中有关资料，计算宏达公司 2012 年固定资产周转率：

$$固定资产周转率=\frac{950}{832}次/年=1.14\ 次/年$$

即：2012 年，宏达公司每 1 元固定资产投资可带来 1.14 元销售收入。分析时可将计算结果与企业前几期的实际资料或同行业平均水平对比，并结合企业生产经营活动的实际情况进行综合判断。

（四） 总资产周转率

总资产周转率是反映企业全部资产营运能力的指标，表示企业的全部资产在一年内周转了几次，可以衡量企业在现有资产投资水平下创造销售收入的能力。计算公式为：

$$总资产周转率 = \frac{销售收入净额}{总资产}$$

总资产周转率表明企业每一元资产在一年内所带来的销售收入，该比率越高，说明资产利用效率越高，反之则说明资产利用效率较差，企业应采取措施提高销售收入或处置多余资产。根据表10-1、表10-2中有关资料，计算宏达公司2012年的总资产周转率：

$$总资产周转率 = \frac{950}{1\ 300}次/年 = 0.73次/年$$

计算结果表明，2012年，宏达公司每一元资产可以为企业带来0.73元的销售收入。

应当说明的是，上述反映企业营运能力的指标，实际上也反映了资产的变现速度，因此也可以作为评价企业偿债能力的补充指标。

三、反映企业盈利能力的指标

盈利能力是指企业利用现有资产、资本，在一定的收入和耗费水平下赚取利润的能力。无论是企业的投资者、债权人，还是经营管理者，都非常关心企业的盈利能力。投资者关心企业的盈利能力，是因为利润是股利的唯一来源，企业利润高低直接影响其投资收益，上市公司的盈利能力提高，还可以使股票价格上涨，使股东从股票升值中获得资本收益。债权人关心企业的盈利能力，是因为利润是偿还企业债务的最终来源，只要企业具有较强的盈利能力和稳定的现金流入量，即使负债率偏高，也有能力偿还到期债务。经营管理者关心企业的盈利能力，是因为利润是考核企业经营管理水平的综合指标，也是衡量经营管理者业绩的主要标准，此外，通过企业盈利能力指标，还可以了解企业在经营管理中存在的问题，以便采取措施加以改进。

反映企业盈利能力的指标可以从三个方面计算，即以销售业务为基础计算，以企业占有的资源为基础计算，以投资为基础计算。

（一） 以销售为基础计算的盈利能力指标

企业销售业务的盈利能力，主要表现为每百元销售收入所取得的利润。

1. 销售毛利率

销售毛利率是指销售毛利润与销售收入净额之间的比率，反映企业所销售商品或所提供劳务的初始盈利能力。计算公式为：

$$销售毛利率 = \frac{销售收入净额 - 销售成本}{销售收入净额}$$

企业销售商品或劳务的收入首先要弥补其生产成本，余下的还要扣除营业税金和期间费用后才是企业的利润，因此销售毛利润是企业净利润的主要来源。该指标越高，表明企业销售成本占收入的比例越低，企业的盈利能力越强。

根据表10-2中的有关数据，计算宏达公司的销售毛利率：

2010年：销售毛利率 =（420 - 228） ÷420 ×100% =45.71%

2011 年：销售毛利率 =（620 - 348）÷620 × 100% = 43.87%

2012 年：销售毛利率 =（950 - 545）÷950 × 100% = 42.63%

计算结果表明，从 2010 年到 2012 年，宏达公司的销售毛利率持续下降，每百元销售收入可获得的毛利润，2010 年为 45.71 元，2011 年为 43.87 元，2012 年为 42.63 元，表明公司销售成本占收入的比例上升，销售业务的盈利水平下降。应进一步分析原因，搞清楚是由于销售价格变动还是销售成本提高，也可以将该指标与同行业平均水平进行对比，以便对此作出客观评价。

2. 销售利润率

销售利润率是指企业税前利润与销售收入净额之间的比率。计算公式为：

$$销售利润率 = \frac{利润总额}{销售收入净额} \times 100\%$$

销售利润率指标反映企业每百元销售收入净额给企业带来的利润，该指标越高，说明企业经营活动的盈利能力越强。连续计算几年的销售利润率并加以比较，可以评价企业盈利能力的发展趋势。

根据表 10-2 中的有关资料，计算宏达公司的销售利润率：

2010 年：销售利润率 = 50 ÷ 420 × 100% = 11.90%

2011 年：销售利润率 = 100 ÷ 620 × 100% = 16.13%

2012 年：销售利润率 = 175 ÷ 950 × 100% = 18.42%

计算结果表明，从 2010 年到 2012 年，宏达公司的销售利润率稳步上升，每百元销售收入可获得的税前利润，2010 为 11.90 元，2011 年为 16.13 元，2012 年为 18.42 元。该公司在销售毛利率下降的情况下，销售利润率却大幅度提高，可能是由于期间费用下降，也可能是由于其他业务利润或非经营性收益增加。具体原因还需作进一步分析。

由于企业的利润可以分为营业利润、利润总额、净利润，因此除了销售利润率指标外，还可以计算销售营业利润率、销售净利润率指标，从不同角度分析企业经营业务的盈利能力。通过计算销售营业利润率和销售净利润率，还有助于分析销售利润率变动的原因。

3. 边际毛益率

边际毛益率是指边际毛益与销售收入之间的比率。计算公式为：

$$边际毛益率 = \frac{边际毛益}{销售收入净额}$$

边际毛益率指标，反映企业每一元销售收入可以获得多少边际毛益。边际毛益是指销售收入超过其变动成本的余额，边际毛益弥补固定成本后，余下的部分为企业利润。一般来说，边际毛益率越高越好。

（二）以占有资源为基础计算的盈利能力指标

1. 资产报酬率

资产报酬率是指企业的息税前利润与全部资产平均余额之间的比率，反映每百元资产可获得的息税前利润，是衡量企业资产综合利用效果的指标。计算公式为：

$$资产报酬率 = \frac{利润总额 + 利息费用}{全部资产平均余额}$$

利息费用在计算利润总额前已作为费用扣除，但利息费用的高低主要受企业资本结构的影响，与企业的经营管理水平没有直接关系，当企业负债发生增减变动时，利息费用也会随之增减变动，从而使利润总额相应减少或增加，但这种增减变动与企业的实际盈利能力并无直接关系。为了排除资本结构不同对利润的影响，客观反映企业的盈利能力，同时增强资产报酬率指标的可比性，通常用利润总额加上利息费用作为资产报酬率指标的分子。

企业息税前利润高低与资产利用效率和经营管理水平有密切关系，因此，资产报酬率是一个综合性指标，该指标越高，说明企业资产利用效率越高，盈利能力越强。反之，则说明企业资产利用效率较低，盈利能力较差。在市场经济比较发达，行业之间竞争比较公平的条件下，各行业的资产报酬率应当趋于一致。如果某个企业的资产报酬率偏低，说明该企业的资产结构、资产使用效率或经营管理中存在问题。

根据表10-1、表10-2中有关资料，计算宏达公司的资产报酬率：

$$2010\text{年：资产报酬率}=\frac{50+12}{(500+800)\div 2}\times 100\%=9.54\%$$

$$2011\text{年：资产报酬率}=\frac{100+25}{(800+1\,040)\div 2}\times 100\%=13.59\%$$

$$2012\text{年：资产报酬率}=\frac{175+36}{(1\,040+1\,300)\div 2}\times 100\%=18.03\%$$

计算结果表明，从2010年到2012年，宏达公司的资产报酬率稳定上升，每百元资产可获得的息税前利润，2010年为9.54元，2011年为13.59元，2012年为18.03元，表明公司盈利能力的发展趋势良好。将该指标与同行业平均水平进行对比，可以了解该公司在行业中的地位。

2. 成本费用利润率

成本费用利润率，是指销售成本和期间费用与利润总额之间的比率，反映企业投入与产出的关系。计算公式为：

$$\text{成本费用利润率}=\frac{\text{利润总额}}{\text{营业成本}+\text{销售费用}+\text{管理费用}+\text{财务费用}}$$

该指标越高，说明企业投入产出比例越高，企业的盈利能力越强。连续计算几年的成本费用利润率并加以比较，可以评价企业盈利能力的发展趋势。

根据表10-2中的有关资料，计算宏达公司的成本费用利润率：

2010年：成本费用利润率 $=50\div(228+67+54+12)\times 100\%=13.85\%$

2011年：成本费用利润率 $=100\div(348+74+62+25)\times 100\%=19.69\%$

2012年：成本费用利润率 $=175\div(545+96+80+36)\times 100\%=23.11\%$

计算结果表明，从2010年到2012年，宏达公司的成本费用利润率稳步上升，每消耗一百元成本费用可获得的利润额，2010年为13.85元，2011年为19.69元，2012年为23.11元，说明该公司的投入产出比不断提高，盈利能力越来越强。

（三） 以投资为基础计算的盈利能力指标

1. 净资产收益率

净资产收益率，也称为股东权益报酬率，指净利润与所有者权益之间的比率（在股份制企业，指属于普通股东的净利润与普通股东权益之间的比率)，可用于衡量企业投资者获取潜在投资收益的能力。计算公式为：

$$净资产收益率=\frac{净利润}{净资产平均余额}$$

公式中的分母也可以用年末数。由于净资产的年末数一般大于年初数，因此按年末计算也称为摊薄。

从上述计算公式可以看出，净资产收益率的高低与企业资本结构有密切关系，该指标所反映的盈利能力，受企业经营能力、财务决策、筹资方式等多种因素的综合影响。

根据表 10-1、表 10-2 中有关资料，计算宏达公司的净资产收益率：

$$2010\text{ 年：}净资产收益率=\frac{37.5}{(320+600)\div 2}\times 100\%=8.15\%$$

$$2011\text{ 年：}净资产收益率=\frac{75}{(600+720)\div 2}\times 100\%=11.36\%$$

$$2012\text{ 年：}净资产收益率=\frac{131.25}{(720+820)\div 2}\times 100\%=17.05\%$$

计算结果表明，从 2010 年到 2012 年三年中，宏达公司的净资产收益率呈直线上升趋势，投资者获得的回报稳步提高。结合资产报酬率进行分析，可以看出该公司盈利能力的发展趋势良好。

2. 资本保值增值率

资本保值增值率，是指期末所有者权益与期初所有者权益之间的比率。计算公式为：

$$资本保值增值率=\frac{期末所有者权益总额}{期初所有者权益总额}$$

当资本保值增值率大于 1 时，说明期末所有者权益增加，投资者的投资得到增值；当资本保值增值率等于 1 时，说明期末所有者权益不增不减，投资者的投资得到保值。计算该指标时应从分子中扣除由于客观因素引起的所有者权益增加的数额，并考虑企业的利润分配情况和通货膨胀因素的影响。

根据表 10-1 中有关资料，计算宏达公司 2012 年的资本保值增值率（假设该年度没有发生除利润以外的影响所有者权益变动的事项）：

资本保值增值率 $=820/720=1.14$

计算结果表明，2012 年，宏达公司投资者的投资得到了增值。

3. 每股收益

每股收益，也称为每股盈余或每股净利润，是指属于普通股东的企业净利润与普通股数之间的比率，是股份制企业从普通股股东角度评价企业盈利能力的指标。

(1) 基本每股收益。基本每股收益只考虑本期实际发行在外的普通股股份，按照归属于普通股股东的本期净利润除以实际发行在外普通股的加权平均股数计算确定。计算公式为：

$$基本每股收益=\frac{净利润-优先股股利}{发行在外普通股加权平均数}$$

其中：发行在外普通股加权平均数 = 期初发行在外普通股股数 + 当期新发行普通股股数 × 已发行天数 ÷ 报告期天数 − 当期回购普通股股数 × 已回购天数 ÷ 报告期天数

（2）稀释每股收益。稀释每股收益是以基本每股收益为基础，假设企业所有发行在外的稀释性潜在普通股均已转换为普通股，从而分别调整归属于普通股股东的本期净利润和发行在外的普通股加权平均股数计算求得的每股收益。计算公式为：

$$稀释每股收益 = \frac{净利润 - 优先股股利}{发行在外普通股 + 稀释性潜在普通股}$$

公式中的稀释性潜在普通股主要包括可转换公司债券、认股权证和股份期权等。

根据表10-1、表10-2中有关资料，计算宏达公司的基本每股收益和稀释每股收益。假设该公司每年均在年度中发行新股，可转换公司债券在2010年初为50万股，2011年初为50万股，2012年初为100万股。

$$2010年：基本每股收益 = \frac{37.5}{(200+300) \div 2}元 = 0.15元$$

$$稀释每股收益 = \frac{37.5}{(200+300) \div 2 + 50}元 = 0.125元$$

$$2011年：基本每股收益 = \frac{75}{(300+320) \div 2}元 = 0.242元$$

$$稀释每股收益 = \frac{75}{(300+320) \div 2 + 50}元 = 0.208元$$

$$2012年：基本每股收益 = \frac{131.25}{(320+320) \div 2}元 = 0.410元$$

$$稀释每股收益 = \frac{131.25}{(320+320) \div 2 + 100}元 = 0.313元$$

计算结果表明，从2010年至2012三年中，宏达公司每一普通股获取的净利润不断提高，股东投资效益的发展趋势良好。

应当说明的是，每股收益只是从股东角度衡量企业的盈利水平，考察股东的投资回报，不能用于考核企业整体的盈利能力，更不能用于不同企业或同一企业不同时期盈利能力的比较。其原因有两个方面：一是每股收益没有考虑企业用来获取利润的资产数量。如果两个企业的每股收益完全相同，但其资产数额不等，既创造利润的条件不同，那么这两个企业的盈利能力实际上是不同的。二是每股收益受资本结构的影响较大。如果两个企业的资产数额和净利润完全相等，但普通股股数不等，那么这两个企业的每股收益便不相同。

4. 市盈率

市盈率也称为价格收益率，是指普通股每股市价与每股收益之间的比率。计算公式为：

$$市盈率 = \frac{每股市价}{每股收益}$$

市盈率可以反映投资者为获得企业每一元净利润所付出的价格，可用于衡量买入的股票是否物有所值。如果企业能够在股市上长期维持较高的市盈率，说明该企业的获利能力稳定，具有良好的发展前景和较强的成长能力，对投资者有较大的吸引力。但如果市盈率太高，说明股票价格过高，有人为炒作的可能；市盈率过低，又说明投资者对该股票不感兴趣。经济发达国家的平均市盈率一般在20倍左右，而发展中国家的市盈率一般在40倍左右。

假设2012年12月31日宏达公司普通股的市场价格为8元/股，则

$$市盈率 = \frac{8}{0.410} = 19.51（倍）$$

由于市盈率的变动受每股市价和每股收益两个因素的影响，根据市盈率评价企业的获利能力时，应注意两个问题：一是每股市价除了受企业经营成果和发展前景影响外，还受宏观经济环境、国家产业政策、行业发展前景以及政治环境等多种因素影响，分析时应对此给予关注，以便对市盈率变动作出客观评价。二是如果净利润下降并导致每股收益降低时，市盈率可能很高，此时仅根据市盈率指标可能会作出错误的判断。

5. 每股账面价值

每股账面价值，是指普通股东权益总额与普通股股数之间的比率，反映每一普通股所代表的企业净资产的账面价值。计算公式为：

$$每股账面价值 = \frac{普通股股东权益}{普通股股数}$$

连续计算几年的每股账面价值，分析其发展趋势，可以评价企业未来的发展潜力。将每股账面价值与市价比较，可据此排定股票顺序，进行投资决策。一般认为，每股市价高于每股账面价值时，企业有发展前景，低于每股账面价值时，说明股票价格有上涨空间，股票吸引力大。但如果每股市价长期低于每股账面价值，则反映投资者对企业的发展前景丧失信心。

根据表10-1中的有关资料，计算宏达公司的每股账面价值：

2010年：每股账面价值 = 600 ÷ 300元 = 2元

2011年：每股账面价值 = 720 ÷ 320元 = 2.25元

2012年：每股账面价值 = 820 ÷ 320元 = 2.56元

计算结果表明，从2010年至2012三年中，宏达公司每股账面价值逐年提高，说明股东投资收益的发展趋势良好。将其与每股市价对比，可以了解投资者对该公司的评价，确定是否有投资价值。

6. 每股现金流量

每股现金流量，反映每一普通股所获取的经营活动现金净流量或总的现金净流量。计算公式如下：

$$每股现金流量 = \frac{经营活动现金净流量 - 优先股股利}{普通股平均股数}$$

或：

$$每股现金流量 = \frac{现金及现金等价物净增加额 - 优先股股利}{普通股平均股数}$$

每股现金流量是从普通股东角度来评价企业支付现金股利的能力，该指标对于以获取现金股利为主要投资目标的投资者来说，显得尤为重要。

在现代社会，企业之间的购销活动大多采用商业信用方式，能否及时收到现金便成为影响企业实际盈利能力的主要因素。因为未收到现金的销售额只是增加了账面上的利润。每股现金流量指标的实质是反映企业支付现金股利的保障程度，该指标越高，股东就越乐于接受。

根据表10-1、表10-3中的有关资料，采用第一个公式计算宏达公司的每股现金流量：

$$2010\text{年：每股现金流量}=\frac{20}{(200+300)\div 2}\text{元}=0.08\text{元}$$

$$2011\text{年：每股现金流量}=\frac{65}{(300+320)\div 2}\text{元}=0.210\text{元}$$

$$2012\text{年：每股现金流量}=\frac{72}{(320+320)\div 2}\text{元}=0.225\text{元}$$

计算结果表明，从2010年至2012三年中，宏达公司每一普通股获取的经营活动现金净流量不断提高，股东投资收益的发展趋势良好。但是三年当中，每股现金流量均低于每股收益，说明该公司销售收现工作有待加强。

应当说明的是，在进行企业盈利能力分析时，除了计算上述指标外，还应当关注那些财务报表上反映不出来的影响盈利能力的因素。例如会计政策的选择和会计估计变更、资产负债表表外事项等。会计政策和会计估计包括固定资产的折旧方法和折旧年限、存货的计价方法、无形资产和其他长期资产的摊销年限、资产减值准备的计提比率等，企业选择的自由度较大，而不同的选择会导致不同的利润水平，从而使分析指标缺乏可比性。资产负债表表外事项包括或有负债、大额经营性租赁费用等，或有负债一旦成为现实负债，将会对企业的盈利能力产生负面影响，而经营性租赁费是不列入资产负债表的负债项目，但必须计入当期，导致当期利润减少。

四、反映企业成长能力的指标

成长能力，也称为发展能力，主要指企业的扩张能力和持续经营能力。企业的投资人和债权人都非常关心企业的成长能力，其原因是：对于投资人来说，企业未来的发展潜力是影响其投资收益的主要因素；对于债权人来说，企业在一年或几年后是否有能力偿还债务，主要取决于企业未来的经营业绩。

反映企业成长能力的指标主要有四个方面：销售增长指标、净利润增长指标、资产规模增长指标、净资产增长指标。

（一）反映销售增长的指标

1. 销售收入增长率

销售收入增长率是指企业本年营业收入增长额与上年营业收入的比率，可以反映企业营业收入的增长情况。计算公式为：

$$\text{销售收入增长率}=\frac{\text{本年销售收入增加额}}{\text{上年销售收入}}\times 100\%$$

营业收入是企业利润的主要来源，不断扩大营业收入是企业生存和发展的基础，因此，销售收入增长率是反映企业成长能力的重要指标，也是衡量企业经营状况和市场占有能力、预测企业经营业务发展趋势的重要标准。

根据表10-2中的有关资料，计算宏达公司2012年的销售收入增长率：

$$\text{销售收入增长率}=(950-620)\div 620\times 100\%=53.23\%$$

计算结果表明，宏达公司2012年的营业收入比2011年增长53.23%，说明该公司的成长能力很强，发展趋势良好。

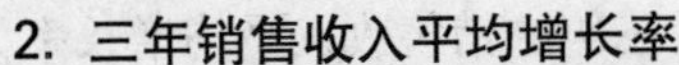

2. 三年销售收入平均增长率

由于销售收入增长率指标只是以上年为基数，计算企业销售收入的增长情况，容易受短期内销售收入异常波动的影响，因此，其计算结果有局限性，不足以说明企业成长能力的强弱。为了消除这种影响，并反映企业在较长时间内的成长情况，通常需要计算三年平均的销售收入增长率。

三年销售收入平均增长率反映企业连续三年的销售收入增长水平，可以说明企业的发展潜力。该指标的计算公式为：

$$三年销售收入平均增长率=\left(\frac{本年销售收入}{三年前销售收入}\right)^{1/3}-1$$

公式中的分母是指三年前的年销售收入，假如本年是2012年，那么三年前销售收入是指企业在2009年的销售收入总额。

假设宏达公司2009年的营业收入为360万元，则该公司近三年的销售收入平均增长率为：

$$销售收入平均增长率=\left(\frac{950}{360}\right)^{1/3}-1=(1.381\,9-1)\times 100\%=38.19\%$$

计算结果表明，宏达公司最近三年销售收入的平均增长率为38.19%，说明企业具有较强的成长能力。应当注意的是，销售收入只是企业利润和现金的来源，但销售收入增长并不一定带来利润或现金的同步增长，只有从销售收入扣除成本费用后的余额才能增加企业的实际财富，因此还应关注企业销售利润率的变化情况。

（二）反映净利润增长的指标

1. 净利润增长率

净利润增长率是指企业本年净利润增长额与上年净利润的比率，反映企业净利润的增长情况。净利润是企业经营活动的最终成果，净利润能否持续增长是衡量企业成长能力的重要指标。该指标的计算公式为：

$$净利润增长率=\frac{本年净利润增长额}{上年净利润}\times 100\%$$

根据表10-2中的有关资料，计算宏达公司2012年的净利润增长率：

$$净利润增长率=(131.25-75)\div 75=75\%$$

计算结果表明，宏达公司2012年的净利润比2011年增长75%，说明该公司的成长能力很强。该公司在销售收入比上年增长53.23%的情况下，净利润比上年增长了75%，说明企业在扩大销售的同时加强了对成本费用的控制，企业的发展态势良好。

2. 三年净利润平均增长率

由于净利润增长率指标只是以上年为基数，计算企业净利润的增长情况，容易受短期内销售价格、成本费用等异常波动的影响，因此计算结果有一定局限性。为了消除这种局限性，反映企业在较长时间内的成长情况，可以计算三年净利润平均增长率。

三年净利润平均增长率反映企业连续三年的销售收入增长水平，可以说明企业的发展潜力。该指标的计算公式为：

$$三年净利润平均增长率=\left(\frac{本年净利润}{三年前净利润}\right)^{1/3}-1$$

假设宏达公司2009年的净利润为28万元，则该公司近三年的销售收入平均增长率为：

$$销售收入平均增长率=\left(\frac{131.25}{28}\right)^{1/3}-1=(1.6736-1)\times100\%=67.36\%$$

计算结果表明，宏达公司最近三年的销售收入平均增长率为67.36%，企业具有较强的成长能力。

此外，还可以计算人均净利润的增长情况，以排除企业经营规模变化的影响，从综合经济效益角度评价企业的成长性。

（三） 反映资产规模增长的指标

1. 总资产增长率

总资产增长率是指企业本年全部资产增加额与年初（即上年末）全部资产的比率。资产是企业创造收入和利润的源泉，也是偿还债务的基础，资产额增加是企业发展的一个重要方面，总资产增长率就是从资产扩张的角度来衡量企业的成长能力。计算公式为：

$$总资产增长率=\frac{本年总资产增长额}{年初资产总额}$$

根据表10-1中的有关资料，计算宏达公司2012年的总资产增长率：

总资产增长率=（1 300－1 040）÷1 040×100%=25%

计算结果表明，宏达公司2012年的总资产比2011年增长25%，说明该公司资产扩张速度较快。同时应注意资产质量和负债比率的变化，并结合销售收入和净利润率的变动情况，来对企业的成长能力作出判断，要避免企业盲目追求资产规模的扩大。

2. 三年资产平均增长率

与销售收入增长率类似，资产增长率也会受资产短期异常波动的影响，为了解决这个问题，也可以计算近三年的资产平均增长率，以反映资产在近三年的平均变化情况。

$$三年资产平均增长率=\left(\frac{本年末资产总额}{三年前年末资产总额}\right)^{1/3}-1$$

公式中，三年前年末资产总额是指三年前一年年末的资产总额，即前年年初的资产总额。如果本年是2012年，那么三年前年末资产总额是指企业在2009年年末、2010年年初的资产总额。

根据表10-1中有关资料，计算宏达公司的三年资产平均增长率：

$$三年资产平均增长率=\left(\frac{1300}{500}\right)^{1/3}-1=(1.3751-1)\times100\%=37.51\%$$

计算结果表明，宏达公司最近三年的资产平均增长率为37.51%，说明企业成长能力较高。

除了计算总资产增长率外，还可以分别计算流动资产增长率、固定资产增长率、无形资产增长率等，以分析各类资产的增长情况。

应当说明的是，由于总资产数额大小与企业所选用的会计处理方法相关，因此运用资产增长率指标来评价企业的成长能力具有一定的局限性。例如，采用快速折旧法的企业，在固定资产使用前期，由于计提的折旧额较高，其资产增长率可能比较低，后期则正好相反。此外，由于受会计处理方法的限制，企业的无形资产的价值可能远远低于实际，从而使得该指标不能如实反映企业资产的增长情况。

（四） 反映净资产增长的指标

1. 净资产增长率

净资产增长率，是指企业本年所有者权益增加额与年初（即上年末）所有者权益之间的比率，反映所有者权益在当年的变化水平。所有者权益是企业财务实力的表现，所有者权益增加，说明的财务实力增强，企业资本积累增加，企业的发展潜力大。计算公式为：

$$净资产增长率=\frac{本年所有者权益增加额}{年初所有者权益}\times 100\%$$

净资产增长率可以反映投资者投入企业资本的保全情况，该指标越高，说明企业资本积累越多，企业抵御风险的能力越强，企业持续发展的后劲越大。

根据表 10-1 中的有关资料，计算计算宏达公司 2012 年的净资产增长率：

$$净资产增长率=(820-720)\div 720\times 100\%=13.89\%$$

计算结果表明，宏达公司 2012 年的净资产比 2011 年增长率 13.89%，企业的资本积累有所增加，发展趋势良好。

2. 三年净资产平均增长率

三年净资产平均增长率，可以反映企业资本积累的历史发展状况，分析企业的发展趋势。该指标越高，说明可供企业长期使用的资金增长越快，企业持续发展的能力越强。计算公式为：

$$三年净资产平均增长率=\left(\frac{年末所有者权益总额}{三年前年末所有者权益总额}\right)^{1/3}-1$$

根据表 10-1 中有关资料，计算宏达公司最近三年的净资产平均增长率：

$$三年净资产平均增长率=\left(\frac{820}{320}\right)^{1/3}-1=(1.3684-1)\times 100\%=36.84\%$$

计算结果表明，宏达公司最近三年的净资产平均增长率为 36.84%，说明企业财务实力不断增强，发展趋势良好。

计算净资产增长率指标时，还应注意分析所有者权益各项目的增长情况。如果所有者权益中的投入资本迅速增加，说明企业吸收了新的投资，表明企业获得了进一步发展和扩张的基础，但并不说明企业过去三年内的成长能力强。如果所有者权益的增长主要来源于留存收益，说明企业通过自身经营为进一步发展积累了资金，既反映了企业过去三年的成长能力，也表明企业有继续发展的后劲儿。

应当说明的是，采用上述指标分析企业成长能力时，应注意企业所采取的发展策略。采用外延型发展策略的企业，往往通过大规模收购进行扩张，此时企业资产总额迅速增长，但短期内企业的销售收入和净利润并不一定同步增长。对这类企业的成长能力进行分析，重点应当放在资产规模和资本规模的增长上。采用内涵型发展策略的企业，通常是在现有资产和资本规模的基础上，充分挖掘内部潜力，提高产品质量，降低成本和费用，扩大销售，此时企业的销售收入和净利润迅速增长，资产规模和资本规模则相对稳定或缓慢增长。对这类企业的成长能力进行分析，重点应该放在销售收入和净利润的增长上。此外，还要注意与企业的发展周期结合起来，处于不同发展周期的企业，其成长能力指标的高低有很大差别。如果甲企业处于成长阶段，乙企业处于成熟阶段，两个企业的成长能力指标相同，说明乙企业的成长性高于甲企业。

第二节　杜邦分析法

一、杜邦分析法的含义

杜邦分析法是指利用财务比率指标间的内在联系，综合分析和评价企业经济效益和财务状况的方法。这种方法由美国杜邦公司率先提出并应用，故称为杜邦分析法或杜邦分析模型。杜邦分析法以净资产收益率（股东权益报酬率）为核心，经过层层分解，以揭示企业的盈利能力及其前因后果。

上节采用比率指标对企业的偿债能力、营运能力、盈利能力进行了分析，以评价企业的财务状况和经营成果，通过分析，可以了解企业在某一方面的情况，但是这种分析无法从总体上对企业得出综合判断，因此，还需要研究综合分析问题，即运用一个综合系统，将个别分析结果进行判断和融合，得出概括性结论，以综合评价企业的经营绩效，判断其整体财务状况和经营成果的优劣。杜邦分析法就是一种综合分析方法。

杜邦分析法以资产净收益指标为核心，经过层层分解，将影响企业经营成果的各个因素及其相互关系揭示出来。

杜邦分析法的分析步骤如下：

第一步，分解净资产收益率：

$$\text{净资产收益率}=\frac{\text{净利润}}{\text{净资产}}\times 100\%$$

$$=\frac{\text{净利润}}{\text{资产总额}}\times\frac{\text{资产总额}}{\text{净资产}}\times 100\%$$

$$=\text{资产净利率}\times\text{权益乘数}$$

第二步，分解资产净利率：

$$\text{资产净利率}=\frac{\text{净利润}}{\text{销售收入}}\times\frac{\text{销售收入}}{\text{资产总额}}\times 100\%$$

$$=\text{销售净利率}\times\text{总资产周转率}$$

根据上述两步分解可以看出，净资产收益率的变动受销售净利率、总资产周转率、权益乘数三个指标的影响，它们之间的关系是：

$$\text{净资产收益率}=\text{销售净利率}\times\text{总资产周转率}\times\text{权益乘数}$$

其中，销售净利率代表了企业的盈利能力，总资产周转率代表了企业的营运能力，权益乘数说明企业的资本结构，可以代表企业的偿债能力。对这三个指标作进一步分析，就可以把影响净资产收益率变化的原因具体化。由此也可以看出，净资产收益率是一个综合性很强的指标，该指标的高低受多方面因素的影响，因此，可以用该指标综合评价企业整体的经营业绩。

第三步，分解销售净利率和总资产周转率：

（1）销售净利率 $=\frac{\text{净利润}}{\text{销售收入}}\times 100\%$

其中：

$$净利润 = 销售收入 - 全部成本费用 + 其他收益$$

$$成本费用总额 = 销售成本 + 期间费用 + 税金 + 其他支出$$

$$其他收益 = 其他业务利润 + 投资收益 + 营业外收入$$

（2）总资产周转率 $= \dfrac{销售收入}{全部资产} \times 100\%$

其中：

$$全部资产 = 流动资产 + 长期资产$$

$$流动资产 = 货币资金 + 应收及预付款 + 存货等$$

$$长期资产 = 长期投资 + 固定资产 + 无形资产 + 其他资产$$

通过以上指标的层层分解，可以了解企业的经营业绩和存在的问题。

杜邦分析法的主要内容可用杜邦分析模型表示，如图 10-1 所示。

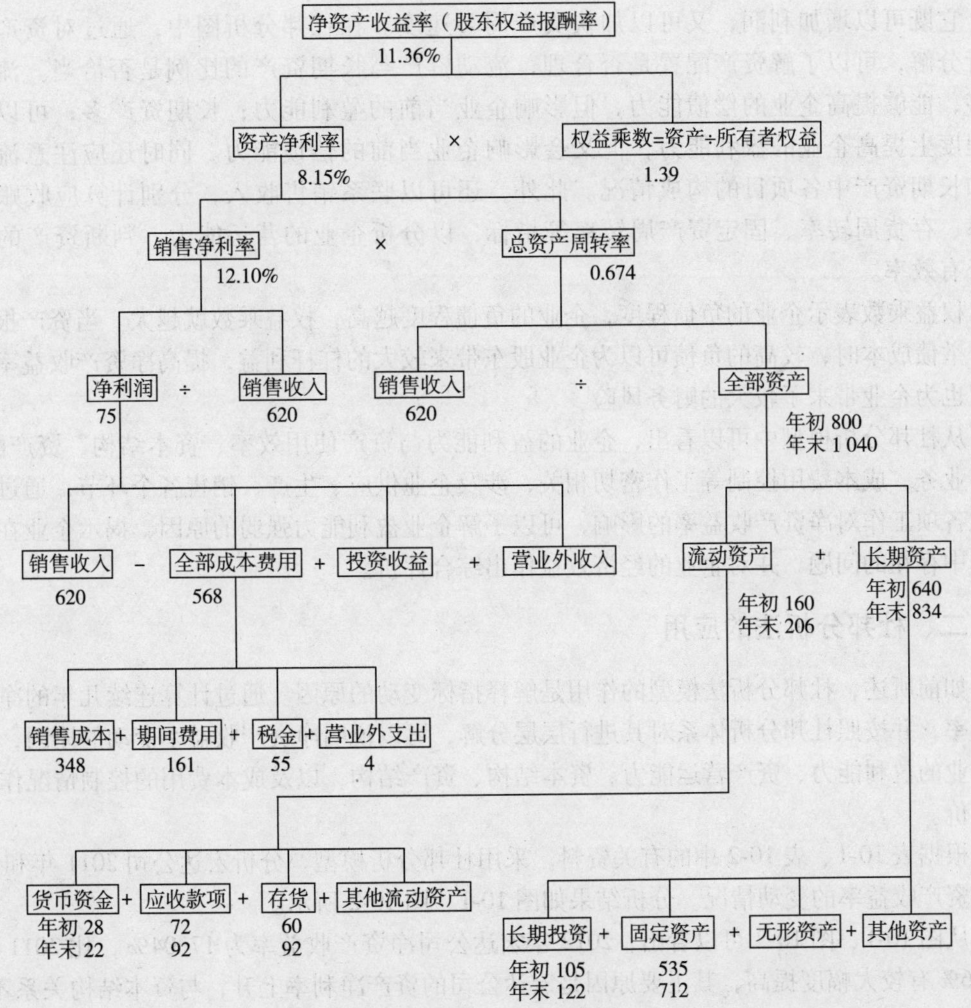

图 10-1　宏达公司 2011 年杜邦分析模型

从杜邦分析模型可以看出：

净资产收益率是杜邦分析体系的核心，也是一个综合性极强的指标，它代表投资者所投资金的盈利能力，反映企业在资产配置、筹资、投资等多方面的工作效率。该指标的高低受资产净利率和权益乘数两方面的影响，资产净利率反映资产利用效果，权益乘数反映企业的资本结构。

资产净利率也是一个重要的财务指标，其高低受销售净利率和总资产周转率的影响。销售净利率反映净利润占销售收入的比重，要提高销售净利率，应当努力降低成本费用。销售净利率对提高资产净利率起决定性作用，只有存在销售利润，才能计算资产净利率，如果销售亏损，则无资产净利率可言。销售净利率受成本费用高低的影响，在杜邦分析图中，还对成本费用进行了分解，以便了解成本费用结构是否合理，找出影响净利润变动的主要原因，加强对成本费用的控制，提高销售净利率。

总资产周转率是销售成果与资产营运能力的综合反映，要提高总资产周转率，一方面应增加销售收入，另一方面应减少资产占用额。其中提高销售收入具有特别重要的意义，它既可以增加利润，又可以加快资产周转速度。在杜邦分析图中，通过对资产总额进行分解，可以了解资产配置是否合理，流动资产与长期资产的比例是否恰当。流动资产多，能够提高企业的偿债能力，但影响企业当前的盈利能力；长期资产多，可以在一定程度上提高企业的盈利能力，但又会影响企业当前的偿债能力。同时还应注意流动资产和长期资产中各项目的构成情况。此外，还可以联系销售收入，分别计算应收账款周转率、存货周转率、固定资产周转率等指标，以分析企业的营运能力，判断资产的使用是否有效率。

权益乘数表示企业的负债程度，企业的负债程度越高，权益乘数就越大。当资产报酬率高于举债成本时，较高的负债可以为企业股东带来较大的杠杆利益，提高净资产收益率，但同时也为企业带来了较大的财务风险。

从杜邦分析模型中可以看出，企业的盈利能力与资产使用效率、资本结构、资产配置、销售业务、成本费用控制等工作密切相关，涉及企业供应、生产、销售各个环节，通过分析上述各项工作对净资产收益率的影响，可以了解企业盈利能力强弱的原因，揭示企业在经营管理中存在的问题，并对企业的经济效益作出综合评价。

二、杜邦分析法的应用

如前所述，杜邦分析法模型的作用是解释指标变动的原因。通过计算连续几年的净资产收益率，并按照杜邦分析体系对其进行层层分解，可以说明净资产收益率变动的原因，以便对企业的盈利能力、资产营运能力、资本结构、资产结构，以及成本费用的控制情况作出综合评价。

根据表10-1、表10-2中的有关资料，采用杜邦分析模型，分析宏达公司2011年和2012年净资产收益率的变动情况。分析结果如图10-1、图10-2所示。

从图10-1、图10-2可以看出，2012年宏达公司净资产收益率为17.04%，比2011年的11.36%有较大幅度提高，其主要原因是宏达公司的资产净利率上升，与资本结构关系不大，因为这一时期的权益乘数变动幅度较小。

通过进一步对资产净利率分解，可以看出，2012年宏达公司资产净利率上升的主要原

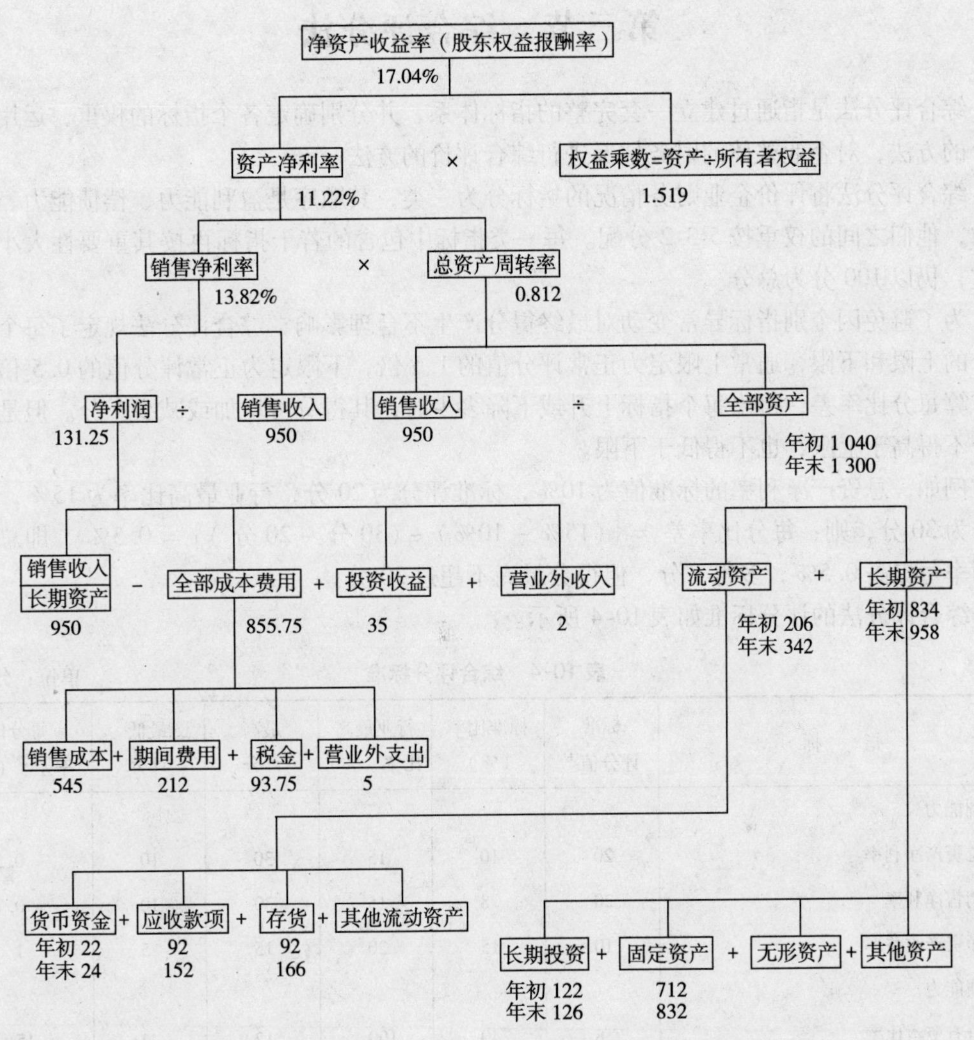

图 10-2 宏达公司 2012 年杜邦分析模型

因有两个，一个是销售净利率从 2011 年的 12.10% 提高到 2012 年的 13.82%，另一个是总资产周转率从 2011 年的 0.674 次上升到 2012 年的 0.812 次，说明该公司的盈利能力和营运能力均有所提高。

照此方式继续分解，可以揭示该公司销售净利率和资产周转率提高的原因。将这些指标与同行业指标进行对比，可以了解企业在本行业的地位。采用因素分析法还可以计算每个因素对净资产收益率指标的影响程度。

应当说明的是，杜邦分析法只是利用财务比率之间的内在联系，对指标进行层层分解的一种财务分析方法，并没有建立新的财务指标，因此这种方法适用于对各种财务指标的分析。与其他财务分析方法一样，杜邦分析法的关键不是指标的计算，而是对指标的理解和运用。

第三节 综合评分法

综合评分法是指通过建立一套完整的指标体系，并分别确定各个指标的权重，运用综合打分的方法，对企业整体的财务情况进行综合评价的方法。

综合评分法将评价企业财务情况的指标分为三类，其顺序是盈利能力、偿债能力、成长能力，他们之间的权重按5:3:2分配。每一类指标中包含的若干指标再按其重要性大小分配权重，仍以100分为总分。

为了避免因个别指标异常变动对最终得分产生不合理影响，综合评分法规定了每个指标评分的上限和下限，通常上限定为正常评分值的1.5倍，下限定为正常评分值的0.5倍。通过计算每分比率差，得出每个指标上升或下降多少时，其得分可增加或减少1分。但是最终得分不得高于上限，也不得低于下限。

例如，总资产净利率的标准值为10%，标准评分为20分，行业最高比率为15%，最高评分为30分，则：每分比率差 = [(15% - 10%) ÷ (30分 - 20分)] = 0.5%，即总资产净利率每提高0.5%，多得1分，但得分最高不超过30分。

综合评分法的评分标准如表10-4所示。

表10-4 综合评分标准 单位：分

指　标	标准评分值①	标准比率（%）	行业最高比率（%）	最高评分	最低评分	每分比率差②（%）
盈利能力						
总资产净利率	20	10	15	30	10	0.5
销售净利率	20	8	15	30	10	0.7
净资产收益率	10	15	20	15	5	1
偿债能力						
自有资本比率	8	40	100	12	4	15
流动比率	8	200	400	12	4	50
应收账款周转率	8	800	1 200	12	4	100
存货周转率	8	600	800	12	4	50
成长能力						
销售增长率	6	10	20	9	3	3.3
净利增长率	6	6	15	9	3	3
人均净利增长率	6	6	15	9	3	3
合　计	100			150	50	

① 表中的标准比率通常是行业平均值，但需根据实际情况进行适当修正。

② 每分比率差是指某指标增加多少时，可多得1分，但最终得分不得超过表中所列示的最高评分。计算公式为：

每分比率差 = (行业最高比率 - 标准比率) / (最高评分 - 评分值)

现用综合评分法，对ABC公司整体的财务情况进行评价，评价结果如表10-5所示。

表 10-5 ABC 公司财务情况综合评分表

指 标	实际比率（%）(1)	标准比率（%）(2)	差异（%）(3) = (1) - (2)	每分比率（%）(4)	调整分/分 (5) = (3)/(4)	标准评分值/分(6)	得分/分 (7) = (5) + (6)
盈利能力							
总资产净利率	7.5	10	-2.5	0.5	-5	20	15
销售净利率	8.2	8	0.2	0.7	0.29	20	20.29
净值报酬率	10.6	15	-4.4	1	-4.4	10	5.6
偿债能力							
自有资本比率	50	40	10	15	0.67	8	8.67
流动比率	240	200	40	50	0.8	8	8.8
应收账款周转率	900	800	100	100	1	8	9
存货周转率	750	600	150	50	3	8	11
成长能力							
销售增长率	5	10	-5	3.3	1.52	6	7.52
净利增长率	-4	6	-10	3	-3.33	6	3
人均净利增长率	-5	6	-11	3	-3.67	6	3
合计						100	91.88

根据上表计算，ABC 公司的综合得分为 91.88 分，在标准水平以下。

应当说明的是，在综合评分法中，标准评分值和标准比率确定的合理与否直接影响评价结果。需要在长期的实践中不断摸索经验，不断对其进行调整和修正，才能取得较好的评价效果。

本章小结

本章主要介绍了反映企业偿债能力、营运能力、成长能力、盈利能力的指标和杜邦分析法、综合评价法。

反映企业偿债能力的指标分为两大类：一类是反映短期偿债能力的指标，包括营运资金、流动比率、速动比率、营业现金净流量比率；另一类是反映长期偿债能力的指标，包括资产负债率、权益负债率（产权比率）、有形净资产负债率、长期资本负债率、利息保障倍数、经营活动现金净流量与负债总额之比等。

反映企业营运能力的指标主要有应收账款周转率、存货周转率、固定资产周转率、总资产周转率等，这些指标也可作为评价企业偿债能力和盈利能力的补充指标。

反映企业盈利能力的指标主要有以销售为基础计算的销售毛利率、销售利润率，以占有资源为基础计算的资产报酬率、成本费用利润率，以投资为基础计算的净资产收益率、每股收益、市盈率、每股账面价值、每股现金流量等。

反映企业成长能力的指标主要有四个方面：销售增长指标、净利润增长指标、资产规模增长指标、净资产增长指标。为了消除短期内某个指标异常波动的影响，以便客观反映企业在较长时间内的成长情况，上述成长能力指标通常采用几何平均数的计算方法。

杜邦分析法由美国杜邦公司率先提出并应用，杜邦分析模型将独立的财务指标，按其内在联系构成一个完整的体系，净资产收益率是该体系的核心，通过对指标自上而下的层层分解，揭示出影响企业盈利能力的主要因素。

综合评价方法选取了反映企业盈利能力、偿债能力、成长能力的三类财务指标，分别给定其在总评分中的权重，然后确定标准比率和行业最高比率，经过一系列计算后得出总分数，以此作为评价企业综合财务绩效的依据。

思考题

1. 什么是偿债能力？反映企业短期偿债能力的指标有哪些？
2. 长期偿债能力从哪几个方面进行分析？反映企业长期偿债能力的指标有哪些？
3. 什么是利息保障倍数？计算该指标时为什么要将资本化利息考虑在内？
4. 进行偿债能力分析时，需要关注哪些表外因素？为什么？
5. 什么是营运能力？怎样进行营运能力分析？资产周转率是否越快越好？
6. 以销售为基础计算的反映企业盈利能力的指标主要有哪些？
7. 以占用资源为基础计算的反映企业盈利能力的指标主要有哪些？
8. 计算资产报酬率指标时为什么要考虑利息费用？
9. 以投资为基础计算的反映企业的盈利能力的指标有哪些？
10. 会计政策和会计估计变更以及资产负债表表外项目对企业的盈利能力有何影响？
11. 运用所学的财务分析知识，解释以下各种变化：

（1）注销过时存货后，存货周转率加快。

（2）应收账款周转率在销售增长阶段有所提高。

（3）虽然资产报酬率降低，但净资产收益率提高。

（4）虽然资产周转率降低，但资产报酬率提高。

12. 李先生是某工业公司的会计主管。该公司的会计年度于12月31日结束。公司本应12月赊购一批材料，但李先生要求将该笔业务推迟到1月。这种做法对哪些财务比率影响最大？其目的何在？
13. 什么是杜邦分析法？怎样运用这种方法对企业的财务状况和经营成果进行分析？
14. 在杜邦分析体系中，为什么以净资产收益率作为核心指标？
15. 综合评分法选用了哪几类指标？为什么？
16. 综合评分法中的标准比率指的是什么？怎样计算每分比率差？
17. 杜邦分析法和综合评价法分别适用于什么用途的分析？

自测题

（一）选择题

1. 某公司上年末资产负债率为50%，流动比率为1.8，本年初该公司偿还一笔银行短期贷款，这一经济业务使（　　）。

A. 资产负债率上升，流动比率下降

B. 资产负债率下降，流动比率上升

C. 资产负债率和流动比率均下降

D. 资产负债率和流动比率均保持不变

2. 流动比率小于1时，赊购原材料将会（　　）。

A. 增大流动比率　　B. 降低流动比率

C. 降低营运资金　　D. 增大营运资金

3. 某公司的负债率为12%，资产报酬率为5%，如果该公司增加负债，将（　　）。

A. 降低净资产收益率　　B. 提高净资产收益率

C. 净资产收益率不变　　D. 不一定

4. 宣告发放现金股利对资产报酬率的影响为（　　）。

A. 增加　　B. 减少　　C. 不变　　D. 不一定

5. 在速动比率为0.8的情况下，下列各项中，会引起该比率提高的业务有（　　）。

A. 从银行提取现金　　B. 赊购商品

C. 收回应收账款　　D. 向银行借入短期借款

6. 下列指标中，可用来直接衡量企业偿债能力的指标有（　　）。

A. 资产周转率　　B. 营业现金净流量比率

C. 利息保障倍数　　D. 资产报酬率

7. 反映企业营运能力的指标有（　　）。

A. 净资产收益率　　B. 销售利润率

C. 应收账款周转率　　D. 固定资产周转率

8. 应收账款周转率提高，说明企业（　　）。

A. 收款迅速　　B. 减少坏账损失

C. 资产流动性大　　D. 销售收入增加

9. 某企业流动比率为2，以下业务中会引起该比率下降的有（　　）。

A. 收回应收账款　　B. 偿还应付账款

C. 赊购商品　　D. 赊销商品

10. 企业采取备抵法核算坏账损失，当实际发生坏账时，需冲销应收账款，此时会引起（　　）。

A. 流动比率提高　　B. 流动比率降低

C. 流动比率不变　　D. 营运资金不变

（二）判断题

1. 从一定意义上讲，流动性比收益性更重要。

2. 在其他条件不变时，流动资产比重越高，总资产周转速度越快。

3. 最能体现企业经营目标的财务指标是净资产收益率。

4. 只要期末所有者权益大于期初所有者权益，就说明企业通过经营使资本得到增值。

5. 现金销售业务越多，应收账款周转率越高。

业务练习题

1. 练习偿债能力分析：

AC 公司有关会计资料如表10-6 所示。

表10-6　资料表　　单位：元

项　　目	2011年	2012年
库存现金	47 000	21 000
短期投资	—	28 000
应收账款净额	116 000	102 000
存货	263 000	226 000
预付费用	9 000	11 000
资产合计	489 000	503 000
流动负债合计	241 000	261 000
负债合计	273 000	261 000
息税前利润	158 000	165 000
利息费用	39 000	36 000

要求：

（1）计算AC公司2011年和2012年的流动比率、速动比率、资产负债率、利息保障倍数指标。

（2）分析该公司2012年的短期偿债能力和长期偿债能力是提高还是降低，并说明理由。

2. 练习营运能力分析：

某体育用品商店近两年有关的会计数据如表10-7所示。

表10-7　数据表　　单位：元

项　　目	上　　年	本　　年
赊销收入	490 000	521 000
销售成本	380 000	400 000
存货	100 000	90 000
应收账款	40 000	42 000

假设去年年初的存货和应收账款为140 000元和50 000元。

要求：

（1）算该商店近两年的应收账款周转率、存货周转率、营业周期。

（2）评价该商店的资产营运能力。

3. 练习盈利能力分析：

某包装公司比较利润表如表10-8所示。

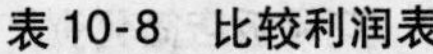

表 10-8 比较利润表 单位：元

项　目	2011 年	2012 年
销售收入净额	158 000	174 000
产品销售成本	86 000	93 000
销售毛利	72 000	81 000
销售费用和管理费用	41 000	48 000
息税前利润	31 000	33 000
利息费用	10 000	21 000
税前利润	21 000	12 000
所得税费用	8 000	4 000
净利润	13 000	8 000

补充数据：

	2011 年	2012 年
平均资产总额	191 000	204 000
平均普通股股东权益	89 000	96 000
普通股股数	20 000	20 000

要求：计算 4 个以上衡量该包装公司盈利能力的比率，评价该公司 2012 年的经营状况是改善了还是恶化了？

4. 练习盈利能力指标的计算和分析：

大力公司拥有 1 000 000 股发行在外的普通股，市场价格 1.5 元/股，公司的股利分配政策为净利润的 20%，该公司的销售净利率为 5%。

要求：

(1) 计算销售收入多少才可达到每股收益 0.20 元？

(2) 假设下一年的销售收入为 20 000 000 元，期望的股利收益率为多少？市盈率又为多少？

案例分析题

1. 假设你是某银行的信贷部负责人。钱先生拥有的两家饭店向你申请 500 000 元的一年期贷款，用以开设分店。这两家饭店的简化资产负债表如表 10-9、表 10-10 所示。

表 10-9 假日饭店简化资产负债表

2012 年 12 月 31 日 单位：元

资　产	金　额	负债及所有者权益	金　额
流动资产	150 000	流动负债	60 000
		长期负债	400 000
固定资产	600 000	股本	200 000
		盈余公积	50 000
		未分配利润	40 000
资产合计	750 000	负债及所有者权益合计	750 000

表10-10 花园饭店简化资产负债表

2012年12月31日

单位：元

资　产	金　额	负债及所有者权益	金　额
流动资产	48 000	流动负债	60 000
固定资产	602 000	长期负债	400 000
		业主投资（钱广）	190 000
资产合计	650 000	负债及所有者权益合计	650 000

开业几年来，两家饭店的经营都很成功，假日饭店稍好一些。你认为两家饭店预期发展前景都很好，但你也知道饭店行业竞争激烈，盈利变动较大。你了解到，钱先生是一个成功的企业家，他靠销售软件赚了一大笔钱，个人资产达到1亿元。钱先生现已退休，上述两家饭店由富有经验的专业人员经管。

要求：

（1）分别计算两家饭店的流动比率和营运资金。

（2）根据所提供的信息，你认为哪家饭店的信用风险较低？请说明理由。

（3）你认为在何种情况下，另一家饭店与（2）中所确定的那家饭店的信用风险一样低？

（提示：考虑企业的组织形式，假日饭店为有限责任制，花园饭店为个人独资）

2. 某制药公司在过去的十年中开发了几十种新药并获得专利权，同时销售也十分成功，公司发展迅速，年利润增长率达到30%以上。公司近几年没有支付现金股利，但市盈率很高。由于发展快，而且研究开发费高，公司发生了临时性现金短缺。为解决这个问题，公司决定将信用期减少到30天，同时削减20%的研究开发费。

要求：分别从债权人和普通股东角度对该公司的新政策进行评价。

（提示：债权人关心企业的偿债能力，普通股股东关心企业的长远发展）

参考文献

［1］王淑慧．成本会计［M］．北京：机械工业出版社，2004.

［2］吴革．跨越财务报告陷阱［M］．北京：文津出版社，2004.

［3］魏素艳．会计学［M］．北京：机械工业出版社，2002.

［4］高其富．经理人财务必修［M］．北京：团结出版社，2002.

［5］葛家澍．会计学［M］．北京：高等教育出版社，2000.

［6］孙铮，等．中外会计与财务案例研究［M］．上海：上海财经大学出版社，2003.

［7］付磊．会计学［M］．北京：首都经济贸易大学出版社，2000.

［8］中国注册会计师协会．会计［M］．北京：中国财政经济出版社，2012.

［9］财政部会计资格评价中心．中级会计实务［M］．北京：经济科学出版社，2012.

［10］财政部会计资格评价中心．初级会计实务［M］．北京：中国财政经济出版社，2012.

［11］中国人民大学商学院会计系．企业会计学［M］．北京：中国人民大学出版社，2003.

［12］杨有红．企业会计学［M］．杭州：浙江人民出版社，2002.

［13］汤云伟，等．会计理论［M］．上海：上海财经大学出版社，1997.

［14］李晓林，等．会计基本理论比较研究［M］．北京：科学技术文献出版社，1997.

［15］乐艳芬．成本会计［M］．上海：上海财经大学出版社，2002.

［16］余绪缨．管理会计［M］．北京：中国人民大学出版社，2002.

［17］吴大军，等．管理会计［M］．大连：东北财经大学出版社，2004.

［18］财政部会计司．企业会计准则讲解［M］．北京：人民出版社，2010.

检
39